KRÖNERS TASCHENAUSGABE BAND 69

PLATON
HAUPTWERKE

Ausgewählt und eingeleitet

von

WILHELM NESTLE

ALFRED KRÖNER VERLAG STUTTGART

ISBN 3 · 520 · 06908 · 3

Satz: Buchdruckerei Sommer, Feuchtwangen. Druck: Omnitypie, Stuttgart

VORWORT

Als ich auf den Wunsch des Verlags den Auftrag übernahm, für dessen philosophische Taschenausgabe eine Auswahl aus Platon herzustellen, war ich mir der besonderen Schwierigkeiten dieser Aufgabe wohl bewußt. Diese liegen vor allem in der dialogischen Darstellungsform Platons, die zwar die Gedanken in Rede und Gegenrede logisch entwickelt, aber nie auf die Herstellung eines philosophischen Systems ausgeht. Jeder Dialog ist ein Werk für sich und spiegelt jeweils die Art und Weise, wie sich Platon ein philosophisches Problem zur Zeit seiner Abfassung darstellte, und da Platons Denken nie stillstand, so finden sich in den Dialogen über eine und dieselbe Frage verschiedene, zeitlich getrennte Lösungsversuche. Diesem Gesichtspunkt wurde durch die chronologische Anordnung der Dialoge Rechnung getragen. Je mehr man sich übrigens in Platons Schriften vertieft, desto mehr zeigt es sich, daß einige große Grundideen, die man wohl am besten als ethischen Idealismus charakterisiert, trotz allen Wechsels in den Gedankengängen dieses immer lebendigen Geistes von Anfang bis zu Ende sich gleichbleiben. Sie herauszuheben war ich bei der Auswahl bemüht, und diesem Zweck, Platons Zentralgedanken hervortreten zu lassen, wurde vieles andere geopfert. Weggelassen wurden diejenigen Schriften, in denen noch wesentlich sokratischer Geist weht, also die Apologie, Kriton und die allerfrühesten Dialoge vor dem Protagoras. Einzelne Dialoge ganz zum Abdruck zu bringen, verbot sich von vornherein durch den vorgeschriebenen Raum. So mußte aus den wichtigsten das Wichtigste herausgeholt werden. Es war eine nicht immer erfreuliche, sondern etwas barbarisch anmutende Tätigkeit, aus diesen literarischen Kunstwerken einzelne Stücke herauszubrechen und dadurch den harmonischen Bau des Ganzen zu zerstören. Entfaltet sich doch Platons dichterische Kunst ganz besonders in der Gestaltung der Szenerie der Dialoge. Nichtsdestoweniger mußten diese Szenen — außer beim Phaidon — im Interesse des Ganzen und mit Rücksicht auf den zur Verfügung stehenden Raum unbarmherzig weggeschnitten werden. Ὁ γὰρ λόγος ἡμᾶς ᾕρει.

Für die Verdeutschung sollte die Schleiermachersche Übersetzung zugrunde gelegt werden. Mit dieser hat es eine besondere Bewandtnis: ein so glänzender Stilist Schleiermacher da ist, wo er seine eigenen Gedanken vorträgt, wie in den „Reden über die Religion“ oder in den „Monologen“, so undeutsch ist seine Platonübersetzung geraten. In dem Bestreben, sich so eng als möglich an den Originaltext anzuschließen, hat Schleiermacher die grundlegenden Unterschiede zwischen der griechischen und deutschen Sprache vollständig übersehen oder absichtlich ignoriert: Häufung überflüssiger Partikeln, undeutsche Wortstellung, schwerfällige Satzbildung sind ihre stets wiederkehrenden Fehler. Die von mir vorgenommene Durchsicht, bei der es eine Seltenheit war, wenn einmal eine halbe Seite unverändert gelassen werden konnte, suchte diese Unebenheiten so viel als möglich zu glätten. Ob es gelungen ist, auf diese Weise einen stilistisch einheitlichen und lesbaren Text herzustellen, muß ich dem Urteil des Lesers überlassen.

Seit ich dies schrieb (1931), ist das Buch schon in drei weiteren Auflagen hinausgegangen. Es sind zwar in den Besprechungen manche, unter sich wieder voneinander abweichende Wünsche geäußert worden: die einen wünschten noch mehr Stoff aus den politischen Schriften, andere vermißten bestimmte Gedankenrichtungen, wie etwa die Bekämpfung der Lustlehre im Philebos, wieder andere bedauerten, daß auf die künstlerische Umrahmung einzelner Dialoge verzichtet wurde. Allein es liegt in der Natur der Sache, daß einer solchen Auswahl immer ein gewisses Maß von Subjektivität anhaftet und daß sie also persönliche Neigungen und Geschmacksrichtungen immer nur teilweise wird befriedigen können. Die Beschränkung auf die philosophischen Zentralgedanken war geboten und mußte festgehalten werden. Die Tatsache, daß inzwischen eine dritte, vierte und jetzt fünfte Auflage nötig geworden ist, scheint dem Verlag und dem Herausgeber zu beweisen, daß das Buch im wesentlichen seinen Zweck erfüllt und einem Bedürfnis genügt; und so darf es wohl hoffen, auch bei seiner erneuten Ausfahrt freundliche und verständnisvolle Leser zu finden.

Stuttgart-Degerloch, Mai 1952

DR. WILHELM NESTLE

INHALT

EINLEITUNG

Wenn man sich einem Denker zuwendet, dessen Leben und Wirken sich vor mehr als zweitausend Jahren abgespielt hat, so will man diesen nicht nur geschichtlich verstehen, sondern man will das von ihm hören, was er auch der gegenwärtigen Zeit noch zu sagen hat. Dies aus ihm herauszuholen, ist freilich keineswegs leicht, da auch das Dauernde am Werke des Genius mit seinen geschichtlich bedingten und in ihrer Wirkung zeitlich begrenzten Bestandteilen aufs engste verwachsen ist. Diese Verbindung ist zuweilen geradezu unlösbar, und man müßte an der Überwindung dieser Schwierigkeit verzweifeln, wenn nicht eine tiefere Einsicht in die Geschichte, sowohl in die politische als in die Geistesgeschichte, uns lehrte, daß gewisse typische Formen des menschlichen Lebens und Denkens bestehen bleiben oder unter ähnlichen Voraussetzungen wiederkehren, „solange die menschliche Natur dieselbe ist", wie Thukydides sagt. Damit steht auch Goethes Ansicht im Einklang: „Die Menschheit schreitet fort, aber der Mensch bleibt immer derselbe." Und an diesen im großen ganzen sich gleichbleibenden Menschen mit seinem Durst nach Erkenntnis, mit seinen Sehnsüchten und Ängsten, seinen Hoffnungen und Befürchtungen, seinen unausgesetzten Bemühungen, das Leben für sich und seinesgleichen so glücklich als möglich zu gestalten: an ihn wendet sich der Denker in der Überzeugung, daß seine Stimme nicht nur für die Zeitgenossen, sondern eben wegen jener Unveränderlichkeit des Grundwesens des Menschen auch noch für eine ferne Nachwelt durch Jahrhunderte und Jahrtausende vernehmbar sei. Und zu den Denkern ganz großen Stils, die daran mitgearbeitet haben, die Fundamente der europäischen, ja der Menschheitskultur zu legen, und die auch unserer Zeit noch manches gewichtige Wort zu sagen haben, gehört Platon, der, wenn irgendeiner, zu den großen Erziehern der Menschheit zu rechnen ist. Wohl liegen auch bei ihm die Wurzeln seines Denkens und Wirkens in seinem persönlichen Erleben und in der äußeren und inneren Geschichte seines Volkes, aber die Früchte seines Schaffens sind so ausgereift, daß alle auf ihn folgenden Zeitalter, das heutige nicht ausgenommen, bewußt oder unbewußt noch davon zehren. Das besondere Persönliche und das allgemein Menschliche durchdringen sich in Form und Inhalt seiner Werke aufs innigste und eigenartigste, so daß in dieser Hinsicht vielleicht nur Goethe mit ihm verglichen werden kann. Und wir wissen von seinem Leben immerhin so viel, daß uns seine äußere und innere Entwicklung in ihren Grundzügen klar vor Augen liegt.

Man könnte versucht sein, eine tiefe Symbolik darin zu sehen, daß Platon fast unmittelbar nach Perikles' Tod in die Welt eintritt: zwei Jahre nachdem der größte griechische Staatsmann die Augen geschlossen hat, wird der tiefste Denker des hellenischen Volkes geboren (427 v. Chr.), der geistige Führer der Generation, die in ihren Mannesjahren den Zusammenbruch des athenischen Staates erlebt hat, der der Ruhm der politischen Größe Athens nur noch wie ein in der Ferne verhallendes Lied im Ohre klang, die aber berufen war, seine geistige Größe noch zu mehren und für alle Zukunft zu erhalten. Der Sohn des Ariston und der Periktione gehörte durch seine beiden Eltern den vornehmsten Familien Athens an: der Vater leitete sich von dem durch seinen Opfertod berühmten Kodros, Athens letztem König, ab, die Mutter von einem Verwandten Solons, des gefeierten athenischen Gesetzgebers, nach dessen gemäßigter Verfassung in der Zeit der extremen Demokratie die aristokratisch gesinnten Kreise sehnsuchtsvoll zurückblickten. Durch seine Mutter war Platon auch mit Kritias verwandt, dem fanatischen Haupt der dreißig Oligarchen, dem Dichter und Schriftsteller, den man „den Laien unter den Philosophen und den Philosophen unter den Laien“ nannte. Ohne seine Gewaltherrschaft zu billigen, hat er dem hochbegabten und charaktervollen Manne, der auch eine Zeitlang im Kreis des Sokrates verkehrte und den er in mehreren seiner Dialoge einführt, doch zeitlebens seine Hochachtung bewahrt und noch eine seiner spätesten Schriften nach ihm benannt. Platons Familie erwartete von dem genialen jungen Manne als selbstverständlich, daß er sich der politischen Laufbahn widmen werde, und eine Stelle im „Staat" (VI 494) verrät uns noch, welche Kämpfe es ihn gekostet hat, dieses Ansinnen abzulehnen. Er spricht hier von einem körperlich und geistig aufs beste befähigten und dabei philosophisch veranlagten jungen Menschen: „Einen solchen werden dann, wenn er älter wird, Verwandte und Mitbürger für ihre Zwecke ausnützen wollen. Sie werden ihm ihre Bitten zu Füßen legen, ihm ihre Verehrung bezeigen und durch Schmeichelei seinen künftigen Einfluß für sich mit Beschlag zu legen versuchen. Was wird nun ein solcher Mensch in einer derartigen Lage tun, zumal wenn er Bürger einer großen Stadt und in dieser reich und vornehm, dazu schön und stattlich ist? Läuft er nicht Gefahr, sich unerfüllbaren Hoffnungen hinzugeben, sich einzubilden, er sei der Mann, die Politik Griechenlands und des Auslandes in die Hand zu nehmen, wird er nicht hochmütig und von eitlem, geistlosem Dünkel erfüllt werden? Und wenn nun an ihn in dieser Stimmung sachte ein Warner heranträte und ihm die Wahrheit sagte, er habe keinen Geist, sondern der fehle ihm noch, und das könne man nur dadurch erlangen, daß man sich ganz in den Dienst dieser Aufgabe stelle ..., wenn er vermöge seiner guten natürlichen Veranlagung und seiner Verwandtschaft mit der Welt des Geistes dennoch darauf hörte, umkehrte und sich von der Philosophie anziehen ließe, was würden dann wohl die Leute tun, die den von ihm erhofften Nutzen und seine Parteigenossenschaft zu verlieren fürchten müßten? Würden sie nicht mit Wort und Tat alles versuchen, um sowohl ihn selbst von einem solchen Schritte abzuhalten, als auch den Einfluß des Warners auf ihn zu vereiteln, indem sie ihn persönlich schikanieren und in öffentliche Prozesse verwickeln?" Diese Äußerung ist durchsichtig genug. Sie weist uns auch auf das Erlebnis hin, das Platons Lebensrichtung entscheidend bestimmt hat: die Bekanntschaft mit Sokrates. Er war 20 Jahre alt, als dieser seinen Weg kreuzte und ihn auf immer für sich und für die

Philosophie gewann. Schon war er im Begriff gewesen, die von ihm verfaßten Tragödien beim Archon zur Aufführung einzureichen, da verbrannte er sie, gebannt von dem Eindruck des wunderbaren Mannes. Er hatte in der Philosophie bisher den Unterricht des Herakliteers Kratylos genossen, eines schwächlichen Nachfahren des tiefsinnigen Ephesiers, und er hatte sich wohl auch mit der sonstigen ionischen Naturphilosophie bekannt gemacht, besonders mit der des Anaxagoras[1]. In Sokrates aber trat ihm etwas ganz Neues entgegen: er warf die Frage nach dem Sinn des Lebens und seiner vernünftigen Regelung auf; er suchte nicht wie die Sophisten einfach für die Erfordernisse des praktischen Lebens, besonders des politischen, tüchtig zu machen, sondern er griff den Menschen ans Herz, wie es Platon, wiederum sichtlich auf Grund eigener unvergeßlicher Erfahrung, den Alkibiades schildern läßt[2]: „Wenn wir sonst irgend jemand eine Rede halten hören, auch einen ganz guten Redner, so macht das sozusagen auf niemand Eindruck. Wenn man aber dich hört oder deine Worte von einem anderen, selbst einem minderwertigen Berichterstatter, wiedergeben hört, so werden wir, Mann und Weib, jung und alt, davon gepackt und bezaubert. Mir wenigstens . . . geht es so. Denn wenn ich ihn höre, so springt mir das Herz noch viel mehr als den Korybanten, und ich muß Tränen vergießen unter dem Eindruck seiner Worte, und ich sehe, daß es noch gar vielen ebenso ergeht. Wenn ich den Perikles und andere tüchtige Redner höre, dann denke ich, sie haben gut gesprochen, aber es fehlt jede Spur eines solchen Eindrucks: ich erfahre keine seelische Erschütterung und werde nicht unwillig über mich selbst als über eine Sklavenseele, aber dieser Marsyas hat mich oft in eine solche Stimmung versetzt, daß mir, so wie ich bin, das Leben nicht mehr lebenswert erschien.“ Diesem Zauber gab sich Platon ganz hin und verbrachte noch acht Jahre im Umgang mit dem geliebten Meister. Da kam das zweite ihn im tiefsten Grunde seiner Seele erschütternde Erlebnis: die Verurteilung und Hinrichtung des Sokrates durch die nach dem Sturz der

[1] Phaidon 97 B ff.
[2] Gastmahl 215 D ff.

Oligarchen wiederhergestellte Demokratie. Dieser Justizmord öffnete ihm vollends die Augen über die unheilbare Zerrüttung dieses Staatswesens, dem nicht mehr mit den kleinen Mitteln von Verfassungsänderungen zu helfen war, sondern das auf eine gänzlich neue, auf eine sittliche Grundlage gestellt werden mußte. Hören wir darüber wiederum ihn selbst, wie er sich als 74jähriger Greis im Rückblick darauf gegenüber den Anhängern seines in Syrakus ermordeten Freundes Dion ausspricht[1]: „Als ich einst jung war, ging es mir wie vielen andern: ich hatte im Sinn, sobald ich mein eigener Herr wäre, mich sofort der Politik zu widmen. Diesem Entschluß stellten sich aber folgende Erfahrungen im öffentlichen Leben in den Weg. Unsere damalige Verfassung galt in weiten Kreisen als minderwertig, und so kam es zu einem Umsturz. An der Spitze der neuen Verfassung standen 51 Männer, 11 in der Stadt, 10 im Piräus, 30 aber übernahmen die gesamte Regierung mit unumschränkter Gewalt. Unter ihnen hatte ich einige Verwandte und Bekannte[2], und diese versuchten nun sogleich mich heranzuziehen, als ob eine solche Aufgabe mir zukäme. Die Erfahrungen, die ich hierbei infolge meiner Jugend machte, sind weiter nicht verwunderlich. Ich hatte geglaubt, sie würden die Staatsverwaltung aus einem ungerechten Leben in die Bahn der Gerechtigkeit lenken, und so achtete ich gespannt darauf, was sie tun würden. Und da sah ich denn, daß diese Männer in kurzer Zeit die frühere Verfassung noch als das reine Gold erscheinen ließen. Abgesehen von anderem beauftragten sie einen mir befreundeten älteren Mann, Sokrates, den ich nicht anstehe, den rechtschaffensten Mann jener Zeit zu nennen, mit andern, einen Bürger[3] mit Gewalt zur Hinrichtung herbeizuführen, um ihn so, er mochte wollen oder nicht, an ihrer Politik mitschuldig zu machen. Dieser aber gehorchte ihnen nicht, sondern riskierte lieber alles, als sich an ihren frevelhaften Handlungen zu beteiligen. Als ich das alles sah und noch manches andere derart und nicht eben Kleinigkeiten, da erfaßte mich ein Widerwille, und ich

[1] Briefe VII, 324 B—326 B.
[2] Kritias und Charmides.
[3] Leon von Salamis. Apologie 32 C.

zog mich von diesem verbrecherischen Regiment zurück. Bald darauf wurden die dreißig und mit ihnen die ganze Verfassung gestürzt. Da begann mich wieder, zwar viel langsamer, aber eben dennoch die Lust zu politischer Tätigkeit zu erfassen. Auch jetzt geschah, wie es eben in solchen Zeiten der Verwirrung geht, vieles, was einen anwiderte, und es ist nicht zu verwundern, daß manche Leute bei dem Umsturz an ihren Feinden allzu heftige Rache nahmen. Und doch verfuhr die damals zurückkehrende Partei mit großer Mäßigung. Nun geschah es aber, daß einige der Machthaber jenen unsern Freund Sokrates vor Gericht zogen, indem sie die frevelhafteste Beschuldigung gegen ihn erhoben, die am allerwenigsten auf Sokrates paßte: sie zogen ihn nämlich wegen Gottlosigkeit vor Gericht, verurteilten ihn und ließen ihn hinrichten, ihn, der damals an dem ruchlosen Vorgehen gegen einen Gesinnungsgenossen ihrer damals verbannten Freunde nicht hatte teilnehmen wollen, als sie selbst verbannt und im Unglück waren. Als ich dies sah und die Leute, die die Regierung führten, die Gesetze und die Sitten, und je mehr ich bei fortschreitendem Alter dies ganze Getriebe durchschaute, desto mehr kam ich zu der richtigen Einsicht, wie schwer es sei, Politik zu treiben. Denn ohne Freunde und zuverlässige Parteigenossen war überhaupt nichts auszurichten; solche aber zu finden, selbst wenn sie schon vorhanden waren, war nicht leicht, da unsere Staatsverwaltung sich nicht mehr in den gewohnten Bahnen unserer Väter bewegte, und andere neue geschwind zu gewinnen, war unmöglich. Auch nahm die Verderbnis in der Gesetzgebung und der Sittenverfall in erstaunlicher Weise zu. Und so ergriff mich, der ich anfangs voll Eifer für politische Tätigkeit gewesen war, beim Blick auf diese Vorgänge und bei der Betrachtung dieses ganzen plan- und ziellosen Treibens schließlich ein Schwindel. Zwar ließ ich nicht ab, mir Gedanken darüber zu machen, wie es denn mit diesen Dingen und mit dem ganzen Staatswesen besser werden könnte, und wartete immer wieder auf eine Gelegenheit zum Handeln, schließlich aber kam ich zu der Erkenntnis, daß die bestehenden Staaten insgesamt in einer üblen Verfassung seien. Denn ihr gesetzlicher Zustand ist nahezu unheilbar, wenn nicht eine wunderbare Neuorganisation unter günstigen Umständen ihnen zu Hilfe kommt. Und so sah ich mich denn genötigt, in Anerkennung der wahren Philosophie es auszusprechen, daß nur sie den Blick für die Gerechtigkeit im gesamten öffentlichen und privaten Leben verleiht, und daß das Unglück des Menschengeschlechts nicht aufhören wird, bis entweder das Geschlecht der rechten und wahren Philosophen in den Staaten zur Regierung gelangt oder die Machthaber in den Staaten infolge einer göttlichen Fügung wirkliche Philosophen werden[1]. Mit dieser Gesinnung kam ich nach Italien und Sizilien, als mich zum erstenmal mein Weg dahin führte." Dies ist Platons eigene Darstellung seines philosophischen Werdens bis zu seiner ersten sizilischen Reise (um 390/388). Man sieht daraus, daß Platon kein weltfremder Stubengelehrter und Utopist gewesen ist, daß ihm die Philosophie nicht graue Theorie ist, sondern ein brennendes Bedürfnis des praktischen, vor allem des staatlichen Lebens. Die verzweifelten politischen Zustände in Athen führen ihn zum Nachdenken über den Staat überhaupt. Gemäß den Traditionen seiner Familie und doch weit über diese hinausgehend, setzt er sich als Ziel, ein großer sozialpolitischer Reformator im Stil eines Solon oder Lykurg zu werden, und noch sein letztes Werk, „Die Gesetze", ist ein in dieser Richtung sich bewegender Versuch. Schon jetzt, vor der Vollendung seines 40. Lebensjahrs, hat er den Grundgedanken seines „Staates" konzipiert, daß die Philosophen Regenten und die Regenten Philosophen werden sollten. Das ist aus dem Gegensatz der bis dahin und auch heute noch üblichen politischen Praxis zu verstehen, wonach es in erster Linie die Aufgabe des Staatsmanns ist, die materiellen Vorteile seines Volkes mit allen Mitteln zu fördern, dabei zumeist auch diejenigen seiner Partei. Im Gegensatz dazu will Platon einen Kulturstaat, der sich vor allem die geistig-sittliche *Erziehung* der Bürger zur Aufgabe macht. Denn hier klaffte in der hellenischen Poliskultur eine Lücke: die Griechen kannten keine heilige Schriften, wie etwa die Inder,

[1] Dieser Gedanke steht auch genau in der Mitte des „Staates" V, 473 D.

Israeliten, Perser, auf deren Autorität sich bestimmte sittliche Lebensgrundsätze hätten zurückführen lassen. Ihre Religion war im wesentlichen Kultreligion und bot für die sittliche Gestaltung des Lebens nur wenige Handhaben. Ihre Erzieher waren ihre Dichter, vor allem Homer. Dem Griechen war also nicht „gesagt, was gut ist“, sondern er mußte es selbst finden. Hier hatte schon Sokrates eingesetzt, und Platon führte die begonnene Arbeit im Geiste des Meisters weiter. Versteht man nun aber die Aufgabe des Staatsmanns in diesem Sinn, so ist es klar, daß nicht der nächstbeste durchs Los bestimmte Bürger regieren kann, auch nicht die große Masse in der Volksversammlung, sondern nur überlegene Köpfe, die einen Blick für das Wesen der Dinge gewonnen haben und dadurch sachverständig geworden sind, und diese nennt Platon „Philosophen“.

Doch zurück zum äußeren Gange seines Lebens! Nach Sokrates' Tod hatte sich Platon, wie andere Sokratiker, zu Eukleides, einem der ältesten Schüler des hingerichteten Lehrers, nach Megara begeben, war aber bald nach Athen zurückgekehrt, wo er seine ersten Sokratischen Gespräche verfaßte, die in Form und Inhalt an die Art des Meisters erinnern sollten. Vielleicht fallen in diese Zeit auch schon die ersten Anfänge einer Lehrtätigkeit, freilich noch in ganz engem Kreise[1]. Hieraus scheint ihn, der ohne Zweifel in der Reiterei diente, der Korinthische Krieg (395/4) einmal zu einem Feldzug abgerufen zu haben, demselben, an den noch heute das Grabmal des Dexileos vor dem Dipylon in Athen erinnert. Er muß dann, ähnlich wie sein Ahnherr Solon, wie Thales und Demokrit, Hekataios und Herodot, das Bedürfnis empfunden haben, durch Umschau in der weiten Welt sein Denken zu vertiefen. So begab er sich auf Reisen (um 390), die ihn wahrscheinlich nach Ägypten, jedenfalls aber zu dem berühmten Mathematiker Theodoros nach Kyrene und zu den jüngeren Pythagoreern nach Tarent führten. Hier hat er vielleicht noch den Philolaos, jedenfalls aber das Haupt der Schule, den ebenso als Staatsmann und Feldherrn wie als Mathematiker und Astronom gleich ausgezeichneten Archytas kennengelernt. Die Eindrücke, die

[1] Hierauf scheint Gorgias 485 D hinzudeuten.

Platon im Umgang mit diesen Männern empfing, bewirkten eine entscheidende Wendung in seinem philosophischen Denken, die zu einer Verbindung pythagoreischer Anschauungen mit der Sokratik führte. Von da an tritt bei Platon der auf dem Seelenwanderungsdogma beruhende anthropologische Dualismus, die Hinwendung zu der für seine Erkenntnistheorie und Metaphysik äußerst wichtigen Mathematik und das Interesse für Astronomie auf, ohne daß aber die ethisch-politischen Aufgaben vernachlässigt würden. Diese standen vielmehr zunächst noch im Vordergrund, und Platon schien sich eine Gelegenheit zur Verwirklichung seiner politischen Ideale durch einen mächtigen Fürsten zu bieten, als er durch Vermittlung des Archytas am Hof Dionysios I. von Syrakus Zutritt erhielt und einige Zeit dort verweilte. Allein auf die Dauer konnten sich der skrupellose Mann der Tat und der ethische Idealist nicht vertragen; doch schloß Platon eine innige Freundschaft mit Dion, dem Schwager des Tyrannen, die bis zu dessen gewaltsamem Tod (353) ungetrübt fortdauerte. Auch sonst trug der Aufenthalt in Sizilien für ihn Früchte. Der Künstler in ihm fand Gefallen an den realistischen Dichtungen der Sizilianer, den Mimen eines Sophron und den Komödien eines Epicharmos, die von dem sprichwörtlichen Witz des lebenslustigen Volkes durchtränkt waren und Platons eigenem Talent zur Karikatur neue Nahrung zuführten. Das mehr und mehr gespannte Verhältnis zu Dionysios nötigte Platon zur Abreise. Auf der Heimfahrt wurde er bei der Landung in Ägina, das sich mit Athen im Kriege befand, auf den Sklavenmarkt gebracht, aber von dem ihm befreundeten Kyrenäer Annikeris losgekauft. Da dieser sich die Kaufsumme nicht zurückerstatten ließ, erwarb Platon um diese einen Garten bei dem Heiligtum des Heros Akademos, wo er nun, angeregt durch das pythagoreische Vorbild seine Schule, die Akademie, eröffnete (387 v. Chr.), die fast ein Jahrtausend lang bestehen sollte: bis zu ihrer Aufhebung durch Justinian (529 n. Chr.). Nach dem Thronwechsel in Sizilien folgte Platon nochmals einer Einladung des jungen Fürsten Dionysios II. nach Sizilien in der Hoffnung, diesen für seine Ideen zu gewinnen (367). Aber auch dieser Besuch endete mit einer schweren Enttäuschung. Die dritte Reise (361) galt einem Freundschaftsdienst: sie sollte die Versöhnung des inzwischen vom Hof verbannten Dion mit Dionysios herbeiführen, was aber ebenfalls mißlang. Von da an lebte Platon nur noch seiner Lehrtätigkeit und Schriftstellerei, bis er achtzigjährig, noch mitten in der Arbeit, ohne vorangegangene Krankheit verschied (347). Den Toten umrankte sofort die Legende, die in ihm einen Sohn Apollons sehen wollte.

Der Schwerpunkt von Platons Wirken lag in seiner *Lehrtätigkeit in der Akademie.* Lehrer und Schüler bildeten in ihr zusammen eine religiöse Genossenschaft (einen sogenannten Thiasos), die den Musen geweiht war. Die Lehrvorträge und Disputationen begannen schon in früher Morgenstunde, und die in zerstreuten Häuschen im Garten der Akademie wohnenden Schüler wurden dazu durch einen Pfiff zusammengerufen, den eine von Platon zu diesem Zweck konstruierte Weckeruhr hervorbrachte. Doch auch zu fröhlichem geselligem Gelage (Symposion) fand man sich zusammen, wozu monatliche Beiträge bezahlt wurden. Die Hauptsache aber war das gemeinsame Philosophieren, Darunter ist in erster Linie die Einführung in die spekulative Philosophie Platons und die mit ihr zusammenhängenden ethisch-politischen Fragen zu verstehen. Von Einzelwissenschaften wurden besonders Mathematik und Astronomie gepflegt, während die beschreibenden Naturwissenschaften, wie Botanik und Zoologie, jedenfalls zurücktraten. Die Akademie wurde nicht nur von Athenern, sondern auch von vielen auswärtigen Schülern besucht, wie Eudoxos von Knidos, Herakleides von Heraklea am Pontos, Aristoteles aus Stageira u. a. Selbst ein Chaldäer war Mitglied, und ein Perser Mithradates stiftete nach Platons Tod dessen Büste in die Akademie. Nicht nur Philosophen, sondern auch zahlreiche Männer der Wissenschaft, Mathematiker, Astronomen, Staatsmänner und Feldherrn gingen aus ihr hervor.

Dieser mündliche Verkehr mit seinen Schülern war also – nach dem Beispiel des Sokrates – für Platon die Hauptsache. Zur *Schriftstellerei* nimmt er eine sehr zurückhaltende

Stellung ein: sie ist ihm nur ein „schönes Spiel“, eine edle Unterhaltung[1]. Ja, er geht noch weiter: „Kein ernster Mensch“, sagt er[2], „wird sich je entschließen, über ernste Dinge zu schreiben und so seine Gedanken der Mißgunst und der Verständnislosigkeit preisgeben. Mit einem Wort, man muß daraus erkennen, daß, wenn man von jemand etwas Schriftliches sieht, sei es von einem Gesetzgeber in Gesetzen oder von andern in sonstigen Schriften, dies nicht das Ernsthafteste für ihn war, wofern er selbst ein ernsthafter Mensch ist, sondern daß dies irgendwo an der schönsten Stelle seines Innern verborgen liegt.“ Von seiner eigenen Lehre aber erklärt Platon, daß wer sie einmal erfaßt habe, nicht Gefahr laufe, sie wieder zu vergessen, da sie in einigen ganz kurzen Sätzen beschlossen sei[3]. Darüber, versichert er, „gibt es keine Schrift von mir, und es wird nie eine geben; denn es läßt sich nicht wie anderes, was man erlernen kann, aussprechen, sondern nur bei vielfacher Beschäftigung mit der Sache selbst und förmlichem Zusammenleben mit ihr entsteht plötzlich, wie von einem springenden Funken entzündet, ein Licht in der Seele, das von nun an sich selbst erhält“[4]. Mag nun Platon damit auch nur das Allerheiligste seiner Philosophie meinen, so ist doch diese Ignorierung, fast möchte man sagen Verleugnung seiner Dialoge höchst auffallend. Unbestreitbar ist, daß er sie nicht als Lehrschriften angesehen wissen will, wie sie denn auch Aristoteles nicht als solche behandelt und sich, wenigstens für die Ideenlehre, nie auf sie beruft; ja, er spricht einmal ganz in Übereinstimmung mit den angeführten eigenen Äußerungen Platons, von dessen „sogenannten ungeschriebenen Lehrsätzen“[5]. Wie sind also die Dialoge zu verstehen? Offenbar als Kunstwerke, als Dichtungen, als „schöne Literatur“. Platon wird hier selbst zum nachahmenden Künstler, der nach einem Wort von ihm „der dritte nach dem König und der Wahrheit“ ist[6], d. h. in

[1] Phaidros 276 E.
[2] Briefe VII, 344 C.
[3] Ebendort VII, 344 DE.
[4] Ebendort 341 CD.
[5] Physik 209 b 14.
[6] Staat X, 597 E.

der Reihe: Idee – lebendige Wirklichkeit – Bild des wirklichen Lebens. Aber der Gegenstand dieser nachahmenden Kunst ist nun freilich der erhabenste: der Wahrheit suchende Denker in den verschiedensten Lebenslagen, im Umgang mit den verschiedenartigsten Menschen und mit den tiefsten Fragen des Lebens beschäftigt.

Für die Nachwelt sind trotzdem die 26 sicher echten Dialoge Platons die Hauptquelle für die *platonische Philosophie.* Wir konstruieren uns daraus das System der platonischen Philosophie, das Platon selbst nirgends im Zusammenhang dargestellt hat. In Platon konvergieren alle Hauptrichtungen der bisherigen griechischen Philosophie. Im Mittelpunkte steht – um mit ihm selbst zu sprechen – „der Riesenkampf um das Sein“[1]. Er sucht den Gegensatz zwischen dem ewigen Werden und Vergehen des Heraklit und dem unveränderlichen Sein des Parmenides aufzulösen, indem er jenes der Welt der Materie, dieses der Welt der Ideen zuweist. So erweitert sich ihm der von den Pythagoreern übernommene anthropologische Dualismus von Leib und Seele zu einem kosmischen. Die beiden Elemente dieses Dualismus sind aber keineswegs gleichgeordnet. Wie das berühmte Höhlengleichnis am Anfang des 7. Buchs des Staates (S. 205 ff.) zeigt, kommt nur den Ideen, d. h. der übersinnlichen Welt, wirkliches, reines Sein zu; die irdische Wirklichkeit ist nur ihr getrübtes Abbild. Und entsprechend verhält es sich bei dem erkennenden Subjekt: nur die Seele und in dieser wieder der Geist ist das wahrhafte Organ der Erkenntnis, die Sinne reichen zur Erkenntnis nicht nur nicht aus, sondern trüben sie. Damit hängt Platons Stellung zur sichtbaren Welt auch im einzelnen zusammen. Die Erforschung körperlichen Seins verlohnt sich eigentlich nicht und ist im Grunde unmöglich. Deshalb nimmt Platon – ganz anders als Aristoteles und die Vorsokratiker – den Naturwissenschaften gegenüber eine zurückhaltende, um nicht zu sagen ablehnende Stellung ein. Er verwirft das Experiment, und erst im hohen Alter verfaßt er seinen einzigen naturwissenschaftlichen Dialog, den Timaios, veranlaßt durch die Bedeutung, die der ato-

[1] Sophistes 246 A.

mistische Materialismus mit Demokrit gewonnen hatte, und unter der ausdrücklichen Verwahrung, er wolle und könne hier nicht Wahrheit, sondern nur Wahrscheinlichkeit geben. Dem steht Platons eingehende Beschäftigung mit Mathematik und Astronomie nicht entgegen. Denn die Zahl, in der schon die Pythagoreer das Wesen der Dinge zu erkennen geglaubt hatten, ist ja das Abstrakteste, was sich denken läßt, und die Geometrie wies geradezu Platon den Weg zu seiner Ideenlehre: denn hier sind es ja eben die nicht sinnlichen, sondern nur mit dem Denken erfaßbaren Formen (d. h. Ideen), von denen die geometrischen Sätze gelten: der Kreis an sich, das Dreieck an sich, nicht die mit Zirkel, Winkel und Stilus ausgeführten Figuren. Deshalb, weil sie sozusagen schon in der „reinen Vernunft" des Menschen präformiert sind, kann man sie sogar den Unwissenden ableiten lassen, wie dies jene Szene im „Menon" zeigt (S. 59 ff.), wo freilich dieser Tatbestand dann für das metaphysische Dogma von der Präexistenz der Seele und die Lehre von der Wiedererinnerung verwertet wird. An der Astronomie aber zogen Platon nicht die Gestirne als Weltkörper an – sie galten ihm ja, weil sie sich selbst bewegten, als beseelt und als sichtbare Götter –, sondern vor allem die Regelmäßigkeit ihrer Bewegung und die Möglichkeit ihrer mathematischen Berechnung, worin er wiederum einen Beweis dafür erblickte, daß nicht das Körperliche, sondern das Ideelle das Wesen der Dinge ausmache. Die Geringschätzung des Körperlichen verrät sich auch in Platons Stellung zur Kunst: der bildende Künstler entwirft nur „Schatten von Schatten", und so ist es mit allen nachahmenden Künsten (vgl. S. 233 ff.). Auch die Pflege der Gymnastik in Platons Staat darf über diesen Sachverhalt nicht hinwegtäuschen; sie dient nicht der Körperpflege, sondern der seelischen Ausbildung: der Abhärtung und Disziplinierung des Körpers, dessen Ansprüche dadurch nicht erweitert, sondern zugunsten der Seele eingeschränkt werden sollen. Am schärfsten wird diese Körperfeindschaft im Phaidon formuliert, wo es heißt, daß „die wahren Philosophen sich in nichts anderem üben als im Sterben und Totsein"[1],

[1] Phaidon 64 A, 67 D.

d. h. in der fortgesetzten allmählichen Loslösung der Seele vom Körper bis zu ihrer gänzlichen Befreiung von ihm im Tode. Weniger schroff erscheint es, gibt aber im Grund derselben Anschauung Ausdruck, wenn im Phaidros die dreiteilige Seele mit einem Gespann verglichen wird, bestehend aus einem edlen Roß, das den höheren Strebungen im Menschen, seinen edeln Leidenschaften entspricht, und einem schlechten, das die aus der Sinnlichkeit stammenden Begierden darstellt, sowie aus dem Wagenlenker, dem Geiste, der die Zügel festhalten und dafür sorgen muß, daß der Wagen nicht von dem schlechten Roß hinabgezogen wird ins Reich der Sinnlichkeit, sondern durch die Kraft des edlen Rosses die Richtung nach oben, ins Reich der ewigen Ideen, nimmt[1]. Und doch war Platon zu sehr Grieche, um die Körperlichkeit in jeder Form auf die Dauer abzulehnen. Die körperliche Schönheit wird für ihn – ähnlich wie für Schiller – die Brücke, die von der Sinnenwelt zur geistigen Welt der Ideen führt, und die Kraft, die dahin trägt, die den Geist beflügelt, um das Schöne an sich zu erkennen, ist der Eros, die Liebe, die angestammte Sehnsucht der Seele nach ihrer ewigen Heimat. Das ist der Grundgedanke des „Gastmahls". Aber auch hier bleibt es dabei, daß die einzigen wahrhaften Realitäten die Ideen sind: jedes einzelne Wesen ist nur dadurch schön, daß es an der Idee der Schönheit, nur dadurch gerecht, daß es an der Idee der Gerechtigkeit „teilhat". Die in der Ideenlehre liegenden Schwierigkeiten, mit deren Überwindung Platon sich noch in den Dialogen seiner Spätzeit abmüht, sollen hier nicht erörtert werden.

Dagegen soll noch kurz gezeigt werden, wie auch die platonische Ethik und Staatslehre durchaus auf diesem idealistischen Dualismus beruht. Von der Reformbedürftigkeit des Staates war Platon ja ausgegangen, und immer wieder, wenn er sich scheinbar auch noch so weit davon entfernt hat, kehrt er mit seinen Gedanken dahin zurück. Diese Aufgabe schien ihm aber nur lösbar, wenn man von unten anfing und die Erziehung der Bürger auf eine neue Grundlage stellte. Hier, in der Erziehungsfrage, die zu seiner Zeit im

[1] Phaidros 246 A ff.

Brennpunkt des Interesses stand, sah man sich nun vor die Wahl gestellt: Sophistik oder Sokratik? Sollte man sich mit einer äußerlichen, technischen Gewandtheit und Tüchtigkeit begnügen, wie sie die Sophisten ihren Schülern beibrachten, und die in letzter Linie darauf hinauslief, in jeder Lebenslage seinen Vorteil zu erkennen und durchzusetzen, also auf eine durchaus individualistische Ethik, oder war die Bahn des Sokrates weiter zu verfolgen, der nach objektiver Erkenntnis und nach objektiven Normen des Handelns gesucht hatte? Platon war keinen Augenblick im Zweifel, daß der sokratische Weg zu beschreiten sei. Vernunfterkenntnis, nach der sich das Handeln zu richten hat, das ist das eigentliche Ziel seiner Dialektik, praktisch gewendet Formung, Bildung des Menschen durch stete Blickrichtung auf eine übersinnliche Idealwelt, die in der mit der Gottheit identischen Idee des Guten gipfelt. Es darf nun aber nicht übersehen werden, daß diese Idealwelt für Platon nicht nur eine Gedankenwelt ist, sondern daß sie metaphysische Existenz hat, ja daß sie die einzige wahrhaft reale Welt im Sinne eines dauernden Seins ist. Deshalb wird ihr alles Körperhafte, alles Irdische rücksichtslos untergeordnet. „Daß die Seele so gut als möglich werde", das hatte schon Sokrates als die vornehmste Sorge des Menschen bezeichnet, aber er hatte dabei die Frage offen gelassen, ob es ein Leben nach dem Tode gebe. Auch wenn der Tod ein traumloser Schlaf sein sollte, so berührte das das sittliche Ziel des Lebens nicht. Bei Platon dagegen ist die Seele das Ewige im Menschen, sie kommt aus der Ewigkeit und geht in die Ewigkeit, ihre jenseitigen Geschicke sind durch ihr diesseitiges Handeln bedingt. Platon gehört zu den seltenen Menschen, die mit diesem Ewigkeitsgedanken vollen Ernst machen. Vom Gorgias an zieht sich durch alle seine ethischen Betrachtungen die Grundanschauung: „Was hülfe es dem Menschen, wenn er die ganze Welt gewänne und nähme doch Schaden an seiner Seele?" Nicht umsonst steht am Schluß des Staates der Mythus von der Lebenswahl der Seelen, den er bezeichnenderweise einem Barbaren, dem Pamphylier Er, Sohn des Armenios, in den Mund legt. Es ist ein unzweideutiger Hinweis auf die persische Eschatologie des Zarathustra. Und in der Tat ist ja die aus den orphischen Mysterien durch Vermittlung des Pythagoreismus zu Platon gelangte dualistische Auffassung des Menschenwesens mit ihrer „Verleumdung“ des Körpers ein orientalisches Erzeugnis. Daß sie „ein fremder Tropfen im griechischen Blute“ ist, das beweist auch der Umstand, daß Platon unter der Einwirkung dieses Dualismus mit einigen Grundwerten hellenischer Kultur in Konflikt kommt. So wird schon im Gorgias über die großen athenischen Staatsmänner unbarmherzig der Stab gebrochen, ihre Bestrebungen, Athen wehrhaft und mächtig zu erhalten, für „Possen“ erklärt und ihnen vorgeworfen, daß sie das athenische Volk zur Herrschaft und Genußsucht erzogen hätten. Ebendort werden auch die Künste der Musik und Dichtung einschließlich der Tragödie abgelehnt, insofern sie nur der „Lust“, d. h. der Unterhaltung, dienen[1]. Derselbe Standpunkt wird im Staat festgehalten. Kunst und Literatur werden der strengsten Zensur unterworfen: es werden nur Hymnen auf die Götter und Loblieder auf treffliche Menschen zugelassen; weder die Tragödie noch die Komödie, noch Homer, „der Griechenland erzogen hat“, findet Eingang, und zwar wiederum, weil alle diese Künste der „Lust“ dienen und die Leidenschaften erregen, anstatt sie niederzuhalten, Homer besonders auch wegen seiner unwürdigen Vorstellungen von den Göttern. Es ist ergreifend zu sehen, welchen Kampf es Platon, den für Schönheit so empfänglichen Künstler, kostet, diese Stellung zu der Nationalliteratur seines Volkes einzunehmen. Es ist ein „Ich kann nicht anders“: „denn die Vernunft hat uns bezwungen“[2]. Der tiefste Grund dafür liegt darin, daß die Werke der Dichter nicht zur sittlichen Erziehung taugen, zur Formung der unsterblichen Seele, für die nur das scharfe Entweder–Oder von Gut und Böse, nicht aber irgendwelche gefühlsmäßige Rücksichten ausschlaggebend sein dürfen.

Man darf diesen Bruch mit der Überlieferung seines Volkes, der die Ethik und Staatslehre Platons kennzeichnet, weder übersehen noch verschleiern. Er ist die Frucht des tiefen

[1] Gorgias 519 A, 501 D ff.
[2] Staat X, 605 A–608 B; vgl. II, 377 A–III, 392 C.

Ernstes, mit dem Platon Welt und Leben betrachtet, des Ernstes, den ihm der aus der außerhellenischen Welt nach Griechenland schon frühe hereingetragene Gedanke von der Ewigkeit der Seele eingeflößt hat. Auch darüber darf man sich keiner Täuschung hingeben, daß seine kaum abschätzbare Nachwirkung nicht zum wenigsten gerade auf diesem ungriechischen Element seiner Weltanschauung beruht. Dadurch wurde er der Heros der von hellenisierten Orientalen getragenen Philosophie der Spätantike, des Neupythagoreismus und Neuplatonismus, dadurch auch der hochgeschätzte Bundesgenosse des aufkeimenden Christentums. Aber der Garten der Akademie ist so reich an schönen Blüten und edlen Früchten, daß, wenn auch einige fremde Samenkörner hineinverweht wurden und darin Wurzel schlugen, doch das meiste, das dort erwachsen ist, als bodenständig hellenisch gelten darf. Platon ist und bleibt für alle Zeiten der Begründer der idealistischen Philosophie, der Vorkämpfer der Herrschaft des Geistigen im Leben, der Verkünder unbedingter sittlicher Normen für das menschliche Handeln und durch das alles einer der größten Erzieher der Menschheit, der, wie sein dankbarer Schüler Aristoteles von ihm rühmt,

„Wo nicht allein, so zuerst von den Sterblichen deutlich gezeigt hat
Durch sein Leben sowohl als durch sein lehrendes Wort,
Daß rechtschaffen und glücklich *zugleich* der Mensch nur kann werden.
Nun, da im Tod er verstummt, kündet es keiner uns mehr."

PROTAGORAS

Dieser erste große Dialog Platons ist eine Auseinandersetzung mit der Sophistik. Schon hier steht das Erziehungsproblem im Mittelpunkt. Sein Gegenstand ist die Frage: Was ist das Wesen der Tugend und ist diese lehrbar? Sokrates erzählt das Gespräch, das er im Hause des Kallias mit Protagoras geführt hat. Nach einer langen Rede des Sophisten wandte er sich folgendermaßen an ihn:

Du hast in deiner Rede oft von Gerechtigkeit, Besonnenheit und Frömmigkeit gesprochen, als ob das alles zusammen eine Einheit bilden würde: die Tugend. Gerade das setze mir doch genauer auseinander, ob die Tugend eine Einheit bildet, Gerechtigkeit und Besonnenheit und Frömmigkeit aber Teile von ihr sind, oder ob alles, was ich jetzt genannt habe, nur verschiedene Namen sind für eine und dieselbe Sache. Das ist es, was ich noch vermisse. – Sehr leicht, sagte er, ist dies ja zu beantworten, Sokrates, daß von der Tugend, die Eins ist, dieses Teile sind, wonach du fragst. – Ob wohl auf die Art, sprach ich, wie die Teile des Gesichtes Teile sind, Mund, Nase, Augen und Ohren? Oder so wie die Teile des Goldes gar nicht unterschieden sind eins vom anderen und vom Ganzen als durch Größe und Kleinheit? – Auf jene Art scheint es mir, Sokrates, wie die Teile des Gesichts sich zum ganzen Gesicht verhalten. – Besitzen denn auch die Menschen, fragte ich, von diesen Teilen der Tugend der eine den, der andere jenen, oder muß notwendig, wer einen hat, auch alle haben? – Keineswegs, sprach er, denn viele sind ja tapfer, aber ungerecht, und gerecht, weise aber nicht. – Also, dies sind auch Teile der Tugend, fragte ich, Weisheit und Tapferkeit? – Natürlich, und zwar am allermeisten, sagte er, und der wichtigste von diesen Teilen ist die Weisheit. – Und jeder von ihnen, sagte ich, ist etwas anderes als der andere? – Ja. – Hat auch jeder seine eigene Verrichtung, wie im Gesicht das Auge nicht ist wie die Ohren, noch seine Verrichtung dieselbe, und überhaupt kein Teil wie der andere ist, weder der Verrichtung nach noch sonst, ist nun ebenso auch von den Teilen der Tugend keiner wie der andere, weder an sich selbst noch auch seine Verrichtung? Oder muß nicht offenbar die Sache sich so verhalten, wenn sie doch unserem Beispiel ähnlich sein soll? – Sie verhält sich auch so, Sokrates, sagte er. – Darauf sprach ich: Also ist keiner von den anderen Teilen der Tugend wie die Erkenntnis, oder wie die Gerechtigkeit, oder wie die

Besonnenheit, oder wie die Frömmigkeit? – Nein, sagte er. – Wohlan also, sprach er, laß uns zusammen sehen, welcherlei doch jedes von ihnen ist. Zuerst so. Ist die Gerechtigkeit etwas Wirkliches, oder ist sie nicht etwas Wirkliches? Mir scheint sie so etwas zu sein, wie denn dir? – Auch mir, sagte er. – Wie nun, wenn einer mich und dich fragte: Sagt mir doch, Protagoras und Sokrates, dieses Wirkliche, das ihr jetzt eben genannt habt, die Gerechtigkeit, ist es an und für sich gerecht oder ungerecht? würde ich ihm antworten: gerecht; du aber, was für eine Stimme würdest du abgeben, dieselbe mit mir oder eine andere? – Dieselbe, sagte er. – Die Gerechtigkeit ist also soviel wie gerecht sein, würde ich auf die Frage zur Antwort geben. Du auch? – Ja, sagte er. – Wenn er uns nun weiter fragte: Sagt ihr nicht auch, daß es eine Frömmigkeit gibt? würden wir es doch bejahen, glaube ich? – Freilich, sagte er. – Sagt ihr auch, daß diese etwas Wirkliches ist? Sollen wir es zugeben oder nicht? – Auch dies bejahte er. – Behauptet ihr nun, daß eben dieses Wirkliche seinem Wesen nach soviel wie unfromm oder wie fromm sei? Ich, sprach ich, würde unwillig werden über die Frage und sagen: Sei doch still, guter Mann! Wie sollte denn irgend etwas anderes fromm sein, wenn die Frömmigkeit nicht selbst fromm wäre! Und du? würdest du nicht auch so antworten? – Allerdings, sagte er. – Wenn er nun hierauf weiter fragte: Wie habt ihr doch vorhin gesagt? habe ich euch etwa nicht recht verstanden? Mich dünkt, ihr sagtet, die Teile der Tugend verhielten sich so zueinander, daß keiner von ihnen wäre wie der andere? so würde ich ihm sagen: Im übrigen hast du uns recht verstanden, wenn du aber glaubst, auch ich hätte dieses gesagt, so hast du mich nicht verstanden. Denn Protagoras hat dies geantwortet, ich habe nur gefragt. Wenn er nun fragte: Hat er recht, Protagoras? Du also sagst, kein Teil der Tugend sei wie der andere? Das ist deine Behauptung? Was würdest du ihm antworten? – Ich müßte es zugeben, sagte er. – Was also, Protagoras, werden wir, dies zugegeben, ihm antworten, wenn er uns weiter fragt: Also ist die Frömmigkeit nicht dieselbe Wirklichkeit wie gerecht sein, und die Gerechtigkeit nicht wie fromm sein, sondern wie nicht fromm und die Frömmigkeit wie nicht gerecht sein, also ungerecht und jene wie unfromm sein? – Was werden wir ihm antworten? Ich meinesteils wenigstens würde sagen, daß die Gerechtigkeit etwas Frommes sei und die Frömmigkeit etwas Gerechtes; und auch für dich, wenn du es mir zuließest, würde ich das nämliche antworten, daß die Gerechtigkeit entweder dasselbe sei wie die Frömmigkeit oder ihr doch wenigstens so ähnlich wie nur irgend möglich, und also die Gerechtigkeit soviel wie Frömmigkeit und Frömmigkeit soviel wie Gerechtigkeit sei. Sieh also zu, ob du mich abhalten willst, so zu antworten oder ob es dich ebenso dünkt? – Dies, sagte er, kommt mir keineswegs so einfach vor, daß ich zugeben müßte, die Gerechtigkeit sei etwas Frommes und die Frömmigkeit etwas Gerechtes, sondern es scheint mir hier ein Unterschied zu bestehen. Doch was liegt daran? sprach er. Wenn du willst, soll uns auch die Gerechtigkeit etwas Frommes und die Frömmigkeit etwas Gerechtes sein. – Das ja nicht! sagte ich. Ich begehre gar nicht, daß sich die Untersuchung auf ein solches „Wenn du willst" und „Wenn du meinst" richte, sondern auf mich und dich. „Auf mich und dich" aber sage ich in der Meinung, daß der Satz dann selbst am besten untersucht werde, wenn man das „Wenn" ganz beiseite läßt. – Allerdings, sprach er, ist ja die Gerechtigkeit der Frömmigkeit einigermaßen ähnlich; denn auch jedes Ding ist jedem Dinge in irgendeiner Hinsicht ähnlich. Sogar das Weiße ist dem Schwarzen in einer Beziehung ähnlich, und das Harte dem Weichen und was sonst einander am meisten entgegengesetzt zu sein scheint, und auch das, wovon wir vorher sagten, jedes habe eine eigene Verrichtung und eines sei nicht wie das andere, die Teile des Gesichtes sind einander doch auch in irgendeiner Hinsicht ähnlich und sind einer wie der andere, so daß du auf diese Art auch das beweisen könntest, wenn du wolltest, daß alles einander ähnlich ist. Aber es ist nicht recht, Dinge, die etwas Ähnliches haben, gleich ähnlich zu nennen, und die etwas Unähnliches haben, unähnlich, auch wenn sie gar wenig Ähnliches und Unähnliches haben. – Darüber verwundert, sagte ich zu ihm: Verhält sich denn bei dir das Gerechte und das Fromme so zueinander, daß es nur ein wenig Ähnliches miteinander hat? – Nicht ganz so, sprach er, aber doch auch nicht so, wie du zu glauben scheinst. – Ei nun, sprach ich, weil dir dieses ungelegen zu sein scheint, wollen wir dies lassen, und von dem, was du sagtest, folgenden andern Punkt in Betracht ziehen.

Du nennst doch Etwas Unverstand? – Er sagte ja. – Ist nicht der gerade Gegensatz dazu die Weisheit? – Mich dünkt es so, sagte er. – Und wenn die Menschen richtig und, wie es heilsam ist, handeln, scheinen sie dir dann besonnen zu sein, wenn sie so handeln oder wenn entgegengesetzt? – Alsdann sind sie besonnen, sagte er. – Nicht wahr, durch die Besonnenheit sind sie besonnen? – Natürlich. – Und nicht wahr, die nicht richtig Handelnden handeln unverständig und sind nicht besonnen, indem sie so handeln? – Das dünkt mich ebenso, sagte er. – Also ist unverständiges Handeln der Gegensatz zu besonnenem Handeln? – Er gab es zu. – Nicht wahr, was unverständig getan wird, wird durch Unverstand, und was besonnen, durch Besonnenheit getan? – Das räumte er ein. – Nicht wahr, wenn etwas mit Stärke getan wird, das wird stark getan, und wenn mit Schwäche, schwach? – So schien es ihm. – Und was mit Schnelligkeit schnell, was mit Langsamkeit langsam. – Er bejahte. – Und also, wenn etwas auf die gleiche Weise getan wird, so ist das die Wirkung der gleichen Eigenschaft, wenn aber auf entgegengesetzte Weise der entgegengesetzten? – Er stimmte bei. – Wohlan, sagte ich, gibt es etwas Schönes? – Er räumte es ein. – Und ist diesem noch irgend etwas entgegengesetzt außer dem Häßlichen? – Nein. – Und wie, gibt es etwas Gutes? – Ja. – Ist diesem etwas entgegengesetzt außer dem Bösen? – Nein. – Und wie, gibt es etwas Hohes in der Stimme? – Er bejahte es. – Diesem ist doch nichts anderes entgegengesetzt außer dem Tiefen? – Nein, sagte er. – Also, sprach ich, jeder einzelne von diesen Gegensätzen hat nur einen einzigen Gegensatz und nicht mehrere? – Dem stimmte er zu. – Wohlan, sprach ich, laß uns zusammenrechnen, was wir zugestanden haben. Haben wir zugestanden, daß es zu jedem Einzelnen nur einen Gegensatz gibt und nicht mehrere? – Das haben wir zugestanden. –

Und daß, was auf entgegengesetzte Art getan wird, auch die Wirkung von Entgegengesetztem ist? – Er bejahte. – Und haben wir zugestanden, daß, was unverständig getan wird, auf entgegengesetzte Art getan wird, als was besonnen? – Er bejahte es. – Und daß, was besonnen getan wird, durch Besonnenheit verrichtet wird, was aber unverständig, durch Unverstand? – Er räumte es ein. – Also, da es auf entgegengesetzte Art getan wird, muß es auch durch Entgegengesetztes bewirkt werden? – Ja. – Es wird aber das eine durch Besonnenheit und das andere durch Unverstand bewirkt? – Ja. – Auf entgegengesetzte Art? – Freilich. – Also auch durch Entgegengesetztes? – Ja. – Also ist der Unverstand der Gegensatz zur Besonnenheit? – Das ist klar. – Erinnerst du dich wohl, daß im vorigen von uns zugestanden war, der Unverstand sei der Gegensatz zur Weisheit? – Das gab er zu. – Und daß jedes Einzelne nur Einen Gegensatz habe? – Ja. – Welchen von unseren beiden Sätzen wollen wir nun fallen lassen, Protagoras? Den, daß es zu jedem Einzelnen nur Einen Gegensatz gebe, oder den anderen, mit dem behauptet wurde, die Weisheit sei etwas anderes als die Besonnenheit, beide seien Teile der Tugend, und außerdem, jede sei etwas anderes und sie seien einander unähnlich, sie selbst und ihre Verrichtungen, wie die Teile des Gesichts? Welchen von beiden Sätzen wollen wir nun fallen lassen? Denn zugleich können diese beiden Sätze unmöglich in Einklang gebracht werden, denn sie stimmen nicht zusammen und harmonieren nicht. Wie sollten sie auch zusammenstimmen, wenn doch jedes Einzelne nur Einen Gegensatz haben kann und nicht mehrere, es sich aber herausgestellt hat, daß es zu dem Unverstand, der doch ein Einzelnes ist, zwei Gegensätze gibt: die Besonnenheit und die Weisheit? Ist es so, Protagoras, fragte ich, oder anders, wie? – Er gab es sehr ungern zu. – So wären diese also wohl Eins, die Besonnenheit und die Weisheit? Vorher aber zeigten sich uns die Gerechtigkeit und die Frömmigkeit fast als dasselbe? Wohlan denn, Protagoras, sprach ich, laß uns nicht müde werden, sondern nun das übrige auch noch durchnehmen . . .

So sage ich dir denn, Sokrates, sprach er, diese alle (Weisheit, Besonnenheit, Gerechtigkeit, Frömmigkeit) sind freilich Teile der Tugend, und die vier anderen sind einander auch sehr ähnlich, die Tapferkeit aber ist von ihnen allen gar sehr verschieden. Daß ich aber recht habe, kannst du hieraus erkennen. Du wirst nämlich viele Menschen finden, welche sehr ungerecht sind und sehr ruchlos, sehr zuchtlos und sehr unverständig, unwissend, aber hervorragend tapfer. – Halt doch, sagte ich, denn was du da sagst, ist wohl wert, daß wir es betrachten. Nennst du die Tapferen kühn oder etwas anderes? – Und Draufgänger, sagte er, bei Dingen, auf die loszugehen die meisten Leute sich fürchten. – Weiter! Du sagst doch, die Tugend sei etwas Schönes, und du bietest dich als ihren Lehrer an, weil sie etwas Schönes sei. – Und zwar das Schönste allerdings, sagte er, wenn ich anders nicht von Sinnen bin. – Ist nun wohl etwas an ihr häßlich, anderes aber schön, oder ist sie durchweg etwas Schönes? – Sie ist durchweg etwas Schönes, im höchsten denkbaren Grade. – Kennst du wohl Leute, die kühn in die Zisternen tauchen? – Jawohl, die Taucher. – Tun sie das, weil sie es verstehen, oder aus einem anderen Grunde? – Weil sie es verstehen. – Und wer ficht im Kriege kühn zu Pferde? die Reiter oder die Unberittenen? – Die Reiter. – Und wer mit leichten Schilden?[1] die Leichtbewaffneten oder andere? – Jene, sagte er, und überhaupt sind auch in allen andern Dingen, wenn du darauf hinaus willst, die, die sie verstehen, kühner als die, die sie nicht verstehen, und nachdem sie sie gelernt haben, kühner, als sie waren, ehe sie sie gelernt hatten. – Hast du auch schon Leute gesehen, fragte ich, die alle diese Dinge nicht verstanden und doch in dem allem kühn waren? – O ja, sagte er, und sogar sehr kühn. – Sind wohl diese Kühnen auch tapfer? – Dann wäre ja, sagte er, die Tapferkeit etwas sehr Häßliches, denn diese Leute sind toll. – Was sagst du denn von den Tapfern? sprach ich, nicht, daß sie die Kühnen sind? – Auch jetzt noch, sagte er. – Aber diese, sprach ich, die auf solche Art kühn sind, sind offenbar nicht tapfer, sondern toll? Und vorhin waren die Weisesten auch die Kühnsten, und die Kühnsten auch die Tapfersten? Und so wäre ja nach diesem Satze die Weisheit die Tapferkeit? – Du wiederholst das, was ich gesagt und dir geantwortet habe, nicht richtig, Sokrates, bemerkte er. Auf deine Frage, ob die Tapferen kühn seien, habe ich dies bejaht; ob aber die Kühnen auch tapfer seien, das wurde ich gar nicht gefragt. Denn wenn du mich das gefragt hättest, würde ich gesagt haben, nicht alle. Daß aber die Tapferen nicht kühn seien, und ich diese meine Behauptung mit Unrecht aufgestellt hätte, hast du nirgends erwiesen. Nachher zeigst du, daß Leute, die eine Sache verstehen, darin kühner sind, als sie selbst vorher waren, und so auch kühner als andere, die sie nicht verstehen, und deshalb meinst du nun, sei Weisheit und Tapferkeit dasselbe. Wenn du auf diese Weise zu Werke gehst, könntest du auch auf den Gedanken kommen, Stärke sei Weisheit. Denn wenn du nach dieser Methode mich zuerst fragen würdest, ob die Starken leistungsfähig seien, so würde ich ja sagen, und dann, ob nicht die Leute, die das Fechten verstehen, leistungsfähiger sind als solche, die es nicht verstehen, und auch, nachdem sie es gelernt, leistungsfähiger als sie selbst waren, ehe sie es lernten, so würde ich es ebenfalls bejahen. Nachdem ich nun dieses zugegeben, könntest du dann eben diesen Beweis anwenden und sagen, daß nach meinem Zugeständnis Weisheit Stärke sei. Aber ich gebe ja in diesem Falle keineswegs zu, daß die Leistungsfähigen stark, sondern nur, daß die Starken leistungsfähig sind; denn Leistungsfähigkeit und Stärke ist nicht dasselbe. Denn jene, die Leistungsfähigkeit, kann zwar aus einer Kenntnis entspringen, aber auch aus Tollheit oder Leidenschaft, die Stärke aber beruht auf Naturanlage und guter körperlicher Ausbildung. Ebensowenig gebe ich auch jetzt zu, daß Kühnheit und Tapferkeit dasselbe sei. So ergibt sich denn, daß zwar die Tapferen kühn, aber nicht alle Kühnen tapfer sind. Denn Kühnheit kann zwar dem Menschen auch aus einer Kunstfertigkeit entspringen, jedoch ebenso aus Leidenschaft oder Tollheit wie die Leistungsfähigkeit. Tapferkeit aber beruht auf Naturanlage und guter seelischer Ausbildung. –

Sagst du wohl, Protagoras, sprach ich, daß einige Menschen gut leben und andere schlecht? – Er sagte ja. – Dünkt dir nun wohl ein Mensch gut zu leben, wenn er in Kummer und

Schmerz lebt? – Nein. – Wie aber, wenn er nach einem lustvollen Leben seinen Lauf beschließt, dünkt dir dieser nicht gut gelebt zu haben? – Dann wohl, sagte er. – Also lustvoll leben ist gut, ohne Lust leben aber schlimm? – Wenn man nämlich, sagte er, so lebt, daß man am Schönen Vergnügen findet. – Wie doch, Protagoras? Du wirst doch nicht, wie die Menge, einiges Lustvolle schlimm und einiges Widerwärtige gut nennen? Ich meine nämlich, insofern es lustvoll ist, ob es insofern nicht gut ist; nicht wenn etwa anderes daraus entsteht? und auf der andern Seite wiederum ob das Widerwärtige, insofern es widerwärtig, auch schlimm ist? – Ich weiß nicht, Sokrates, sagte er, ob ich so unbedingt, wie du fragst, antworten soll, daß alles Lustvolle gut ist und alles Widerwärtige schlimm. Vielmehr dünkt es mich, nicht nur in Beziehung auf die gegenwärtige Antwort, sondern auch für mein ganzes übriges Leben sicherer, wenn ich antworte, daß es einiges gibt unter dem Lustvollen, was nicht gut, und wiederum unter dem Widerwärtigen einiges, was nicht schlimm ist, anderes, was so ist, und drittens noch anderes, was keins von beiden ist, weder gut noch schlimm. – Lustvoll aber, sprach ich, nennst du doch das, was an Lust teil hat oder Lust bewirkt? – Allerdings, sagte er. – Ich meine nun, ob dies nicht, insofern es lustvoll ist, auch gut ist, womit ich frage, ob nicht die Lust als solche etwas Gutes sei? – Darauf sagte er: Laß uns zusehn, Sokrates, wie du ja immer sagst, und wenn die Untersuchung zur Sache zu gehören scheint und sich zeigt, daß das Lustvolle und das Gute einerlei ist, so wollen wir es einräumen, wo aber nicht, so wollen wir es dann eben bestreiten. – Willst nun, sprach ich, du die Untersuchung führen? oder soll ich sie führen? – Es ist billig, antwortete er, daß du sie führst, denn du leitest ja das Gespräch.

Wohlan denn, Protagoras! enthülle mir von deiner Gesinnung auch noch dieses, was du von der Erkenntnis hältst, ob du auch hierüber so denkst wie die meisten Menschen oder anders? Die meisten nämlich denken von der Erkenntnis ungefähr so, daß sie nichts Starkes, Leitendes und Beherrschendes sei, und sie trauen ihr keine solche Kraft zu, sondern glauben, daß gar oft, wenn auch Erkenntnis im Menschen ist, sie ihn doch nicht beherrscht, sondern irgend sonst etwas, bald der Zorn, bald die Lust, bald der Schmerz, manchmal die Liebe, oft auch die Furcht, so daß sie offenbar von der Erkenntnis denken wie von einem Sklaven, der von allem andern hin und her gezerrt wird. Ist das nun auch deine Ansicht über die Erkenntnis, oder dünkt sie dich etwas Schönes zu sein und imstande, den Menschen zu beherrschen, so daß er, wenn er einmal erkannt hat, was gut und schlimm ist, sich von nichts mehr dazu bewegen läßt, etwas anderes zu tun, als was die Erkenntnis ihn heißt, sondern daß seine Einsicht stark genug ist, ihm zu helfen? – So dünkt es mich, antwortete er, wie du jetzt sagst, Sokrates, und zudem wäre es, wenn für irgendeinen anderen, gewiß auch für mich unziemlich, zu behaupten, daß Weisheit und Erkenntnis nicht das Mächtigste wäre unter allem Menschlichen. – Wohlgesprochen von dir, sagte ich, und sehr wahr. Du weißt aber doch, daß die meisten Menschen mir und dir nicht glauben, sondern sie sagen, daß viele, welche das Bessere sehr gut erkennen, es doch nicht tun wollen, obgleich sie könnten, sondern etwas anderes tun. Und so viele ich gefragt, was denn die Ursache hievon sei, haben mir alle gesagt, von der Lust oder dem Schmerz oder irgendeinem anderen der vorhin genannten Affekte bezwungen, täten die das, die es tun. – Die Leute, Sokrates, sagen doch auch sonst noch viel Unrichtiges. – Wohlan denn, so versuche mit mir die Leute zu überzeugen und zu belehren, was für ein Zustand das ist, was sie „der Lust erliegen" nennen und wobei man dann das Bessere nicht tue, obgleich man es erkenne.

Ich glaube nämlich, daß uns dies etwas helfen wird, um zu entdecken, wie sich die Tapferkeit eigentlich zu den übrigen Teilen der Tugend verhalte . . .

Ich würde also zu ihnen sagen: Hört denn! Protagoras und ich, wir wollen versuchen, es euch zu erklären. Ihr meint doch damit nichts anderes, als was euch z. B. begegnet, wenn ihr von Speise, Trank und Liebe als von lustvollen Dingen bezwungen euch solchem Tun hingebt, obwohl ihr erkennt, daß es schlecht ist? – Das würden sie bejahen. – Nicht wahr, dann würden wir sie wieder fragen, ich und du: Aber inwiefern sagt ihr, daß diese Dinge schlecht sind? etwa ebendeshalb, weil sie diese Lust für den Augenblick gewähren und also jedes für sich lustvoll ist? oder weil sie in der Folgezeit Krankheit und Armut und andere schlimme Folgen nach sich ziehen? Oder sollten sie auch, wenn sie nichts dergleichen zur Folge haben, sondern nur Vergnügen machen, dennoch etwas Schlimmes sein, gleichviel weshalb und wie sie Vergnügen bereiten? Sollen wir glauben, Protagoras, daß sie uns etwas anderes antworten werden, als diese Dinge wären nicht wegen der Lust, welche sie für den Augenblick gewähren, schlimm, sondern allerdings wegen der hernach entstehenden Krankheiten und sonstigen Folgen? – Ich glaube, sagte Protagoras, daß die Leute so antworten werden. – Und was Krankheit bringt, bringt Widerwärtigkeiten, was Armut bringt, bringt Unlust? Das würden sie zugeben, denke ich? – Protagoras war auch der Meinung. – Also scheinen euch, ihr Leute, wie ich und Protagoras behaupten, diese Dinge aus keiner andern Ursache schlimm zu sein, als weil sie selbst in Widerwärtigkeiten auslaufen und euch anderer Lust berauben? Das würden sie doch zugeben? – So schien es uns beiden. – Wenn wir sie nun auch nach dem Entgegengesetzten fragten: Ihr Leute, die ihr wiederum sagt, daß manches Widerwärtige gut ist, meint ihr damit nicht dergleichen wie die anstrengenden Leibesübungen, die Feldzüge, die Behandlungen der Ärzte mit Brennen und Schneiden, Arzneinehmen und Fasten, daß dergleichen gut ist, aber widerwärtig? so würden sie das bejahen? – So schien es ihm auch. – Ob ihr sie nun wohl deshalb gut nennt, weil sie für den Augenblick die heftigsten Qualen und Schmerzen verursachen? oder weil in der Folge Gesundheit daraus entsteht und Wohlbefinden des Körpers und Rettung der Staaten und sonst Herrschaft und Reichtum? Sie würden das letztere bejahen, wie ich glaube. – Er glaubte es ebenfalls. – Sind also diese Dinge aus einem andern Grunde gut, als deswegen, weil sie in Lust auslaufen oder in Beseitigung und Abwendung von Schmerzen? oder habt ihr ein anderes Ziel anzugeben, in Beziehung auf welches ihr sie gut nennt, als eben Lust oder Schmerz? Ich glaube, sie werden kein anderes angeben. – Auch ich glaube nicht, sagte Protagoras. – Also jaget ihr doch der Lust nach als dem Guten, und den Schmerz flieht ihr als das Schlimme? – So dünkte es ihn auch. – Dies also haltet ihr eigentlich für schlimm, den Schmerz, und die Lust für gut... Wenn sich dies so verhält, so wird der Satz lächerlich, den ihr da aussprecht, daß oftmals der Mensch, obgleich er das Schlimme als solches erkenne, es dennoch tue, unerachtet ihm freistände, es nicht zu tun, weil er von der Lust getrieben und fasziniert wird; und ebenso eure Behauptung, daß der Mensch, obwohl er das Gute erkenne, es dennoch nicht zu tun pflege, der augenblicklichen Lust wegen und von dieser überwunden.

Denn, wenn uns nun jemand fragt: Warum denn? so werden wir sagen, weil er überwunden ist. Wovon denn? wird uns jener fragen; wir aber dürfen nicht mehr sagen: Von der Lust, denn die Sache hat nun einen andern Namen bekommen, und statt Lust heißt sie Gutes. Wir antworten also jenem und sagen: Weil er überwunden ist. Wovon denn? fragt er. Von dem Guten, werden wir beim Zeus sagen müssen. Ist nun der, welcher uns fragt, ein Spötter, so wird er lachen und sagen: das ist doch wahrhaftig eine lächerliche Sache, was ihr da sagt, daß ein Mensch das Schlimme, obgleich er erkennt, daß es schlimm ist, und obgleich er es nicht tun muß, dennoch tut, weil er vom Guten überwunden ist! Von einem Guten, wird er fragen, welches stark oder welches nicht stark genug war, jenes Böse zu überwinden? Offenbar werden wir zur Antwort sagen müssen: Von einem, welches dazu nicht stark genug war.

Wenn nun jemand sagen wollte: Aber, Sokrates, ein großer Unterschied ist doch auch zwischen dem augenblicklich Lustvollen und dem erst für die künftige Zeit Lustvollen und Unangenehmen, so werde ich ihn fragen: Liegt er in etwas anderem als in Lust und Schmerz? Keineswegs in etwas anderem. Sondern wie ein des Abwägens Kundiger lege das Lustvolle und das Schmerzliche, das Entfernte und das Nahe auf der Waage zusammen und sage dann, welches von beiden mehr ist. Denn wenn du Lustvolles gegen Lustvolles abwägst, mußt du immer das Mehrere und Größere nehmen, wenn Schmerzliches gegen Schmerzliches, das Kleinere und Geringere.

Da sich nun gezeigt hat, daß das Heil unseres Lebens auf der richtigen Auswahl von Lust und Schmerz beruht, eines Mehr oder Weniger, eines größeren oder kleineren Maßes, sei es nun näher oder ferner, stellt sich dann dies Wählen nicht als ein Messen heraus, das Überschuß, Untermaß und Gleichheit gegenseitig zu untersuchen hat? – Notwendig ja. – Und wenn es ein Messen ist, so ist es notwendig eine Wissenschaft und Erkenntnis.

Wenn nun das Lustvolle gut ist, so wird ja niemand, er wisse nun oder glaube nur, daß es etwas Besseres, als er tut, und auch ihm Mögliches gibt, noch jenes tun, da das Bessere in seiner Macht steht; und dieses „zu schwach sein gegen sich selbst" ist also nichts anderes als Unwissenheit, und das „sich selbst beherrschen" nichts anderes als Weisheit. – Dem gaben alle Beifall. – Wie nun? nennt ihr das Unwissenheit, über sehr wichtige Dinge falsche Meinungen zu haben und sich zu täuschen? – Auch dem stimmten alle bei. – Ist es nicht auch so, daß niemand aus freier Wahl dem Schlimmen nachgeht oder dem, was er für schlimm hält? und daß das, wie es scheint, gar nicht in der Natur des Menschen liegt, dem nachgehn zu wollen, was er für schlimm hält anstatt des Guten; wenn er aber gezwungen wird, von zwei Übeln eins zu wählen, so wird niemand das größere wählen, wenn er das kleinere wählen kann? – Darin waren wir alle einig. – Ist das Gesagte richtig, wird dann irgendein Mensch auf das losgehen, wovor er sich fürchtet, wenn er die Möglichkeit hat, sich einer Sache zuzuwenden, bei der das nicht der Fall ist? Ist das nicht nach dem, was wir zugegeben haben, unmöglich? Denn wovor sich jemand fürchtet, das hält er zugegebenermaßen für etwas Schlimmes. Was man aber für schlimm hält, auf das wird man nicht losgehen, noch es freiwillig ergreifen. – Auch damit waren alle einverstanden.

Wohl denn, Protagoras, sprach ich, sage uns, worauf meinst du denn, daß die Tapferen so losgehen? etwa auf das nämliche, worauf auch die Feigen? – Nein, sagte er. – Also auf etwas anderes? – Ja, sagte er. – Gehen etwa die Feigen auf das Ungefährliche los, die Tapferen aber auf das Gefährliche? – So sagen die Leute, Sokrates, antwortete er.

Aber auf das, wozu man Mut hat, geht wieder jedermann los, die Feigen wie die Tapferen, und insofern wenigstens gehen also beide auf dasselbe los, die Feigen und die Tapferen. – Aber dennoch, sagte er, sind das ganz entgegengesetzte Dinge, Sokrates, worauf die Feigen und worauf die Tapferen losgehen. Gleich zum Beispiel in den Krieg wollen die einen sehr leicht gehen, die anderen wollen nicht. – Ist es schön, in den Krieg zu gehen, oder häßlich? – Schön, sagte er. – Wenn also schön, sprach ich, dann auch gut, wie wir schon zugegeben haben. Und, sprach ich, wenn es schön und gut ist, wird es auch lustvoll sein? – Das ist wenigstens eingeräumt worden, sagte er. – Wissentlich also wollen die Feigen doch nicht hingehen nach dem Schöneren, Besseren und Lustvolleren? – Mit diesem Geständnis, sagte er, würden wir unsere früheren Zugeständnisse zunichte machen. – Und wie der Tapfere, fragte ich, geht der nicht nach dem Schöneren, Besseren und Lustvolleren? – Notwendig, sagte er, ist das anzunehmen. – Also überhaupt, wenn die Tapferen sich fürchten, ist das keine häßliche Furcht, und wenn sie kühn sind, ist das keine häßliche Kühnheit? – Ganz recht, sagte er. – Und wenn nicht häßlich, ist dann beides nicht schön? – Das gab er zu. – Und wenn schön, auch gut? – Ja. – Werden also nicht im Gegenteil die Feigen und Verwegenen und Tollkühnen sich in häßlicher Weise fürchten und in häßlicher Weise kühn sein? – Das gab er zu. – Und kann sich wohl ihre Kühnheit auf das Schimpfliche und Schlimme aus einem anderen Grunde richten als aus Unkenntnis und Unwissenheit? – So muß es sich verhalten, sagte er. – Und wie? dasjenige, wodurch die Feigen feig sind, nennst du das Feigheit oder Tapferkeit? – Feigheit, versteht sich, sagte er. – Und haben wir nicht gesehen, daß sie eben durch die Unkenntnis dessen, was gefährlich ist, feige sind? – Allerdings, sprach er. – Also durch diese Unkenntnis sind sie feige? – Er gab es zu. – Und wodurch sie feige sind, das räumst du ein, ist die Feigheit? – Er sagte ja. – Also wäre ja wohl die Unkenntnis dessen, was gefährlich ist, und was nicht, die Feigheit? – Er nickte zu. Aber der Feigheit, sagte ich, ist doch die Tapferkeit entgegengesetzt? – Er bejahte es. – Ist nun nicht die Kenntnis von dem, was gefährlich ist und was nicht, der Unkenntnis darin entgegengesetzt? – Auch hier nickte er noch zu. – Und die Unkenntnis davon war die Feigheit? – Hier nickte er nur mit großer Mühe noch zu. – So ist demnach das Wissen von dem, was gefährlich ist und was nicht, die Tapferkeit, weil sie der Unkenntnis davon entgegengesetzt ist. – Darauf wollte er mir nun nicht einmal mehr zunicken und schwieg ganz still.

Der jetzige Ausgang unseres Gesprächs, sagte ich, scheint mir ordentlich wie ein Mensch uns anzuklagen und auszulachen und, wenn er reden könnte, sagen zu wollen: Ihr seid wunderliche Leute, Sokrates und Protagoras! Du, der du im vorigen behauptest, die Tugend sei nicht lehrbar, dringst jetzt auf das, was dir zuwider ist, indem du zu zeigen suchst, daß alles Erkenntnis ist, die Gerechtigkeit, die Besonnenheit und die Tapferkeit, auf welche Weise denn die Tugend am sichersten als lehrbar erscheinen würde. Denn wenn die Tugend etwas anderes wäre als Erkenntnis, wie Protagoras zu behaupten unternahm, so wäre sie sicherlich nicht lehrbar. Jetzt aber, wenn sie sich als Erkenntnis offenbaren wird, worauf du dringst, Sokrates, wäre es ganz wunderbar, wenn sie nicht lehrbar sein sollte. Protagoras wiederum, der damals annahm, sie sei lehrbar, scheint jetzt das Gegenteil zu betreiben, daß sie eher fast alles andere sein soll, nur nicht Erkenntnis, und so wäre sie doch am wenigsten lehrbar. Ich nun, Protagoras, indem ich zusehe, wie schrecklich uns dieses alles durcheinandergeschüttelt wird, das Unterste zuoberst, bin voll Eifers, die Sache zur Klarheit zu bringen, und ich wünschte, nachdem wir dies durchgegangen, könnten wir auch weiter zurückgehen auf die Tugend selbst, was sie wohl ist, und dann wieder diese Untersuchung aufs neue anfangen.

GORGIAS

Wieder eine Bildungs- und Erziehungsfrage: Reicht die Rhetorik als Bildungsmittel aus? Die Verneinung dieser Frage führt weiter zu dem tieferen Problem: Wie soll man leben? Die Art seiner Lösung zeigt, daß Platon inzwischen mit dem Pythagoreismus bekannt geworden ist und an die Stelle der rein intellektualistischen Ethik (Tugend ist Erkenntnis) eine metaphysisch begründete setzt. Das Böse erscheint nicht mehr als Irrtum, sondern als eine im leiblich-seelischen Wesen des Menschen wurzelnde Krankheit. Im letzten Grunde geht der Kampf um die Unbedingtheit des Sittlich-Guten, dem daher Politik, Musik und Dichtung ohne jede Einschränkung untergeordnet werden. Ein Ausblick auf die Schicksale der Seele im Jenseits schließt den Dialog.

Sokrates: Wohlan, du sagst, du verstehst dich auf die Redekunst und auch darauf, andere zum Redner zu machen. Was ist nun also der Gegenstand der Redekunst, wie die Herstellung von Kleidern der der Webekunst?
Gorgias: Reden.
Sokrates: Worüber? Was ist der Gegenstand, von dem diese Reden handeln, mit denen sich die Redekunst befaßt?
Gorgias: Das höchste und vornehmste unter den menschlichen Dingen.
Sokrates: So antworte mir denn: was ist das, was, wie du sagst, das höchste Gut für die Menschen ist und worin du Meister sein willst?
Gorgias: Was auch in der Tat das größte Gut ist, Sokrates, und kraft dessen die Menschen sowohl selbst frei sind als auch über andere herrschen, jeder in seiner Stadt.
Sokrates: Was meinst du doch eigentlich hiemit?
Gorgias: Wenn man durch Worte zu überzeugen imstande ist, sowohl vor Gericht die Richter als in der Ratsversammlung die Ratsherren und in der Volksversammlung das Volk und so in jeder anderen politischen Versammlung, die stattfindet. Denn hast du dies in deiner Gewalt, so wird der Arzt dein Knecht sein, der Turnmeister dein Knecht sein, und auch bei dem Bankier wird sich zeigen, daß er für andere erwirbt und nicht für sich, sondern für dich, der du verstehst zu sprechen und die Menge zu überzeugen.
Sokrates: Nun, Gorgias, dünkst du mir aufs genaueste erklärt zu haben, für was für eine Kunst du die Redekunst hältst; und wenn ich anders etwas verstehe, so sagst du, der Überzeugung Meisterin sei die Redekunst und ihr ganzes Geschäft und Wesen laufe hierauf hinaus. Oder weißt du noch etwas Weiteres zu sagen, was die Redekunst vermöge, als Überzeugung in der Seele des Hörenden zu bewirken?
Gorgias: Keineswegs, Sokrates, sondern du scheinst sie mir vollständig erklärt zu haben. Denn dies ist an ihr die Hauptsache.

Sokrates: Welcher Art ist denn nun die Überzeugung und was ist der Gegenstand der Überzeugung, die die Redekunst hervorbringt?
Gorgias: Ich meine: sie ist Meisterin der Überzeugung vor Gericht und in sonstigen Massenversammlungen und ihr Gegenstand ist das Gerechte und Ungerechte.
Sokrates: Scheint dir Wissen und Glauben dasselbe zu sein oder etwas Verschiedenes?
Gorgias: Etwas Verschiedenes, meine ich.
Sokrates: Willst du also, daß wir zwei Arten von Überzeugung annehmen, die eine, die Glauben verleiht ohne Wissen, die andere aber Wissen?
Gorgias: Jawohl.
Sokrates: Welche von diesen beiden Arten von Überzeugung erweckt nun die Redekunst vor Gericht und in sonstigen Massenversammlungen hinsichtlich des Gerechten und Ungerechten? Die, aus der sich ein Glaube ergibt ohne Wissen, oder die, aus der sich ein Wissen ergibt?
Gorgias: Offenbar die, Sokrates, aus der sich ein Glaube ergibt.
Sokrates: Also ist die Redekunst, wie es scheint, Meisterin einer Überzeugung, welche Glauben erweckt, nicht aber belehrt, und zwar über das Gerechte und Ungerechte.
Gorgias: Ja.

Sokrates: Wohl, ich will versuchen, zu erklären, was mir die Redekunst zu sein scheint. Du nennst doch etwas Leib und Seele?
Gorgias: Wie sollte ich nicht.
Sokrates: Und glaubst auch, daß es ein Wohlbefinden gibt für jedes von diesen beiden?
Gorgias: Auch das.
Sokrates: Wie aber? auch ein scheinbares Wohlbefinden, das keines ist? Ich meine dergleichen: Viele haben das Ansehn, sich ganz wohl zu befinden dem Leibe nach, denen nicht leicht jemand anmerken würde, daß sie sich nicht wohl befinden, außer ein Arzt etwa und einer von den Turnverständigen.
Gorgias: Ganz recht.

Sokrates: Es gibt also, sage ich, etwas Derartiges im Leib und in der Seele, das bewirkt, daß Leib oder Seele sich wohl zu befinden scheint, ohne daß dies doch wirklich der Fall wäre.
Gorgias: Das gibt es.
Sokrates: Wohlan denn, wenn ich kann, will ich dir nun deutlicher zeigen, was ich meine. Für diese zwei Dinge setze ich zwei Wissenschaften und nenne die für die Seele Staatswissenschaft; die aber für den Leib kann ich dir nicht so als eine benennen, sondern ich sage, daß die Sorge für den Leib wieder zwei Teile habe, deren einen die Gymnastik, den andern die Medizin bildet. In der Staatswissenschaft entspricht der Gymnastik die Gesetzgebung, der Medizin die Rechtspflege. So haben je zwei von diesen, weil sie sich auf denselben Gegenstand beziehen, etwas miteinander gemein, die Medizin mit der Gymnastik und die Rechtspflege mit der Gesetzgebung, doch aber sind sie auch wieder verschieden. Diese vier nun, welche immer mit Hinsicht auf das Beste die Angelegenheiten, jene beiden des Leibes, diese beiden der Seele besorgen, bemerkt nun die Schmeichelei; nicht sie erkennt sie, sage ich, sondern sie spürt und trifft sie nur, teilt sich nun selbst in vier Teile, verkleidet sich in jene Teile und stellt sich nun an, dasjenige zu sein, worin sie sich verkleidet; sie kümmert sich nicht um das Beste, sondern fängt durch das jeweils Angenehmste den Unverstand und hintergeht ihn so, daß sie ihm von höchstem Werte zu sein scheint. In die Heilkunst nun verkleidet sich die Kochkunst und stellt sich an zu wissen, welches die besten Speisen sind für den Leib, so daß, wenn vor Kindern und auch vor Männern, die so unverständig wären wie die Kinder, ein Arzt und ein Koch, sich um den Vorzug streiten sollten, wer von beiden sich auf heilsame und schädliche Speisen verstände, der Arzt oder der Koch, könnte der Arzt Hungers sterben. Schmeichelei nun nenne ich das, und behaupte, es sei etwas Häßliches, weil es auf das Angenehme abzielt und nicht auf das Beste. Daß das aber eine Wissenschaft sei, bestreite ich und nenne es nur eine Technik, weil sie keine Einsicht hat in das, was sie anwendet, was es seiner Natur nach ist; und also den Grund von einem jeden nicht anzugeben weiß; ich aber kann nichts Wissenschaft nennen,

was eine unverständige Sache ist. Und bist du etwa hierüber anderer Meinung, so will ich dir Rede stehen. In die Medizin also, wie gesagt, verkleidet sich die kochkundige Schmeichelei, in die Gymnastik aber auf eben die Weise die putzkundige, die gar verderblich ist und betrügerisch, unedel und unanständig, und durch Gestalten und Farben und Glätte und Kleidung die Menschen so betrügt, daß sie sie veranlaßt, fremde Schönheit herbeizuziehen und die eigene, die die Gymnastik bewirkt, zu vernachlässigen. Um nun nicht zu weitläufig zu werden, will ich es dir ausdrücken wie die Mathematiker; denn nun wirst du ja wohl schon folgen können, nämlich daß wie die Putzkunst zur Gymnastik, so die Sophistik zur Gesetzgebung, und wie die Kochkunst zur Medizin, so die Rhetorik zur Rechtspflege sich verhält. Die Rhetorik ist also das Gegenstück zur Kochkunst: was diese für den Leib, das ist jene für die Seele.

Sokrates: Denkst du denn, daß die Menschen das wollen, was sie jedesmal tun? oder vielmehr jenes, um des willen sie das tun, was sie tun? Wie etwa Leute, die die Arznei einnehmen von den Ärzten, denkst du, daß die das wollen, was sie tun, Arznei nehmen und Schmerzen haben, oder jenes das Genesen, um deswillen sie sie nehmen?
Polos[1]*:* Offenbar das Genesen, um deswillen sie die Arznei nehmen.
Sokrates: Gibt es wohl etwas, das nicht entweder gut wäre oder übel, oder zwischen beiden, weder gut noch übel?
Polos: Eins davon muß jedes sein, Sokrates.
Sokrates: Sagst du nun nicht, daß gut die Weisheit ist und die Gesundheit und der Reichtum, und das übrige der Art, übel aber das Gegenteil hievon?
Polos: Allerdings.
Sokrates: Ist es nun nicht eben so mit allem, wenn jemand etwas um eines andern willen tut, so will er nicht das, was er tut, sondern das, um deswillen er es tut?
Polos: Ja.
Sokrates: Weder gut noch übel aber meinst du sei dergleichen, was bisweilen mit dem Guten zusammenhängt, bisweilen mit dem Übel, bisweilen mit keinem von beiden? wie Sitzen und

Gehen, Laufen und Schiffen; und wiederum wie Stein und Holz und anderes dergleichen. Meinst du nicht dies? Oder nennst du etwas anderes weder gut noch übel?
Polos: Nein, sondern dieses.
Sokrates: Tun sie nun etwa dies Mittlere um des Guten willen, wenn sie es tun, oder das Gute um des Mittleren willen?
Polos: Das Mittlere doch wohl um des Guten willen.
Sokrates: Nach dem Guten also trachten wir mit dem Gehen, wenn wir gehen, in der Meinung, daß es besser sei, und ebenso mit dem Gegenteil, dem Stehen, wenn wir stehen? Zu demselben Zweck, dem des Guten, tun wir das oder nicht?
Polos: Ja.

Sokrates: So sage mir denn, damit du es erfahrest, wie wenn ich dich von Anfang an fragte, welches von beiden, Polos, scheint dir schlimmer zu sein, das Unrechttun oder das Unrechtleiden?
Polos: Mir das Unrechtleiden.
Sokrates: Wie aber nun, welches von beiden häßlicher, das Unrechttun oder das Unrechtleiden? Antworte!
Polos: Das Unrechttun.
Sokrates: Also auch schlimmer, wenn häßlicher.
Polos: Keineswegs das.
Sokrates: Ich verstehe. Du hältst dies nicht für einerlei, Schönes und Gutes und Schlimmes und Häßliches.
Polos: Freilich nicht.
Sokrates: Wie steht es aber damit? Alles Schöne, wie Körper, Farben, Gestalten, Töne, Handlungen, nennst du das so ohne irgendeine Beziehung auf etwas schön? Wie, zuerst schöne Körper, nennst du die nicht entweder in Beziehung auf den Gebrauch schön, wozu jeder nützlich ist? oder in Beziehung auf eine Lust, wenn sie beim Anschauen den Anschauenden ergötzen? Weißt du noch außer diesem etwas anzugeben über die Schönheit der Körper?
Polos: Nein.
Sokrates: Und nennst du nicht ebenso alles andere, Gestalten und Farben entweder einer Lust wegen schön oder eines Nutzens wegen, oder beider?

Polos: Ich gewiß.

Sokrates: Nicht auch die Töne und alles, was zur Tonkunst gehört, ebenso?

Polos: Ja.

Sokrates: Und gewiß, auch was in Gesetzen und Handlungsweisen schön ist, ist es nicht außerhalb dieser Beziehung, daß es entweder nützlich ist oder angenehm oder beides?

Polos: Mir wenigstens dünkt es nicht.

Sokrates: Ebenso ist es wohl auch mit der Schönheit der Erkenntnisse?

Polos: Freilich, und sehr schön, Sokrates, bestimmst du jetzt das Schöne, indem du es durch die Lust und das Gute bestimmst.

Sokrates: Also das Häßliche im Gegenteil durch Unlust und Übel?

Polos: Notwendig.

Sokrates: Wenn also von zwei Dingen eins schöner ist, so ist es dies, weil es entweder an einem von jenen beiden oder an beiden das andere übertrifft, entweder an Lust oder an Nutzen oder an beiden?

Polos. Gewiß.

Sokrates: Und ist von zwei häßlichen das eine häßlicher, so wird es, weil es entweder an Unlust oder Übel das andere übertrifft, häßlicher sein. Oder folgt dies nicht?

Polos: Ja.

Sokrates: Wohl denn, was wurde eben gesagt über das Unrechttun und Unrechtleiden? Sagtest du nicht, das Unrechtleiden wäre zwar schlimmer, das Unrechttun aber häßlicher?

Polos: Das sagte ich.

Sokrates: Wenn also das Unrechttun häßlicher ist als das Unrechtleiden, so ist es entweder unlustiger und wäre wegen eines Übermaßes von Unlust häßlicher, oder von Übel, oder von beiden. Folgt nicht auch dies notwendig?

Polos: Wie sollte es nicht?

Sokrates: Zuerst laß uns sehen, tut etwa das Unrechttun es an Unlust dem Unrechtleiden zuvor? und haben die Unrechttuenden mehr Schmerz als die Unrechtleidenden?

Polos: Das wohl keineswegs, o Sokrates.

Sokrates: An Unlust also übertrifft es jenes nicht?

Polos: Wohl nicht.

Sokrates: Also wenn nicht an Unlust, dann auch nicht mehr an beidem?

Polos: Nein, wie sich zeigt.

Sokrates: Es bleibt also nur noch übrig an dem andern von beiden.

Polos: Ja.

Sokrates: Dem Übel.

Polos: So scheint es.

Sokrates: Übertrifft es aber jenes an Übel, so wäre ja das Unrechttun übler als das Unrechtleiden.

Polos: Offenbar.

Sokrates: War aber nicht von den meisten und auch von dir im vorigen zugegeben worden, das Unrechttun sei häßlicher als das Unrechtleiden?

Polos: Ja.

Sokrates: Nun aber hat es sich doch als übler gezeigt.

Polos: So scheint es.

Sokrates: Würdest du also lieber das Üblere sowohl als Häßlichere wählen, als das, was beides weniger ist? Zögere nicht, zu antworten, Polos, denn es wird dir nichts zuleide geschehen, sondern gib dich nur beherzt der Rede wie dem Arzte hin und antworte und bejahe entweder oder verneine, was ich frage.

Polos: Ich würde es also nicht wählen, Sokrates.

Sokrates: Etwa irgend sonst jemand?

Polos: Nein, dünkt mir, wenigstens nach dieser Auffassung.

Sokrates: Recht also hatte ich, daß weder ich noch du, noch sonst ein Mensch lieber würde Unrecht tun wollen als Unrecht leiden; denn es ist übler.

Polos: So zeigt es sich . . .

Sokrates: Nächstdem laß uns nun das, worüber wir zweitens uneinig waren, in Betracht ziehn: Wenn man Unrecht getan, ist dann Strafe leiden das größte aller Übel, wie du meintest, oder ein größeres, sie nicht zu leiden, wie ich meinesteils meinte? Überlegen wir es aber so. Strafe leiden und rechtmäßig gezüchtigt werden für begangenes Unrecht, ist dir dies beides einerlei?

Polos: Gewiß.

Sokrates: Kannst du nun wohl sagen, daß nicht alles Gerechte auch schön ist, sofern es gerecht ist? Überlege es wohl und sprich.
Polos: Das dünkt mir allerdings, Sokrates.
Sokrates: Bedenke auch dies. Wenn jemand etwas tut, muß dann nicht notwendig auch etwas dasein, das durch dieses Tun etwas erleidet? Ich meine nämlich so, wenn jemand schlägt, wird notwendig etwas geschlagen.
Polos: Notwendig.

Sokrates: Sieh also zu, ob du im allgemeinen, was ich eben sagte, von allem zugibst, daß einem Tun immer auch ein Leiden entspricht.
Polos: Das gebe ich zu.
Sokrates: Dieses nun zugestanden, ist das Gestraftwerden ein Leiden oder ein Tun?
Polos: Notwendig, Sokrates, ein Leiden.
Sokrates: Also durch ein Tun?
Polos: Wie sonst? Durch Strafe.
Sokrates: Und der richtig Strafende straft gerecht?
Polos: Ja.
Sokrates: Tut er daran recht oder nicht?
Polos: Er handelt gerecht.
Sokrates: Also der Gestrafte, dem Recht widerfährt, leidet Gerechtes.
Polos: Offenbar.
Sokrates: Das Gerechte aber, haben wir zugestanden, sei auch schön.
Polos: Allerdings.
Sokrates: Von diesen also tut der eine Schönes, der andere aber, der Gezüchtigte, leidet es?
Polos: Ja.
Sokrates: Wenn aber Schönes, dann auch Gutes, denn es ist nämlich entweder angenehm oder nützlich?
Polos: Notwendig.
Sokrates: Gutes also leidet der, dem sein Recht widerfährt.
Polos: So scheint es.
Sokrates: Vorteil also erlangt er?
Polos: Ja.

Sokrates: Etwa den Vorteil, welchen ich mir vorstelle, daß er nämlich der Seele nach besser wird, wenn er doch rechtmäßig gezüchtigt wird?
Polos: Vermutlich.
Sokrates: Von der Schlechtigkeit der Seele also wird der Strafe Leidende entledigt?
Polos: Ja.

Sokrates: Wohin und zu wem führen wir die Kranken?
Polos: Zum Arzte, Sokrates.
Sokrates: Wohin aber die Unrechttuenden und Unbändigen?
Polos: Zum Richter meinst du wohl?
Sokrates: Nicht wahr, damit er sie zur Strafe ziehe?
Polos: So meine ich es.

Sokrates: Ist es nun etwa angenehm, vom Arzte behandelt zu werden, und freuen sich die Leute, welche von ihm behandelt werden?
Polos: Mich dünkt eben nicht.
Sokrates: Aber nützlich ist es. Nicht wahr?
Polos: Ja.
Sokrates: Denn es befreit von einem großen Übel, so daß es wohl lohnt, den Schmerz auszuhalten und dann gesund zu sein.
Polos: Wie sollte es nicht?
Sokrates: Ist nun so, was den Leib betrifft, einer am glücklichsten, wenn er vom Arzt geheilt wird, oder wenn er gar nicht krank geworden ist?
Polos: Offenbar, wenn er gar nicht krank ist.
Sokrates: Denn nicht das war Glückseligkeit, wie es scheint, vom Übel befreit, sondern von vornherein nicht davon betroffen zu werden.
Polos: So ist es.
Sokrates: Und wie? welcher ist der Unglücklichere von zweien, die ein Übel haben, sei es nun am Leibe oder an der Seele? der vom Arzt behandelt und des Übels entledigt wird, oder der nicht vom Arzt behandelt wird, es aber hat.
Polos: Mir scheint, der nicht vom Arzt behandelt wird.

Sokrates: War nun nicht Bestraftwerden die Befreiung von dem größten Übel, der Schlechtigkeit der Seele?
Polos: Das war sie.
Sokrates: Denn die Strafe macht besonnener und gerechter, und sie ist das Heilmittel für die Schlechtigkeit.
Polos: Ja.
Sokrates: Der Glücklichste also ist, wer keine Schlechtigkeit in der Seele hat, da diese sich als das größte Übel gezeigt hat.
Polos: Offenbar.
Sokrates: Der zweite aber ist, der davon befreit wird.
Polos: So scheint es.
Sokrates: Das war aber der, dem man Ermahnungen gibt und Verweise und Strafe.
Polos: Ja.
Sokrates: Am schlechtesten also lebt, wer die Ungerechtigkeit hat und nicht davon befreit wird.
Polos: So kommt es heraus.

Kallikles[2]*:* Sage mir, Chairephon, meint Sokrates dies im Ernst oder im Scherz?
Chairephon: Mir scheint, Kallikles, als sei es ihm ausnehmend Ernst. Doch es ist das beste, ihn selbst zu fragen.
Kallikles: Bei den Göttern, das will ich auch. Sage mir, Sokrates, sollen wir denken, du treibest jetzt Ernst oder Scherz? Denn wenn du es ernstlich meinst und das wahr ist, was du sagst, so wäre ja wohl unser menschliches Leben ganz verkehrt und wir täten in allen Dingen das gerade Gegenteil, wie es scheint, von dem, was wir sollten?

Sokrates: Wundere dich nicht, Kallikles, daß ich dir dies sage, sondern mache, daß die Philosophie, meine Geliebte, aufhöre, es zu sagen. Denn eben sie, lieber Freund, behauptet immer, was du jetzt von mir hörst ... Entweder also widerlege jener das, was ich eben behauptete, daß Unrechttun und nicht dafür Bestraftwerden das ärgste aller Übel sei; oder wenn du dies unwiderlegt läßt, bei dem Hunde, dem Gott der Ägypter, so wird Kallikles niemals mit dir übereinstimmen, o Kallikles, sondern es wird einen Mißklang in dir geben das ganze Leben hindurch. Und ich wenigstens, mein Bester, bin der Meinung, daß lieber meine Lyra verstimmt sein und einen Mißklang geben möge, oder ein Chor, den ich anzuführen hätte, und die meisten Menschen nicht mit mir übereinstimmen, sondern mir widersprechen mögen, als daß ich allein mit mir selbst nicht übereinstimmen, sondern mir widersprechen sollte.

Kallikles: Sokrates, du scheinst blenden zu wollen mit deinen Reden, wie ein rechter Volksredner, und jetzt willst du da auch uns hiemit bereden ...

Ich bin mit Polos unzufrieden, daß er dir eingeräumt hat, das Unrechttun sei häßlicher als das Unrechtleiden. Denn gerade durch dieses Eingeständnis ist auch er wieder von dir verwickelt worden in der Unterhaltung und zum Schweigen gebracht, indem er sich schämte, was er dachte, auch zu sagen. Denn in der Tat, Sokrates, führst du immer, obgleich du behauptest, die Wahrheit zu suchen, die Rede auf solche verfängliche Dinge, die geeignet sind, sich ihrer vor dem Volke zu bedienen, z. B. auf das, was von Natur nicht schön ist, wohl aber nach Gesetz und Brauch. Denn diese beiden stehn sich meist entgegen, die Natur und Gesetz und Brauch. Wenn sich nun jemand schämt und nicht den Mut hat, zu sagen, was er denkt, so muß er sich widersprechen. Diesen Kunstgriff hast auch du dir gemerkt und wendest ihn in der Unterhaltung boshaft an: wenn jemand von dem spricht, was dem Gesetz und Brauch gemäß ist, so fragst du unvermerkt nach dem, was der Natur gemäß ist, und umgekehrt. So z. B. jetzt, als Polos von dem sprach, was nach Gesetz und Brauch häßlicher ist, führtest du die Unterhaltung weiter, als handelte es sich um das, was nach der Natur häßlicher ist. Denn von Natur ist immer das Häßlichere, was auch das Schlimmere ist, also das Unrechtleiden, nach Gesetz und Brauch aber ist es das Unrechttun. Auch ist dies wahrlich nicht das Verhalten eines Mannes, das Unrechtleiden, sondern das eines Sklaven, dem besser wäre, zu sterben als zu leben, weil er beleidigt und beschimpft nicht imstande ist, sich selbst zu helfen, noch einem andern, der ihm wert ist. Gesetz und Brauch stellen immer die Schwachen und die Menge auf. Für sich selbst und zu ihrem eigenen Vorteil bestimmen sie die Gesetze und erteilen Lob und Tadel. Dadurch wollen sie die stärkeren Menschen, die die Kraft besäßen, sich mehr Vorteile zu verschaffen als sie, einschüchtern und, damit sie dies nicht tun, sagen sie, es sei häßlich und ungerecht, auf mehr Vorteile auszugehen, und darin bestehe das Unrecht, wenn man mehr haben wolle als die andern. Denn sie, mein' ich, sind ganz zufrieden, wenn Gleichheit herrscht, weil sie die Minderwertigen sind. Deshalb also nennt man es nach Gesetz und Brauch unrecht und häßlich, wenn man mehr Vorteile zu gewinnen sucht, als die Menge hat, und man heißt das unrecht tun. Meines Erachtens aber beweist die Natur selbst, die Gerechtigkeit bestehe darin, daß der Edlere mehr Vorteile hat als der Geringere, und der Leistungsfähigere mehr als der minder Leistungsfähige. An vielen Fällen, sowohl bei den übrigen Lebewesen als auch bei den Menschen, an ganzen Staaten und Geschlechtern sieht man, daß es sich so verhält: daß nämlich das als gerecht anerkannt wird, daß der Stärkere über den Schwächeren herrscht und mehr Vorteile hat als dieser. Oder welches Recht konnte Xerxes für sich in Anspruch nehmen, als er gegen Griechenland zu Felde zog, oder sein Vater, als er die Skythen bekriegte, oder – man könnte ja tausend solche Beispiele anführen! Wahrhaftig ich meine, diese Männer handeln so nach der Natur der Gerechtigkeit und – beim Zeus! – nach dem Gesetz der Natur, freilich nicht nach d e m Gesetz, das wir fingieren, die wir die tüchtigsten und stärksten Persönlichkeiten unter uns schon in der Jugend vornehmen und wie Löwen bändigen, indem wir sie hypnotisieren und ihnen suggerieren, es müsse Gleichheit bestehen, und das sei gut und recht. Wenn aber, mein' ich, ein Mann ersteht, der die genügende natürliche Kraft dazu hat, dann schüttelt er das alles ab, zerreißt seine Bande und entflieht, tritt unser Buchstabenwerk, unsere Hypnose, Suggestion und die sämtlichen naturwidrigen Gesetze und Bräuche mit Füßen, unser bisheriger Sklave tritt auf einmal vor uns hin und erweist sich als unser Herr, und da leuchtet in seinem Glanze das Recht der Natur! Was ich da sage, das scheint mir auch Pindar zu meinen in jenem Gedicht, wo er sagt, daß

Das Gesetz ist der König von allen,
Der Sterblichen und der Unsterblichen auch.

Denn, fährt er fort:

Es führt mit erhabenem Arm
Die gewaltsamste Tat rechtfertigend durch.
Des Herakles Taten beweisen dies.

So etwa sagt er; denn ich kann das Gedicht nicht genau auswendig. Er erzählt, daß Herakles die Rinder des Geryones wegtrieb, ohne sie zu kaufen und ohne daß dieser sie ihm zum Geschenk machte; denn dies sei recht von Natur, daß Rinder und aller sonstige Besitz der Minderwertigen und Schwächeren dem Tüchtigeren und Stärkeren gehöre. So verhält es sich in Wahrheit, und das wirst du auch einsehen, wenn du zum Größeren fortschreitest und von der Philosophie endlich abläßt. Denn diese, o Sokrates, ist eine ganz artige Sache, wenn jemand sie mäßig betreibt in der Jugend, wenn man aber länger als billig dabei verweilt, wird sie den Menschen zum Verderben. Denn wie herrliche Gaben einer auch habe, wenn er über die Zeit hinaus philosophiert, muß er notwendig in allem dem unerfahren bleiben, worin erfahren sein muß, wer ein wohlangesehener und ausgezeichneter Mann werden will. Denn sowohl in den Gesetzen des Staates bleiben sie unerfahren als auch in der rechten Art, wie man mit Menschen umgehn muß bei allerlei Verhandlungen, eignen und öffentlichen, und mit den Gelüsten und Neigungen der Menschen und ihrer Gemütsart überhaupt bleiben sie unbekannt. Gehen sie hernach an ein Geschäft, sei es nun für sich oder für den Staat, so machen sie sich lächerlich, wie, glaube ich, auch die Staatsmänner wiederum, wenn sie zu euren Versammlungen und Unterredungen kommen, lächerlich werden. Denn hier trifft das Wort des Euripides: „Darinnen wohl glänzt jeder, drängt auch dazu sich vorzüglich hin

Und widmet dem den größten Teil des Tags,
Bei dessen Tun er selbst sich übertrifft".

Worin er aber nichts leistet, das meidet er und schilt er, das andere hingegen lobt er aus Eigenliebe, weil er glaubt, so sich selbst zugleich zu loben. Das Richtigste aber, denke ich, ist, sich mit beidem einzulassen: mit der Philosophie sich zu befassen, ist schön, soweit es dem Zweck der Bildung dient, und für einen jungen Menschen ist es ganz hübsch, Philosophie zu treiben. Wenn aber ein schon älterer Mann noch philosophiert, dann wird die Sache lächerlich, und es geht mir mit Leuten, die philosophieren, ebenso wie mit solchen, die stammeln und Kindereien treiben. Wenn ich nämlich sehe, daß ein Kind, dem es noch ziemt, so zu sprechen, stammelt und tändelt, so macht mir das Vergnügen, und ich finde es lieblich und natürlich und dem Alter des Kindes angemessen. Höre ich dagegen ein kleines Kind ganz bestimmt und richtig sprechen, so ist mir das zuwider, es peinigt meine Ohren und dünkt mich etwas Erzwungenes zu sein. Hört man dagegen solch kindliches Gestammel von einem Manne und sieht ihn tändeln, so ist das offenbar lächerlich und unmännlich und verdient Schläge. Ebenso nun geht es mir mit den Philosophierenden. Wenn ich Knaben und Jünglinge bei der Philosophie antreffe, so freue ich mich; ich finde, daß es ihnen wohl ansteht, und glaube, daß etwas Edles in solchen ist; den aber, der nicht philosophiert, halte ich für unedel und glaube, daß er es nie mit sich selbst auf etwas Großes und Schönes anlegen wird. Wenn ich dagegen sehe, daß ein alter Mann noch philosophiert und nicht davon loskommen kann, dann scheint mir, Sokrates, ein solcher Mann müßte Schläge bekommen. Denn, wie ich eben sagte, es findet sich bei solchem Menschen gewiß, wie schöne Gaben er auch von Natur besitze, daß er unmännlich geworden ist, das Innere der Stadt und die öffentlichen Plätze meidet, wo doch erst, wie der Dichter sagt[3], sich Männer hervortun, und daß der versteckt in einem Winkel[4] mit drei bis vier Knaben flüsternd sein übriges Leben hinbringt, ohne jemals ein freies, großes und wirksames Wort zu reden. Ich meinesteils, Sokrates, bin dir gut und gewogen; und es mag mir beinahe jetzt mit dir gehen wie bei Euripides, dessen ich vorhin schon gedacht, dem Zethos mit dem Amphion[5]. Denn auch ich habe Lust, dir dergleichen zu sagen, wie jener seinem Bruder, daß du, o Sokrates, versäumst, was du betreiben solltest, und ein Gemüt so herrlicher Natur durch kindliches Gebaren entstellst, daß du weder bei der Beratung einer

Rechtsfrage richtig mitzusprechen verstehst, noch irgend etwas Einleuchtendes und Überzeugendes vorzubringen oder in sonst einem Fall einen entschlossenen Rat zu erteilen vermagst. Und doch, lieber Sokrates, aber werde mir nicht böse, denn ich sage es, weil ich es gut mit dir meine, dünkt es dich nicht schmählich, in solchem Zustande zu sein, in welchem du bist, wie ich glaube, und alle, die es immer weiter treiben mit der Philosophie? Denn wenn jetzt jemand dich oder einen andern solchen ergriffe und ins Gefängnis schleppte, unter der Anschuldigung, du habest etwas verbrochen, da du doch nichts verbrochen hättest, so weißt du wohl, daß du nicht wissen würdest, was du anfangen solltest mit dir selbst, sondern dir würde schwindlig werden, und du würdest mit offnem Munde dastehn und nicht wissen, was du sagen solltest. Und wenn du dann vor Gericht kämest und auch nur einen ganz gemeinen und erbärmlichen Menschen zum Ankläger hättest, so würdest du sterben müssen, wenn es ihm einfiele, auf die Todesstrafe anzutragen. Und doch, wie könnte das wohl weise sein, Sokrates, wenn eine Wissenschaft den wohlbegabten Mann, den sie erfaßt hat, unfähiger macht, daß er weder sich selbst helfen und aus den größten Gefahren erretten kann, noch sonst einen, wohl aber von seinen Feinden aller seiner Habe beraubt werden kann und offenbar ehrlos im Staate leben muß? Einem solchen kann man ja, wenn es auch etwas derb ausgedrückt ist, ungestraft einen Backenstreich versetzen. Darum, du Guter, folge mir, hör auf zu lehren, üb im Wohlklang lieber dich von schönen Taten, treib etwas, das du zu verstehen scheinst – überlaß andern diese Spitzfindigkeiten, dies Geschwätz, diese Possen oder wie ich es nennen soll, womit du nie dein Haus füllen wirst, und eifere nicht Leuten nach, die solche Kleinigkeiten untersuchen, sondern solchen, die ihr Auskommen, Ruhm und noch viele andre Güter haben.

Sokrates: Wenn ich eine goldene Seele hätte, Kallikles, glaubst du nicht, daß ich gar zu gern von jenen Steinen, an denen man das Gold prüft, den trefflichsten möchte gefunden haben, gegen welchen ich sie dann halten könnte, um, wenn der Stein mir Zeugnis gäbe, daß meine Seele in gutem Stande wäre, nun ganz sicher zu wissen, daß es recht mit mir bestellt ist und ich keines weiteren Prüfsteins mehr bedürfe?

Kallikles: Weshalb fragst du das nur, o Sokrates?

Sokrates: Das will ich dir gleich sagen. Ich glaube nämlich, nun ich dich gefunden, einen solchen Glücksfund gemacht zu haben.

Kallikles: Wieso?

Sokrates: Ich weiß gewiß, daß, was du mir zugibst von meinen Meinungen, dieses dann gewiß die Wahrheit selbst ist.

Sokrates: Wohlan, mein Bester, so mach doch und sag einmal, wen du mit den Besseren und Überlegenen meinst und worin sie das sind.

Kallikles: Aber ich habe es ja schon gesagt: die in den Staatsangelegenheiten einsichtsvoll sind und tapfer. Denn diesen kommt es zu, die Staaten zu beherrschen, und das ist eben das Recht, daß diese mehr haben als die andern, die Herrschenden als die Beherrschten.

Sokrates: Wieso? Die, die über sich selbst herrschen, Freund?

Kallikles: Wie meinst du das?

Sokrates: Ich meine, daß doch jeder einzelne über sich selbst herrscht. Oder ist das gar nicht nötig, sich selbst zu beherrschen, sondern nur die andern?

Kallikles: Was verstehst du unter sich selbst beherrschen?

Sokrates: Gar nichts besonders Schwieriges, sondern wie es die Leute meinen, besonnen sein und seiner selbst mächtig, und die Lüste und Begierden, die jeder in sich hat, beherrschen.

Kallikles: Wie gutmütig du bist! Diese Einfältigen meinst du, die Besonnenen!

Sokrates: Warum denn nicht? Natürlich! Jedermann wird verstehen, daß ich das meine.

Kallikles: Ganz gewiß, Sokrates. Doch wie könnte ein Mensch glücklich sein, der irgendwem diente? Sondern das ist nach dem Naturgesetz schön und recht, was ich dir jetzt freimütig sage. Wer recht leben will, muß seine Ansprüche so hoch wie möglich steigern und sie nicht einschränken, sondern sich in den Stand setzen, sie, so groß, wie sie sind, mannhaft und klug zu befriedigen und jeden Wunsch sich zu erfüllen. Das, mein' ich, ist der Menge nicht möglich, und deshalb tadelt sie solche Leute aus einem Gefühl der Scham heraus und um die eigene Unfähigkeit zu bemänteln; sie sagt, die Ungebundenheit sei etwas Böses, sie möchte, wie ich schon früher bemerkte, die tüchtigeren Naturen zu ihren Sklaven machen, und da sie selbst nicht imstande ist, ihre Lust zu befriedigen, so preist sie die Bescheidenheit und die Gerechtigkeit um ihrer eigenen Schwäche willen. Was sollte aber für Männer, die entweder von Haus aus Söhne von Königen oder von Natur dazu geboren sind, sich ein Reich, ein Fürstentum oder eine Herrschaft zu verschaffen, in Wahrheit schimpflicher und schlimmer sein als Bescheidenheit und Gerechtigkeit? Sie, die alle Herrlichkeiten genießen könnten, ohne daß ihnen etwas im Wege steht, sollten selbst das Gesetz und das Gerede und den Tadel der Menge als ihren Herrn anerkennen? Oder wie sollten sie nicht unglücklich werden durch die Moralität der Gerechtigkeit und Bescheidenheit, wenn sie ihren Freunden nicht mehr Vorteile verschaffen könnten als ihren Feinden, und das als Herrscher in ihrem eigenen Staat? Nein, lieber Sokrates, der Wahrheit gemäß, nach der du ja zu trachten behauptest, verhält sich die Sache so: Wohlleben, Ungebundenheit und Freiheit, wenn sie über genügende Hilfsquellen verfügt, das ist Tugend und Glück. Alles andere ist Flitter, naturwidrige Konvention der Gesellschaft, Geschwätz und nichts wert.

Sokrates: Wahrhaft adlig, Kallikles, gehst du mit deiner freimütigen Rede zum Angriff vor. Denn ganz offen sagst du nun heraus, was die andern zwar auch denken, aber nicht sagen wollen. Ich bitte dich daher, ja auf keine Weise nachzulassen, damit nun in der Tat offenbar werde, wie man leben muß. Und sage mir, die Begierden, meinst du, soll man nicht einschränken, wenn man sein will, wie man soll, sondern sie so groß wie immer möglich lassen und ihnen, woher es auch sei, Befriedigung verschaffen, und darin bestehe die Tugend?

Kallikles: Das behaupte ich.

Sokrates: Die Behauptung ist also unrichtig, daß das Glück in der Bedürfnislosigkeit liege[6].

Kallikles: Dann wären ja die Steine und die Toten am glücklichsten.

Sokrates: Aber auch, so wie du es beschreibst, ist es etwas Gefährliches um das Leben. Ich wenigstens wollte mich nicht wundern, wenn Euripides recht hätte, wo er sagt:

„Wer weiß denn, ob das Leben nicht ein Sterben ist,
Und Sterben Leben?"[7]

Und vielleicht sind wir in Wirklichkeit tot. Habe ich doch auch schon von einem der Weisen[8] gehört, daß wir jetzt tot seien, und der Körper sei unser Grab, und der Teil der Seele, in dem die Begierden wohnen, sei derart, daß er sich verführen und auf und ab bewegen lasse. Ein witziger Mann, vielleicht aus Sizilien oder Italien, hat diesen Seelenteil mit einem Wortspiel ein Faß genannt, weil er faßt und erfaßt (was man ihm beibringt), und die unverständigen Menschen „unverschlossene". Bei diesen „unverschlossenen" Menschen aber sei dieser Teil der Seele, in dem die Begierden wohnen, der zuchtlose und undichte, wie ein durchbohrtes Faß, womit er ihn wegen seiner Unersättlichkeit verglich. Und ganz im Gegensatz zu dir, Kallikles, zeigt er, daß von den Verstorbenen im Hades, womit er die unsichtbare Welt meint, diese die Unglücklichsten seien, die „Unverschlossenen", und in ein durchbohrtes Faß in einem gleichfalls durchbohrten Sieb Wasser tragen müßten. Mit dem Sieb aber meinte er, wie der, der es mir erzählte, sagte, die Seele. Mit einem Sieb aber verglich er die Seele der Unverständigen, weil sie, durchbohrt wie sie sei, nicht dicht sei und nichts fassen und behalten könne. Das ist ja nun etwas wunderlich, aber es macht das klar, was ich dir zeigen möchte, wofern ich überhaupt imstande bin, dich dazu zu bekehren, daß du an Stelle eines unersättlichen und zuchtlosen Lebens ein anständiges wählst, das mit dem, was vorhanden ist, sich begnügt und zufrieden ist. Doch wie steht es nun? Kann ich dich überzeugen, und änderst du deinen Standpunkt und erkennst an, daß die anständigen Menschen glücklicher sind als die zuchtlosen, oder wirst du, auch wenn ich noch so viel andere Mythen derart ersinne, trotzdem an deiner Ansicht festhalten?

Kallikles: Mit der zweiten Annahme hast du das Richtige getroffen, Sokrates.

Sokrates: Wohlan, so will ich dir noch ein anderes Gleichnis aus derselben Schule bringen wie das vorige. Sieh zu, ob du auch eine solche Meinung über die beiden Lebensweisen, die sittliche und die zuchtlose, hast. Nimm an, zwei Männer hätten viele Fässer. Die des einen wären dicht und voll, eins mit Wein, eins mit Honig, eins mit Milch und viele andere mit vielen anderen Dingen; die Quellen aber von dem allem wären sparsam und schwierig und gäben nur mit vieler Mühe und Arbeit etwas her. Jener eine nun hätte seine Fässer voll und leitete nichts weiter hinein, dächte auch gar nicht weiter daran, sondern wäre hierüber ganz ruhig. Der andere aber hätte eben solche Quellen wie jener, die zwar etwas hergeben, aber mit Mühe, seine Gefäße aber wären leck und morsch, und er müßte sie Tag und Nacht anfüllen oder die ärgste Pein erdulden. Willst du nun, wenn es sich mit diesen beiden Lebensweisen so verhält, dennoch sagen, die des Zuchtlosen sei glückseliger als die des Sittlichen? Bestimme ich dich etwa hiedurch zu dem Zugeständnis, das sittliche Leben sei besser als das zuchtlose, oder läßt du dich nicht umstimmen?

Kallikles: Nein, Sokrates. Denn für jenen, der seine Fässer voll hat, gibt es gar keine Lust mehr, sondern das heißt eben, wie ich vorher sagte, wie ein Stein leben, ohne Lust und Schmerz, wenn alles voll ist; sondern darin besteht eben ein lustvolles Leben, daß möglichst viel zufließt.

Sokrates: Muß dann nicht, wenn viel zufließt, auch der Abfluß stark sein, und müssen nicht große Öffnungen da sein für den Ausfluß?

Kallikles: Allerdings.

Sokrates: Was du da meinst, ist das Leben einer Ente, aber nicht eines Toten oder eines Steins! Sage mir aber, du meinst es doch so, wie hungern, und, wenn man hungert, essen?

Kallikles: Ja.

Sokrates: Auch dürsten, und, wenn man dürstet, trinken?

Kallikles: Ja; und auch alle übrigen Begierden, die man hat, soll man befriedigen und so in Freuden glücklich leben können.
Sokrates: Wohl, Bester! Bleibe nur dabei, wie du angefangen hast, und daß du ja nicht aus Verlegenheit abspringst.

Sokrates: Es ist also, wie es scheint und du jetzt sagst, so, daß einige Lust gut ist, andere schlimm.
Kallikles: Ja.
Sokrates: Gut ist also wohl die nützliche, schlimm die schädliche?
Kallikles: Freilich.
Sokrates: Und nützlich ist doch, die etwas Gutes bewirkt, schädlich aber, die etwas Schlimmes?
Kallikles: Das sage ich auch.
Sokrates: Hast du dabei solche Lust im Sinne wie die, von der wir vorhin sprachen, die körperliche beim Essen und Trinken? Da ist wohl diejenige gut, die im Körper Gesundheit, Kraft und sonstige Leistungsfähigkeit bewirkt, schlimm aber die, bei der das Gegenteil der Fall ist?
Kallikles: Freilich.
Sokrates: Ist es nun nicht auch mit der Unlust so, daß sie teils heilsam, teils schädlich ist?
Kallikles: Wie sollte es nicht.
Sokrates: Also die Lust und Unlust, die förderlich ist, muß man wählen und verwirklichen?
Kallikles: Freilich.
Sokrates: Die schädliche aber nicht?
Kallikles: Offenbar.
Sokrates: Denn um des Guten willen müsse man alles tun, glaubten wir beide, wenn du dich noch erinnerst, ich und Polos. Glaubst du dies etwa mit uns, daß aller Handlungen Ziel das Gute ist, und daß um seinetwillen alles andere muß getan werden, nicht aber dieses um des andern willen? Willst du auf unsere Seite treten als der dritte?
Kallikles: Das will ich.
Sokrates: Um des Guten willen also muß man alles übrige und so auch das Lustvolle tun, nicht aber das Gute wegen des Lustvollen.

Kallikles: Freilich.

Sokrates: Ist es nun etwa jedermanns Sache, auszuwählen, was unter dem Lustvollen gut ist und was schlimm, oder braucht man dazu einen Sachverständigen?

Kallikles: Ja, das braucht man.

Sokrates: Bringen wir uns nun in Erinnerung, was ich zu Polos und Gorgias sagte. Ich sagte nämlich, es gebe Veranstaltungen, von denen die einen die Lust zum Ziele haben und nur auf diese ausgehen, ohne zu wissen, was das Bessere und Schlimmere ist, die andern aber erkennen, was gut und was schlimm ist. Und so rechnete ich unter die auf die Lust abzielenden die Technik, aber nicht Wissenschaft des Kochens, unter die auf das Gute abzielenden aber die Wissenschaft der Medizin. Und nun, bei des Zeus Freundschaft, o Kallikles, treibe weder selbst Scherz mit mir, und antworte nicht gegen deine Meinung, was sich eben trifft, noch weniger aber nimm, was ich sagen werde, so auf, als scherzte ich. Denn du siehst, daß es sich bei unserer Unterhaltung um eine Frage handelt, die gewiß für jeden auch nur einigermaßen vernünftigen Menschen die ernsthafteste ist, die es geben kann, nämlich auf welche Weise man leben soll, ob auf diejenige, zu welcher du mich ermunterst, daß ich doch jenes dem Manne Geziemende betreiben möchte, im Volke auftreten, die Redekunst ausüben und den Staat verwalten auf die Art, wie ihr ihn eben jetzt verwaltet, oder ob man sich zu jener Lebensweise halten solle nach der Philosophie, und worin wohl diese von der anderen sich unterscheidet.

Sokrates: Kannst du nun wohl sagen, welches die Beschäftigungen sind, die zwar Wohlgefallen erregen, aber dabei nicht auf das Beste bedacht sind? Oder vielmehr, wenn du willst, laß mich fragen, und wenn dir eine zu diesen zu gehören scheint, so bejahe es, wenn nicht, so verneine es. Zuerst laß uns die Kunst des Flötenspielens betrachten. Dünkt sie dich nicht eine solche zu sein, Kallikles, die nur auf unsere Lust ausgeht und auf nichts anderes bedacht ist?

Kallikles: Das dünkt mich.

Sokrates: Nicht auch alle ähnlichen insgesamt, wie das Spiel auf der Lyra in den musischen Wettkämpfen?

Kallikles: Ja.

Sokrates: Und die Einübung der Chöre und die Dichtung der Dithyramben, erscheint dir die nicht auch als eine solche? Oder meinst du, Kinesias, der Sohn des Meles, sei im mindesten darauf bedacht, wie er so etwas sagen will, wodurch seine Zuhörer besser werden? oder nur, wodurch er der Menge der Theaterbesucher gefallen will?

Kallikles: Auf Kinesias, Sokrates, trifft das allerdings zu.

Sokrates: Aber überlege nur, scheint dir nicht das ganze Spiel auf der Lyra und die dithyrambische Dichtkunst nur zum Zwecke der Lust zu sein?

Kallikles: Das scheint mir.

Sokrates: Und jene prächtige und bewundernswürdige Dichtung der Tragödie, worauf wendet die soviel Fleiß? Meinst du, ihr Zweck und ihre Bemühung sei nur darauf gerichtet, bei den Zuschauern Wohlgefallen zu erregen, oder auch darauf, durchzusetzen, daß, wenn ihnen etwas zwar Lust erregt und gefällt, aber schädlich ist, dieses nicht gesagt werde, und wenn dagegen etwas ihnen widerwärtig ist, aber heilsam, daß sie dieses sage und singe, mag es ihnen dann gefallen oder nicht? Auf welches von beiden scheint es dir die tragische Dichtkunst angelegt zu haben?

Kallikles: Es ist ja offenbar, Sokrates, daß sie mehr auf die Lust ausgeht und darauf, den Zuschauern zu gefallen.

Sokrates: Nannten wir das nicht vorhin Schmeichelei?

Kallikles: Allerdings.

Sokrates: Wohlan, wenn man von aller Dichtung Melodie, Rhythmus und Versmaß wegnimmt, was anderes bleibt dann übrig als Reden?

Kallikles: Notwendig nichts.

Sokrates: Und vor einer großen Menge werden diese Reden gesprochen?

Kallikles: Freilich.

Sokrates: Also ist die Dichtkunst auch eine Volksrede.

Kallikles: Offenbar.

Sokrates: Als Volksrede ist sie somit Redekunst. Oder scheinen dir nicht die Dichter auf der Schaubühne Redekunst zu treiben?

Kallikles: Wohl freilich.

Sokrates: Jetzt also haben wir eine Redekunst gefunden, die sich an ein aus Männern, Frauen und Kindern, Freien und Sklaven bestehendes Volk wendet, und mit der wir nicht sehr zufrieden sind; denn wir sagen, sie sei eine Schmeichelei.

Kallikles: Freilich.

Sokrates: Wie steht es aber mit der Redekunst, die sich an das Volk von Athen wendet oder an die aus freien Männern bestehende Bevölkerung anderer Städte, wie nimmt sich diese in unseren Augen aus? Scheint es dir, daß die Redner, wenn sie zum Volke sprechen, immer das Beste im Auge haben und darauf abzielen, daß die Bürger durch ihre Reden so gut wie möglich werden, oder gehen nicht vielmehr auch diese darauf aus, den Bürgern zu Gefallen zu sein, indem sie um ihres eigenen Vorteils willen den der Gesamtheit vernachlässigen, wobei sie mit dem Volk umgehen wie mit Kindern und ihm nur zu gefallen suchen, sich aber nicht darum kümmern, ob die Leute dadurch besser oder schlechter werden?

Kallikles: Das ist nicht mehr so im allgemeinen zu beantworten; denn es gibt solche, die, was sie sagen, aus wahrer Vorsorge für die Bürger sagen, es gibt aber auch solche, die so sind, wie du sagst.

Sokrates: Das genügt mir. Denn wenn man hier auch einen Unterschied machen muß, so ist doch die eine Art des Vorgehens Schmeichelei und häßliche Demagogie; die andere Art freilich wäre etwas Schönes: darauf hinzuarbeiten, daß die Seelen der Bürger so gut wie möglich werden, und in seiner Rede immer das Beste zu verfechten, mag es nun für die Zuhörer angenehm oder unangenehm sein. Wenn du mir einen solchen Redner angeben kannst, warum nennst du mir ihn dann nicht?

Kallikles: Ja, beim Zeus, ich weiß dir keinen zu nennen, wenigstens unter den jetzigen Rednern.

Sokrates: Wie? Aber von den früheren kannst du mir einen nennen, durch den die Athener veranlaßt wurden, sich zu bessern, seit er anfing vor dem Volke zu reden, während sie vorher schlechter gewesen waren? Denn ich weiß nicht, wer das sein sollte.

Kallikles: Wie? Hast du nicht gehört, was für ein vortrefflicher Mann Themistokles gewesen, und Kimon und Miltiades, und dieser Perikles, der erst neuerdings gestorben ist und den du noch selbst gehört hast?
Sokrates: Ja, Kallikles, wenn nämlich die, welche du vorher meintest, die rechte Tugend ist, Begierden zu befriedigen, seine eigenen und die anderer. Wenn du aber das nicht meinst, sondern das, was wir später in unserem Gespräch zuzugeben uns genötigt sahen, daß man nur die Begierden befriedigen darf, die den Menschen besser machen, diejenigen aber nicht, die ihn schlechter machen, und daß man darin sachverständig sein müsse, kannst du mir dann unter diesen einen solchen Mann nennen?
Kallikles: Ich weiß nicht mehr, was ich sagen soll.

Sokrates: Wie mir scheint, muß das das Ziel sein, auf das man in seinem Leben den Blick richten und auf das man alles einstellen muß, seine eigenen Angelegenheiten und die des Staates: nämlich so zu handeln, daß für den, der glücklich werden will, Gerechtigkeit und Selbstbeherrschung die Richtschnur bilden, daß man nicht seine Begierden zügellos werden lassen und sie dann zu befriedigen suchen darf, was ein Übel ohne Ende wäre: das hieße ja ein Räuberleben führen. Denn weder einen anderen Menschen kann ein solcher Mann zum Freunde gewinnen noch Gott; denn er ist unfähig zur Gemeinschaft. Wer aber zur Gemeinschaft unfähig ist, der ist es auch zur Freundschaft. Es sagen aber die Weisen[9], Kallikles, die Gemeinschaft sei es, die Freundschaft, die Ordnung, das Maß und die Gerechtigkeit, was Himmel und Erde, Götter und Menschen zusammenhalte, und deshalb nennen sie dieses Weltall eine Ordnung, lieber Freund, und nicht Unordnung und Zügellosigkeit. Du aber scheinst mir darauf nicht zu achten, so klug du bist, sondern du hast übersehen, daß die geometrische Gleichheit[10] eine große Macht ist unter Göttern und Menschen; du aber meinst, man müsse auf die Mehrung seines Vorteils ausgehen; denn du kümmerst dich nicht um die Geometrie. Nun gut! Entweder müssen wir diesen Satz widerlegen, daß, wer glücklich ist, es nur durch den Besitz von Gerechtigkeit und Selbstzucht ist, und, wer unglücklich, dies nur ist durch die Eigenschaft der Schlechtigkeit, oder, wenn dieser Satz wahr ist, so müssen wir sehen, was daraus folgt.

So sieh denn zu, mein Lieber, ob nicht das Edle und Gute in etwas ganz anderem besteht als darin, das Seinige und sich selbst zu erhalten, ob nicht vielmehr ein Mann, der es wahrhaft ist, darauf verzichten muß, so lange wie möglich zu leben, und nicht am Leben hängen darf, sondern das Gott anheimstellen muß und vielmehr darauf sehen, wie er die Zeit, die er leben soll, sein Leben am besten führt.
Kallikles: Ich weiß nicht recht, Sokrates, warum deine Art zu reden den Eindruck des Richtigen macht; und doch geht es mir wie den meisten: du hast mich nicht ganz überzeugt.

Sokrates: So sage mir denn, ob dir noch immer Perikles und Kimon, Miltiades und Themistokles treffliche Staatsmänner gewesen zu sein scheinen?
Kallikles: Ich glaube es doch.
Sokrates: Waren sie also gute Staatsmänner, so hat doch offenbar jeder die Bürger zu besseren gemacht aus schlechteren. Haben sie das getan oder nicht?
Kallikles: Sie haben es getan.
Sokrates: Also, da Perikles anfing, vor dem Volke zu reden, waren die Athener schlechter, als da er zum letzten Male redete?
Kallikles: Vielleicht.
Sokrates: Nicht doch vielleicht, Bester, sondern es folgt notwendig aus dem Eingestandenen, wenn anders jener ein guter Staatsmann war.
Kallikles: Und was weiter?
Sokrates: Nur dies sage mir noch, ob man wirklich der Meinung ist, die Athener wären durch den Perikles besser geworden, oder umgekehrt, sie wären durch ihn verdorben worden. Denn, so höre ich wenigstens, Perikles habe die Athener faul, feige, geschwätzig und geldgierig gemacht, indem er zuerst die Diäten einführte[11].
Kallikles: Das hörst du von den Leuten mit den zerschlagenen Ohren[12], Sokrates.

Sokrates: Aber folgendes höre ich nicht nur, sondern wir wissen es beide genau, ich und du, daß Perikles zuerst zwar in gutem Ruf stand, und die Athener keine schimpfliche Klage gegen ihn erhoben, als sie noch schlechter waren, nachdem sie aber durch ihn gut und edel geworden, gegen das Ende seines Lebens haben sie auf Unterschleif gegen ihn erkannt und hätten ihn beinahe mit dem Tode gestraft, offenbar doch als einen gefährlichen Mann.

Kallikles: Nun? war etwa deshalb Perikles ein schlechter Staatsmann?

Sokrates: Wenigstens ein solcher Aufseher über Esel, Pferde und Rinder würde für schlecht gehalten werden, der sie übernommen hätte, ohne daß sie gegen ihn ausschlugen, stießen und bissen, sie aber so hätte verwildern lassen, daß sie nun dies alles tun. Oder dünkt dich nicht jeder ein schlechter Aufseher über jede Art von lebenden Wesen, der sie zahmer bekommt und sie wilder macht, als er sie bekommen hat. Dünkt es dich nicht?

Kallikles: Ja doch, um dir den Willen zu tun.

Sokrates: So tue mir auch noch den Willen, mir dies zu beantworten, ob der Mensch auch zu den lebenden Wesen gehört oder nicht?

Kallikles: Wie sollte er nicht?

Sokrates: Und Menschen regierte Perikles?

Kallikles: Ja.

Sokrates: Wie also? Sollten sie nicht nach dem eben Festgesetzten gerechter unter ihm geworden sein aus Ungerechteren, wenn er sie doch als ein rechter Staatsmann regierte?

Kallikles: Freilich.

Sokrates: Nun aber sind die Gerechten zahm, wie Homer sagt[13]. Was sagst du aber? Nicht ebendas?

Kallikles: Ja.

Sokrates: Und doch hat er sie wilder gemacht, als er sie vorgefunden hatte, und zwar gegen ihn selbst, was er doch am wenigsten wollte.

Kallikles: Willst du, daß ich dir recht gebe?

Sokrates: Wenn dich dünkt, daß ich recht habe.

Kallikles: Meinetwegen!

Sokrates: Wenn also wilder, dann auch ungerechter und schlechter?

Kallikles: Es sei.

Sokrates: Also war Perikles kein guter Staatsmann aus diesem Grunde.

Kallikles: Du wenigstens meinst das.

Sokrates: Beim Zeus, auch du, nach dem, was du mir zugegeben hast. Weiter auch wegen des Kimon sage mir doch, haben nicht eben die, für deren Wohl er sorgte, ihn aus der Stadt verwiesen, um nur zehn Jahre lang seine Stimme nicht zu hören? und haben sie es nicht mit dem Themistokles ebenso gemacht und ihn noch dazu mit Verbannung bestraft? Den Miltiades aber, den Sieger bei Marathon, hatten sie schon beschlossen, in die Verräterschlucht zu stürzen, und wäre nicht der Prytane gewesen, so wäre er auch hinabgestürzt worden. Und doch wäre diesen Männern, wären sie so vortrefflich gewesen, wie du behauptest, dergleichen nicht begegnet. Wenigstens einem guten Wagenführer geht es nicht so, daß er anfangs zwar nicht herunterfällt vom Wagen, wenn er aber seine Pferde erst eine Zeitlang behandelt hat und dadurch auch selbst ein besserer Wagenführer geworden ist, dann herabstürzt. Dergleichen kommt nicht vor, weder beim Wagenführen noch bei irgendeinem andern Geschäft. Oder meinst du?

Kallikles: Nein freilich.

Sokrates: So war also, wie es scheint, unsere frühere Behauptung ganz richtig, daß wir keinen wissen, der ein tüchtiger Staatsmann gewesen wäre in dieser Stadt.

Kallikles: Aber es fehlt doch sehr viel, Sokrates, daß von den jetzigen Staatsmännern einer solche Dinge ausrichtete, wie von jenen jeder, den du nennen willst, ausgerichtet hat.

Sokrates: O wunderlicher Kallikles, ich tadle ja auch diese Männer nicht, sofern sie Diener des Staats gewesen sind, vielmehr scheinen sie mir weit dienstbeflissener gewesen zu sein als die jetzigen, und weit geschickter, der Bürgerschaft dasjenige zu verschaffen, was sie begehrte. Aber ihren Begierden eine andere Richtung zu geben und ihnen Widerstand zu leisten und sie zu Maßnahmen zu bewegen und zu nötigen, wodurch die Bürger besser werden könnten, darin, daß ich es geradeheraus sage, waren diese um nichts besser als jene, und dies ist doch die einzige Aufgabe eines guten Staatsmanns. Dagegen Schiffe und Mauern und Werften zu bauen und viel anderes derart, darin gestehe auch ich dir gern, daß jene weit geschickter gewesen sind als die jetzigen. Du preisest Menschen, von denen es nun heißt, sie hätten die Stadt zu ihrer Größe erhoben; daß sie aber eigentlich nur aufgedunsen ist und innerlich faul durch das Verfahren jener alten Staatsmänner, das merkt man nicht. Denn ohne an Besonnenheit und Gerechtigkeit zu denken, haben sie nur mit ihren Häfen und Schiffswerften und Mauern und Tributen und derlei Possen die Stadt angefüllt. Wenn dann die Krankheit zum Ausbruch kommt, werden sie gegen ihre derzeitigen Ratgeber Klage erheben.

Kallikles: Dir aber, Sokrates, glaubst du wohl, könne nichts dergleichen widerfahren, als ob du weit aus dem Wege wohntest und nicht etwa von dem ersten besten elenden und ganz schlechten Menschen vor Gericht gezogen werden könntest.

Sokrates: Da wäre ich freilich gar unverständig, Kallikles, wenn ich nicht glaubte, daß in dieser Stadt jedem alles begegnen kann, wie es sich trifft. Aber das weiß ich auch, wenn ich vor Gericht erscheinen muß und in solche Gefahr komme, wie du sagst, so wird das ein schlechter Mensch sein, der mich vorgeladen hat, denn kein Guter würde einen unschuldigen Menschen belangen, und es sollte mich gar nicht wundern, wenn ich sterben müßte. Soll ich dir sagen, weshalb ich das erwarte?

Kallikles: O ja.

Sokrates: Ich mit noch ein paar anderen Athenern, um nicht zu sagen ich allein, befasse mich, glaub ich, mit wirklicher Staatswissenschaft und treibe Politik, ich allein unter den jetzt Lebenden. Da ich nun nicht ihnen zu Gefallen rede, was ich jeweils rede, sondern das, was für sie das Beste, nicht das Angenehmste ist, und weil ich mich nicht mit jenen Spitzfindigkeiten abgeben will, zu denen du mir zusprichst, so werde ich nichts vorzubringen wissen vor Gericht, und es wird mir gehen, wie ich zu Polos sagte, ich werde nämlich gerichtet werden wie unter Kindern ein

Arzt, den der Koch verklagte. Denn bedenke nur, wie sich ein solcher Mann bei solcher Tätigkeit betroffen verteidigen wollte, wenn ihn einer anklagte und spräche: Ihr Kinder, gar viel Übles hat dieser Mann euch zugefügt, und auch die jüngsten unter euch verdirbt er und ängstigt euch, daß ihr euch nicht zu helfen wißt, mit Schneiden und Brennen und Abmagern und Würgen und mit den bittersten Getränken, und läßt euch hungern und dürsten; während ich euch immer mit so vielen und mancherlei Süßigkeiten bewirtete. Was glaubst du, wird ein Arzt, wenn er in solcher Not drin steckt, wohl sagen können? Oder wenn er etwa die Wahrheit sagte: „Ihr Kinder, das alles tat ich zu eurer Gesundheit", was meinst du wohl würden solche Richter für ein Geschrei erheben? nicht ein lautes?

Kallikles: Fast sollte man es denken.

Sokrates: Glaubst du also nicht, daß er in der größten Verlegenheit sein wird, was er wohl sagen soll?

Kallikles: Freilich.

Sokrates: Ebenso, weiß ich recht gut, würde es mir auch ergehen, wenn ich vor Gericht käme. Denn keine Lust, die ich ihnen bereitet, werde ich ihnen anführen können, was sie doch allein als Verdienst und Wohltat ansehn, ich aber beneide weder die, welche sie ihnen verschaffen, noch die, denen sie verschafft wird. Und wenn einer sagt, ich verderbe die Jugend, daß sie sich nicht zu helfen wisse, oder ich schmähe die Alten durch bittere Reden über ihr Privatleben und ihre öffentliche Tätigkeit, so werde ich weder die Wahrheit sagen können, nämlich: „Mit Recht sage und tue ich das alles, nämlich zu eurem Besten, ihr Richter", noch sonst irgend etwas anderes, so daß ich wahrscheinlich, was sich eben trifft, werde leiden müssen.

Kallikles: Glaubst du wohl, daß es gut stehe um einen Menschen, der sich in einer solchen Lage befindet im Staate und unvermögend ist, sich selbst zu helfen?

Sokrates: Wenn ihm nur das Eine zur Seite steht, was du oftmals zugegeben hast: wenn er sich nur dazu verholfen hat, nichts Unrechtes jemals gegen Menschen oder Götter zu reden und zu tun. Denn dies ist, wie wir oft einig geworden, die wichtigste Hilfe, die jeder sich selbst zu leisten hat. Wenn mich nun jemand überführen könnte, daß ich hiezu unvermögend wäre, mir selbst und andern zu verhelfen, dann würde ich mich schämen, ich möchte dessen nun vor vielen oder vor wenigen überwiesen werden oder unter zweien; und wenn ich um dieses Unvermögens willen sterben müßte, das würde mich kränken. Wenn ich aber wegen Unfähigkeit zu schmeichlerischer Redekunst sterben müßte, so würdest du sehn, das weiß ich gewiß, wie leicht ich den Tod ertrüge. Denn das Sterben selbst fürchtet ja wohl niemand, wer nicht ganz und gar unverständig und unmännlich ist; das Unrechttun aber fürchtet er. Denn mit einer Seele voll von Unrecht in die Unterwelt zu kommen, ist unter allen Übeln das ärgste. Wenn es dir recht ist, so will ich dir auseinandersetzen, daß sich dies wirklich so verhält.

Kallikles: Wohl, da du das andere beendigt hast, so führe auch dies noch zu Ende.

Sokrates: So höre denn eine gar schöne Geschichte, wie man's heißt, die du zwar für eine Fabel halten wirst, wie ich glaube, ich aber für eine vernünftige Geschichte. Denn als volle Wahrheit sage ich dir, was ich jetzt sagen werde.

Wie also Homer erzählt, teilten Zeus, Poseidon und Pluton die Herrschaft, nachdem sie sie von ihrem Vater überkommen hatten. Nun bestand unter Kronos folgendes Gesetz betreffs der Menschen, das immer und auch jetzt noch unter den Göttern gilt: daß, wer von den Menschen sein Leben gerecht und fromm geführt hat, der gelangt nach seinem Tode auf die Inseln der Seligen und lebt dort sonder Übel in vollkommner Glückseligkeit; wer aber ungerecht und gottlos, der kommt in das zur Zucht und Strafe bestimmte Gefängnis, das man Tartaros nennt. Hierüber nun waren unter Kronos und auch noch später, da schon Zeus die Herrschaft hatte, Lebende der Lebenden Richter und saßen zu Gericht an dem Tage, da jemand sterben sollte. Die gerichtlichen Entscheidungen waren daher mangelhaft. Deshalb kamen Pluton und die Vorsteher von den Inseln der Seligen zu Zeus und sagten ihm, daß beiderseits bei ihnen unwürdige Menschen ankämen. Da sprach Zeus, diesem will ich ein Ende machen. Denn jetzt freilich sind die Urteile mangelhaft, weil, sagte er, die zur Untersuchung Gezogenen verhüllt gerichtet werden; denn sie werden lebend gerichtet. Viele nun, sprach er, die eine schlechte Seele haben, sind eingehüllt in schöne Leiber und Verwandtschaften und Reichtümer, und wenn dann das Gericht stattfindet, dann stellen sich viele Zeugen ein, für sie Zeugnis abzulegen, daß sie gerecht gelebt haben. Von diesen lassen sich die Richter einschüchtern, zumal sie ja auch selbst verhüllt richten, da ja ihre Seele ebenfalls hinter Augen, Ohren und dem ganzen Leibe versteckt ist. Dies alles nun steht ihnen im Wege, ihre eignen Verhüllungen und die der zu Richtenden. Zuerst also, sprach er, muß dieses aufhören, daß sie den Tod vorher wissen; denn jetzt wissen sie ihn vorher. Auch ist dies schon dem Prometheus angesagt[14], daß er es ändern soll. Ferner sollen sie gerichtet werden entblößt von diesem allem. Erst wenn sie tot sind nämlich, soll man sie richten. Und auch der Richter soll entblößt sein, ein Toter, um mit der bloßen Seele die bloße Seele eines jeden anzuschauen, sofort, wenn jeder gestorben ist, entblößt von allen Verwandtschaften, und nachdem sie allen jenen Schmuck auf der Erde zurückgelassen, damit das Gericht gerecht sei. Dies alles habe ich schon früher eingesehen als ihr und habe von meinen Söhnen zu Richtern ernannt zwei aus Asien, den Minos und Rhadamanthys, und einen aus Europa, den Aiakos. Diese also sollen, sobald sie gestorben sind, Gericht halten auf der Wiese am Kreuzwege, wo die beiden Wege abgehn, der eine nach der Insel der Seligen, der andere nach dem Tartaros. Und zwar soll Rhadamanthys die Menschen aus Asien richten, Aiakos die aus Europa. Dem Minos aber will ich den Vorsitz übertragen, um die letzte Entscheidung zu treffen, wenn jenen beiden etwas allzu bedenklich ist, damit das Urteil, welchen Weg die Menschen zu wandeln haben, vollkommen gerecht sei. Dies, Kallikles, halte ich, wie ich es gehört habe, zuversichtlich für wahr, und erachte, daß daraus folgendes hervorgehe. Der Tod ist, wie mich dünkt, nichts anders als zweier Dinge Trennung voneinander: der Seele und des Leibes. Nachdem sie nun voneinander getrennt sind, hat nichtsdestoweniger noch jedes von beiden fast dieselbe Beschaffenheit, die es auch hatte, als der Mensch noch lebte. Sowohl der Leib hat seine eigentümliche Natur, und alles, was an ihm durch Pflege oder Verletzungen geschehen ist, ist ganz deutlich. Wenn zum Beispiel jemand von Natur oder durch seine Lebensweise, oder durch beides, einen großen Leib hatte, so ist auch sein Leichnam noch groß, wenn er tot ist; war er fett, so ist auch der Leichnam fett, und alles andere ebenso; und mochte einer gern langes Haar tragen, so ist auch der Leichnam langhaarig. Und wiederum, wenn einer ein nichtsnutziger Sklave war und bei seinen Lebzeiten Spuren von Schlägen an seinem Leibe trug, oder von Hieben und andern Wunden, so wird man auch an dem Leichnam des Toten dies so sehen. Und hatte einer irgend zerbrochene oder verrenkte Glieder im Leben, so zeigt sich dies auch bei dem Toten; mit einem Worte, wie der Leib im Leben behandelt und was ihm zugefügt wurde, das zeigt sich alles oder doch größtenteils auch nach dem Tode noch einige Zeit. Gerade so scheint es mir auch mit der Seele zu stehen, Kallikles. Wenn sie vom Leibe entkleidet ist, so ist auch an der Seele alles sichtbar, sowohl was ihr von Natur eignete als auch die Veränderungen, welche der Mensch durch sein Bestreben um dies und jenes in der Seele bewirkt hat. Kommen sie nun vor den Richter, und zwar die aus Asien vor den Rhadamanthys: so stellt Rhadamanthys sie vor sich hin und beschaut eines jeden Seele, ohne zu wissen, wessen sie ist, und oft, wenn er den Großkönig vor sich hat oder andere Könige oder Fürsten, findet er nichts Gesundes an der Seele, sondern durchgepeitscht findet er sie und voller Schwielen von Meineid und Ungerechtigkeit, und wie eben jedem seine Handlungsweise sich in der Seele ausgeprägt hat, und er findet alles verrenkt von Lügen und Hochmut und nichts Gerades daran, weil sie ohne Wahrheit aufgewachsen ist, sondern vor lauter Gewalttätigkeit und Weichlichkeit, Übermut und Unmäßigkeit im Handeln zeigt sich auch die Seele voll Regellosigkeit und Häßlichkeit. Hat er nun eine solche erblickt, so schickt er sie zu ihrer Schande gerade ins Gefängnis, wo sie erdulden wird, was ihr zukommt. Dies aber kommt jedem in Strafe Verfallenen zu, der von einem andern auf die rechte Art bestraft wird, daß er entweder selbst besser wird und Vorteil davon hat, oder daß er den übrigen zum warnenden Beispiel wird, damit andere, welche ihn leiden sehen, was er leidet, aus Furcht besser werden. Diejenigen nun, die für sich Nutzen davon haben, daß sie von Göttern und Menschen gestraft werden, sind solche, die sich mit heilbaren Verfehlungen vergangen haben. Dennoch aber erlangen sie diesen Vorteil nur durch Schmerz und Pein hier sowohl als in der Unterwelt; denn es gibt keine andere Möglichkeit, von der Ungerechtigkeit entledigt zu werden. Diejenigen aber, die die äußersten Frevel begangen haben und durch solche Frevel unheilbar geworden sind, werden als Beispiele aufgestellt, und sie selbst haben davon keinen Nutzen mehr, da sie unheilbar sind, andern aber ist es nützlich, welche sehen, wie diese um ihrer Verfehlungen willen die ärgsten, schmerzhaftesten und furchtbarsten Übel erdulden auf ewige Zeit, offenbar als Beispiele aufgestellt dort in der Unterwelt, im Gefängnis allen Frevlern, die jeweils ankommen, zur Schau und zur Warnung. Von diesen, behaupte ich, wird auch Archelaos[15] einer sein, wenn Polos die Wahrheit sagt, und wer sonst noch ein solcher Gewalthaber ist. Wie ich denn auch glaube, daß meistens diese Beispiele von den Tyrannen genommen werden und den Königen und Fürsten und von Männern, welche die öffentlichen Angelegenheiten verwaltet haben. Denn eben diese begehen vermöge ihrer Macht die größten und frevelhaftesten Verbrechen. Das bezeugt auch Homer, denn Könige und Fürsten hat er in seinen Gedichten angeführt, als mit immerwährenden Strafen in der Unterwelt belegt, den Tantalos und Sisyphos und Tityos[16]. Vom Thersites aber und andern geringen Leuten, die auch böse waren, hat niemand gedichtet, daß er mit schweren Strafen behaftet wäre, als ein Unheilbarer. Denn er hatte nicht Macht genug, um ein solcher zu werden; deshalb war er auch glücklicher als die, welche Macht dazu hatten. Sondern unter den Mächtigen, Kallikles, finden sich die Menschen, welche hervorragend böse werden. Nichts hindert freilich, daß nicht auch unter diesen rechtschaffene Männer sich finden, und gar sehr muß man sich ja freuen über die, welche es werden. Denn schwer ist es, Kallikles, und vieles Lobes wert, wenn man die Macht hat, großes Unrecht zu tun, dennoch gerecht zu leben; solche Leute gibt es nur wenige; doch hat es hier und auch anderswo solche rechtschaffene Männer gegeben, und es wird sie, glaub ich, auch künftig geben, die diese Eigenschaft besitzen, alles, was man ihnen anvertraut, gerecht zu verwalten. Einer von ihnen ist ja besonders berühmt geworden, auch unter den andern Hellenen, Aristeides, der Sohn des Lysimachos. Die meisten aber unter den Machthabern, o Bester, werden böse. Wie ich also sagte, wenn jener Rhadamanthys einen solchen vor sich hat, so weiß er weiter gar nichts von ihm, nicht wer, noch aus welchem Geschlecht er ist, sondern nur, daß er ein Böser ist; und sowie er dies ersehen hat, schickt er ihn nach dem Tartaros, mit einem Zeichen versehen, je nachdem er ihm heilbar oder unheilbar zu sein scheint, worauf dann jener bei seiner Ankunft das Gebührende leiden muß. Erblickt er aber bisweilen eine andere Seele, die heilig und in der Wahrheit gelebt hat, eines eingezogen lebenden Mannes oder sonst eines, vornehmlich aber meine ich, Kallikles, eines weisheitliebenden, der im Leben nur das Seinige getan und keine Vielgeschäftigkeit entfaltet hat: so freut er sich und sendet sie nach den Inseln der Seligen. Ebenso auch Aiakos. Und diese beiden richten einen Stab in der Hand. Nur Minos, der die Aufsicht führt, sitzt da mit einem goldenen Zepter, wie der homerische Odysseus ihn gesehen haben will[17]:

„Haltend ein goldenes Szepter und richtend über die Toten."

Ich meinesteils, Kallikles, habe mich durch diese Geschichten überzeugen lassen und trachte, wie ich mich mit möglichst gesunder Seele dem Richter darstellen will. Was also andern Menschen für Ehre gilt, lasse ich gern fahren, und will der Wahrheit nachjagend versuchen, wirklich so sehr ich nur kann, als der Beste sowohl zu leben, als auch, wenn ich dann sterben soll, zu sterben; ich ermuntere aber auch die übrigen Menschen alle dazu, soweit ich kann. Daher ich denn meinerseits auch dich ermuntere zu dieser Lebensweise und diesem Kampf, von dem ich behaupte, daß er an die Stelle aller andern Kämpfe treten sollte, und ich mache es dir zum Vorwurf, daß du nicht vermögend sein wirst, dir selbst zu helfen, wenn jenes Gericht und jenes Urteil dir bevorsteht, wovon ich jetzt eben gesprochen; sondern daß, wenn du vor deinen Richter, den Sohn der Aigina, kommst und er dich vornimmt, du dort ebenso sprachlos stehen und den Boden unter den Füßen verlieren wirst, wie ich hier, und dann wird vielleicht sogar jemand dir zu deiner Schande einen Backenstreich geben und dich auf jede Weise mißhandeln. Vielleicht nun dünkt dich dies eine Fabel zu sein wie ein Geschichtchen von einem alten Weibe, und du siehst verächtlich darauf herunter, und es wäre ja auch nicht zu verwundern, wenn man dies verachtete, falls wir nur im Leben bei unserem Suchen etwas Besseres und Wahreres finden könnten. Nun aber siehst du ja, daß ihr drei, die Weisesten unter den Hellenen heutzutage, du, Polos und Gorgias, nicht erweisen konntet, daß man auf eine andere Weise leben müsse als auf diese, die sich auch dort noch als zuträglich bewährt; sondern unter so vielen Behauptungen, die alle widerlegt wurden, dieser Satz allein unerschüttert geblieben ist, daß man das Unrechttun mehr scheuen müsse, als das Unrechtleiden, und daß ein Mann vor allem andern danach streben müsse, nicht daß er gut zu sein scheine, sondern daß er es sei in seinem besonderen Leben sowohl als in dem öffentlichen; wenn aber jemand schlecht wird in irgendeiner Hinsicht, daß er dann gezüchtigt werden muß, und daß dies das zweite Gut ist, nächst dem Gerechtsein, es werden, und durch Bestrafung dem Recht Genüge leisten; daß man ferner alle Schmeichelei, sowohl gegen sich selbst als gegen andere, seien es nun viele oder wenige, fliehen, und nur auf diese Art auch der Redekunst sich bedienen müsse, zum Zwecke der Gerechtigkeit, und so auch jeder andern Tätigkeit. So laß dich denn überzeugen, und folge mir zu dem Ziele, an dem angelangt du im Leben und im Tod glücklich sein wirst, wie die Geschichte zeigt. Dann kannst du dich ruhig als einen Toren verachten und beschimpfen lassen von jedem, der es will, ja du kannst dir getrost auch jenen entehrenden Streich versetzen lassen; denn etwas Schlimmes wird dir damit nicht widerfahren, wenn du wirklich rechtschaffen bist und die Tugend übst. Dann erst, wenn wir uns gemeinsam hierin geübt haben, wollen wir, wenn es nötig scheint, uns auch mit Politik befassen oder worin es uns sonst gut dünkt, dann mitberaten, wenn wir es erst besser verstehen als jetzt. Denn es ist ja doch eine Schande für uns, in dem Zustand, in dem wir offenbar jetzt noch sind, groß zu tun, als ob wir etwas wären, wir, die wir noch nicht einmal über die eine und dieselbe Sache immer die gleiche Meinung haben, und zwar über die allerwichtigste: so tief stecken wir noch in der Unbildung. Zum Führer also laß uns diesen Satz nehmen, der sich jetzt herausgestellt hat und der uns zeigt, daß dies die beste Art zu leben ist, Gerechtigkeit und alle sonstige Tugend zu üben im Leben und im Sterben. Diesem Satz also wollen wir folgen und auch die andern Leute dazu aufrufen, nicht jenem, dem du vertraust und dem zu folgen du mich aufrufst; denn er taugt nichts, Kallikles!

MENON

Der Menon nimmt die im Protagoras ungelöst gebliebene Frage nach dem Wesen und der Lehrbarkeit der Tugend wieder auf. Im Zusammenhang damit wird das Wesen des Wissens als solches untersucht. Hierbei wird, wie im Gorgias für die Ethik, so hier für die Erkenntnistheorie die orphisch-pythagoreische Seelenlehre herangezogen und auf dieser Grundlage eine neue Theorie des Lernens entwickelt, die zu dem Ergebnis führt, daß die Erkenntnis in Wiedererinnerung an „Dinge“ besteht, die die Seele früher, in ihrer Präexistenz, schon einmal „geschaut“ und „gewußt“ hat. Wir befinden uns also schon auf dem Weg zur Ideenlehre, zu der, wieder sichtlich unter pythagoreischem Einfluß, die Mathematik die Richtung weist. Denn die mathematischen Formen sind ja im Unterschied von ihrer Darstellung in der materiellen Welt übersinnlich und nur mit dem Denken erfaßbar, und was von einer dieser Formen gilt, gilt von allen ihren Wiederholungen in der empirischen Welt. Man hat diesen Dialog wegen dieser fortan von Platon festgehaltenen Grundlegung des Lernens und Lehrens, des Erkennens und Wissens als „das Programm der Akademie“ bezeichnet.

MENON: Schon ehe ich mit dir zusammenkam, Sokrates, hörte ich, daß du selbst allemal im Zweifel bist und auch andere Leute zum Zweifeln bringst. Auch jetzt kommt es mir vor, als ob du mich bezauberst, mich berückst und geradezu hypnotisierst, so daß auch ich ganz vom Zweifel erfüllt bin, und du scheinst mir vollkommen, wenn ich auch etwas scherzen darf, in der Gestalt und auch sonst jenem breiten Seefisch, dem Krampfrochen, zu gleichen. Denn auch dieser übt auf jeden, der ihm nahekommt und ihn berührt, eine lähmende Wirkung aus. Und so, dünkt mich, hast auch du mir jetzt etwas Ähnliches angetan und mich gelähmt. Denn gelähmt in der Tat ist mir Seele und Zunge, und ich weiß dir nichts zu antworten; wiewohl ich schon tausendmal über die Tugend gar vielerlei Reden gehalten habe vor vielen Leuten und sehr gute, wie mich dünkt. Jetzt aber weiß ich überhaupt nicht mehr zu sagen, was sie ist. Daher scheint es mir weislich gehandelt, daß du von hier nicht fortreisest, weder zur See noch sonst. Denn wenn du in einer andern Stadt dergleichen als Fremder tätest, so würde man dich vielleicht als einen Zauberer verhaften.
Sokrates: Schlau bist du, Menon, und hättest mich beinahe überlistet.
Menon: Wieso, Sokrates?
Sokrates: Ich weiß wohl, weshalb du mich so abgebildet hast.
Menon: Weshalb meinst du denn?
Sokrates: Damit ich dich wieder abbilden möchte. Ich weiß das von allen schönen jungen Leuten, daß sie gern mögen abgebildet werden. Denn es bringt ihnen Ruhm, weil auch die Bilder der Schönen, meine ich, schön sind. Aber ich werde dich nicht wieder abbilden. Ist nun dein Krampffisch selbst auch gelähmt, wenn er andere lähmt, dann gleiche ich ihm; wenn aber nicht, dann nicht. Denn ich bin keineswegs selbst vom Zweifel frei, wenn ich andere zum Zweifel bringe, sondern mehr als jeder andere bin ich selbst auch im Zweifel und ziehe so die andern mit hinein. So weiß ich auch jetzt

keineswegs, was die Tugend ist, du aber hast es vielleicht vorher gewußt, ehe du mit mir in Berührung kamst, jetzt indes bist du ganz wie einer, der es nicht weiß. Dennoch will ich mit dir erwägen und untersuchen, was sie wohl ist.

Menon: Und auf welche Weise willst du denn das suchen, Sokrates, wovon du gar nicht weißt, was es ist? Denn als was von dem, was du nicht weißt, stellst du es dir denn vor, wenn du es suchst? Oder wenn du es auch noch so gut träfest, wie willst du denn erkennen, daß es dies ist, was du doch nicht wußtest?

Sokrates: Ich verstehe, was du sagen willst, Menon! Siehst du, was für einen streitsüchtigen Satz du uns herbringst? Daß nämlich ein Mensch unmöglich suchen kann, weder was er weiß, noch was er nicht weiß. Nämlich weder was er weiß kann er suchen, denn er weiß es ja, und es bedarf dafür keines Suchens weiter; noch was er nicht weiß, denn er weiß ja dann auch nicht, was er suchen soll.

Menon: Scheint dir das nicht ein gar schöner Satz zu sein, Sokrates?

Sokrates: Mir gar nicht.

Menon: Kannst du sagen weshalb?

Sokrates: O ja! Denn ich habe es von Männern und Frauen gehört, die in göttlichen Dingen gar weise waren.

Menon: Was sagten denn diese?

Sokrates: Etwas sehr Wahres, meines Erachtens, und Schönes.

Menon: Aber was? und wer waren, die es sagten?

Sokrates: Die es sagen, sind Priester und Priesterinnen, denen daran gelegen ist, von dem, was sie treiben, Rechenschaft geben zu können. Auch Pindar sagt es und viele andere Dichter, welche göttlicher Art sind. Und was sie sagen, ist folgendes, erwäge aber wohl, ob dich dünkt, daß sie wahr reden. Sie sagen nämlich, die Seele des Menschen sei unsterblich, so daß sie jetzt zwar ende, was man sterben nennt, dann aber wiedergeboren werde, aber niemals zugrunde gehe. Deshalb müsse man sein Leben so rein wie möglich verbringen.

„Doch von wem Buße für alte Schuld Persephone annimmt,
Deren Seelen entsendet sie wieder zur oberen Sonne

Im neunten Jahre:
Da werden sie dann zu erlauchten Fürsten, zu Männern von hurtiger Kraft und
Groß an Weisheit; und für die Zukunft heißen der Welt sie heilge Heroen."

Weil nun die Seele unsterblich ist und oftmals geboren und alle Dinge, die hier und in der Unterwelt sind, geschaut hat, so gibt es nichts, was sie nicht in Erfahrung gebracht hätte, und so ist es nicht zu verwundern, daß sie imstande ist, sich der Tugend und alles andern zu erinnern, was sie ja auch früher schon gewußt hat. Denn da die ganze Natur unter sich verwandt ist und die Seele alles innegehabt hat, so hindert nichts, daß, wer nur an ein Einziges erinnert wird, was bei den Menschen lernen heißt, alles übrige selbst auffinde, wenn er nur tapfer ist und nicht ermüdet im Suchen. Denn das Suchen und Lernen ist demnach ganz und gar Erinnerung. Keineswegs also darf man jenem streitsüchtigen Satze folgen; denn er würde uns träge machen und ist nur den weichlichen Menschen angenehm zu hören; dieser aber treibt uns zum Tätigsein und Forschen, und in dem Glauben, daß er wahr sei, will ich mit dir untersuchen, was die Tugend ist.

Menon: Ja, Sokrates, aber wie meinst du denn das, daß wir nicht lernen, sondern das, was wir so nennen, nur ein Erinnern ist? Kannst du mich wohl belehren, daß sich dies so verhält?

Sokrates: Schon eben sagte ich, daß du schlau bist, Menon; auch jetzt fragst du, ob ich dich lehren kann, der ich doch behauptet, es gebe keine Belehrung, sondern nur Erinnerung, damit ich nur gleich mit mir selbst im Widerspruch erscheine.

Menon: Nein wahrlich, Sokrates, nicht in solcher Absicht sagte ich es, sondern aus Gewohnheit. Wenn du mir also irgendwie zeigen kannst, daß es sich so verhält, wie du sagst, so tue es.

Sokrates: Freilich ist dies nicht leicht, ich will es aber doch unternehmen, dir zuliebe. Rufe mir also von den vielen Dienern hier, welche dich begleiten, irgendeinen her, welchen du willst, damit ich es dir an diesem zeige.

Menon: Sehr gern. Du da, komm her!

Sokrates: Er ist doch ein Hellene und spricht hellenisch?

Menon: Sehr gut; er ist im Hause aufgezogen.
Sokrates: Merke also wohl auf, was du für einen Eindruck von ihm hast, ob den, daß er sich an etwas erinnert, oder den, daß er etwas von mir lernt.
Menon: Das will ich tun.
Sokrates: Sage mir also, Knabe, weißt du wohl, daß ein Viereck eine solche Figur ist?
Knabe: Das weiß ich.
Sokrates: Gibt es also ein Viereck, welches alle diese Seiten, deren vier sind, gleich hat?
Knabe: Allerdings.
Sokrates: Hat es nicht auch diese beiden Linien, welche durch die Mitte hindurchgehn, gleich?[1]
Knabe: Ja.
Sokrates: Eine solche Fläche nun kann doch größer und kleiner sein?
Knabe: Freilich.
Sokrates: Wenn nun diese Seite zwei Fuß hätte und diese auch zwei; wieviel Fuß enthielte das Ganze? – Überlege es dir so. Wenn es hier zwei Fuß hätte, hier aber nur einen, enthielte dann nicht die ganze Fläche einmal zwei Fuß?
Knabe: Ja.
Sokrates: Da es nun aber auch hier zwei Fuß hat, gibt es dann nicht zweimal zwei Fuß?
Knabe: Das gibt es.
Sokrates: Zweimal zwei Fuß gibt es also?
Knabe: Ja.
Sokrates: Wieviel nun zweimal zwei Fuß sind, das rechne aus und sage es.
Knabe: Vier, Sokrates.
Sokrates: Kann es nun nicht eine andere Fläche geben, die das Doppelte von dieser wäre, sonst aber ebenso, indem alle Seiten gleich sind wie bei dieser?
Knabe: O ja.
Sokrates: Wieviel Fuß muß diese halten?
Knabe: Acht Fuß.
Sokrates: Gut! Nun versuche auch mir zu sagen, wie groß jede Seite in diesem Viereck sein wird. Nämlich die des ersten ist zwei Fuß lang; die aber jenes doppelten?

Knabe: Offenbar, Sokrates, zweimal so groß.
Sokrates: Siehst du wohl, Menon, wie ich diesen nichts lehre, sondern alles nur frage? Und jetzt glaubt er zu wissen, wie groß die Seite ist, aus der die acht Fuß fassende Fläche entstehen wird. Oder denkst du nicht, daß er es glaubt?
Menon: Allerdings.
Sokrates: Weiß er es aber wohl?
Menon: Wohl nicht.
Sokrates: Er glaubt aber doch, es entstehe aus der Verdoppelung?
Menon: Ja.
Sokrates: Sieh nun zu, wie er sich weiter so erinnern wird, wie man sich erinnern muß. – Du aber sage mir, aus der Verdoppelung der Seite, sagst du, entstehe die doppelte Fläche? Ich meine aber eine solche, bei der nicht etwa diese Seite lang und jene kurz ist; sondern alle ihre Seiten sollen gleich sein wie bei dieser Figur hier, aber das Doppelte von dieser, also acht Fuß. Sieh nun zu, ob du noch meinst, dies werde aus der Verdoppelung der Seite entstehen?
Knabe: So meine ich.
Sokrates: Wohl! Wird nicht diese Linie doppelt so groß wie diese, wenn wir hier noch ebensoviel ansetzen?
Knabe: Allerdings.
Sokrates: Und aus dieser, glaubst du, werde die acht Fuß fassende Fläche entstehen, wenn wir vier solche nehmen?
Knabe: Ja.
Sokrates: So laß uns von ihr vier gleiche Linien ziehen. Nicht wahr also, dies wäre, was du für die acht Fuß fassende Fläche hältst?
Knabe: Allerdings.
Sokrates: Sind nun darin nicht vier Quadrate enthalten, deren jedes diesem vier Fuß großen gleich ist?
Knabe: Ja.
Sokrates: Wie groß ist es also? Nicht viermal so groß?
Knabe: Nicht anders.
Sokrates: Ist nun das viermal so große das doppelte?
Knabe: Nein, beim Zeus.
Sokrates: Sondern das wievielfache?
Knabe: Das vierfache.

Sokrates: Aus der doppelten Seite also entsteht uns nicht das zweifache, sondern das doppelt so große Viereck.
Knabe: Du hast recht.
Sokrates: Denn von vier ist das Vierfache sechzehn. Nicht?
Knabe: Ja.
Sokrates: Das acht Fuß große aber, von welcher Seite entsteht das? Nicht wahr? aus dieser entsteht das vierfache?
Knabe: Das sage ich auch.
Sokrates: Und das vier Fuß große entsteht aus dieser halben?
Knabe: Ja.
Sokrates: Wohl. Das acht Fuß große aber, ist es nicht von diesem hier das Doppelte, von diesem aber die Hälfte?
Knabe: Allerdings.
Sokrates: Muß es also nicht aus einer größeren Seite entstehen als diese und aus einer kleineren als diese? Oder nicht?
Knabe: Ich wenigstens denke so.
Sokrates: Schön! Denn immer nur, was du denkst, mußt du antworten. Und sage mir, hatte nicht diese zwei Fuß, diese aber vier?
Knabe: Ja.
Sokrates: Also muß die Seite des acht Fuß großen Vierecks größer sein als diese, die zwei Fuß groß, und kleiner als diese, die vier Fuß lang ist?
Knabe: Das muß sie.
Sokrates: So versuche denn zu sagen, wie groß sie nach deiner Meinung sei.
Knabe: Drei Fuß lang.
Sokrates: Gut. Wenn sie drei Fuß lang sein soll, so wollen wir von dieser noch die Hälfte dazunehmen, so wird sie drei Fuß lang; denn dies ist zwei Fuß, und dies ist ein Fuß, und auf dieser Seite ebenso sind dies zwei, dies einer. Und dies wird nun das Viereck, welches du meinst.
Knabe: Ja.
Sokrates: Wenn nun die Fläche hier drei Fuß hat und hier auch drei Fuß, so wird sie im ganzen dreimal drei Fuß halten.
Knabe: Offenbar.
Sokrates: Dreimal drei aber, wieviel Fuß sind das?
Knabe: Neun.

Sokrates: Wieviel Fuß aber sollte das doppelte halten?
Knabe: Acht.
Sokrates: Also auch nicht aus einer Seite von drei Fuß Länge bekommen wir eine acht Fuß haltende Fläche.
Knabe: Nein.
Sokrates: Von welcher also, das versuche doch uns genau zu bestimmen; und wenn du es nicht durch Zählen willst, so zeige uns nur von welcher.
Knabe: Aber beim Zeus, Sokrates, ich weiß es nicht.
Sokrates: Siehst du wohl, Menon, wie weit er schon fortschreitet in der Erinnerung? Denn zuerst wußte er nicht, was die Seitenlinie der acht Fuß haltenden Fläche ist, wie er es auch jetzt noch nicht weiß, allein er glaubte damals, es zu wissen, und antwortete keck weiter, als ob er es wüßte, und glaubte nicht im Zweifel zu sein. Nun aber glaubt er schon im Zweifel zu sein, und wie er es nicht weiß, so glaubt er es auch nicht zu wissen.
Menon: Du hast recht.
Sokrates: Steht es also nun nicht besser mit ihm in bezug auf die Sache, die er nicht wußte?
Menon: Auch das dünkt mich.
Sokrates: Indem wir ihn also zum Zweifeln brachten und ihn lähmten wie der Krampfrochen, haben wir ihm dadurch etwa Schaden getan?
Menon: Mich dünkt nicht.
Sokrates: Vielmehr haben wir vorläufig etwas ausgerichtet, wie es scheint, damit er herausfinden kann, wie sich die Sache verhält. Denn jetzt möchte er es wohl gern suchen, da er es nicht weiß; damals aber glaubte er ohne Schwierigkeit vor vielen Leuten oft gut reden zu können über die Verdoppelung einer Fläche, daß sie nämlich eine doppelt so lange Seite haben müsse.
Menon: So mag es wohl sein.
Sokrates: Glaubst du nun, er würde sich vorher bemüht haben, das zu suchen oder zu lernen, was er ohne es zu wissen, zu wissen glaubte, ehe er überzeugt, daß er nichts wisse, in Zweifel geriet und sich nach dem Wissen sehnte?
Menon: Nein, dünkt mich, Sokrates.
Sokrates: Nutzen hat ihm also die Lähmung gebracht?

Menon: So dünkt mich.

Sokrates: Sieh nun aber auch zu, was er von diesem Zweifel aus, indem er mit mir sucht, auch finden wird, wobei ich ihn immer nur frage und niemals lehre. Und gib wohl acht, ob du mich je dabei betriffst, daß ich ihn lehre und ihm vortrage und nicht seine eignen Gedanken nur ihm abfrage. Sage mir du, ist dies nicht unser vier Fuß messendes Viereck? verstehst du?

Knabe: Ja.

Sokrates: Können wir nun nicht hier noch ein gleiches daransetzen?

Knabe: Ja.

Sokrates: Und auch das dritte jedem von den beiden gleich?

Knabe: Ja.

Sokrates: Können wir nun nicht auch das noch hier in der Ecke ausfüllen?

Knabe: Allerdings.

Sokrates: Sind dies nun nicht vier gleiche Vierecke?

Knabe: Ja.

Sokrates: Wie nun? Das wievielfache ist wohl dies ganze von diesem?

Knabe: Das vierfache.

Sokrates: Wir sollten aber ein doppeltes bekommen, oder erinnerst du dich nicht?

Knabe: Allerdings.

Sokrates: Schneidet nun nicht diese Linie, welche von einem Winkel zu dem andern geht, jedes von diesen Vierecken in zwei gleiche Teile?

Knabe: Ja.

Sokrates: Sind nun nicht diese vier Linien gleich, welche dieses Viereck einschließen?

Knabe: Allerdings.

Sokrates: So betrachte nun, wie groß wohl dieses Viereck ist?

Knabe: Das verstehe ich nicht.

Sokrates: Hat nun nicht jede dieser Linien von jeder dieser vier Flächen die Hälfte nach innen abgeschnitten? Oder nicht?

Knabe: Ja.

Sokrates: Wie viele solcher Hälften sind nun in dieser ganzen Figur enthalten?

Knabe: Vier.
Sokrates: Wieviel aber in dieser?
Knabe: Zwei.
Sokrates: Vier aber ist von zwei was doch?
Knabe: Das Doppelte.
Sokrates: Wieviel Fuß mißt also diese Fläche?
Knabe: Acht Fuß.
Sokrates: Auf welcher Linie?
Knabe: Auf dieser hier.
Sokrates: Auf der, welche von einem Winkel zum andern der vier Fuß großen Fläche geht?
Knabe: Ja.
Sokrates: Diese nun nennen die Gelehrten die Diagonale; so daß, wenn diese die Diagonale heißt, alsdann aus der Diagonale, wie du behauptest, das doppelte Viereck entsteht.
Knabe: Allerdings, Sokrates.
Sokrates: Was dünkt dich nun, Menon? hat dieser Junge irgendeine Vorstellung, die nicht sein war, zur Antwort gegeben?
Menon: Nein, nur seine eignen.
Sokrates: Und doch wußte er es vor kurzem noch nicht, wie wir feststellten?
Menon: Ganz recht.
Sokrates: Es waren aber doch diese Vorstellungen in ihm. Oder nicht?
Menon: Ja.
Sokrates: In dem Nichtwissenden also sind von dem, was er nicht weiß, dennoch richtige Vorstellungen?
Menon: Das zeigt sich.
Sokrates: Und jetzt sind bei ihm diese Vorstellungen nur noch wie ein Traum in Bewegung. Wenn man ihn aber oftmals um dies nämliche befragt und auf vielfache Art, so erkennst du, daß er am Ende nicht minder genau als irgendein anderer um diese Dinge wissen wird.
Menon: Das scheint wohl.
Sokrates: Ohne Belehrung also, auf bloße Fragen hin, wird er es wissen und wird die Erkenntnis nur aus sich selbst hervorgeholt haben.
Menon: Ja.

Sokrates: Ist nun dies aus sich selbst ein Wissen hervorholen nicht soviel wie sich erinnern?
Menon: Allerdings.
Sokrates: Und hat etwa nicht dieser die Erkenntnis, die er jetzt hat, entweder einmal erlangt oder immer gehabt?
Menon: Ja.
Sokrates: Hat er sie nun immer gehabt, so ist er auch immer wissend gewesen. Hat er sie einmal erlangt, so hat er sie wenigstens nicht in diesem Leben erlangt. Oder hat irgend jemand diesen Jungen in Geometrie unterrichtet? Denn gewiß wird er mit der ganzen Geometrie ebenso verfahren, und mit allen andern Wissenschaften auch. Hat ihn nun jemand dies alles gelehrt? Denn du mußt es ja wohl wissen, da er in deinem Hause geboren und erzogen ist?
Menon: Ich weiß sehr gut, daß niemand sie ihn jemals gelehrt hat.
Sokrates: Er hat aber diese Vorstellungen; oder nicht?
Menon: Notwendig, wie man ja sieht.
Sokrates: Wenn er sie aber nicht in dem jetzigen Leben erlangt hat, ist es dann nunmehr nicht klar, daß er sie in einer andern Zeit hatte und wußte?
Menon: Offenbar.
Sokrates: Ist das nun nicht die Zeit, wo er noch nicht Mensch war?
Menon: Offenbar.
Sokrates: Wenn also in der ganzen Zeit, wo er Mensch ist, oder auch, wo er es noch nicht war, richtige Vorstellungen in ihm sind, welche durch Fragen geweckt zu Erkenntnissen werden, muß dann nicht seine Seele von jeher das schon gewußt haben? Denn offenbar ist er durch alle Zeit entweder Mensch oder nicht.
Menon: Das ist einleuchtend.
Sokrates: Wenn nun von jeher immer die Wahrheit von allem, was ist, der Seele innewohnt, so wäre ja die Seele unsterblich, so daß du getrost, was du jetzt nicht weißt, das heißt aber, dessen du dich nicht erinnerst, suchen und dir zurückzurufen versuchen kannst.
Menon: Das scheinst du mir, Sokrates, aufs trefflichste darzulegen.

PHAIDON

Was sich im Gorgias ankündigt, im Menon schon weiterentwikkelt erscheint, das ist im Phaidon vollendet: Der orphisch-pythagoreische Dualismus ist bei Platon zur Herrschaft gelangt, und die schon vorher erkennbaren Ansätze zu einer neuen Begründung der Ethik und der Erkenntnistheorie sind inzwischen zur Ideenlehre ausgestaltet worden. Diese und die Lehre von der Übersinnlichkeit und Ewigkeit der Seele stützen sich gegenseitig. Noch schärfer als im Gorgias ist hier die Absage an die Welt und an die gesamte Diesseitigkeit zum Ausdruck gebracht. Sie erhält noch einen besonderen Nachdruck dadurch, daß sie dem in den Tod gehenden Sokrates in den Mund gelegt wird. „Der Philosoph im Sterben“: das ist das Bild, das Platon hier zeichnet und zu dem auch die ergreifende Rahmenerzählung gehört. Der Umstand, daß diese in Phlius spielt, zusammengenommen mit dem Auftreten der beiden Philolaosschüler Simmias und Kebes, macht es sehr wahrscheinlich, daß der Dialog der Pythagoreergemeinde in der genannten Stadt gewidmet ist.

ECHEKRATES: Warst du selbst dabei, Phaidon, an jenem Tage, als Sokrates im Gefängnis den Giftbecher trank, oder hast du es nur von einem andern gehört?
Phaidon: Ich war selbst dabei, Echekrates.
Echekrates: Was hat denn der Mann gesprochen vor seinem Tode, und wie ist er gestorben? Gern hörte ich das. Denn weder von meinen Landsleuten, den Phliasiern, reist jetzt leicht einer nach Athen, noch ist von dorther seit geraumer Zeit ein Gastfreund angekommen, der uns etwas Genaues darüber berichten konnte, außer nur, daß er das Gift getrunken hat und gestorben ist; von dem übrigen wußte keiner etwas zu sagen.
Phaidon: Auch von dem Prozeß also habt ihr nichts erfahren, wie es dabei hergegangen ist?
Echekrates: Ja, das hat uns jemand erzählt, und wir haben uns gewundert, daß, da er ja schon längst stattgefunden hatte, er offenbar erst lange nachher gestorben ist. Wie kam denn das, Phaidon?
Phaidon: Durch Zufall fügte es sich so, Echekrates. Es traf sich nämlich, daß gerade an dem Tage vor der Gerichtsverhandlung das Schiff bekränzt worden war, welches die Athener nach Delos senden.
Echekrates: Was hat es damit auf sich?
Phaidon: Dies ist das Schiff, wie die Athener sagen, worin einst Theseus fuhr, um jene sieben Jünglinge und sieben Mädchen nach Kreta zu bringen, die er rettete und sich selbst auch. Damals nun hatten sie dem Apollon gelobt, wie man sagt, wenn sie gerettet würden, ihm jedes Jahr eine Festgesandtschaft nach Delos zu senden, welche sie seitdem immer und auch jetzt noch jährlich an den Gott schicken. Es besteht nun ein Gesetz, sobald jene Festgesandtschaft ihre Reise angetreten hat, über die ganze Zeit ihrer Abwesenheit die Stadt rein zu erhalten und keine Hinrichtung vorzunehmen, bis das Schiff nach Delos und wieder zurückgekommen ist. Und dies währt bisweilen lange, wenn

widrige Winde einfallen. Die Festgesandtschaft nimmt aber damit ihren Anfang, daß der Priester des Apollon das Hinterdeck des Schiffes bekränzt; und dies geschah, wie gesagt, gerade am Tag vor dem Prozeß. Daher hatte Sokrates in dem Gefängnis so viel Zeit zwischen seiner Verurteilung und Hinrichtung.

Echekrates: Wie war es aber bei seinem Tode selbst, Phaidon? Was wurde gesprochen und getan? Welche von seinen Vertrauten waren bei dem Manne? Oder ließ die Behörde sie nicht zu ihm, und er starb ohne Beisein von Freunden?

Phaidon: Keineswegs, sondern es waren deren, und zwar ziemlich viele, zugegen.

Echekrates: Sei so gut und erzähle uns dies so genau als möglich, wenn du Zeit hast.

Phaidon: Freilich habe ich Zeit dazu, und ich will versuchen, es euch zu erzählen. Denn des Sokrates zu gedenken, sei es, daß ich selbst von ihm rede oder durch andere von ihm höre, macht mir immer die größte Freude.

Echekrates: Und ebenso ist es auch bei uns, die wir dir jetzt zuhören werden. Also versuche nur alles, so genau wie du irgend kannst, zu erzählen.

Phaidon: Mir meinesteils war ganz wunderbar zumute dabei. Bedauern nämlich kam mir gar nicht ein, wie einem, der bei dem Tode eines vertrauten Freundes zugegen sein soll; denn glückselig erschien mir der Mann, Echekrates, in seinem Benehmen und seinen Reden, wie standhaft und edel er endete, so daß mir der Gedanke kam, er gehe auch in die Unterwelt nicht ohne göttliche Fügung, sondern auch dort werde es ihm wohlgehen, wenn jemals einem sonst. Deshalb ergriff mich auch gar kein Mitleid, wie man doch erwarten sollte, wenn man bei einem so traurigen Vorgang zugegen ist; freilich waren wir auch nicht fröhlich wie sonst bei unsern gewohnten philosophischen Unterhaltungen – denn auch jetzt beschäftigten sie sich mit solchen Fragen –, sondern ich befand mich in einer ganz merkwürdigen Verfassung, einer ungewohnten Mischung von Lust und Leid, bei dem Gedanken, daß jener Mann nun bald sterben sollte. Und alle Anwesenden waren fast in derselben Stimmung: bald mußten wir lachen und dann wieder weinen, besonders einer unter uns, Apollodoros. Du kennst ja wohl den Mann und seine Art.

Echekrates: Wie sollte ich nicht!

Phaidon: Diesem ging es nun in besonderem Maße so; aber auch wir andern waren ebenso aus der Fassung.

Echekrates: Wer war anwesend, Phaidon?

Phaidon: Eben dieser Apollodoros war von den Einheimischen zugegen, und Kritobulos mit seinem Vater Kriton; dann noch Hermogenes und Epigenes und Aeschines und Antisthenes. Auch Ktesippos aus Paiania war da, und Menexenos und einige andere von den Einheimischen; Platon aber, glaube ich, war krank.

Echekrates: Waren auch noch Fremde zugegen?

Phaidon: Ja, Simmias aus Theben, und Kebes und Phaidondes, und aus Megara Eukleides und Terpsion.

Echekrates: Waren auch Aristippos und Kleombrotos da?

Phaidon: Nein, es hieß, sie wären in Ägina.

Echekrates: War noch sonst jemand gegenwärtig?

Phaidon: Ich glaube, dies waren sie ziemlich alle.

Echekrates: Und wie nun weiter? Wie verlief die Unterhaltung?

Phaidon: Ich will versuchen, dir alles von Anfang an zu erzählen. Wir pflegten nämlich auch schon die Tage vorher immer zu Sokrates zu gehen, ich und die andern, und versammelten uns des Morgens im Gerichtshause, wo auch der Prozeß stattgefunden hatte; denn dies ist nahe bei dem Gefängnis. Da warteten wir jedesmal, bis das Gefängnis geöffnet wurde, und unterhielten uns unterdessen. Denn es wurde nicht sehr früh geöffnet; sobald es aber offen war, gingen wir hinein zu Sokrates und brachten den größten Teil des Tages bei ihm zu. Damals nun hatten wir uns noch früher versammelt, weil wir tags zuvor, als wir abends aus dem Gefängnis gingen, erfahren hatten, daß das Schiff aus Delos angekommen sei. Wir gaben also einander das Wort, auf das früheste an dem gewohnten Ort zusammenzukommen. Das taten wir auch, und der Pförtner, der uns, wie gewöhnlich, klopfen hörte, kam heraus und sagte, wir sollten warten und nicht eher kommen, bis er uns riefe. Denn, sprach er, die Elf[1] lösen jetzt dem Sokrates die Fesseln und kündigen ihm an, daß er heute sterben soll. Nach einer kleinen Weile kam er denn und hieß uns hineingehn. Als wir nun eintraten, fanden wir den Sokrates eben von den Fesseln befreit und Xanthippe – du kennst sie doch – sein Söhnchen auf dem Arm haltend, saß neben ihm. Als uns Xanthippe nun sah, jammerte sie und redete allerlei dergleichen, wie die Frauen pflegen, wie: „O Sokrates, nun reden diese deine Freunde zum letztenmal mit dir und du mit ihnen." Da wendete sich Sokrates zu Kriton und sprach: „Kriton, laß doch jemand diese nach Hause führen." Da führten einige von Kritons Leuten sie ab, schreiend und wehklagend. Sokrates aber, auf dem Bette sitzend, zog das Bein an sich und rieb sich den Schenkel mit der Hand, indem er zugleich sagte: Was für ein eigenes Ding, ihr Männer, ist es doch um das, was die Menschen angenehm nennen, wie wunderlich es sich verhält zu dem, was ihm entgegengesetzt zu sein scheint, dem Unangenehmen, daß nämlich beide zu gleicher Zeit zwar nie in dem Menschen sein wollen, doch aber, wenn einer dem einen nachgeht und es erlangt, er meist immer genötigt ist, auch das andere mitzunehmen, als ob sie beide an dem einen Ende zusammengeknüpft wären; und ich denke, wenn Äsop dies bemerkt hätte, würde er eine Fabel daraus gemacht haben, daß Gott beide, da sie im Streite liegen, habe aussöhnen wollen, und weil er dies nicht gekonnt, sie an den Enden zusammengeknüpft habe, und deshalb nun, wenn jemand das eine hat, komme ihm das andere nach. So scheint es nun auch mir gegangen zu sein; weil ich von der Fessel in dem Schenkel vorher Schmerz hatte, so kommt mir nun die angenehme Empfindung hintennach. – Darauf nahm Kebes das Wort und sagte: Beim Zeus, Sokrates, das ist gut, daß du mich daran erinnerst. Denn nach deinen Gedichten, die du gemacht hast, indem du die Fabeln des Äsop in Verse gebracht, und nach dem Hymnus an den Apollon haben mich auch andere schon gefragt, und noch neulich Euenos[2], wie es doch zugehe, daß, seitdem du dich hier befindest, du Verse machest, da du es zuvor nie getan hast. Ist dir nun etwas daran gelegen, daß ich dem Euenos zu antworten weiß, wenn er mich wieder fragt, und ich weiß gewiß, das wird er: so sprich, was ich ihm sagen soll. – Sage ihm denn, sprach er, o Kebes, die Wahrheit, daß ich es nicht tue, um etwa gegen ihn und seine Gedichte aufzutreten, denn das wüßte ich wohl, wäre nicht leicht, sondern um zu versuchen, was wohl ein gewisser Traum meine, und mich vor Schaden zu hüten, wenn etwa dies die musische Tätigkeit sein sollte, die er mir anbefiehlt. Es war nämlich dieses: es ist mir oft derselbe Traum vorgekommen in dem nun vergangenen Leben, der mir, bald in dieser, bald in jener Gestalt erscheinend, immer dasselbe sagte: Sokrates, sprach er, schaff und treibe musische Kunst! Und ich dachte zuerst, der Traum wolle mich zu dem ermuntern und antreiben, was ich schon tat, und wie man die Laufenden anzutreiben pflegt, so ermuntere mich auch der Traum zu dem, was ich schon tat, Musenkunst zu treiben, weil nämlich die Philosophie die vortrefflichste Musenkunst ist und ich diese doch trieb. Jetzt aber, seit das Urteil gefällt ist und das Fest des Gottes meinen Tod noch verschoben hat, dachte ich doch, ich müsse, falls etwa der Traum mir doch befähle, mich mit dieser volkstümlichen Musenkunst zu beschäftigen, auch dann nicht ungehorsam sein, sondern es tun. Denn es sei doch sicherer, nicht abzuscheiden, bis ich mein Gewissen beruhigt und Gedichte gemacht habe, um dem Traum zu gehorchen. So habe ich denn ein Gedicht auf den Gott gemacht, dem das gegenwärtige Opferfest galt, und nächst dem Gott habe ich in dem Gedanken, ein Dichter müsse, wenn er ein solcher sein wolle, Fabeln dichten und dürfe sich nicht in nüchterner Prosa ergehen, und weil ich selbst mich nicht auf Fabeln verstehe, die nächsten besten Fabeln des Äsop, die mir geläufig waren und die ich kannte, in Verse gebracht. Dies also, Kebes, sage dem Euenos, ich lasse ihm Lebewohl sagen, und wenn er verständig sei, soll er mir so bald als möglich nachkommen. Ich werde aber, wie es scheint, noch heute weggehen. Denn so wollen es die Athener. – Da sagte Simmias: Was läßt du doch da dem Euenos sagen, Sokrates! Ich habe schon viel mit dem Manne verkehrt; aber soviel ich gemerkt, wird er auch nicht die mindeste Lust haben, dir zu folgen. – Wieso? fragte er, ist Euenos nicht ein Philosoph? – Das dünkt mich doch, sprach Simmias. – Nun, so wird er auch wollen, er und jeder, der diesen Beruf auf würdige Weise ausübt. Nur Gewalt wird er sich nicht selbst antun; denn man sagt, dies sei nicht recht. Und als er dies sagte, ließ er seine Beine von dem Bett wieder herunter auf die Erde, und so blieb er sitzen während der übrigen Unterhaltung. – Kebes fragte ihn nun: Wie meinst du das, Sokrates, daß es nicht recht sei, sich selbst ein Leid anzutun, daß aber doch der Philosoph dem Sterbenden zu folgen wünsche? – Wie, Kebes? Habt ihr über diese Dinge nichts gehört, du und Simmias, als ihr mit dem Philolaos[3] zusammen waret? – Nichts Genaues wenigstens, Sokrates. – Auch ich kann freilich nur vom Hörensagen davon reden; was ich aber gehört, will ich euch nicht vorenthalten. Auch ziemt es sich ja wohl am besten, daß der, welcher im Begriff ist, dorthin zu wandern, nachsinne und sich die Wanderung dorthin ausmale, wie man sie sich wohl zu denken habe. Was könnte man auch noch weiter tun in der Zeit bis zum Untergang der Sonne! – Weshalb also sagt man, es sei nicht recht, sich selbst zu töten, Sokrates? Denn ich habe dies auch schon, wonach du eben fragtest, von Philolaos gehört, als er sich bei uns aufhielt, und auch schon von andern, daß man dies nicht tun dürfe. Genaues aber habe ich nie von jemand darüber gehört. – So mußt du dich noch weiter bemühen, sagte er, du kannst es ja wohl noch hören. Vielleicht aber kommt es dir auch wunderbar vor, daß dies allein unter allen Dingen schlechthin so sein soll, und keineswegs nur manchmal und ausnahmsweise für den Menschen gelten soll, nämlich daß es besser sei, tot zu sein als zu leben. Und weiter wird es dir wohl wunderbar erscheinen, daß es für die Menschen, für die es besser wäre, tot zu sein als zu leben, doch nicht zulässig sein soll, sich selbst diese Wohltat zu erweisen, sondern daß sie auf einen andern warten sollen, der dies tut. – Da sagte Kebes etwas lächelnd und in seiner Mundart: Das mag Gott wissen. – Das mag nun freilich unvernünftig erscheinen, sagte Sokrates, aber vielleicht ist doch einige Vernunft darin. Denn was darüber in den Geheimlehren[4] gesagt wird, daß wir Menschen wie in einer Haft sind, und man sich aus dieser nicht selbst befreien oder entweichen dürfe, das scheint mir doch eine gehaltvolle Lehre zu sein und nicht so leicht zu durchschauen. Und auch dies, Kebes, scheint mir ganz gut gesagt zu sein, daß die Götter unsere Aufseher und wir Menschen ihr Eigentum sind. Oder dünkt es dich nicht so? – Allerdings wohl, sagte Kebes. – Würdest nicht auch du, wenn ein Sklave, der dir gehört, sich selbst töten würde, ohne daß du ihm angedeutet hättest, daß du seinen Tod wünschest, ihm zürnen und, wenn du noch eine Strafe wüßtest, ihn bestrafen? – Ganz gewiß, sagte er. – Demnach wäre es vielleicht doch nicht so unvernünftig gedacht, daß man nicht eher sich selbst töten dürfe, bis Gott irgendeine Notwendigkeit dazu schickt, wie die jetzt uns gewordene? – Das erscheint allerdings ganz natürlich, sagte Kebes. Was du jedoch vorher sagtest, daß jeder Philosoph gern werde sterben wollen, dies, Sokrates, kommt dann ungereimt heraus, wenn doch, was wir eben sagten, sich richtig so verhält, daß Gott uns beaufsichtigt und wir sein Eigentum sind. Denn es hat doch keinen Sinn, daß gerade die besonnensten Menschen Lust bekommen sollten, aus diesem Dienste wegzulaufen, in dem sie doch unter der Aufsicht der allerbesten Aufseher, die es geben kann, nämlich der der Götter, stehen. Denn gerade ein solcher wird ja nicht annehmen, daß er, frei geworden, besser werde für sich sorgen können; sondern nur ein gedankenloser Mensch könnte plötzlich diesen Einfall haben, er müsse seinem Herrn entlaufen, und würde nicht bedenken, daß man doch dem Guten nicht entlaufen, sondern so viel als möglich dabei bleiben soll, und daß also sein Weglaufen ganz unvernünftig wäre. Wer aber Verstand hat, würde wünschen, immer bei dem zu sein, der besser ist als er. Und so käme ja wohl, Sokrates, das Gegenteil von dem heraus, was eben gesagt ward, den Vernünftigen nämlich ziemte es, ungern zu sterben, und nur den Unvernünftigen gern. – Als dies Sokrates gehört hatte, schien er mir seine Freude zu haben an des Kebes Eifer in der Sache, und indem er uns ansah, sagte er: Immer spürt doch Kebes irgend Gründe aus und will sich gar nicht leicht überzeugen lassen von dem, was man behauptet. – Darauf sagte Simmias: Wahrhaftig, Sokrates, auch mir scheint jetzt etwas an dem zu sein, was Kebes vorbringt. Denn weshalb doch sollten wohl wahrhaft weise Männer besseren Herren, als sie selbst sind, entlaufen und sich von ihnen losmachen? Und zwar scheint mir Kebes mit seiner Rede auf dich zu zielen, daß du es so leicht erträgst, uns zu verlassen, und auch jene guten Herrscher, wie du selbst gestehst, die Götter. – Ihr habt recht, sprach er. Ich denke nämlich, ihr meint, ich solle mich hierüber verteidigen wie vor Gericht. – Allerdings, sagte Simmias. – Wohlan denn, sprach er, laßt mich versuchen, ob ich mich mit besserem Erfolg vor euch verteidigen kann als vor den Richtern. Nämlich, sprach er, Simmias und Kebes, wenn ich nicht glaubte, zuerst zu andern Göttern zu kommen, die auch weise und gut sind, und dann auch zu verstorbenen Menschen, welche besser sind als die hiesigen, so täte ich vielleicht unrecht, mich nicht über meinen Tod zu grämen. Nun aber wisset nur, daß ich zu wackeren Männern zu kommen hoffe; und wenn ich auch das nicht so ganz sicher behaupten wollte, so doch, daß ich zu Göttern komme, die ganz treffliche Herren sind, und wisset nur, wenn irgend etwas von derlei Dingen, so möchte ich dies bestimmt behaupten. Deshalb gräme ich mich nicht so, sondern ich bin der Hoffnung, daß auf die Toten noch etwas wartet und, wie man ja schon immer gesagt hat, etwas weit Besseres auf die Guten als auf die Schlechten. – Wie nun, sagte Simmias, gedenkst du diese Meinung für dich zu behalten und so von uns zu gehn, oder möchtest du uns auch etwas davon mitteilen? Mich wenigstens dünkt, dies müsse ein gemeinsames Gut sein auch für uns; und zugleich wird ja eben das deine Verteidigung sein, wenn du uns von dem, was du sagst, überzeugst. – So will ich es denn versuchen, sprach er. Zuvor aber laßt uns doch von unserm Kriton hören, was es doch ist, was er mir schon lange sagen will? – Was sonst, Sokrates, sprach Kriton, als daß der, welcher dir den Trank bereiten soll, mir schon lange zuredet, man müsse dir andeuten, doch ja so wenig als möglich zu sprechen. Denn er sagt, durch das Reden erhitze man sich, und das vertrage sich nicht mit dem Trank; sondern man müsse bisweilen zwei-, auch dreimal trinken, wenn man dergleichen tue. – Darauf sagte Sokrates: Ach, laß ihn! Mag er nur sein Geschäft besorgen, um mir auch zwei- und, wenn nötig, dreimal zu geben. – Das wußte ich wohl eigentlich schon, sagte Kriton; aber er ließ mir schon lange keine Ruhe. – Laß ihn, sprach er.

Euch Richtern aber will ich nun Rede darüber stehen, daß ich mit Grund der Meinung bin, ein Mann, welcher wahrhaft philosophisch sein Leben vollbracht, müßte getrost sein, wenn er im Begriff ist, zu sterben, und der frohen Hoffnung, daß er dort Gutes in vollem Maß erlangen werde, wann er gestorben ist. Inwiefern sich das nun so verhalten dürfte, Simmias und Kebes, das will ich versuchen, euch deutlich zu machen. Es scheint nämlich den andern Menschen zu entgehen, daß, wer die Philosophie richtig anfaßt, auf nichts anderes ausgeht, als zu sterben und tot zu sein. Ist dies wahr, so wäre es doch wohl ungereimt, das ganze Leben hindurch einzig danach zu streben, dann aber, wenn das kommt, wonach man längst strebte und worauf man ausging, sich darüber zu grämen. – Da lachte Simmias und sagte: Beim Zeus, Sokrates, wiewohl ich jetzt eben nicht im mindesten lachlustig bin, hast du mich doch zum Lachen gebracht. Ich denke nämlich, wenn die gewöhnlichen Leute dies hörten, würden sie glauben, dies sei ganz vortrefflich gesagt gegen die Philosophen, und ganz besonders meine Landsleute[5] würden dir vollkommen darin beistimmen, daß die Philosophen in der Tat sterben möchten, und daß es ihnen ihrerseits ganz klar sei, daß ihnen das auch recht geschähe. – Da hätten sie auch ganz recht, Simmias, abgesehen davon, daß ihnen das ganz klar sei. Denn weder wissen sie, in welchem Sinne die wahrhaften Philosophen sich den Tod wünschen, noch in welchem Sinne sie ihn verdienen. Laßt uns nun, sprach er, jenen den Abschied geben, zu uns selbst aber sagen, ob wir wohl glauben, daß der Tod etwas sei. – Allerdings, fiel Simmias ein. – Und wohl etwas anderes als die Trennung der Seele von dem Leibe? Und daß das heiße tot sein, wenn abgesondert von der Seele der Leib für sich allein ist, und auch die Seele abgesondert von dem Leibe für sich allein ist. Oder sollte wohl der Tod etwas anderes sein als dies? – Nein, sondern eben dies. –

So bedenke denn, Guter, ob auch dich dasselbe bedünkt wie mich; denn hieraus, glaube ich, werden wir das besser erkennen, wonach wir fragen. Scheint dir, daß es sich für einen philosophischen Mann gehöre, sich Mühe zu geben um die sogenannten Lüste, wie um die am Essen und Trinken? – Nichts weniger Sokrates, sprach Simmias. – Oder um Liebeslust? – Keineswegs. – Und die übrige Körperpflege, glaubst du, daß ein solcher sie groß achte? wie schöne Kleider und Schuhe und andere Arten von Schmuck am Leibe zu haben, glaubst du, daß er es achte oder verachte, soweit es über das ganz Unerläßliche hinausgeht? – Verachten, dünkt mich wenigstens, wird es der wahrhafte Philosoph. – Dünkt dich also nicht überhaupt eines solchen ganze Beschäftigung sich nicht auf den Leib zu richten, sondern soviel nur möglich sich von ihm abzukehren und der Seele zuzuwenden? – Das dünkt mich. – Also das ist das erste Merkmal des Philosophen, daß er die Seele so viel als möglich aus der Gemeinschaft mit dem Körper löst im Unterschied von den andern Menschen? – Offenbar. – Und die meisten Menschen meinen doch, Simmias, wem das nicht Lust bereite, und wer daran keinen Teil habe, für den lohne es sich nicht zu leben, sondern wer sich nicht um sinnliche Lüste kümmere, der sei fast so gut wie tot. – Damit hast du vollkommen recht. – Wie steht es nun aber mit dem Erwerb der Erkenntnis selbst? Bildet der Leib dabei ein Hindernis oder nicht, wenn man ihn an der Untersuchung sich beteiligen läßt? – Ich meine z. B. so, gewähren wohl Gesicht und Gehör den Menschen einige Wahrheit? oder leiern uns selbst die Dichter[6] das nicht immer wieder vor, daß wir nichts genau hören noch sehen? Und doch, wenn unter den sinnlichen Wahrnehmungen selbst diese nicht genau und deutlich sind, dann die andern vollends nicht; denn die leisten doch wohl alle noch weniger; oder kommt es dir nicht auch so vor? – Freilich, sagte er. – Wann also erfaßt die Seele die Wahrheit? Denn wenn sie mit dem Leibe versucht, etwas zu betrachten, dann offenbar wird sie von diesem betrogen. – Richtig. – Wird also nicht in dem Denken, wenn irgendwo, ihr etwas von dem Seienden offenbar? – Ja. – Und sie denkt offenbar am besten, wenn nichts von diesem sie trübt, weder Gehör noch Gesicht, noch Schmerz und Lust, sondern sie am meisten ganz für sich ist, den Leib gehn läßt und soviel irgend möglich ohne Gemeinschaft und Verkehr mit ihm dem Seienden nachgeht. – So ist es. – Also auch dabei verachtet des Philosophen Seele am meisten den Leib, flieht von ihm und sucht für sich allein zu sein? – So scheint es. – Wie steht es nun aber mit folgendem, Simmias? Sagen wir, daß das Gerechte an sich etwas sei oder nichts? – Wir behaupten es ja freilich, beim Zeus. – Und nicht auch das Schöne und Gute? – Wie sollte es nicht? – Hast du nun schon jemals hiervon das mindeste mit Augen gesehen? – Keineswegs, sprach er. – Oder mit sonst einer Wahrnehmung, die vermittels des Leibes erfolgt, es getroffen? Ich meine aber alles dieses, Größe, Gesundheit, Stärke, und mit einem Worte von allem insgesamt das Wesen, was jegliches wirklich ist; wird etwa vermittels des Leibes hiervon das eigentlich Wahre geschaut, oder verhält es sich so, wer von uns am meisten und genauesten es darauf anlegt, jegliches selbst unmittelbar zu denken, was er untersucht, der kommt auch am nächsten daran, jegliches zu erkennen? – Allerdings. – Und der kann doch jenes am reinsten ausrichten, der am meisten mit dem Gedanken allein an jedes herangeht, ohne weder das Gesicht mit anzuwenden beim Denken, noch irgendeinen andern Sinn mit zuzuziehen bei seinem Nachdenken, sondern sich des reinen Gedankens allein bedienend, auch jegliches rein für sich zu fassen trachtet, soviel wie möglich geschieden von Augen und Ohren und, um es kurz zu sagen, von dem ganzen Leibe, der die Seele nur verwirrt und sie nicht Wahrheit und Erkenntnis gewinnen läßt, wenn er mit dabei ist. Ist es nicht ein solcher, Simmias, der, wenn irgendeiner, das Wahre treffen wird? – Über die Maßen hast du recht, Sokrates, sprach Simmias. – Muß nun nicht auf Grund von dem allem bei den echten Philosophen sich etwa folgende Auffassung bilden, die sie untereinander ungefähr so ausdrücken: Es scheint gewissermaßen einen Pfad zu geben, der uns hinausführt, weil, solange wir bei unserer Forschung neben der Vernunft noch den Leib haben und unsere Seele mit diesem

Übel befleckt und verbunden ist, wir niemals hinreichend das gewinnen werden, wonach wir trachten; das ist aber, wie wir meinen, die Wahrheit. Denn der Leib macht uns tausenderlei zu schaffen wegen der Notwendigkeit seiner Ernährung, dann auch wenn uns Krankheiten zustoßen, verhindern uns diese, das Wahre zu erjagen, und auch mit Gelüsten und Begierden, Ängsten und mancherlei Trugbildern und allerlei Possen erfüllt er uns; so daß recht in Wahrheit, wie man auch zu sagen pflegt, wir um seinetwillen nicht einmal dazu kommen, auch nur irgend etwas richtig zu erkennen. Denn auch Kriege und Unruhen und Schlachten erregt uns nichts anderes als der Leib und seine Begierden. Denn um den Besitz von Geld und Gut handelt es sich bei allen Kriegen, und das Gold müssen wir haben des Leibes wegen, weil wir seiner Pflege dienstbar sind, und deshalb haben wir keine Zeit, uns mit der Philosophie zu befassen, wegen aller dieser Bedürfnisse. Und endlich noch, wenn uns der Leib auch einmal in Ruhe läßt und wir uns anschicken, etwas zu untersuchen, so kommt er uns bei unsern Untersuchungen immer wieder in die Quere, beunruhigt, verwirrt und stört uns, daß wir seinetwegen das Wahre nicht sehen können. Sondern es ist uns wirklich ganz klar, daß, wenn wir je etwas rein erkennen wollen, wir uns von ihm losmachen und mit der Seele selbst die Dinge selbst schauen müssen. Und dann erst, wie es scheint, wird uns das zuteil werden, was wir wünschen und worauf, wie wir behaupten, unser Streben gerichtet ist: Erkenntnis; dann nämlich, wenn wir gestorben sind, im Leben aber nicht, wie dieser Gedankengang zeigt. Denn wenn wir nicht imstande sind, in Verbindung mit dem Leibe irgend etwas rein zu erkennen, so gibt es nur zwei Möglichkeiten, entweder wir können überhaupt nie zu einem Wissen gelangen, oder aber erst nach dem Tode. Denn alsdann wird die Seele für sich allein sein, abgesondert vom Leibe, vorher aber nicht. Und solange wir leben, werden wir, wie sich zeigt, nur dann dem Erkennen am nächsten sein, wenn wir soviel wie möglich nichts mit dem Leibe zu schaffen noch gemein haben, soweit es nicht ganz unerläßlich ist, und wenn wir uns nicht von seinem Wesen erfüllen lassen, sondern uns von ihm rein halten, bis der Gott selbst uns befreit. Und so werden wir dann rein und von dem Unverstand des Leibes befreit wahrscheinlich mit andern solchen zusammensein und durch uns selbst alles ungetrübt erkennen, und dies ist eben wohl das Wahre. Denn dem Nichtreinen wird es nicht vergönnt sein. Dergleichen meine ich, Simmias, werden notwendig alle wahrhaft Wißbegierigen denken und untereinander reden. Oder dünkt dich nicht so? -- Ganz gewiß, Sokrates. – Wenn nun, sprach Sokrates, dieses wahr ist, Freund, so ist ja große Hoffnung, daß, wenn ich dort angekommen bin, wohin ich jetzt gehe, ich dort, wenn irgendwo, zur Genüge dasjenige erlangen werde, worauf alle unsere Bemühungen in dem vergangenen Leben gezielt haben; und so kann ich die mir jetzt aufgetragene Wanderung mit guter Hoffnung antreten und auch jeder andere, der überzeugt ist, daß er innerlich gerüstet und gewissermaßen gereinigt ist. – Allerdings, sprach Simmias. – Und er gibt sich somit als Reinigung nicht das, was wir in unserer Unterhaltung schon lange so bezeichnet haben, nämlich daß man die Seele soviel als möglich vom Körper losmache und sie daran gewöhne, sich aus allen Winkeln des Körpers zu sammeln und zu konzentrieren, so daß sie ganz für sich ist, und sowohl gegenwärtig als in Zukunft, soweit es möglich ist, für sich zu wohnen, gewissermaßen losgelöst von den Fesseln des Körpers? – Allerdings, sagte er. – Heißt aber dies nicht Tod, Erlösung und Absonderung der Seele von dem Leibe? – Allerdings, sagte jener. – Und sie davon zu lösen streben immer am meisten, sagte er, nur allein, wie wir behaupten, die wahren Philosophen; und eben dies ist es, worin die Philosophen sich üben: Befreiung und Absonderung der Seele von dem Leibe; oder nicht? – Offenbar. – Also wäre es ja, wie ich anfänglich sagte, lächerlich, wenn ein Mann, der sich in seinem ganzen Leben darauf eingerichtet hätte, so nahe als möglich an dem Gestorbensein zu leben, hernach, wenn eben dieses kommt, sich ungebärdig stellen wollte? Wäre das nicht lächerlich? – Wie sollte es nicht? – In der Tat also, Simmias, üben sich die wahren Philosophen im Sterben, und der Tod ist ihnen unter allen Menschen am wenigsten furchtbar. Erwäge weiter folgendes. Wenn sie auf alle Weise mit dem Leib entzweit sind und begehren, die Seele für sich allein zu haben, und dann, wenn dies eintritt, sich fürchten und grämen sollten, wäre das nicht die helle Unvernunft, wenn die dann nicht mit Freuden dahingehn wollten, wo sie Hoffnung haben, dasjenige zu erlangen, wonach sie im Leben trachteten? Sie trachteten aber nach Erkenntnis, und des Zusammenseins mit demjenigen entledigt zu werden, was ihnen zuwider war. Oder sollten nur viele, denen menschliche Geliebte und Weiber und Kinder gestorben sind, freiwillig haben in die Unterwelt gehen wollen, von dieser Hoffnung getrieben, daß sie die, nach denen sie sich sehnten, wiedersehn und mit ihnen zusammensein würden? Wer aber wahrhaft nach Erkenntnis trachtet und leidenschaftlich erfaßt hat, daß er sie nirgends sonst in nennenswertem Maße erreichen werde als in der Unterwelt, der sollte sich wegen des Sterbens grämen, und er sollte nicht freudig dorthin gehn? Das ist doch unglaublich, Freund, sofern er wirklich ein Philosoph ist. Denn es wird seine feste Überzeugung sein, daß er nirgend anders die Wahrheit rein antreffen werde als nur dort. Wenn sich aber dies so verhält, wie ich eben sagte, wäre es nicht große Unvernunft, wenn ein solcher den Tod fürchtete? – Gar große, beim Zeus, sagte jener. – Falls du also einen Mann sich grämen siehst, weil er sterben soll, ist dir das dann nicht ein ausreichender Beweis, daß er demnach kein Philosoph war, sondern seinen Körper liebte? Wer aber diesen liebt, der liebt auch das Geld und die Ehre, eines von beiden oder auch beides. – Vollkommen verhält es sich so, wie du sagst. – Wird nun Männern von solcher Gesinnung nicht auch das, was man Tapferkeit nennt, vorzüglich zukommen, Simmias? fragte er. – Ganz gewiß, antwortete er. – Nicht auch die Besonnenheit, was auch die Menge Besonnenheit nennt, sich von Begierden nicht fortreißen lassen, sondern sich gleichgültig gegen sie verhalten und sittsam sein, kommt nicht auch diese Eigenschaft denen allein zu, welche den Leib am meisten geringschätzen und ein philosophisches Leben führen? – Notwendig, sagte er. – Denn, fügte jener hinzu, wenn du die Tapferkeit und Besonnenheit der andern nur recht betrachten willst, so wird sie dir ganz wunderlich vorkommen. – Wieso, Sokrates? – Du weißt doch, sagte er, daß die andern alle den Tod unter die großen Übel rechnen. – Allerdings. – Ist es also nicht aus Furcht vor noch größeren Übeln, daß die Tapfern unter ihnen den Tod erdulden, wenn sie ihn erdulden? – So ist es. – Also weil sie sich fürchten, und aus Furcht sind alle tapfer, ausgenommen die Philosophen. Das ist aber doch ungereimt, daß einer aus Furcht und Feigheit tapfer sein soll. – Freilich wohl. – Und wie steht es mit den Sittsamen unter ihnen? Hat es mit denen nicht dieselbe Bewandtnis? Aus einer gewissen Zügellosigkeit sind sie besonnen, wiewohl wir freilich sagen, dies sei unmöglich, aber doch geht es ihnen wirklich ganz ähnlich bei dieser einfältigen Besonnenheit. Denn aus Besorgnis, andere Lüste entbehren zu müssen, verzichten sie auf die einen, während sie von den andern beherrscht werden. Und das nennt man doch Zügellosigkeit, sich von den Lüsten beherrschen zu lassen. Dennoch trifft es auf sie zu, daß sie von Lüsten beherrscht, sich anderer Lüste bemächtigen, und dies ist doch dem ganz ähnlich, was eben gesagt wurde, daß sie gewissermaßen aus Zügellosigkeit besonnen wurden. – Das leuchtet ein. – Mein bester Simmias, das ist also doch wohl nicht die richtige Art, die Tugend einzutauschen: Lust gegen Lust, Schmerz gegen Schmerz, Furcht gegen Furcht auszuwechseln, immer das Größere gegen das Kleinere, wie Münzen; sondern die Erkenntnis ist allein die rechte Münze, gegen die man alles das umwechseln soll, und nur, was man mittels ihrer kauft oder verkauft, ist in Wahrheit Tapferkeit, Besonnenheit und Gerechtigkeit, kurz gesagt die Tugend zusammen mit Erkenntnis, mag nun Lust und Furcht und alles übrige der Art dabei sein oder nicht dabei sein; wird das aber ohne Erkenntnis gegeneinander eingetauscht, so ist eine solche Tugend nur Spiegelfechterei und in Wirklichkeit etwas Knechtisches, Ungesundes und Unwahres. In Wahrheit ist sie eine Reinigung von dem allem, und Besonnenheit, Gerechtigkeit, Tapferkeit und die Erkenntnis selbst ist nichts anderes als ein Reinigungsprozeß. Und so mögen auch diejenigen, welche uns die Mysterien eingerichtet haben, gar keine üblen Leute gewesen sein, die schon längst darauf hinwiesen, daß, wer ungeweiht und ungeheiligt in der Unterwelt anlangt, in den Schlamm zu liegen komme, der Gereinigte aber und Geweihte, wenn er dort angelangt ist, bei den Göttern wohnen werde. Denn, wie die Leute sagen, die die Mysterien verwalten: „Viele zwar schwingen den Thyrsos, doch wen'ge vom Gotte ergriffen." Diese aber sind, nach meiner Meinung, keine anderen, als die sich auf rechte Weise der Weisheit beflissen haben. Einer von ihnen zu werden, habe auch ich im Leben, soviel ich vermochte, nichts versäumt, sondern mich mit aller Kraft bemüht. Ob ich mich aber auf die rechte Weise bemüht und etwas vor mich gebracht, das werden wir, dort angekommen, sicher erfahren, wenn Gott will, binnen kurzem, wie mich dünkt. Dies, sprach er, Simmias und Kebes, ist meine Verteidigung darüber, daß euch und die hiesigen Gebieter zu verlassen mir mit Recht nicht schwer fällt und daß ich mich nicht darüber gräme, in der Überzeugung, vortrefflichere Gebieter und Freunde anzutreffen als hier; den meisten aber ist dies unglaublich. Wenn es mir nun gelungen sein sollte, euch besser zu überzeugen als die athenischen Richter, so ist es gut.

Als Sokrates so gesprochen hatte, fiel Kebes ein und sagte: Sokrates, das andere dünkt mich alles gar schön gesagt, nur deine Ansicht über die Seele begegnet bei den Menschen starkem Unglauben: ob sie nicht, wenn sie vom Leibe getrennt ist, nirgends mehr ist, sondern an jenem Tage umkommt und untergeht, an welchem der Mensch stirbt, und ob sie nicht, sobald sie von dem Leibe sich trennt und ausfährt wie ein Hauch oder Rauch, auch zerstoben ist und verflogen und nirgends mehr etwas von ihr ist. Denn wäre sie noch irgendwo für sich, in sich gesammelt und befreit von diesen Übeln, die du eben beschrieben hast, dann allerdings wäre ja große und schöne Hoffnung, Sokrates, daß alles wahr sei, was du sagst. Aber dies bedarf vielleicht doch einer starken und überzeugenden Beweisführung, daß die Seele nach dem Tode des Menschen noch existiert und noch irgendwie Kraft und Bewußtsein hat. – Du hast ganz recht, Kebes, sagte Sokrates; aber was sollen wir machen? Sollen wir eben das miteinander durchsprechen, ob es wahrscheinlich ist, daß es sich so verhalte, oder ob nicht? – Ich mindestens, sagte Kebes, möchte gerne hören, was für eine Meinung du hierüber hast. – Wenigstens glaube ich nicht, sprach Sokrates, daß irgend jemand, der es hört, und wäre es auch ein Komödienschreiber, sagen dürfte, daß ich leeres Geschwätz treibe und Reden führe über ungehörige Dinge. Ist es euch nun recht, so wollen wir die Sache untersuchen. So laßt uns also betrachten, ob die Seelen, nachdem die Menschen gestorben, in der Unterwelt sind, oder ob nicht. Es gibt nun freilich eine alte Lehre, deren wir erwähnt haben, daß, wie sie von hier dorthin gekommen sind, sie auch wieder hierher zurückkehren und wiedergeboren werden aus den Toten. Und wenn sich dies so verhält, daß die Lebenden wiedergeboren werden aus den Gestorbenen, so sind ja wohl unsere Seelen (nach dem Tode) dort? denn sie könnten nicht wiedergeboren werden, wenn sie nicht existierten. Und ein hinreichender Beweis wäre dies, daß es so ist, wenn wirklich offenbar würde, daß die Lebenden nirgend anders herkämen als von den Toten. Wenn dies aber nicht so ist, dann bedürften wir eines andern Grundes. – Gewiß, sagte Kebes. – Betrachte es nur nicht allein an Menschen, fuhr jener fort, wenn du es leichter verstehen willst, sondern auch an der gesamten Tier- und Pflanzenwelt und überhaupt an allem, was eine Entstehung hat, laß uns zusehen, ob etwa alles so entsteht, nirgend andersher, als jedes aus seinem Gegenteil, was nur ein solches hat, wie z. B. das Schöne das Gegenteil vom Häßlichen ist und das Gerechte vom Ungerechten, und tausenderlei anderes sich ebenso verhält. Das also wollen wir untersuchen, ob notwendig alles, was einen Gegensatz hat, aus nichts anderem selbst entsteht als aus diesem seinem Gegensatz. Wenn z. B. etwas größer wird, so muß es doch wohl aus etwas, das vorher kleiner war, dann größer werden? – Ja. – Nicht auch wenn es kleiner wird, wird es aus vorher Größerem hernach kleiner? – So ist es, sagte er. – Und ebenso aus Stärkerem schwächer und aus Langsamerem schneller? – Gewiß. – Und wie? wenn etwas schlechter wird, nicht aus Besserem? und wenn gerechter, nicht aus Ungerechterem? – Wie sonst? – Dies also, sprach er, mag dafür genügen, daß alle Dinge so entstehen, das Entgegengesetzte aus dem Entgegengesetzten. – Freilich. – Und wie? gibt es nicht auch so etwas dabei, das zwischen allen diesen Gegensatzpaaren sich vollzieht, zwei Arten von Werden: von dem einen zu dem andern und von diesem wieder zu jenem zurück? so vollzieht sich zwischen dem Größeren und Kleineren Wachstum und Abnahme, und so nennen wir auch das eine wachsen, das andere abnehmen. – Ja, sagte er. – Ist es nicht auch so mit Trennung und Verbindung, Abkühlung und Erwärmung, und so mit allem; wenn wir auch nicht immer Worte dafür haben, so muß es sich doch tatsächlich überall so verhalten, daß eines aus dem andern entsteht, und daß es ein Werden von jedem zu dem andern gibt. – Gewiß. – Wie nun, fuhr er fort, gibt es zum Leben auch einen Gegensatz wie zum Wachen den Schlaf? – Gewiß, sagte er. – Und was? – Den Tod, sagte er. – Also entstehen diese auch aus einander, wenn sie Gegensätze sind, und es gibt zwischen ihnen beiden ein doppeltes Werden? – Wie sollte es nicht? – Das eine Paar nun von denen, die ich eben nannte, will ich dir sagen, es selbst und die zugehörigen Formen des Werdens; du aber sage mir dann das andere! Ich sage nämlich, das eine sei Schlafen und das andere Wachen, und aus dem Schlafen werde das Wachen und aus dem Wachen das Schlafen, und dies Werden beider sei das Einschlafen und das Aufwachen; habe ich es dir hinlänglich erklärt oder nicht? – Vollkommen. – Sage du mir also nun das Entsprechende von Leben und Tod. Sagst du nicht, der Gegensatz zum Leben sei der Tod? – Das sage ich. – Und daß beides auseinander entstehe? – Ja. – Was entsteht also aus dem Lebenden? – Das Tote, sprach er. – Und was aus dem Toten? – Notwendig, sprach er, muß man eingestehn, das Lebende. – Aus dem Gestorbenen also, Kebes, entsteht das Lebende und die Lebenden? – So stellt es sich heraus, sprach er. – Also sind, sprach er, unsere Seelen in der Unterwelt. – So scheint es. – Und nicht wahr, auch von dem Werden, das hiezu gehört, ist das eine deutlich genug? Denn sterben ist doch deutlich genug, oder nicht? – Freilich, sagte er. – Was wollen wir aber nun machen? sprach er. Wollen wir nicht auch das entgegengesetzte Werden hinzunehmen, sondern soll die Natur auf dieser Seite lahm sein? oder müssen wir nicht notwendig auch ein dem Sterben entgegengesetztes Werden annehmen? – Auf jeden Fall, sagte er. – Und was wäre das? – Das Wiederaufleben. – Wäre nun nicht, fuhr er fort, wenn es ein Wiederaufleben gibt, dieses das Werden der Lebenden aus den Toten, das Wiederaufleben? – Freilich. – Es stimmt also auch auf diese Weise, daß die Lebenden ebenso aus den Toten geworden sind wie die Toten aus den Lebenden. Ist dies nun so, so schien es uns ja ein hinreichender Beweis, daß die Seelen der Verstorbenen irgendwo sein müssen, von wo sie wiedergeboren werden. – Mich dünkt, Sokrates, nach dem, was wir uns zugegeben haben, müsse es sich so verhalten.

Und auch nach jenem Satz, Sokrates, wenn er richtig ist, den du oft vorzutragen pflegtest, daß unser Lernen nichts anderes ist als Wiedererinnerung[7], müssen wir doch irgendwie in einer früheren Zeit das gelernt haben, woran wir uns jetzt wieder erinnern. Dies wäre aber unmöglich, wenn unsere Seele nicht schon irgendwo gewesen wäre, ehe sie in diese menschliche Gestalt eintrat. Also scheint auch darnach die Seele etwas Unsterbliches zu sein.

Verhält es sich nun so, Simmias, sagte er: wenn das existiert, was wir immer im Munde führen, das Schöne, das Gute und jede sonstige derartige Wesenheit, und wir darauf alle unsere sinnlichen Wahrnehmungen zurückführen als auf etwas, das wir schon vorher in uns vorhanden finden und mit dem wir nun jene vergleichen, und ist es ebenso notwendig, daß jenes existiert und daß auch unsere Seelen existieren schon vor unserer Geburt, und daß, wenn jenes nicht zutrifft, dann auch dieses nicht? Ganz bestimmt, Sokrates, sagte Simmias, scheint mir beides gleich notwendig zu sein, und sehr passend gelangt nun unser Gedankengang zu dem Ergebnis, daß unsere Seele vor der Geburt in gleicher Weise existiere wie jene Wesenheit, von der du jetzt redest. Denn nichts ist mir so klar als eben dies, daß alles dergleichen wahrhaft in dem allerhöchsten Sinne ist, das Schöne und das Gute und

was du sonst eben anführtest; und mir wenigstens genügt der Beweis vollkommen ...
Ob sie aber, nachdem wir gestorben sind, noch existieren wird, das scheint auch mir selbst, Sokrates, noch nicht bewiesen zu sein, sondern es droht noch, wie auch Kebes eben sagte, jene gewöhnliche Vorstellung, daß nach dem Tode des Menschen seine Seele sich auflöse, und das bedeute für sie ihr Ende ... – Müssen wir uns da nicht, sagte Sokrates, fragen: Bei was für Dingen kommt denn dieser Vorgang, daß sie sich auflösen, vor, und für welche muß man also fürchten, daß ihnen dieses begegne, bei welchen aber kommt das nicht vor? Dann müssen wir untersuchen, zu welchen von beiden die Seele gehört, und hieraus und demgemäß entweder für unsere Seele getrost oder besorgt sein. – Ganz richtig, sagte er. – Und nicht wahr, bei dem, was man zusammengesetzt hat und was seiner Natur nach zusammengesetzt ist, kommt es wohl vor, daß es auf dieselbe Weise zerlegt wird, wie es zusammengesetzt worden ist; wenn es aber etwas Unzusammengesetztes gibt, bei diesem, wenn sonst bei irgend etwas, kommt dieser Vorgang nicht vor? – So verhält es sich offenbar, sprach Kebes. – Und nicht wahr, was sich immer gleich verhält und auf einerlei Weise, davon ist wohl am wahrscheinlichsten, daß es das Unzusammengesetzte sei; was aber bald so, bald anders und nimmer auf gleiche Weise, dieses das Zusammengesetzte? – Mir wenigstens scheint es so. – So kommen wir denn, sagte er, wieder auf das zurück, wovon wir vorhin schon gesprochen haben. Jene Wesenheit an sich, der wir das eigentliche Sein zuschreiben in unsern Fragen und Antworten, verhält sich diese wohl immer auf gleiche Weise, oder bald so, bald anders? Das Gleiche an sich, das Schöne an sich, und so jegliches, was an sich ist, nimmt das wohl jemals auch nur irgendeine Veränderung an? oder verhält sich nicht jedes dergleichen, was einzig in seiner Art an und für sich ist, immer auf gleiche Weise und nimmt niemals irgendwie eine Veränderung an? – Auf gleiche Weise, sprach Kebes, und einerlei verhält es sich notwendig, Sokrates. – Wie steht es aber nun mit den vielen Einzeldingen, z. B. Menschen, Pferden, Kleidern und was es sonst

immer sei, die schön oder gleich sind und denen wir allen die gleichen Bezeichnungen geben wie jenen (unveränderlichen Wesenheiten)? Verhalten diese sich ebenso oder etwa ganz entgegengesetzt wie jene, d. h. keineswegs gleichartig, und zwar für sich genommen und zueinander? – So ist es, sagte Kebes, diese Dinge verhalten sich durchaus nicht ebenso. – Und diese Dinge, sprach er, kannst du doch anrühren, sehen und mit den andern Sinnen wahrnehmen; aber jene sich immer gleich verhaltenden Dinge kannst du doch auf keine andere Weise erfassen als durch das Denken der Seele, sondern solche Wesenheiten sind unsichtbar und nicht mit dem Auge wahrzunehmen. – Du hast durchaus recht, sagte er. – Sollen wir also, sprach er, zwei Arten von Dingen annehmen, sichtbar die eine und die andere unsichtbar? – Das wollen wir, sprach er. – Und die unsichtbare wird sich immer auf gleiche Weise verhalten, die sichtbare aber niemals gleich? – Auch das, sagte er, wollen wir annehmen. – Wohlan denn, sprach er, sind nun nicht wir selbst teils Leib, teils Seele? – Allerdings. – Welcher von jenen beiden Arten werden wir nun den Leib als ähnlicher und verwandter bezeichnen? – Das muß ja jedem deutlich sein: der sichtbaren. – Wie aber, die Seele, ist die unsichtbar oder sichtbar? – Für Menschen wenigstens ist sie unsichtbar, Sokrates, sagte er. – Aber wir meinen doch das, was für die menschliche Natur sichtbar oder unsichtbar ist oder für eine andere? – Für die menschliche. – Was sagen wir also von der Seele, daß sie sichtbar sei oder nicht sichtbar? – Nicht sichtbar. – Also unsichtbar. – Ja. – Ähnlicher also als der Leib ist die Seele dem Unsichtbaren, er aber dem Sichtbaren. – Ganz notwendig, Sokrates. – Und nicht wahr, auch das haben wir schon lange gesagt, daß die Seele, wenn sie sich des Leibes bedient, um etwas zu betrachten, es sei durch das Gesicht oder das Gehör oder irgendeinen andern Sinn – denn das heißt vermittels des Leibes, wenn man vermittels eines Sinnes etwas betrachtet –, dann von dem Leibe hingezogen wird zu dem, was sich niemals auf gleiche Weise verhält, und daß sie dann selbst schwankt und irrt und wie trunken taumelt, weil sie ja mit solcherlei Dingen in Berührung kommt. – Das haben wir gesagt. – Wenn sie aber für sich allein etwas betrachtet, dann geht sie zu dem, was rein, ewig, unsterblich ist und sich selbst gleich bleibt, und weil sie mit diesem verwandt ist, tritt sie immer mit ihm in Verbindung, sooft sie für sich selbst ist und es ihr möglich ist, und dann hat sie Ruhe vor ihrem Irren und verhält sich in Beziehung auf jene Wesenheiten immer gleich, weil sie mit ihnen in Berührung kommt, und diesen ihren Zustand nennt man Vernünftigkeit. – Dies, Sokrates, hast du durchaus schön und wahr gesagt. – Welcher von beiden Arten also dünkt dich die Seele nach dem früher und jetzt Gesagten ähnlicher und verwandter zu sein? – Jeder, sagte er, dünkt mich, Sokrates, auch der Ungelehrigste müßte nach dieser Darstellungsweise zugeben, daß doch die Seele ganz und gar dem, was sich immer gleich bleibt, ähnlicher ist als dem, was sich verändert. – Und der Leib? – Dem anderen. – Betrachte es auch von dieser Seite, daß, solange Leib und Seele zusammen sind, die Natur ihm gebietet, zu dienen und sich beherrschen zu lassen, ihr aber, zu herrschen und zu regieren; welches von beiden scheint dir unter diesem Gesichtspunkt dem Göttlichen ähnlich zu sein und welches dem Sterblichen? Oder dünkt dich nicht das Göttliche so geartet zu sein, daß es herrscht und regiert, das Sterbliche aber, daß es sich beherrschen läßt und dient? – Allerdings. – Welchem gleicht nun die Seele? – Offenbar, Sokrates, die Seele dem Göttlichen und der Leib dem Sterblichen. – Sieh nun zu, sprach er, Kebes, ob aus allem Gesagten sich uns dies ergibt, daß dem, was göttlich, unsterblich, mit dem Denken erfaßbar, eingestaltig, unauflöslich ist und sich immer gleich bleibt, die Seele am ähnlichsten ist, dem aber, was menschlich, sterblich, vielgestaltig, auflösbar ist und niemals sich selbst gleich bleibt, der Leib am ähnlichsten ist? Oder wissen wir hiegegen noch etwas einzuwenden, lieber Kebes, wonach es sich nicht so verhielte? – Nein. – Wenn sich nun die Seele rein losmacht und nichts von dem Leibe mit sich zieht, weil sie im Leben nicht absichtlich mit ihm Gemeinschaft machte, sondern ihn floh und in sich selbst gesammelt blieb, weil sie sich immer darin übte, was nichts anders heißen will, als daß sie recht philosophierte und in der Tat unermüdlich sich im Totsein übte, dann geht sie weg in die Welt, die ihr gleicht, die Welt des Unsichtbaren, Göttlichen, Unsterblichen, Vernünftigen, wo sie dann dazu gelangt, glückselig zu sein, von Irrtum und Unwissenheit, Furcht und wilder Liebe und allen andern menschlichen Übeln befreit, und lebt dann, wie es bei den Eingeweihten heißt, wahrhaftig die übrige Zeit mit Gott. Wollen wir so sagen, Kebes, oder anders? – So, beim Zeus, sprach Kebes. – Wenn sie aber, meine ich, befleckt und unrein von dem Leibe scheidet, weil sie eben immer mit dem Leibe verkehrt und ihn gepflegt und geliebt hat und von ihm bezaubert gewesen ist und von den Lüsten und Begierden, so daß sie nichts anderes für wirklich hielt als das Körperliche, was man betastet und sieht, ißt und trinkt und zur Liebe gebraucht, und weil sie das für die Augen Dunkle und Unsichtbare, der Vernunft hingegen Faßliche und mit Wahrheitsliebe zu Ergreifende gewohnt gewesen ist zu hassen und zu scheuen und zu fürchten, meinst du, daß eine solche Seele sich werde rein für sich absondern können? – Wohl nicht im mindesten, sprach er.

Solche Seelen irren so lange umher, bis sie durch die Begierde des sie noch begleitenden Körperlichen wieder gebunden werden in einen Leib. Und natürlich werden sie in einen von solchen Sitten gebunden, deren sie sich befleißigt hatten im Leben.

Darauf hielt Sokrates einige Zeit inne, als ob er etwas bei sich bedächte, und sagte dann: Es ist keine schlechte Sache, Kebes, auf welche du ausgehst. Denn wir müssen nun im allgemeinen die Ursache von Entstehen und Vergehen behandeln. Ich will dir, wenn es dir recht ist, erzählen, wie es mir damit ergangen ist. Scheint dir dann etwas von dem, was ich sage, brauchbar zu sein für deine Überzeugung von dem, worüber du sprichst, so magst du es dir zunutze machen. – Allerdings, sprach Kebes, das will ich. – So höre denn, was ich sagen werde. In meiner Jugend nämlich, Kebes, war ich wunder wie begierig auf die Weisheit, die man Naturwissenschaft nennt; denn es dünkte mich ja etwas Herrliches, die Ursachen von allem zu wissen, wodurch jegliches entsteht und wodurch es vergeht und wodurch es besteht, und hundertmal wendete ich mich bald hier- und dorthin, indem ich bei mir selbst zuerst dergleichen überlegte, ob, wenn das Warme und Kalte in Fäulnis gerät, wie einige gesagt haben, dann Tiere sich bilden? und ob es wohl das Blut ist, mittels dessen wir denken, oder die Luft oder das Feuer? oder wohl keines von diesen, sondern das Gehirn uns alle Wahrnehmungen hervorbringt, des Sehens und Hörens und Riechens, und aus diesen dann Gedächtnis und Vorstellung entsteht; und aus Erinnerung und Vorstellung, wenn sie zur Ruhe kommen, dann auf dieselbe Weise Erkenntnis entsteht? Und wenn ich wiederum das Vergehen von alledem betrachtete und die Veränderungen am Himmel und auf der Erde, so kam ich mir am Ende zu dieser ganzen Untersuchung so untauglich vor wie niemand sonst. Und davon will ich dir einen hinreichenden Beweis geben. Nämlich, was ich vorher ganz genau wußte, wie es wenigstens mir und den andern vorkam, dafür wurde ich infolge dieser Untersuchung so blind, daß ich auch das verlernte, was ich vorher zu wissen glaubte von vielen andern Dingen, und so auch davon, wodurch der Mensch wächst. Denn dies, glaubte ich vorher, wisse jeder, daß es vom Essen und Trinken herkäme. Denn wenn aus den Speisen zum Fleische Fleisch hinzukommt und zu den Knochen Knochen und ebenso entsprechend auch zu allem übrigen das Verwandte sich hinzufindet, dann werde natürlich die Masse, die vorher wenig gewesen war, hernach viel und so der kleine Mensch groß. So glaubte ich damals; dünkt dich das nicht ganz leidlich? – Ei wohl, sagte Kebes. – Bedenke auch noch dies. Es schien mir genügend, wenn ein Mensch neben einem andern kleinen stehend groß schien, anzunehmen, daß er um einen Kopf größer wäre, und so auch ein Pferd neben dem andern, und was noch deutlicher ist als dieses: zehn schien mir mehr als acht zu sein, weil noch zwei dabei sind, und was zwei Ellen lang ist, größer, als was nur eine Elle lang ist, weil es um die Hälfte darüber hinausragt. – Und wie denkst du jetzt darüber? fragte Kebes. – Daß ich, sagte er, beim

Zeus, gar weit entfernt bin, auch nur zu glauben, daß ich zu irgend etwas hievon die Ursache wisse, da ich mir ja das nicht einmal gelten lasse, daß, wenn jemand eins zu einem hinzufügt, dann entweder das eine, zu welchem es hinzugefügt wurde, zwei geworden ist, oder das Hinzugefügte und das, zu welchem hinzugefügt worden, durch die Hinzufügung des einen zum andern zwei geworden sind. Denn ich wundere mich, wie doch, als jedes für sich war, jedes von ihnen eines gewesen sein soll und sie damals nicht zwei waren, nun sie aber einander nahe gekommen, dieses die Ursache gewesen ist, daß sie zwei geworden sind, die Vereinigung, daß man sie nebeneinander gestellt hat. Und ebensowenig, wenn jemand eines zerspaltet, kann ich mich mehr überzeugen, daß wiederum dieses, die Spaltung, die Ursache geworden ist, daß zwei geworden sind. Denn dies wäre ja eine ganz entgegengesetzte Ursache des Zweiwerdens als vorhin. Vorhin nämlich, weil sie einander näher gebracht wurden und eines zum andern hinzugefügt, nun aber, weil eines vom andern entfernt und abgetrennt wird. Auch warum eins wird, rede ich mir nicht mehr ein zu wissen, noch sonst irgend etwas mit einem Wort, warum es wird oder vergeht oder ist, nämlich nach dieser Art und Weise der Untersuchung, sondern ich mische mir eine andere auf gut Glück zusammen, diese Methode aber lasse ich auf keine Weise gelten. Sondern als ich einmal jemand aus einem Buche des Anaxagoras[8], wie er sagte, vorlesen und behaupten hörte, der Geist sei es, der alles ordne und verursache, da freute ich mich über diese Ursache, und es schien mir auf gewisse Weise sehr richtig, daß der Geist von allem die Ursache ist, und ich gedachte, wenn sich dies so verhält, so werde der ordnende Geist auch alles ordnen und jegliches so einrichten, wie es am besten sei. Wenn man nun bei jedem Ding die Ursache finden wolle, wie es entsteht oder vergeht oder besteht, so dürfe man bei ihm nur das ausfindig machen, auf welche Weise es am besten besteht oder sonst etwas mit sich tun läßt oder tut. Und demzufolge dann gezieme es dem Menschen nicht, sowohl in Beziehung auf sich selbst als auf anderes nach sonst irgend etwas zu fragen als danach, was (für ihn und anderes) das Trefflichste und Beste sei; dann werde man aber notwendig auch wissen, was schlechter sei; denn das Wissen von beidem sei dasselbe. Indem ich nun dies überlegte, glaubte ich gerne, in Anaxagoras einen Lehrer über die Ursache der Dinge nach meinem Sinn gefunden zu haben, der recht nach meinem Sinn wäre, an dem Anaxagoras, der mir nun auch sagen werde, zuerst ob die Erde flach ist oder gewölbt, und wenn er es mir gesagt, mir dann auch die Notwendigkeit der Sache und ihre Ursache dazu erklären werde, indem er es als besser erwiese und mir zeigte, daß es so besser für sie sei. Und wenn er behauptete, sie stände in der Mitte, werde er mir dabei erklären, daß es besser für sie sei, in der Mitte zu stehen; und wenn er mir dies deutlich machte, war ich schon ganz entschlossen, daß ich nie mehr eine andere Art von Ursache begehren wollte. Ebenso war ich entschlossen, mich nach der Sonne gleichermaßen zu erkundigen und dem Monde und den übrigen Gestirnen wegen ihrer verhältnismäßigen Geschwindigkeiten und ihrer Umdrehungen und der sonstigen Vorgänge an ihnen, inwiefern es denn für jedes besser sei, das zu bewirken und auf sich wirken zu lassen, dessen Wirkung es unterliegt. Denn ich glaubte ja nicht, nachdem er einmal behauptet, alles sei vom Geist geordnet, daß er noch irgendeinen andern Grund beibringen werde als den, es sei das Beste, daß sie sich so verhalten, wie sie sich verhalten; und also glaubte ich, indem er für jedes einzelne und alles insgemein den Grund nachweise, werde er das Beste eines jeglichen darstellen und das für alles insgesamt Gute. Und nicht um vieles hätte ich diese Hoffnung aufgegeben; sondern mit dem größten Eifer griff ich nach seinen Büchern und las sie so schnell als möglich, um nur aufs schnellste das Beste zu erkennen und das Schlechtere. Aber in dieser wunderbaren Hoffnung sah ich mich gänzlich getäuscht, als ich fortschritt und ich weiterlas und sah, wie der Mann von dem Geist gar keinen Gebrauch zu machen weiß und keinerlei Gründe anführt für seine Ordnung der Dinge, dagegen aber allerlei Luft und Äther und Wasser vorschiebt und sonst noch viel Wunderliches. Und mich dünkte, es sei ihm so ergangen, als wenn jemand zuerst sagte: „Sokrates tut alles, was er tut, mit Vernunft", dann aber, wenn er sich daran machte, die Gründe anzuführen von jeglichem, was ich tue, dann sagen wollte, zuerst daß ich jetzt deswegen hier säße, weil mein Leib aus Knochen und Sehnen besteht und die Knochen dicht sind und durch Gelenke voneinander geschieden, die Sehnen aber so eingerichtet, daß sie angezogen und nachgelassen werden können, und die Knochen umgeben nebst dem Fleisch und der Haut, welche sie zusammenhält. Da nun die Knochen in ihren Gelenken schweben, so machten die Sehnen, wenn ich sie nachlasse und anziehe, daß ich jetzt imstande sei, meine Glieder zu bewegen, und aus diesem Grunde säße ich jetzt hier mit gebogenen Knien. Ebenso, wenn er von unserm Gespräch andere dergleichen Ursachen anführen wollte, die Töne nämlich und die Luft und das Gehör und tausenderlei dergleichen herbeibringen, während er es unterließe, die wahren Ursachen anzuführen, daß nämlich, weil es den Athenern besser gefallen hat, mich zu verurteilen, deshalb es auch mir besser geschienen hat, hier sitzenzubleiben, und gerechter, die Strafe geduldig auszustehen, welche sie angeordnet haben. Denn, beim Hunde, schon lange, glaube ich wenigstens, wären diese Sehnen und Knochen in Megara oder bei den Böotiern durch die Vorstellung des Besten in Bewegung gesetzt, hätte ich es nicht für gerechter und schöner gehalten, lieber als daß ich fliehen und davongehen sollte, die Strafe auf mich zu nehmen, die der Staat anordnet. Also dergleichen Ursachen zu nennen ist gar zu wunderlich; wer aber sagte, daß, ohne dergleichen zu haben, Sehnen und Knochen und was ich sonst habe, ich nicht imstande sein würde, das auszuführen, was mir gefällt, der würde recht haben. Daß ich aber das, was ich tue, und zwar mit Vernunft tue, deshalb täte und nicht weil ich das Beste wähle, das wäre doch eine gar zu leichtfertige Behauptung; denn das hieße unfähig sein, zu unterscheiden, daß die Ursache für etwas, das ist, etwas anderes ist als das Mittel, ohne das die Ursache niemals Ursache werden kann. Und da zeigt es sich denn, daß die meisten Leute im Dunkel tappen und es mit einem Namen bezeichnen, der ihm nicht zukommt, indem sie es Ursache nennen. Da läßt dann der eine durch einen vom Himmel ausgehenden Wirbel, den er um die Erde kreisen läßt, diese in ihrer Ruhelage verharren; der andere schiebt ihr wie einer breiten Mulde die Luft als Gestell unter. Daß sie aber nun so liege, wie es am besten war, sie zu legen, die Bedeutung davon suchen sie gar nicht auf und glauben auch gar nicht, daß darin eine besondere höhere Kraft liege, sondern meinen, sie hätten wohl einen Atlas aufgefunden, der stärker als dieser wäre und unsterblicher und alles besser zusammenhielte; wie es aber in Wirklichkeit ist: daß das Gute und Zweckmäßige alles verbinde und zusammenhalte, das glauben sie nicht. Ich nun würde gerne von jedermann lernen, was es denn mit einer solchen Ursache für eine Bewandtnis hat. Da mir nun aber das vorenthalten wurde und ich dies weder selbst zu finden noch von einem andern zu lernen vermochte, willst du, daß ich dir, lieber Kebes, auseinandersetze, wie ich meine zweitbeste Fahrt nach der Erforschung der Ursache bewerkstelligt habe? – Gar zu gern wünschte ich dies, sagte er. – Als ich nämlich der Untersuchung des Seienden müde geworden war, schien mir, ich müsse mich hüten, daß es mir nicht gehe wie Leuten, die eine Sonnenfinsternis betrachten. Denn manche von ihnen verderben sich die Augen, wenn sie das Bild der Sonne nicht im Wasser oder in sonst einer Spiegelung sehen. So etwas merkte ich auch und befürchtete, ich möchte ganz und gar an der Seele geblendet werden, wenn ich mit den Augen nach den Gegenständen sähe und mit jedem Sinne versuchte, sie zu erfassen. Sondern mich dünkt, ich müsse zu den Gedanken meine Zuflucht nehmen und in diesen das wahre Wesen der Dinge anschauen. Doch vielleicht ähnelt das Bild auf gewisse Weise nicht so, wie ich es aufgestellt habe. Denn das möchte ich gar nicht zugeben, daß, wer das Seiende in Gedanken betrachtet, es mehr in Bildern betrachte als wer es in den Dingen tut. In dieser Weise also ging ich vor, und indem ich jedesmal von dem Gedanken ausgehe, den ich für den stärksten halte, so nehme ich das, was mir mit diesem übereinzustimmen scheint, als wahr an, es mag nun von Ursachen die Rede sein oder von was nur sonst, was aber nicht, als nicht wahr. Ich will dir aber noch deutlicher sagen, wie ich es meine; denn ich glaube, daß du es noch nicht verstehst. – Nein, beim Zeus, sagte Kebes, nicht eben sonderlich. – Ich meine es ebenso, fuhr er fort, gar nichts Neues, sondern was ich schon sonst stets und so auch in der eben durchgeführten Rede immer gesagt habe. Ich will nämlich gleich versuchen, dir den Begriff der Ursache aufzuzeigen, womit ich mich beschäftigt habe, und komme wiederum auf jenes Abgedroschene zurück und fange damit an, daß ich voraussetze, es gebe ein Schönes an und für sich und ein Gutes und Großes und so alles andere, woraus, wenn du mir zugibst und einräumst, es gebe dies, ich dann hoffe, dir die Ursache zu zeigen und nachzuweisen, daß die Seele unsterblich ist. – So säume nur ja nicht, sprach Kebes, es durchzuführen, als hätte ich dir dies längst zugegeben. – So betrachte denn, fuhr er fort, was daran hängt, ob dir das ebenso vorkommt wie mir. Mir scheint nämlich, wenn irgend etwas anderes schön ist außer jenem Schönen an sich, es aus keinem anderen Grunde schön sei, als weil es teilhabe an jenem Schönen, und ebenso sage ich von allem. Räumst du die Ursache ein? – Die räume ich ein, sprach er. – Und so kann ich denn jene andern klugen Gründe gar nicht mehr begreifen und verstehen; sondern wenn mir jemand sagt, daß irgend etwas schön ist, entweder weil es eine blühende Farbe hat oder Gestalt oder sonst etwas dieser Art, so lasse ich das andere, denn durch alles übrige werde ich nur verwirrt gemacht, und halte mich ganz einfach und kunstlos und vielleicht einfältig für mich selbst daran, daß nichts anderes es schön macht als eben das Teilhaben an jenem Schönen, sei es durch dessen Gegenwart oder durch Gemeinschaft mit ihm, wie dies auch immer sich verhalten möge; denn darüber möchte ich nichts weiter behaupten, sondern nur, daß vermöge des Schönen alle schönen Dinge schön werden. Denn dies dünkt mich das Allersicherste zu antworten, mir und jedem andern; und wenn ich mich daran halte, glaube ich, daß ich gewiß niemals fallen werde, sondern daß es mir und jedem andern sicher ist zu antworten, daß vermöge des Schönen die schönen Dinge schön werden. Oder scheint es dir nicht auch so? – Doch. – Also auch vermöge der

Größe das Große groß und das Größere größer, und vermöge der Kleinheit das Kleinere kleiner? – Ja. – Also du würdest es auch nicht annehmen, wenn jemand von einem sagen wollte, er sei größer als ein anderer vermöge des Kopfes und der Kleinere vermöge desselben auch kleiner, sondern würdest darauf beharren, daß du gar nichts anderes meinst, als daß alles, was größer ist als ein anderes, nur vermöge der Größe größer ist und wegen sonst nichts, und eben um deswillen, um der Größe willen, und das Kleine vermöge sonst nichts kleiner als der Kleinheit, und eben um deswillen kleiner, um der Kleinheit. Und das aus Furcht, glaube ich, daß dir nicht ein anderer Grund entgegentrete, wenn du sagtest, einer sei des Kopfes wegen größer oder kleiner, zuerst nämlich, daß wegen des nämlichen das Größere größer sei und das Kleinere kleiner, und dann, daß des Kopfes wegen, der doch selbst klein ist, das Größere größer sei, und daß das doch ein Wunder sei, daß wegen etwas Kleinem einer groß sein soll. Oder würdest du das nicht fürchten? – Da lachte Kebes und sagte: Freilich wohl. – Also, fuhr er fort, daß zehn mehr ist als acht, um zwei, und um dieser Ursache willen es übertreffe, der zwei wegen, und nicht der Vielheit wegen und durch die Vielheit, das würdest du dich fürchten zu sagen. So auch, daß das, was zwei Fuß lang ist, größer sei als was einen Fuß lang ist, vermöge der Hälfte und nicht vermöge der Größe? Vor dieser Behauptung würdest du dich doch gleichfalls fürchten. – Allerdings, antwortete er. – Und wie, wenn eines zu einem hinzugesetzt worden, daß dann die Hinzufügung Ursache sei, daß zwei geworden sind, und wenn eines gespalten worden, dann die Spaltung, würdest du dich nicht scheuen, das zu sagen, und vielmehr laut erklären, du wüßtest nicht, daß irgendwie anders jegliches werde, als indem es teilnähme an dem eigentümlichen Wesen eines jeglichen, woran es teilhat, und so fändest du gar keine andere Ursache dafür, daß etwas zwei geworden sei, als die, daß es teilbekommen habe an der Zweiheit, an welcher alles teilnehmen müßte, was zwei sein sollte, so wie an der Einheit, was eins sein sollte? Die Spaltungen aber und Hinzufügungen und andere solche Klügeleien würdest du liegenlassen und andern anheimstellen, damit zu antworten, die gelehrter sind als du; du selbst aber würdest aus Furcht, wie man sagt, vor deinem eigenen Schatten und deiner Ungeschicktheit, an die Sicherheit jener Voraussetzung dich halten und demgemäß antworten? Wenn aber jemand die Voraussetzung selbst bestritte, würdest du den nicht gehen lassen, und nicht eher antworten, bis du, was von ihr abgeleitet wird, betrachtet hättest, ob es miteinander stimmt oder nicht stimmt? Und solltest du dann von jener selbst Rechenschaft geben, würdest du sie nicht auf die gleiche Weise geben, nämlich durch die Annahme einer anderen Voraussetzung, welche dir eben unter den übergeordneten die beste dünkte, bis du auf etwas Befriedigendes kämest? Nicht aber würdest du alles untereinander mengen, wie die Sophisten, die bald von dem Ausgangspunkt, bald von den daraus abgeleiteten Sätzen reden, wenn du etwas von dem, was wirklich ist, finden wolltest. Denn jene freilich kümmern sich nicht darum, denn eingenommen von ihrer Weisheit bringen sie es doch noch dazu, sich selbst zu gefallen, wenn sie auch alles durcheinanderrühren. Gehörst du aber zu den Philosophen, so, denke ich, wirst du es so machen, wie ich sage. – Du hast vollkommen recht, sagten Simmias und Kebes zugleich.

So betrachte denn auch noch dieses, fuhr Sokrates fort, ob du auch darüber mit mir einig sein wirst. Du nennst doch etwas warm und kalt? – Das tue ich. – Etwa dasselbe, was auch Schnee und Feuer? – Nein, beim Zeus, ich nicht. – Sondern etwas anderes als das Feuer ist das Warme und etwas anderes als der Schnee das Kalte? – Ja. – Aber das, denke ich, glaubst du doch, daß niemals der Schnee als Schnee das Warme aufnehmen und, wie wir im vorigen sagten, noch sein wird, was er war, Schnee und zugleich warm; sondern, wenn das Warme sich nähert, wird er ihm entweder aus dem Wege gehn oder verschwinden. – Freilich. – Und so das Feuer wiederum, wenn ihm das Kalte naht, wird entweder darunter weggehn oder verschwinden, nie aber das Herz haben, die Kälte aufzunehmen und noch sein zu wollen, was es war, Feuer und kalt. – Wohlgesprochen, sagte er. – Diese Bewandtnis also, fuhr er fort, hat es mit einigen Dingen, daß nicht nur der Begriff selbst sich seinen Namen aneignen will für alle Zeit, sondern auch noch etwas anderes, welches zwar nicht er selbst ist, aber doch immer seine Gestalt an sich trägt, solange es ist. Vielleicht wird im folgenden noch deutlicher werden, was ich meine. Das Ungerade muß doch immer diesen Namen bekommen, den wir jetzt genannt haben; oder nicht? – Allerdings. – Aber dieses allein, denn danach frage ich, oder auch noch etwas anderes, welches zwar nicht das Ungerade selbst ist, aber, was man doch immer auch mit dem Namen desselben nennen muß, weil es so geartet ist, daß es das Ungerade nie kann fahren lassen? Ich meine damit das, was auch der Dreiheit begegnet und noch vielen anderen. Denn überlege dir nur wegen der Drei, glaubst du nicht, daß sie immer muß sowohl mit ihrem Namen genannt werden als mit dem des Ungeraden, obgleich dieses nicht dasselbe ist wie die Dreiheit? Aber dennoch ist dies das Wesen der Drei und der Fünf und überhaupt der einen ganzen Hälfte der Zahl, daß, obgleich sie nicht dasselbe ist wie das Ungerade, doch jede von ihnen ungerade ist. Und wiederum die Zwei und die Vier und die andere Reihe der Zahlen ist nicht dasselbe wie das Gerade, aber doch ist jede von ihnen immer gerade. Gibst du das zu oder nicht? – Wie sollte ich nicht, sprach er. – So siehe nun zu, was ich eigentlich deutlich machen will. Es ist nämlich dieses, daß nicht nur jenes Entgegengesetzte selbst sich nicht annimmt; sondern auch alles das, was einander eigentlich nicht entgegengesetzt ist, doch aber das Entgegengesetzte immer in sich hat, auch dieses scheint jene Idee nicht annehmen zu wollen, die der in ihm wohnenden entgegengesetzt ist, sondern, wenn sie kommt, entweder unterzugehn oder sich davonzumachen. Oder wollen wir nicht sagen, die Drei werde eher untergehn und sich alles andere gefallen lassen als aushalten, Drei zu sein und zugleich gerade zu werden? – Allerdings, sagte Kebes. – Nun ist doch die Zwei der Drei nicht entgegengesetzt. – Freilich nicht. – Also nicht nur die entgegengesetzten Begriffe lassen einander nicht zu, sondern auch noch einiges andere läßt das Entgegengesetzte nicht an sich kommen. – Du hast vollkommen recht, sagte er. – Sollen wir nun, fuhr jener fort, wenn wir es können, bestimmen, welche Begriffe dies sind? – Wohl. – Werden es nun nicht diejenigen sein, Kebes, welche das, wovon sie Besitz nehmen, nicht nur nötigen, ihre eigene Idee immer festzuhalten, sondern auch immer die eines gewissen Entgegengesetzten? – Wie meinst du das? – Wie wir eben sagten. Denn du weißt doch, alles, wovon die Idee der Dreiheit Besitz nimmt, ist notwendig nicht nur Drei, sondern auch ungerade? – Freilich. – Zu einem solchen nun, sagen wir, kann die Idee, welche der Form entgegengesetzt ist, die dies bewirkt, niemals kommen? – Freilich nicht. – Bewirkt hat dies aber die Form des Ungeraden? – Ja. – Und dieser entgegengesetzt ist die des Geraden? – Ja. – Also kann zu Drei niemals die Form des Geraden kommen. – Offenbar nicht. – Drei hat also keinerlei Anteil am Geraden? – Nein. – Also ist die Drei ungerade? – Ja.

So sage mir denn, sprach er, noch einmal von Anfang an und antworte mir, nicht gerade das, was ich frage, sondern, indem du meinem Beispiel folgst, noch etwas anderes. Ich sage das nämlich, weil ich außer jener vorher gegebenen sicheren Antwort vermittels des jetzt Gesagten noch eine andere Sicherheit absehe. Denn wenn du mich fragtest, was im Leib vorhanden sein müsse, wenn er warm sein soll, so würde ich dir nicht jene einfältige sichere Antwort geben, Wärme; sondern eine feinere, vermöge des jetzt Gesagten, nämlich Feuer. Und wenn du mich fragtest, was im Leibe vorhanden sein müsse, wenn er krank wird, so werde ich nicht antworten: „Krankheit", sondern: „Fieber"; oder was in einer Zahl enthalten sein müsse, wenn sie ungerade ist, so werde ich nicht antworten: „Ungeradheit", sondern: „Einheit". Siehe nun zu, ob du schon zur Genüge verstehst, was ich will. – Vollkommen zur Genüge, sagte er. – Was muß im Leibe vorhanden sein, wenn er leben soll? – Eine Seele, antwortete er. – Und verhält sich dies auch immer so? – Wie sollte es nicht, sagte er. – Die Seele bringt also dem, dessen sie sich bemächtigt, immer Leben zu? – Das tut sie freilich. – Gibt es nun etwas, das dem Leben entgegengesetzt ist oder nicht? – Ja. – Und was? – Den Tod. – Also wird wohl die Seele das Gegenteil dessen, was sie immer mitbringt, nie annehmen, wie wir vorhin übereingekommen sind. – Und zwar fest, sagte Kebes. – Wie nun? was die Idee des Geraden nie aufnimmt, wie nannten wir das eben? – Ungerade. – Und was das Gerechte nie annimmt und das Künstlerische nie annimmt? – Unkünstlerisch, sprach er, und jenes ungerecht. – Wohl. Und was den Tod nie annimmt, wie nennen wir das? – Unsterblich, sagte er. – Und die Seele nimmt doch den Tod nie an? – Nein. – Unsterblich also ist die Seele? – Unsterblich. – Wohl, sprach er. Wollen wir also sagen, dies sei erwiesen, oder wie dünkt dich? – Und zwar ganz vollständig, Sokrates.

Und so ist denn dieses, ihr Männer, wohl wert, bedacht zu werden, daß, wenn die Seele unsterblich ist, sie auch der Fürsorge bedarf, nicht für diese Zeit allein, welche wir das Leben nennen, sondern für die ganze Zeit, und das Wagnis zeigt sich nun eben erst recht furchtbar, wenn jemand sie vernachlässigen wollte. Denn wenn der Tod eine Entledigung von allem wäre, so wäre es ein Glücksfund für die Schlechten, wenn sie sterben, ihren Leib loszuwerden, und zugleich mit der Seele ihre Schlechtigkeit. Nun aber diese sich als unsterblich zeigt, kann es ja für sie keine Sicherheit vor dem Übel geben und kein Heil, als nur, wenn sie so gut und vernünftig geworden ist als möglich. Denn nichts anderes kann sie doch mit sich nehmen, wenn sie in die Unterwelt kommt, als nur ihre Bildung und Erziehung, die ihr ja auch, wie man sagt, sobald sie gestorben ist, den größten Nutzen oder Schaden bringt, gleich am Anfang der Wanderung dorthin. Denn man sagt ja, daß jeden Gestorbenen sein Dämon, dem er schon im Leben zugewiesen war, auch dann an einen Ort zu führen sucht, wo sich die Seelen versammeln und von wo sie dann, nach dem sie sich haben richten lassen, den Weg in die Unterwelt antreten mit jenem Führer, dem es aufgetragen ist, sie von hier dorthin zu geleiten. Nachdem ihnen dann dort geworden, was ihnen gebührt, und sie die gehörige Zeit dageblieben, bringt ein anderer Führer sie wieder von dort hierher zurück nach vielen und großen Zeiträumen. Und diese Reise ist wohl nicht so, wie der Telephos des Aischylos sie beschreibt. Denn jener sagt, es führe nur ein einfacher Pfad in die Unterwelt; ich aber glaube, daß es weder einer ist noch ein einfacher. Sonst würde es ja keines Führers bedürfen, denn wo nur ein Weg ist, kann man ja unmöglich fehlgehen. Nun aber scheint er sich zu teilen und viele Windungen zu machen. Dies schließe ich aus dem, was bei uns als heilige Feier eingeführt und gebräuchlich ist. Die sittige und vernünftige Seele nun folgt und weiß wohl, was ihr widerfährt. Diejenige aber, die sich leidenschaftlich an den Körper klammert, treibt sich noch lange Zeit unstet um ihn und die sichtbare Welt herum und kann erst nach langem Sträuben und vielfacher Nötigung mit Gewalt von dem ihr zugewiesenen Dämon abgeführt werden. Kommt sie nun dahin, wo auch die andern sich befinden, so wird die unreine Seele, die ihrem Wesen Entsprechendes verübt hat, sei es, daß sie sich mit frevelhaftem Mord befaßt oder anderes dergleichen begangen hat, was dem verwandt und verwandter Seelen Werk ist, jedermann meiden, ihr ausweichen und weder ihr Weggenosse noch ihr Führer werden wollen, sondern sie irrt in völliger Ratlosigkeit umher, bis sie nach dem Ablauf bestimmter Zeiträume in die ihr angemessene Behausung gebracht wird. Diejenige dagegen, die ihr Leben rein und maßvoll vollbracht hat, erhält Götter zu Weggenossen und Führern, und jede der Art erhält den ihr zukommenden Ort als Wohnung. Es hat aber die Erde viele und wunderbare Orte und ist weder an Größe noch Beschaffenheit so, wie die Leute, die über die Erde zu reden pflegen, glauben, nach dem, wie ich mich habe überzeugen lassen. – Darauf sagte Simmias: Wie meinst du das Sokrates? Denn über die Erde habe ich auch schon vielerlei gehört, aber freilich nichts Überzeugendes; darum möchte ich es gern hören. – Das ist ja wohl keine große Kunst, Simmias, sagte er, zu erzählen, was es ist; dagegen seine Wahrheit zu erweisen, das scheint freilich die allergrößte Kunst zu sein; vielleicht bin ich dazu auch gar nicht imstande, und wenn ich es wäre, so scheint mir mein Leben für die Länge dieser Auseinandersetzung nicht auszureichen. Doch wie nach meiner Überzeugung die Gestalt der Erde ist, und die Räume, die sie enthält, darzustellen, hindert mich nichts. – Auch das, sprach Simmias, soll uns genug sein. – Man hat mich also fürs erste überzeugt, daß, wenn sie rund inmitten des Himmels ruht, sie weder Luft brauche, um nicht zu fallen, noch irgendeine andere Stütze der Art, sondern, um sie zu halten, sei die Gleichmäßigkeit des Himmels selbst nach allen Seiten und ihr eigenes Gleichgewicht hinreichend. Denn ein im Gleichgewicht befindliches Ding, in die Mitte eines andern solchen gesetzt, wird keinen Grund haben, sich irgendwohin mehr oder weniger zu neigen, und daher wird es in der nämlichen Lage ohne Neigung bleiben. Davon, sagte er, habe ich mich zuerst überzeugt. – Und sehr mit Recht, sprach Simmias. – Dann auch, daß sie sehr groß sei und daß wir, die wir vom Phasis[9] bis zu den Säulen des Herakles wohnen, nur in einem kleinen Teil von ihr um das Meer herum wohnen, wie Ameisen oder Frösche um einen Sumpf, und daß noch viele andere Menschen in ähnlichen Gegenden wohnen. Denn die Erde habe ringsum überall viele Vertiefungen, sehr mannigfaltig an Form und Größe, in denen das Wasser, der Nebel und die Luft zusammenrinnen, die Erde selbst aber liege rein unter dem reinen Himmel, an welchem auch die Sterne sind, und den die meisten, welche über dergleichen zu reden pflegen, Äther nennen; davon wäre also dies der Bodensatz, der in den Vertiefungen der Erde zusammenrinnt. Wir nun merkten es nicht, daß wir nur in diesen Vertiefungen der Erde wohnen, und glaubten, oben auf der Erde zu wohnen, wie wenn ein mitten im Grunde der See Wohnender glaubte, oben an dem Meere zu wohnen, und weil er durch das Wasser die Sonne und die andern Sterne sähe, das Meer für den Himmel hielte, aus Trägheit aber und Schwachheit niemals bis an den Saum des Meeres gekommen, noch über das Meer aufgetaucht wäre und aufgerichtet gesehen hätte, wieviel reiner und schöner dieser Ort ist als der bei ihm, noch auch von einem andern, der ihn gesehen, dies gehört hätte; geradeso erginge es auch uns. Denn wir wohnten in irgendeiner Vertiefung der Erde und glaubten, oben darauf zu wohnen, und nennten die Luft Himmel, als ob diese der Himmel wäre, durch welchen die Sterne wandeln. Damit aber sei es geradeso, daß wir aus Trägheit und Schwachheit nicht vermöchten hervorzukommen bis an den äußersten Saum der Luft. Denn wenn jemand zur Grenze der Luft gelangte oder Flügel bekäme und hinaufflöge, so würde er dann hervortauchen und sehen, wie hier die Fische, wenn sie einmal aus dem Meer heraustauchen, sehen, was hier ist, so würde dann ein solcher auch das Dortige sehen, und wenn seine Natur die Betrachtung auszuhalten vermöchte, dann erkennen, daß jenes der wahre Himmel ist und das wahre Licht und die wahre Erde.

Im Innern der Erde gibt es verschiedene Ströme, darunter den Acheron, welcher durch viele andere wüste Gegenden fließt, vorzüglich aber auch unter der Erde fortfließend in den Acherusischen See kommt, wohin auch der meisten Verstorbenen Seelen gelangen, und nachdem sie gewisse bestimmte Zeiten dort geblieben, einige länger, andere kürzer, dann wieder ausgesendet werden zur Erzeugung der Lebendigen. Sobald nun die Verstorbenen an dem Orte angelangt sind, wohin der Dämon jeden bringt, werden zuerst diejenigen ausgesondert, welche schön und heilig gelebt haben, und welche nicht. Und diejenigen, die einen mittelmäßigen Lebenswandel geführt zu haben scheinen, begeben sich auf den Acheron, besteigen die Fahrzeuge, die es da für sie gibt, und gelangen auf diesen zum See. Hier wohnen sie und reinigen sich, büßen ihre Vergehungen ab, wenn einer sich irgendwie vergangen hat, und werden dann losgesprochen, wie sie auch ebenso für ihre guten Taten den Lohn erlangen, jeglicher nach Verdienst. Deren Zustand aber für unheilbar erkannt wird wegen der Größe ihrer Vergehungen, weil sie häufigen und bedeutenden Raub an den Heiligtümern begangen oder viele ungerechte und gesetzwidrige Mordtaten vollbracht, oder anderes, was dem verwandt ist, diese stürzt die Schicksalsgöttin, der das obliegt, in den Tartarus. Diejenigen aber, die zwar heilbare, aber doch schwere Verfehlungen begangen haben, werden zwar auch in den Tartarus gestürzt, wenn sie aber ein Jahr darin zugebracht, wirft sie die Woge wieder aus, und sie gehen an den Acherusischen See, um die herbeizurufen, die sie frevelhaft behandelt haben. Diese bitten sie, sie möchten sie in den See aussteigen lassen und aufnehmen. Gelingt es ihnen, jene dazu zu bestimmen, so sind ihre Leiden zu Ende; wo nicht, so werden sie in den Tartarus zurückgetrieben. Diejenigen aber, die sich durch ein frommes Leben ausgezeichnet zu haben scheinen, die sind es, welche von diesen Stätten in der Erde wie aus Gefängnissen befreit und losgelassen hinauf zu jener reinen Behausung gelangen und oben auf der Erde wohnen dürfen. Wer sich von ihnen durch Philosophie hinlänglich gereinigt hat, der lebt gänzlich ohne Leib für alle Zukunft und gelangt in noch schönere Behausungen als diese, die zu schildern weder leicht ist, noch die Zeit im Augenblick ausreicht. Aber schon um deswillen, was wir jetzt auseinandergesetzt haben, Simmias, muß man ja wohl alles tun, um der Tugend und Vernunft im Leben teilhaftig zu werden. Denn schön ist der Preis und die Hoffnung groß.

Zu versichern nun, daß dies genau so sei, wie ich es dargestellt habe, dazu wird sich allerdings ein vernünftiger Mann nicht entschließen; daß es jedoch, sei es nun diese oder eine ähnliche Bewandtnis haben muß mit unsern Seelen und ihren Wohnungen, wenn doch die Seele offenbar etwas Unsterbliches ist, dies, dünkt mich, zieme sich gar wohl und es lohne sich auch, es darauf zu wagen, daß man glaube, es verhalte sich so. Denn es ist ein schönes Wagnis, und man muß mit solcherlei gleichsam sich selbst berücken. Darum spinne ich auch diese Erzählung aus. Also um deswillen muß ein Mann gutes Mutes sein seiner Seele wegen, der im Leben die andern Lüste, die es mit dem Leibe zu tun haben, und dessen Schmuck und Pflege hat fahren lassen, als etwas ihm selbst Fremdartiges, überzeugt, er werde sonst das Übel nur noch ärger machen, der dagegen der Lust am Lernen sich hingegeben und seine Seele geschmückt hat nicht mit fremdem, sondern mit dem ihr eigentümlichen Schmuck, Besonnenheit, Gerechtigkeit, Tapferkeit, Edelmut und Wahrheit. Der kann dann ruhig seine Fahrt nach der Unterwelt erwarten, um sie anzutreten, sobald das Schicksal ruft. – Ihr nun, setzte er hinzu, Simmias und Kebes und ihr übrigen, werdet ein andermal jeder zu seiner Zeit abgehen; mich aber ruft jetzt schon, würde ein tragischer Dichter sagen, das Geschick, und es ist wohl beinahe Zeit, mich nach dem Bade umzusehen. Denn es dünkt mich doch besser zu baden, ehe ich den Trank nehme, und nicht hernach den Weibern Mühe zu machen mit dem Waschen des Leichnams.

Als er dies gesagt, sprach Kriton: Wohl, Sokrates! Was trägst du aber diesen auf oder mir deiner Kinder wegen, oder was wir sonst irgend dir noch recht zu Dank machen könnten, wenn wir es täten? – Was ich immer sage, sprach er, Kriton, nichts Besonderes weiter, daß nämlich, wenn ihr euer selbst recht wahrnehmt, ihr mir und den Meinigen und euch selbst alles zu Dank machen werdet, was ihr nur tut, auch wenn ihr es jetzt nicht versprecht; wenn ihr aber euch selbst vernachlässigt und nicht sozusagen in den Spuren dessen, was wir jetzt und früher schon besprochen haben, im Leben wandeln wollt, dann werdet ihr ja doch nichts weiter ausrichten, wenn ihr es auch jetzt noch so hoch und teuer versprecht. – Wir werden gewiß bestrebt sein, es so zu machen, sagte Kriton. Aber auf welche Weise sollen wir dich bestatten? – Wie ihr wollt, sprach er, wenn ihr mich nur wirklich haben werdet und ich euch nicht entwische. Dabei lächelte er ganz ruhig und sagte, indem er uns ansah: Diesen Kriton, ihr Männer, überzeuge ich nicht, daß ich der Sokrates bin, dieser, der jetzt mit euch redet und euch das Gesagte einzeln darlegt, sondern er glaubt, ich sei jener, den er nun bald tot sehen wird, und fragt mich deshalb, wie er mich bestatten soll. Daß ich aber schon so lange eine große Rede darüber gehalten habe, daß, wenn ich den Trank genommen habe, ich dann nicht länger bei euch bleiben, sondern fortgehen werde zu irgendwelchen Herrlichkeiten der Seligen, das, meint er wohl, sage ich alles nur so, um euch zu beruhigen und mich mit. Darum verbürgt euch nun für mich bei Kriton, und zwar gerade im entgegengesetzten Sinn, als er es für mich bei den Richtern getan hat. Denn er hat sich dafür verbürgt, daß ich ganz gewiß bleiben werde, ihr aber verbürgt euch dafür, daß ich ganz gewiß nicht bleiben werde, wenn ich tot bin, sondern weggehen und fort sein, damit Kriton es leichter trage und, wenn er meinen Leib verbrennen oder begraben sieht, sich nicht gräme meinetwegen, als sei mir etwas Schlimmes widerfahren; und damit er nicht bei der Bestattung sage, er bahre den Sokrates auf oder trage ihn heraus oder begrabe ihn. Denn wisse nur, sagte er, bester Kriton, sich unrichtig auszudrücken, ist nicht nur für den betreffenden Fall selbst fehlerhaft, sondern es bewirkt auch in der Seele einen schlechten Eindruck. Sondern du mußt getrost sein und sagen, daß du meinen Leib bestattest, und diesen bestatte nur, wie es dir eben recht ist, und wie du es am meisten für schicklich hältst. – Mit diesen Worten stand er auf und ging in ein Gemach, um zu baden, und Kriton begleitete ihn, uns aber hieß er dableiben. Wir blieben also und redeten untereinander über das Gesagte und überdachten es noch einmal; dann aber auch klagten wir wieder über das Unglück, welches uns getroffen hätte, ganz darüber einig, daß wir nun gleichsam des Vaters beraubt als Waisen unser ferneres Leben hinbringen würden. Nachdem er nun gebadet und man seine Kinder zu ihm gebracht hatte – er hatte nämlich zwei kleine Söhne und einen größeren – und die mit ihm verwandten Frauen gekommen waren, sprach er mit ihnen in Kritons Beisein, und nachdem er ihnen aufgetragen, was er wollte, hieß er die Weiber und Kinder wieder gehen, er aber kam zu uns. Und es war schon nahe am Untergange der Sonne, denn er war lange drinnen geblieben. – Als er nun gekommen war, setzte er sich nieder nach dem Bade und hatte noch nicht viel seitdem gesprochen, da kam der Diener der Elfmänner, trat zu ihm und sagte: Sokrates, über dich werde ich mich nicht zu beklagen haben wie über andere, daß sie mir böse werden und mir fluchen, wenn ich ihnen ansage, sie müßten das Gift trinken auf Befehl der Behörde. Dich aber habe ich auch sonst schon in dieser Zeit erkannt als den Edelsten, Sanftmütigsten und Trefflichsten von allen, die sich jemals hier befunden haben, und auch jetzt weiß ich sicher, daß du nicht mir böse sein wirst – denn du weißt wohl, wer schuld daran ist –, sondern jenen. Nun also, denn du weißt wohl, was ich dir zu sagen gekommen bin, lebe wohl und suche so leicht als möglich zu tragen, was nicht zu ändern ist. – Da weinte er, wendete sich um und ging. – Sokrates aber sah ihm nach und sprach: Auch du lebe wohl, und wir wollen so tun. Und zu uns sagte er: Wie fein der Mann ist. So ist er die ganze Zeit mit mir umgegangen, hat sich bisweilen mit mir unterhalten und war der beste Mensch; und nun wie aufrichtig beweint er mich! Aber wohlan denn, Kriton, laßt uns ihm gehorchen, und bringe einer den Trank, wenn er schon ausgepreßt ist, wo nicht, so soll ihn der Mann bereiten. – Da sagte Kriton: Aber mich dünkt, Sokrates, die Sonne scheint noch an die Berge und ist noch nicht untergegangen. Und ich weiß, daß auch andere erst ganz spät getrunken haben, nachdem es ihnen angesagt worden ist, und haben noch gut gegessen und getrunken, ja einige haben gar noch Schöne zu sich kommen lassen, nach denen sie Verlangen hatten. Also übereile dich nicht; denn es hat noch Zeit. – Da sagte Sokrates: Natürlich machen es jene so, Kriton, von denen du sprichst, denn sie meinen damit etwas zu gewinnen, und ich werde es natürlich nicht so machen. Denn ich meine nichts zu gewinnen, wenn ich um ein wenig später trinke, als nur, daß ich mir selbst lächerlich vorkommen würde, wenn ich am Leben klebte und sparen wollte, wo nichts mehr ist. Also geh, sprach er, folge mir und tue nicht anders. – Darauf winkte denn Kriton dem Knaben, der ihm zunächst stand, und der Knabe ging hinaus, und nachdem er eine Weile weggeblieben, kam er und führte den Mann herein, der ihm den Trank reichen sollte, welchen er schon zubereitet im Becher brachte. – Als nun Sokrates den Mann sah, sprach er: Wohl, Bester, denn du verstehst es ja, wie muß man es machen? – Nichts weiter, sagte er, als wenn du getrunken hast, herumgehen, bis dir die Schenkel schwer werden, und dann dich niederlegen, so wird es schon wirken. Damit reichte er dem Sokrates den Becher, und dieser nahm ihn, und ganz getrost, Echekrates, ohne im mindesten zu zittern oder Farbe oder Gesichtszüge zu verändern, sondern, wie er pflegte, ganz gerade den Mann ansehend, fragte er ihn: Was meinst du von dem Trank wegen einer Spende? darf man eine darbringen oder nicht? – Wir bereiten nur soviel zu, Sokrates, antwortete er, als wir glauben, daß hinreichend sein wird. – Ich verstehe, sagte Sokrates. Beten aber darf man doch zu den Göttern, und muß es, daß die Wanderung von hier dorthin glücklich sein möge, worum denn auch ich hiemit bete, und so möge es geschehen. – Und wie er dies gesagt, setzte er an, und ganz frisch und unverdrossen trank er aus. Und von uns waren die meisten bis dahin ziemlich imstande gewesen sich zu halten, daß sie nicht weinten; als wir aber sahen, daß er trank und getrunken hatte, nicht mehr. Sondern auch mir selbst flossen Tränen mit Gewalt, und nicht tropfenweise, so daß ich mich verhüllen mußte und mich ausweinen, nicht über ihn jedoch, sondern über mein eigenes Schicksal, welch edlen Freund ich nun verlieren sollte. Kriton war noch eher als ich beiseite getreten, weil er nicht vermochte die Tränen zurückzuhalten. Apollodoros aber, der schon vorher nicht aufgehört hatte zu weinen, schluchzte jetzt laut auf unter seinen Tränen und brach mit seinem Gram uns Anwesenden allen das Herz außer Sokrates selbst. Der aber sagte: Was macht ihr doch, ihr wunderlichen Leute! Ich habe besonders deswegen die Weiber weggeschickt, daß sie nicht in diesen Fehler verfallen möchten; denn ich habe immer gehört, man müsse stille sein, wenn jemand stirbt. Also haltet euch ruhig und standhaft. – Als wir das hörten, schämten wir uns und hielten inne mit Weinen. Er aber ging umher, und als er merkte, daß ihm die Schenkel schwer wurden, legte er sich gerade hin auf den Rücken, denn so hatte es ihn der Mann geheißen. Darauf berührte ihn eben dieser, der ihm das Gift gegeben hatte, von Zeit zu Zeit und untersuchte seine Füße und Schenkel. Dann drückte er ihm den Fuß stark und fragte, ob er es fühle; er sagte nein. Und darauf die Knie, und so ging er immer höher hinauf und zeigte uns, wie er erkaltete und erstarrte. Darauf berührte er ihn noch einmal und sagte, wenn ihm das bis ans Herz käme, dann werde es ausgehen. Als ihm nun schon der Unterleib fast ganz kalt war, da enthüllte er sich, denn er lag verhüllt, und sagte, und das waren seine letzten Worte: O Kriton, wir sind dem

Asklepios einen Hahn schuldig[10], entrichtet ihm den und versäumt es ja nicht. – Das soll geschehen, sagte Kriton, sieh aber zu, ob du noch sonst etwas zu sagen hast. – Als Kriton dies fragte, antwortete er aber nichts mehr, sondern bald darauf zuckte er, und der Mann deckte ihn auf; da waren seine Augen gebrochen. Als Kriton das sah, schloß er ihm Mund und Augen. Dies, Echekrates, war das Ende unseres Freundes, des Mannes, der nach unserem Urteil von allen seinen Zeitgenossen, die wir erprobt haben, der edelste, verständigste und gerechteste war.

DAS GASTMAHL

Das Gastmahl kann auf den ersten Blick als der polare Gegensatz zum Phaidon erscheinen, insofern dieser Lebens- und Weltverneinung, jenes Lebens- und Weltbejahung zu predigen scheint. In Wirklichkeit sind die beiden Dialoge einander ergänzende Seitenstücke: Im Phaidon tritt uns der Philosoph als Überwinder des Todes, im Gastmahl als Überwinder des Lebens entgegen. Daß Sokrates dies ist, beweist seine Erhabenheit über die Sinnlichkeit und seine Vergeistigung des stärksten menschlichen Triebes, des Eros. Denn dieser wandelt sich ihm in die Kraft der Erhebung zur Idee des Schönen durch das Mittel der sinnlich wahrnehmbaren Schönheit. Im Hintergrund beider Dialoge steht Platons zentrale Lehre von den Ideen, die in der Welt der Sinne niemals rein, sondern nur getrübt erscheinen und die als die Urbilder alles Seienden nur durch das Denken erfaßt, nur vom Geist erschaut werden können.

Von den sieben Reden, die bei dem zur Feier eines Tragödiensiegs des Dichters Agathon veranstalteten Gastmahl gehalten werden, folgen hier diejenigen des Komödiendichters Aristophanes und die auf die Belehrung durch die Seherin Diotima zurückgeführte des Sokrates, endlich die Lobrede des Alkibiades auf diesen (Einleitung S. XIV), in der Sokrates als der vollkommene Erotiker gefeiert wird.

[Da sprach *ARISTOPHANES*]: Mir scheint, die Menschen sind die wahre Kraft des Eros durchaus nicht innegeworden. Denn wären sie es, so würden sie ihm die herrlichsten Heiligtümer und Altäre errichten und die größten Opfer darbringen, und es würde nicht wie jetzt gar nichts dergleichen für ihn geschehen, während er es doch am allermeisten verdient hätte. Denn er ist der menschenfreundlichste unter den Göttern, da er der Menschen Beistand und Arzt ist bei den Gebrechen, deren Heilung für das menschliche Geschlecht das größte Glück bedeutet. Ich will also versuchen, euch seine Kraft zu erklären, und ihr sollt dann die Lehrer der übrigen sein. Zuerst aber müßt ihr erfahren, wie es um die menschliche Natur steht und was mit ihr schon geschehen ist. Denn unsere ursprüngliche Natur war nicht die gleiche wie jetzt, sondern ganz anders. Denn erstlich gab es drei Geschlechter von Menschen, nicht wie jetzt nur zwei, männliches und weibliches, sondern es gab noch ein drittes dazu, welches das gemeinschaftliche war von diesen beiden, dessen Name auch noch vorhanden ist, es selbst aber ist verschwunden. Mannweiblich nämlich war damals das eine, Gestalt und Benennung zusammengesetzt aus jenen beiden, dem männlichen und dem weiblichen, jetzt aber ist es nur noch ein Name, der als Schimpfwort dient. Ferner war die ganze Gestalt eines jeden Menschen rund, so daß Rücken und Brust im Kreise herumgingen. Und vier Hände hatte jeder und Schenkel ebensoviel als Hände, und zwei Angesichter auf einem kreisrunden Halse einander genau ähnlich, und einen gemeinschaftlichen Kopf für beide einander gegenüberstehende Angesichter, und vier Ohren, auch zweifache Schamteile und alles übrige, wie es sich hieraus ein jeder weiter ausmalen kann. Man ging aber nicht nur aufrecht wie jetzt, nach welcher Seite man wollte, sondern auch wenn jemand schnell wohin wollte, so machte er es, wie wenn man Purzelbäume schlägt und mit emporgestreckten Beinen sich im Kreise überschlägt: so konnte man sich mit den acht Gliedmaßen, die man damals hatte, vom Boden absetzen und rasch im Kreise vorwärts bewegen. Daß es aber diese drei Geschlechter und in dieser Form gab, hatte seinen Grund darin, daß das männliche ursprünglich von der Sonne stammte, das weibliche von der Erde und das an beiden beteiligte vom Mond, der ja selbst auch an beiden teilhat[1]. Und rund waren sie selbst und ihr Gang, weil sie ihren Erzeugern ähnlich waren. An Kraft und Stärke nun waren sie gewaltig und hatten auch große Gedanken, und was Homer von Ephialtes und Otos sagt, das ist auf sie zu beziehen, daß sie sich einen Zugang zum Himmel bahnen wollten, um die Götter anzugreifen. Zeus also und die anderen Götter ratschlagten, was sie mit ihnen tun sollten, und wußten nicht was. Denn es war weder tunlich, sie zu töten und wie bei den Giganten das ganze Geschlecht mit dem Blitz zu vernichten, denn dann wären sie auch um die Verehrung und die Opfer von seiten der Menschen gekommen, noch konnten sie sie weiterfreveln lassen. Mit Mühe endlich hatte sich Zeus etwas ersonnen und sagte: Ich glaube nun ein Mittel zu haben, wie es noch weiter Menschen geben kann und sie doch aufhören müssen mit ihrer Ausgelassenheit, wenn sie nämlich schwächer geworden sind. Denn jetzt, sprach er, will ich sie, jeden von ihnen, in zwei Hälften zerschneiden, so werden sie schwächer sein und doch zugleich uns nützlicher, weil ihrer mehr geworden sind, und aufrecht sollen sie gehn auf zwei Beinen. Sollte ich aber merken, daß sie noch weiterfreveln und nicht Ruhe halten wollen, so will ich sie, sprach er, noch einmal zerschneiden, und sie mögen dann auf einem Beine daherkommen wie die Schlauchspringer[2]. Mit diesen Worten zerschnitt er die Menschen in zwei Hälften, wie wenn man Früchte zerschneidet, um sie einzumachen. Sobald er aber einen zerschnitten hatte, befahl er dem Apollon, ihm das Gesicht und den halben Hals herumzudrehen nach der Schnittfläche hin, damit der Mensch seine Zerschnittenheit vor Augen habe und sittsamer würde, und das übrige befahl er ihm zu heilen. Dieser also drehte ihm das Gesicht herum, zog ihm die Haut von allen Seiten über das, was wir jetzt den Bauch nennen, herüber, und, wie wenn man einen Beutel zusammenzieht, faßte er es in eine Mündung zusammen und band sie mitten auf dem Bauche ab, was wir jetzt den Nabel nennen. Die übrigen Runzeln glättete er meistenteils aus und gliederte die Brust mit einem Werkzeug, wie es die Schuster haben, um damit auf dem Leisten die Falten des Leders zu glätten, und nur wenige ließ er stehen um den Bauch und Nabel zum Andenken an das, was vor alters geschehen war. Als so ihre natürliche Gestalt entzweigeschnitten war, sehnte sich jedes nach seiner anderen Hälfte, und so kamen sie zusammen, umfaßten sich mit den Armen und umschlangen einander in dem Bestreben, zusammenzuwachsen, und so starben sie Hungers infolge ihrer Untätigkeit, weil sie nichts getrennt voneinander tun wollten. War nun die eine Hälfte tot und die andere blieb übrig, so suchte sich die übriggebliebene eine andere und umschlang sie, mochte sie nun auf die Hälfte einer ehemaligen ganzen Frau treffen, was wir jetzt eine Frau nennen, oder auf die eines Mannes, und so kamen sie um. Da erbarmte sich Zeus und gab ihnen ein anderes Mittel an die Hand, indem er ihnen die Schamteile nach vorne verlegte, denn vorher trugen sie auch diese nach außen und zeugten nicht eines in dem andern, sondern in die Erde wie Zikaden. Nun aber verlegte er sie ihnen nach vorne und bewirkte vermittels ihrer das Zeugen ineinander, in dem weiblichen durch das männliche, deshalb, damit in der Umarmung, wenn der Mann eine Frau träfe, sie zugleich zeugten und Nachkommenschaft entstände, wenn aber ein Mann den andern, sie doch eine Befriedigung hätten durch ihr Zusammensein und erquickt sich zu ihren Geschäften wenden und, was sonst zum Leben gehört, besorgen könnten. So lange schon also ist die Liebe zueinander den Menschen angeboren, um die ursprüngliche Natur wieder herzustellen, und versucht aus zweien eins zu machen und die menschliche Natur zu heilen. Jeder von uns ist also ein Stück von einem Menschen, da wir ja, zerschnitten wie die Schollen, aus einem zwei geworden sind. Also sucht nun immer jedes sein anderes Stück. Die Männer, die das abgeschnittene Teil eines solchen Gesamtgebildes sind, das damals Mannweib hieß, die sind weibersüchtig, und die meisten Ehebrecher stammen von dieser Gattung und ebenso die männersüchtigen und ehebrecherischen Weiber. Die Weiber aber, die Abschnitte eines Weibes sind, die kümmern sich nicht viel um die Männer, sondern sind mehr den Weibern zugewendet, und die Tribaden kommen aus dieser Gattung; diejenigen aber, die Abschnitte eines Mannes sind, suchen das männliche auf, und solange sie noch Knaben sind, lieben sie als Schnittstücke des Mannes die Männer, und bei Männern zu liegen und sie zu umarmen, macht ihnen Freude, und dies sind die trefflichsten unter den Knaben und heranwachsenden Jünglingen, weil sie die männlichsten sind von Natur. Einige nennen sie zwar schamlos, aber mit Unrecht. Denn nicht aus Schamlosigkeit tun sie dies, sondern weil sie mit Mut und Kühnheit und Mannhaftigkeit das ihnen Ähnliche lieben. Dafür ist ein schlagender Beweis, daß allein solche Jünglinge, wenn sie erwachsen sind, sich den Staatsgeschäften widmen. Sind sie nun zu Männern geworden, so lieben sie ihrerseits wieder Knaben. Zur Ehe aber und Kinderzeugung haben sie von Natur keine Lust, sondern nur durch das Gesetz werden sie dazu genötigt, ihnen selbst wäre es genug, untereinander zu leben unverehelicht. Unter allen Umständen wird ein solcher Knaben lieben und Freund seines Geliebten werden, indem er immer zu dem ihm Verwandten sich hingezogen fühlt. Wenn aber einmal einer seine wahre eigne Hälfte antrifft, ein Knabenfreund oder jeder andere, dann werden sie wunderbar entzückt zu freundschaftlicher Einigung und Liebe und wollen sozusagen auch nicht die kleinste Zeit voneinander lassen; und die ihr ganzes Leben lang miteinander verbunden bleiben, diese sind es, welche auch nicht einmal zu sagen wüßten, was sie voneinander wollen. Denn dies kann doch wohl nicht die Gemeinschaft des Liebesgenusses sein, daß um deswillen jeder mit so großem Eifer trachtete, mit dem andern zusammen zu sein; sondern offenbar will die Seele eines jeden von ihnen etwas anderes, was sie aber nicht aussprechen kann; sondern sie ahnt nur, was sie wünscht, und steht davor wie vor einem

Rätsel. Und wenn, während sie beieinanderliegen, Hephaistos vor sie hinträte, seine Werkzeuge in der Hand, und sie fragte: Was ist es denn eigentlich, ihr Leute, was ihr voneinander wollt? und wenn sie dann nicht zu antworten wüßten, sie weiterfragte: Begehret ihr etwa dieses soviel als möglich zusammen zu sein, daß ihr euch Tag und Nacht nicht verlassen müßtet? Denn wenn das euer Begehren ist, so will ich euch zusammenschmelzen und in eins zusammenschweißen, so daß ihr statt zweier einer seid, und solange ihr lebt, beide zusammen als einer lebt, und wenn ihr gestorben seid, auch dort in der Unterwelt nicht zwei, sondern gemeinsam gestorben ein Toter seid. Also seht zu, ob ihr dies wünscht und zufrieden sein werdet, wenn ihr es erreicht: so wissen wir, keiner, der dies gehört hätte, würde sich weigern oder zu erkennen geben, daß er etwas anderes wolle, sondern jeder würde eben das gehört zu haben glauben, wonach er immer schon strebte, durch Nahesein und Verschmelzung mit dem Geliebten aus zweien einer zu werden. Hievon ist nun dies die Ursache, daß unsere ursprüngliche Naturanlage diese war und wir ein Ganzes waren, und dies Verlangen eben und Trachten nach dem Ganzen heißt Liebe. Und vordem, wie gesagt, waren wir eins, jetzt aber sind wir wegen unserer Ungebärdigkeit von dem Gott auseinandergelegt und verteilt worden wie die Arkadier von den Lakedaimoniern[3]. Es steht also zu besorgen, wenn wir uns sittsam betragen gegen die Götter, daß wir nicht noch einmal zerspalten werden und so herumgehn müssen wie die Figuren auf den Grabsteinen, die mitten durch die Nase gespalten sind, und daß wir dann werden wie die geteilten Würfel, von denen die andere Hälfte der andere hat. Deshalb sollte also jedermann jedem zureden, den Göttern Ehrfurcht zu beweisen, damit wir diesem Schicksal entgehen, jenes Ziel aber erreichen, zu dem uns Eros als Feldherr führt und befehligt. Dem nun wolle ja niemand entgegenhandeln; es handelt dem aber entgegen, wer sich den Göttern verhaßt macht. Denn nur wenn wir mit dem Gotte befreundet und im Einklang sind, werden wir jeder unsern eigenen Liebling finden und besitzen, was jetzt nur wenigen begegnet. Ich meine das von allen insgesamt, Männern und Frauen, daß so unser Geschlecht glückselig würde, wenn es uns in der Liebe gelänge und jeder seinen eigentümlichen Liebling gewänne, um so zur ursprünglichen Natur zurückzukehren. Wenn nun dies das Ideal ist, so wird unter den gegenwärtigen Umständen das das Beste sein, was diesem am nächsten kommt, d. h. einen Liebling zu gewinnen, dessen Sinn und Wesen unserem eigenen entspricht. Wenn wir also den Gott preisen, dessen Macht dies bewirkt, den Eros, so ist das nicht mehr als billig, ihn, der uns schon jetzt am meisten hilft, indem er uns zu dem führt, was uns verwandt ist, und der in uns für die Zukunft die größten Hoffnungen erweckt, daß er uns, wenn wir nur fromm gegen die Götter sind, heilen werde, indem er uns in unsern ursprünglichen Naturzustand zurückversetzt und uns dadurch glücklich und selig macht.

[Nach einer Auseinandersetzung mit Agathon sprach *SOKRATES*]:
So will ich dich denn jetzt lassen und versuchen, euch eine Rede über den Eros zu wiederholen, welche ich einst von Diotima, einer Frau aus Mantinea, gehört habe, die hierin und auch sonst sehr weise war, auch den Athenern, die ein Opfer zum Schutze vor der Pest veranstalteten, zehnjährigen Aufschub der Krankheit bewirkte, und die auch mich in Liebessachen unterrichtet hat. Die Rede also, die sie mir gehalten hat, will ich euch wiederzugeben suchen. Dabei gehe ich von dem aus, worüber ich mit Agathon übereingekommen bin, sonst aber verfahre ich selbständig, so gut ich eben kann. Es gehört sich also, Agathon, wie auch du erklärtest, zuerst ihn selbst zu beschreiben, den Eros, was und welcher Art er ist, und dann seine Wirkungen. Es scheint mir nun am leichtesten, die Darlegung in der Form zu halten, welche die Fremde auch mir gegenüber in Anwendung brachte: in Frage und Antwort. Ich hatte zu ihr ungefähr dasselbe gesagt wie Agathon vorhin zu mir, daß Eros ein großer Gott sei und mit dem Schönen zu tun habe. Sie aber widerlegte mich mit denselben Gründen, mit denen ich vorhin ihn, daß er nach meiner eigenen Auffassung weder schön

noch gut sei. Da sprach ich: Wie meinst du aber, Diotima, ist also Eros häßlich und schlecht? – Und sie: Nimm dich in acht mit deinen Worten! Oder meinst du, was nicht schön ist, das sei notwendig häßlich? – Allerdings. – Auch was nicht weise, sei unwissend? Oder hast du nicht gemerkt, daß es etwas mitteninne gibt zwischen Weisheit und Unwissenheit? – Was wäre das? – Wenn man richtige Vorstellungen hat, ohne jedoch Rechenschaft davon geben zu können, weißt du nicht, daß das weder Wissen ist – denn wie könnte etwas Grundloses eine Erkenntnis sein? – noch auch Unwissenheit, denn da sie doch das Wahre enthält, wie könnte sie Unwissenheit sein? Also ist offenbar die richtige Vorstellung so etwas zwischen Einsicht und Unwissenheit? – Richtig, sprach ich. – Folgere also nicht, was nicht schön ist, sei häßlich, noch was nicht gut, sei schlecht. Und so ist es auch mit dem Eros. Du hast doch selbst eingeräumt, er sei weder gut noch schön. Deshalb darfst du aber nicht glauben, daß er häßlich und schlecht sein müsse, sondern etwas, sagte sie, zwischen beiden. – Aber das, sprach ich, wird doch von allen eingestanden, daß er ein großer Gott ist. – Von allen Nichtwissenden, sprach sie, meinst du, oder auch von den Wissenden? – Von allen insgesamt. – Da lachte sie und sagte: Und wie, Sokrates, könnte wohl von denen eingestanden werden, daß er ein großer Gott sei, welche behaupten, er sei überhaupt kein Gott? – Wer sind doch die? fragte ich. – Einer davon bist du, sagte sie, und eine ich. – Da sprach ich: Wie meinst du dies? – Und sie antwortete: Ganz natürlich. Denn sage mir nur, meinst du nicht, daß alle Götter glückselig und schön sind? Oder hättest du das Herz zu sagen, daß irgendein Gott nicht schön und glückselig sei? – Beim Zeus, ich gewiß nicht, sprach ich. – Und glückselig nennst du doch die, die das Schöne und Gute besitzen? – Freilich. – Vom Eros aber hast du doch eingestanden, daß er aus Ermangelung des Schönen und Guten eben das begehre, dessen er ermangelt? – Das habe ich eingestanden. – Wie könnte also ein Gott sein, der nicht teilhat am Schönen und Guten? – Auf keine Weise, wie es scheint. – Siehst du nun, sagte sie, daß auch du den Eros für keinen Gott hältst? – Was wäre also, sprach ich, Eros? etwa sterblich? – Keineswegs. – Aber was denn? – Ein Mittelding zwischen Sterblich und Unsterblich. – Was also, Diotima? – Ein großer Dämon, Sokrates. Denn alles Dämonische ist ein Mittelding zwischen Gott und Sterblichem. – Und worin besteht seine Bedeutung, fragte ich. – Es verdolmetscht und übermittelt den Göttern, was von den Menschen, und den Menschen, was von den Göttern kommt, der einen Gebete und Opfer und der andern Befehle und Vergeltung der Opfer. In der Mitte zwischen beiden bildet es ihre Ergänzung, so daß nun das Ganze mit sich verbunden ist. Und durch dies Dämonische geht auch alle Weissagung und die Kunst der Priester in bezug auf Opfer und Weihungen und Besprechungen und allerlei Wahrsagung und Bezauberung. Denn ein Gott verkehrt nicht mit Menschen; sondern aller Umgang und Gespräch der Götter mit den Menschen geschieht durch dieses, sowohl im Wachen als im Schlaf. Wer sich nun hierauf versteht, der ist ein dämonischer Mann, wer aber auf anderes, sei es eine Kunst oder ein Handwerk, der ist ein gewöhnlicher Mensch. Solcher Dämonen nun gibt es viele und von vielerlei Art, einer aber von ihnen ist auch Eros. – Wer aber, fragte ich, ist sein Vater und seine Mutter? – Das ist zwar eine weitläufige Sache, sagte sie; doch will ich es dir sagen. Als nämlich Aphrodite geboren war, schmausten die Götter, und unter den übrigen auch Poros[4], der Sohn der Metis. Als sie nun speisten, kam, um sich etwas zu erbetteln, da es doch festlich herging, auch Penia und stand an der Türe. Poros nun, berauscht vom Nektar, denn Wein gab es noch nicht, ging in den Garten des Zeus hinaus, und schwer und müde wie er war, schlief er ein. Penia aber, die in ihrer Mittellosigkeit danach trachtete, ein Kind von Poros zu bekommen, legte sich zu ihm und empfing den Eros. Deshalb ist auch Eros der Aphrodite Begleiter und Diener geworden wegen seiner Empfängnis an ihrem Geburtsfest, und weil er von Natur ein Liebhaber des Schönen ist und Aphrodite schön ist. Als des Poros und der Penia Sohn aber befindet sich Eros in folgender Lage. Fürs erste ist er immer arm und bei weitem nicht fein und schön, wie die meisten glauben, vielmehr rauh, unansehnlich, unbeschuht, ohne Behausung; er schläft immer auf der bloßen Erde und unbedeckt vor den Türen und auf den Straßen im Freien, und ist der Natur seiner Mutter gemäß immer der Dürftigkeit Genosse. Aber dem Wesen seines Vaters entsprechend, trachtet er auch nach dem Guten und Schönen, ist tapfer, keck und stramm, ein gewaltiger Jäger, schmiedet immer irgendwelche Ränke, strebt nach Einsicht, ist um Mittel nie verlegen, liebt sein Leben lang die Weisheit, ist aber auch ein gewaltiger Zauberer, Geisterbanner und Sophist. Er ist seiner Natur nach weder unsterblich noch sterblich; am gleichen Tage prangt er bald in blühendem Leben, solange es ihm wohl geht, bald stirbt er ab und lebt dann doch wieder auf nach der Natur seines Vaters. Was er sich aber verschafft, zerrinnt ihm immer wieder, und so ist Eros niemals weder arm noch reich, und auch zwischen Weisheit und Unwissenheit steht er in der Mitte. Dies verhält sich nämlich so. Kein Gott strebt nach Weisheit oder begehrt weise zu werden, sondern er ist es, noch auch, wenn sonst jemand weise ist, strebt dieser nach Weisheit. Ebensowenig aber streben auch die Unwissenden oder trachten nach Weisheit. Denn das ist eben das Schlimme bei der Unwissenheit, daß auch, wer keineswegs rechtschaffen und verständig ist, es doch hinreichend zu sein glaubt. Wer nun einer Sache nicht zu ermangeln glaubt, der begehrt auch das nicht, was er nach seiner Meinung nicht bedarf. – Wer also, sprach ich, Diotima, sind denn die, die nach Weisheit streben, wenn es weder die Weisen sind noch die Unwissenden? – Das muß ja schon, sagte sie, jedem Kinde klar sein, daß es die zwischen beiden sind, zu denen auch Eros gehören wird. Denn die Weisheit gehört zu dem Schönen, und so ist denn Eros notwendig ein Weisheitliebender und steht als solcher in der Mitte zwischen den Weisen und den Unwissenden. Die Ursache: denn er stammt von einem weisen und wohlhabenden Vater, aber von einer unklugen und mittellosen Mutter. Mit deiner Vorstellung vom Eros ist dir etwas widerfahren, was nicht weiter verwunderlich ist. Du glaubtest nämlich, wie ich aus dem, was du sagst, vermuten muß, Eros sei das Geliebte, nicht das Liebende. Daher, meine ich, erschien dir Eros so wunderschön. Denn das Liebenswerte ist auch in der Tat das Schöne, Zarte, Vollendete, Seligzupreisende. Das Liebende aber hat ein anderes Ansehen, so wie ich es beschrieben habe. – Darauf sagte ich: Gut denn, Freundin, denn du hast wohlgesprochen. Wenn nun aber Eros derart ist, welchen Nutzen gewährt er den Menschen? – Dies, Sokrates, sprach sie, will ich nun hiernächst versuchen dich zu lehren. Dies also sind die Eigenschaften und die Herkunft des Eros. Und er richtet sich auf das Schöne, wie du sagst. Wenn uns aber jemand fragte: Inwiefern richtet sich der Eros auf das Schöne? Oder ich will noch deutlicher so fragen: Der Liebende begehrt nach dem Schönen. Was begehrt er von ihm? – Da sprach ich: Daß es ihm zuteil werde. – Aber, sagte sie, diese Antwort erfordert noch eine weitere Frage, etwa diese: Was geschieht denn jenem, dem das Schöne zuteil wird? – Da sagte ich: Auf diese Frage hätte ich nicht mehr sogleich eine Antwort bereit. – Aber, sprach sie, wenn nun jemand im Tausch mit dem Schönen das Gute setzte und fragte: Sprich, Sokrates, wer das Gute begehrt, was begehrt der? – Daß es ihm zuteil werde, sagte ich. – Und was geschieht jenem, dem das Gute zuteil wird? – Das kann ich schon leichter beantworten, sagte ich, er wird glücklich. – Denn durch den Besitz des Guten, fügte sie hinzu, sind die Glücklichen glücklich. Und hier bedarf es nun keiner weitern Frage mehr, weshalb doch der glücklich sein will, der es will, sondern die Antwort scheint hier am Ziel angelangt zu sein. – Richtig gesprochen, sagte ich. – Dieser Wille nun und diese Liebe, glaubst du, daß sie allen Menschen gemein sind, und daß alle immer das Gute haben wollen? Oder wie meinst du? – Ich meine, sagte ich, dies sei allen gemeinsam. – Warum aber, sprach sie, sagen wir nicht, daß alle lieben, wenn doch alle dasselbe lieben und immer, sondern sagen von einigen, daß sie lieben, von anderen aber nicht? – Das wundert mich selbst, sagte ich. – Laß es dich nur nicht wundern, sagte sie. Denn wir nehmen nur eine gewisse Art der Liebe heraus, die wir mit dem Namen des Ganzen belegen und Liebe nennen, für die anderen brauchen wir andere Namen. – Wie denn etwa? sprach ich. – So etwa, sagte sie. Du weißt doch, daß Dichtung[5] etwas gar Vielfältiges ist. Denn was nur für irgend etwas Ursache wird, aus dem Nichtsein in das Sein zu treten, ist insgesamt Dichtung. Daher liegt auch bei den Erzeugnissen aller Künste Dichtung zugrunde, und die Meister darin sind sämtlich Dichter. – Ganz richtig. – Aber doch weißt du schon, daß sie nicht Dichter genannt werden, sondern andere Benennungen haben, und von der gesamten Dichtung wird nur ein Teil ausgesondert, der es mit der Tonkunst und den Silbenmaßen zu tun hat, und dieser mit dem Namen des Ganzen benannt. Denn dies allein wird Dichtung genannt, und nur diejenigen, die diesen Teil der Dichtung beherrschen, Dichter. – Richtig gesprochen, sagte ich. – So steht es nun auch mit der Liebe. Im allgemeinen genommen ist jedes Streben nach Gütern und nach Glück für jeden Menschen jene starke und listenreiche Macht der Liebe. Aber von den übrigen, die sich in vielfacher Weise ihr zuwenden, sei es im Gelderwerb oder in der Gymnastik oder im Streben nach Weisheit, sagt man nicht, daß sie lieben und Liebhaber sind; sondern nur diejenigen, die auf eine bestimmte Art der Liebe ausgehen und sich ihr hingeben, erhalten den Namen des Ganzen, Liebe und Lieben und Liebhaber. – Das magst du wohl richtig erklären, sagte ich. – Und so sagt man wohl, fuhr sie fort, daß die, die ihre Hälfte suchen, lieben. Ich aber stelle den Satz auf, die Liebe gehe weder auf eine Hälfte, Freund, noch auf ein Ganzes, wenn dieses nicht ein Gut ist. Denn die Menschen sind ja bereit, sich ihre eigenen Hände und Füße abschneiden zu lassen, wenn sie, obgleich ihr eigen, ihnen böse und gefährlich scheinen. Denn nicht an dem Seinigen hängt jeder, glaube ich, es müßte denn jemand das Gute als sein eigen ansehen; das Schlimme aber als etwas Fremdes. So gibt es denn also nichts, was die Menschen lieben, als das Gute. Oder scheint es dir anders? – Beim Zeus, mir nicht, sprach ich. – Dürfen wir aber, sagte sie, so schlechthin sagen, daß die Menschen das Gute lieben? – Ja, sagte ich. – Wie?

müssen wir nicht hinzusetzen, daß sie es lieben, das Gute zu besitzen? – Das müssen wir hinzusetzen. – Und, sagte sie, nicht nur es zu haben, sondern auch es immer zu besitzen? – Auch das ist hinzuzusetzen. – So geht denn, alles zusammengenommen, die Liebe darauf, daß man selbst das Gute immer haben will. – Vollkommen richtig, sagte ich. – Wenn also die Liebe darin besteht, sagte sie, welche Richtung muß man einschlagen, auf welche Tätigkeit muß man seine angespannte Kraft einstellen, damit von Liebe die Rede sein kann? Worin betätigt sie sich? Kannst du mir das sagen? – Nein, erwiderte ich. Denn sonst, Diotima, würde ich dich nicht deiner Weisheit wegen bewundern und zu dir kommen, um eben dieses zu lernen. – So will ich es dir sagen, sprach sie. Es ist nämlich Zeugung im Schönen, sowohl dem Leibe als der Seele nach. – Man muß schon ein Seher sein, um zu ahnen, was du meinst; ich verstehe es nicht. – So will ich es dir denn deutlicher sagen. Alle Menschen nämlich, Sokrates, sprach sie, sind fruchtbar, sowohl dem Leibe als der Seele nach, und wenn sie zu einem gewissen Alter gelangt sind, so strebt unsere Natur zu zeugen. Zeugen aber kann sie nicht in dem Häßlichen, sondern nur in dem Schönen. Die Vermählung von Mann und Weib nämlich ist Zeugung. Dies Tun ist aber etwas Göttliches: es ist etwas Unsterbliches in unserem sonst sterblichen Wesen. Diese aber kann nicht vor sich gehen in dem, was nicht zusammenpaßt. Nie aber paßt das Häßliche mit dem Göttlichen zusammen, sondern nur das Schöne. Eine Schicksals- und Geburtsgöttin für das Werden ist also die Schönheit. Wenn daher das Zeugungslustige dem Schönen naht, wird es heiter und froh, ergießt sich, befruchtet und zeugt; wenn dem Häßlichen, so zieht es sich finster und traurig in sich zusammen, wendet sich ab, schrumpft ein und zeugt nicht, sondern trägt mit Beschwerde seine Bürde weiter. Wer daher zeugungslustig und brünstig ist, der ist mit leidenschaftlicher Erregung auf das Schöne aus, weil nur dieses ihn von seinem heftigen Wesen befreit. Denn die Liebe, Sokrates, geht gar nicht auf das Schöne, wie du meinst. – Sondern worauf denn? – Auf die Fortpflanzung und Zeugung im Schönen. – Mag sein, sprach ich. – Ganz gewiß, sagte sie. – Warum aber auf die Fortpflanzung? – Weil eben in der Fortpflanzung das Ewige und Unsterbliche zum Ausdruck kommt, soweit es bei einem sterblichen Wesen möglich ist. Unsterblichkeit aber in Verbindung mit dem Guten muß man nach dem, was wir gemeinsam festgestellt haben, begehren, wenn anders die Liebe in dem Bestreben besteht, das Gute immer zu besitzen. Aus diesem Grunde ergibt sich mit Notwendigkeit, daß das Ziel der Liebe auch die Unsterblichkeit sei.

Dies alles lehrte sie mich, wenn sie über die Liebe mit mir redete, und fragte mich auch einmal: Was hältst du nun wohl für die Ursache dieser Liebe und dieses Verlangens, Sokrates? Oder merkst du nicht, in welch heftiger Aufregung sich alle Tiere befinden, wenn sie zeugungslustig sind, die vierfüßigen wie die Vögel, wie sie alle krank und von Liebe erfüllt, zuerst bis es zur Begattung kommt und dann beim Aufziehen des Jungen, wie auch die schwächsten bereit sind, dieses gegen die stärksten zu verteidigen und dafür zu sterben; und wie sie sich selbst vom Hunger quälen lassen, um nur jenes zu ernähren, und auch sonst alles für es tun? Denn von den Menschen könnte man sagen, sie täten dies mit Überlegung; aber was kann es bei den Tieren für einen Grund geben, daß sie sich so liebeerfüllt gebärden? Kannst du mir das sagen? – Und ich sagte wieder, ich wüßte es nicht. – Da sprach sie: Glaubst du denn je in Liebesangelegenheiten dich geschickt benehmen zu können, wenn du das nicht verstehst? – Aber eben deshalb, sprach ich, bin ich ja zu dir gekommen, Diotima, wie ich auch schon sagte, weil ich weiß, daß ich Lehrer brauche. Sage mir also den Grund davon und von allem, was sonst die Liebe betrifft. – Wenn du also glaubst, sprach sie, daß die Liebe von Natur auf das gehe, worüber wir uns oft schon geeinigt haben, so brauchst du dich nicht zu wundern. Denn ganz ebenso wie dort sucht auch hier die sterbliche Natur, soweit sie es vermag, ewig und unsterblich zu sein. Sie vermag es aber nur auf diese Art durch die Zeugung, indem sie immer ein Junges statt des Alten hinterläßt. Denn auch jedes einzelne lebende Wesen wird, solange es lebt als dasselbe angesehen und bezeichnet: z. B. ein Mensch gilt von Kindesbeinen an bis in sein Alter als der gleiche. Aber obgleich er denselben Namen führt, bleibt er doch niemals in sich selbst gleich, sondern einerseits erneuert er sich immer, anderseits verliert er anderes: an Haaren, Fleisch, Knochen, Blut und seinem ganzen körperlichen Organismus. Und das gilt nicht nur vom Leibe, sondern ebenso von der Seele: Charakterzüge, Gewohnheiten, Meinungen, Begierden, Freuden und Leiden, Befürchtungen: alles das bleibt sich in jedem einzelnen niemals gleich, sondern das eine entsteht, das andere vergeht. Noch viel sonderbarer als dies ist es jedoch, daß auch die Erkenntnisse nicht nur teils entstehen, teils vergehen und daß wir auch in Hinsicht auf sie uns niemals gleich bleiben, sondern daß auch auf jede einzelne Erkenntnis dasselbe zutrifft. Denn was man einüben heißt, setzt voraus, daß die Erkenntnis entschwindet. Vergessen nämlich ist Entschwinden einer Erkenntnis; das Einüben aber erhält die Erkenntnis im Gedächtnis, indem es an Stelle der entschwindenden eine neue einprägt, so daß es den Anschein gewinnt, es sei dieselbe. Und dies ist die Art und Weise, auf die jedes sterbliche Wesen sich erhält: nicht dadurch, daß es immer völlig dasselbe bleibt wie das Göttliche, sondern dadurch, daß das, was abgeht und veraltet, immer etwas Neues von seiner eigenen Art hinterläßt. Durch diese Einrichtung, Sokrates, sagte sie, hat Sterbliches teil an Unsterblichkeit, der Leib sowohl als alles übrige; das Unsterbliche aber hat es auf andere Weise. Wundere dich also nicht, wenn jedes Wesen von Natur seinen eigenen Sprößling in Ehren hält. Denn der Unsterblichkeit wegen ist diese Neigung und diese Liebe einem jeden eigen. – Als ich diese Rede gehört hatte, war ich verwundert und sagte: Wohl, weiseste Diotima, verhält sich dies nun in der Tat so? – Und sie, wie die rechten Meister im Wissen pflegen, sprach: Das sei nur versichert, Sokrates. Denn wenn du auch auf den Ehrgeiz der Menschen sehen willst: so müßtest du dich ja über die Unvernunft wundern, wenn du nicht das bedenkst, was ich gesagt habe, und überlegst, wie leidenschaftlich sie bestrebt sind, sich einen Namen zu machen „und sich unsterblichen Ruhm für ewige Zeit zu erwerben“[6], dafür sind sie noch mehr bereit, Gefahren auf sich zu nehmen, als für ihre Kinder, ihr Vermögen aufzuwenden, Anstrengungen aller Art auf sich zu nehmen und sogar zu sterben. Denn meinst du wohl, sprach sie, Alkestis würde für den Admet gestorben oder Achilleus dem Patroklos in den Tod gefolgt sein, oder euer Kodros im voraus für die Königswürde seiner Kinder, wenn sie nicht geglaubt hätten, eine unsterbliche Erinnerung an ihr Heldentum würde nach ihnen bleiben, die wir jetzt auch haben? Weit gefehlt, sagte sie, sondern nur für die Unsterblichkeit ihres Heldentums und für einen solchen herrlichen Nachruhm, glaube ich, tun alle alles, und zwar je besser sie sind, desto mehr, denn sie lieben das Unsterbliche. Die nun, fuhr sie fort, dem Leibe nach zeugungslustig sind, wenden sich mehr zu den Weibern und sind auf diese Art verliebt, indem sie durch Kindererzeugen Nachruhm und Glück und Glückseligkeit, wie sie meinen, für alle künftige Zeit sich verschaffen. Wer aber in der Seele – denn es gibt solche, die, noch stärker als einen leiblichen, einen seelischen Zeugungsdrang verspüren, das zu erzeugen und fortzupflanzen, was der Seele zukommt. Und was kommt ihr denn zu? Einsicht und jede andere Tugend, deren Erzeuger auch alle Dichter sind und alle Künstler, denen man Erfindungskraft zuschreibt. Bei weitem die wichtigste und schönste Einsicht aber ist diejenige, die sich auf die Verwaltung von Haus und Staat bezieht und deren Name Besonnenheit und Gerechtigkeit ist. Wer nun als ein gottbegnadeter Mensch von Jugend auf seine Seele davon voll hat, der wird auch, wenn die Zeit herankommt, Lust haben zu zeugen und fortzupflanzen. Daher geht auch, meine ich, ein solcher umher, das Schöne zu suchen, worin er zeugen könne. Denn in dem Häßlichen wird er nie zeugen. Daher erfreut er sich an schönen Körpern mehr als an häßlichen, weil er zeugungslustig ist, und wenn er eine schöne, edle und wohlgebildete Seele antrifft, erfreut er sich vollends an der Verbindung von beiden und hat für einen solchen Menschen gleich eine Fülle von Reden über die Tugend und darüber, wie ein trefflicher Mann sein und was er treiben müsse, bei der Hand, und er versucht ihn zu erziehen. Indem er nämlich mit dem Schönen in Berührung kommt und mit ihm verkehrt, zeugt er, meine ich, und bringt ans Licht, was er schon lange zeugungslustig in sich trug, und indem er anwesend und abwesend sein gedenkt, zieht er auch das mit ihm Erzeugte gemeinsam mit ihm auf. Und so haben solche Leute eine viel engere Gemeinschaft miteinander, als sie durch leibliche Kinder bewirkt wird, und eine festere Freundschaft, weil ihre gemeinsamen Kinder mehr Schönheit und Unsterblichkeit besitzen. Und jeder sollte lieber solche Kinder haben wollen als die menschlichen, wenn er auf Homer sieht und Hesiod und die andern trefflichen Dichter, nicht ohne Neid, was für Abkömmlinge sie zurücklassen, die ihnen unsterblichen Ruhm und Angedenken sichern, wie sie auch selbst unsterblich sind. Oder wenn du willst, sagte sie, was für Kinder Lykurg in Lakedaimon zurückgelassen hat, als Retter von Laikedaimon, ja man kann sagen, von ganz Hellas. Geehrt ist bei euch auch Solon, weil er Gesetze ins Leben gerufen hat, und viele andere anderwärts unter Hellenen und Barbaren, die viele Taten vollführt und Tugend aller Art ans Licht gebracht haben. Ihnen sind wegen dieser ihrer Abkömmlinge auch schon viele Heiligtümer errichtet worden, was noch nie jemand um leiblicher Kinder willen widerfahren ist. So weit nun, Sokrates, vermagst du wohl auch in die Geheimnisse der Liebe eingeweiht zu werden; ob du aber auch zur höchsten Schau noch fähig bist, zu der dies nur die Vorstufen sind, wenn man den rechten Weg einschlägt, das weiß ich nicht[7]. Ich will es dir nun zwar mitteilen, sagte sie, und am guten Willen soll es mir nicht fehlen. Du aber magst versuchen, ob du mir folgen kannst. Wer nämlich auf die rechte Art diese Sache angreifen will, der muß in der Jugend zwar damit anfangen, schönen Gestalten nachzugehen, und wird zuerst freilich, wenn sein Führer ihn richtig führt, nur Einen solchen lieben und in diesem schöne Gedanken erzeugen, hernach aber von selbst inne werden, daß die Schönheit in irgendeinem Körper der in jedem andern verschwistert ist, und es also, wenn er dem in der Idee Schönen nachgehen soll, großer Unverstand wäre, nicht die Schönheit in allen Körpern für eine und dieselbe zu halten. Wenn er dessen innegeworden ist, wird er zum Liebhaber aller schönen Körper werden, in seiner Leidenschaft für den Einen nachlassen und darauf als auf etwas Geringfügiges herabsehen. Nächstdem aber muß er die Schönheit in den Seelen für weit herrlicher halten als die in den Körpern, so daß, wenn einer, dessen Seele rechter Art ist, auch nur wenig körperliche Anmut besitzt, ihm das doch genug ist und er ihn liebt und pflegt, indem er solche Gedanken in ihm erzeugt und zu wecken sucht, welche die Jünglinge besser zu machen vermögen. Dadurch wird er selbst veranlaßt werden, das Schöne in den Handlungen und Grundsätzen zu erfassen und erkennen, daß auch dieses überall verwandt ist, um schließlich die körperliche Schönheit als etwas Geringfügiges zu betrachten. Von den Handlungen aber muß er ihn dann weiter führen zu den Erkenntnissen, damit er auch die Schönheit der Erkenntnisse schaue. Dann wird er, schon den Blick auf vielfältiges Schöne gerichtet, nicht mehr in sklavischer Minderwertigkeit und Kleinlichkeit, das Schöne in einem einzelnen Wesen suchen und in knechtischer Weise mit der Schönheit Eines Knäbleins oder Eines Menschen oder Einer Handlung sich zufrieden geben, sondern er wird auf die hohe See des Schönen hinausfahren, sich dort umschauen und viele schöne und hohe Gedanken und Einsichten erzeugen in unerschöpflichem Weisheitsstreben, bis er hiedurch gestärkt und vervollkommnet, eine einzige solche Erkenntnis erblicke, welche auf ein Schönes folgender Art geht. Hier aber, sprach sie, bemühe dich nur aufzumerken, so sehr du kannst. Wer nämlich bis hieher in der Liebe erzogen ist, so daß er das Schöne der Reihe nach und in richtiger Weise zu schauen bekam, der wird, indem er nun der Vollendung in der Liebeskunst entgegengeht, plötzlich ein von Natur wunderbar Schönes erblicken. Das ist jenes Schöne, Sokrates, um deswillen er alle bisherigen Anstrengungen gemacht hat, welches fürs erste immer ist und weder entsteht noch vergeht, weder wächst noch schwindet, ferner auch nicht etwa nur in einer Hinsicht schön, in einer andern aber häßlich ist, noch auch jetzt schön und dann nicht, noch im Vergleich mit diesem schön, mit jenem aber häßlich, noch auch hier schön, dort aber häßlich, als ob es nur für einige schön, für andere aber häßlich wäre. Auch wird ihm dieses Schöne nicht unter einer Gestalt erscheinen, wie ein Gesicht oder Hände oder sonst etwas, was der Körper an sich hat, noch wie eine Rede oder eine Erkenntnis, noch irgendwo an einem andern, weder an einem einzelnen Lebenden, noch an der Erde, noch am Himmel; sondern an und für sich, einzigartig und ewig. Alles andere Schöne aber hat an ihm auf irgendeine Weise teil, und zwar so, daß, wenn auch das andere entsteht und vergeht, jenes doch nie irgendwie eine Vermehrung oder Verminderung erfährt. Wer also, indem er in der rechten Weise Knaben liebt, von da aus aufwärts steigt und jenes Schöne zu erblicken beginnt, der hat dann beinahe das Ziel erreicht. Denn dies ist die rechte Art, auf Liebe auszugehen oder sich von einem andern zu ihr führen zu lassen, daß man von diesem einzelnen Schönen beginnend jenes einen Schönen wegen immer höher hinaufsteige, gleichsam stufenweise von einem zu zweien, und von zweien zu allen schönen Gestalten, und von den schönen Gestalten zu den schönen Handlungen, und von den schönen Handlungen zu den schönen Erkenntnissen, bis man von den einzelnen Erkenntnissen endlich zu jener Erkenntnis gelangt, welche die Erkenntnis von nichts anderem ist als eben von jenem Schönen selbst, und man also das Wesen des Schönen selbst erkennt. Und an dieser Stelle unserer Lebensbahn, lieber Sokrates, sagte die Mantineische Fremde, wenn irgendwo, wird das Leben dem Menschen erst lebenswert, wo er das Schöne selbst schaut. Wenn du dieses einmal erblickt hast, wirst du es nicht vergleichen wollen mit köstlichem Gerät oder Schmuck oder mit schönen Knaben und Jünglingen, bei deren Anblick du jetzt entzückt bist und wohl gern, du wie viele andere, um nur den Liebling zu sehn und immer mit ihm vereinigt zu sein, wenn es möglich wäre, weder essen noch trinken möchtest, sondern nur ihn anschauen und mit ihm verbunden sein. Was also sprach sie, sollen wir erst glauben, wenn jemand dazu gelangte, jenes Schöne selbst rein, lauter und nicht vermengt mit menschlichem Fleisch und Farben und sonstigem vergänglichem Tand, sondern das göttlich

Schöne selbst in seiner Einzigartigkeit zu schauen? Meinst du wohl, daß ein Mensch ein schlechtes Leben führen könne, wenn er seinen Blick dahin richtet und das schaut, was er schauen und mit dem er zusammensein soll? Oder glaubst du nicht, schloß sie, daß dem, der das Schöne so schaut, wie es allein geschaut werden kann, doch allein es gelingen wird, nicht Schattenbilder der Tugend zu erzeugen, sondern wahre Tugend, da er auch nicht mit einem Schattenbild, sondern mit der Wahrheit in Berührung kam? Wer aber wahre Tugend erzeugt und sich großgezogen hat, dem ist es beschieden, ein Liebling der Gottheit zu werden und, wenn irgendein Mensch auf der Welt, auch unsterblich. Solches, Phaidros und ihr übrigen, sprach Diotima, und sie hat mich überzeugt und, wie ich überzeugt bin, suche ich auch die andern davon zu überzeugen, daß, um zu diesem Besitz zu gelangen, nicht leicht jemand der menschlichen Natur einen besseren Helfer finden könnte als den Eros. Darum sage ich, sollte jedermann den Eros ehren, und ehre ich auch selbst alles, was zur Liebe gehört, und übe mich darin ganz vorzüglich, und ermuntere auch andere dazu, und preise jetzt und immer die Macht und Tapferkeit des Eros, so sehr ich nur vermag. Nun, lieber Phaidros, laß, bitte, was ich gesagt, als eine Lobrede auf den Eros gelten; wo nicht, so nenne und bezeichne es, als was und wie du gerne willst ...

Nachdem Sokrates so gesprochen hatte, ... trat plötzlich, von einigen Freunden und einer Flötenspielerin begleitet und schon schwer bezecht, *Alkibiades* herein, einen Kranz von Efeu und Veilchen auf dem Haupt. Diesen setzte er dem Dichter Agathon auf, und von dem Arzt Eryximachos darauf aufmerksam gemacht, daß hier jeder Gast eine Rede auf den Eros halten müsse, erklärte er, statt dessen eine Lobrede auf Sokrates halten zu wollen, und hub also an:

Also den Sokrates zu loben, ihr Männer, will ich so versuchen, durch Bilder, er wird nun wohl vielleicht glauben, spöttischerweise, aber gerade zur Wahrheit soll mir das Bild dienen und gar nicht zum Spott. Ich behaupte nämlich, er sei äußerst ähnlich jenen Silenen in den Werkstätten der

Bildhauer, welche die Künstler sitzend mit Hirtenpfeifen oder Flöten herstellen, in denen man aber, wenn man das Gehäuse öffnet, Bildsäulen von Göttern erblickt, und so behaupte ich, daß er vorzüglich dem Satyr Marsyas gleiche. Daß du nun dem Aussehen nach diesem ähnlich bist, Sokrates, wirst du wohl selbst nicht bestreiten, inwiefern du ihnen aber auch sonst gleichst, das sollst du nun hören. Bist du übermütig oder nicht? Denn wenn du das nicht eingestehst, will ich Zeugen beibringen. Oder etwa kein Flötenspieler? Wohl ein weit bewundernswürdigerer als jener! Jener nämlich bezauberte vermittels des Instrumentes die Menschen durch die Gewalt seines Mundes und so noch jetzt, wer seine Weisen spielt. Denn was Olympos auf der Flöte geleistet, schreibe ich dem Marsyas, seinem Lehrer, zu. Seine Melodien also – es mag sie nun ein trefflicher Flötenspieler vortragen oder eine schlechte Flötenspielerin – sind allein hinreißend und offenbaren, wer der Götter und ihrer Weihungen bedürftig ist, weil sie göttlich sind. Du aber zeichnest dich um so viel vor jenem aus, als du ohne Instrument durch bloße Worte dasselbe ausrichtest. Von uns wenigstens, wenn wir von einem andern auch noch so trefflichen Redner andere Reden hören, macht sich keiner, daß ich es gerade heraus sage, sonderlich etwas daraus. Hört aber einer dich selbst oder von einem andern deine Reden vortragen, wenn auch der Vortragende wenig bedeutet, sei es nun Weib oder Mann oder Knabe, wer sie hört, alle sind wir wie außer uns und ganz davon hingerissen. Ich wenigstens, ihr Männer, wollte, wenn ich euch dann nicht ganz und gar betrunken erscheinen müßte, es euch sogar mit Schwüren bekräftigen, was mir selbst dieses Mannes Reden angetan haben und noch jetzt antun. Denn weit heftiger als den vom Korybantentanz Ergriffenen pocht mir, wenn ich ihn höre, das Herz, und Tränen werden mir ausgepreßt von seinen Reden; auch sehe ich, daß es vielen andern ebenso ergeht. Wenn ich dagegen den Perikles hörte oder andere gute Redner, dachte ich wohl, daß sie gut sprächen, dergleichen begegnete mir aber nichts, noch geriet meine Seele in Unruhe darüber und in Unwillen, daß ich mich in einem knechtischen Zustande befände. Von diesem Marsyas aber bin ich oft so bewegt worden, daß ich glaubte, es lohnte nicht zu leben, wenn ich so bliebe, wie ich wäre. Und du wirst nicht sagen können, Sokrates, daß das nicht wahr wäre. Ja, auch jetzt noch bin ich mir sehr wohl bewußt, daß, wenn ich ihm nur mein Ohr leihen würde, ich nicht standhalten könnte, sondern es mir wieder geradeso erginge. Denn er nötigt mich einzugestehn, daß mir selbst noch gar vieles mangelt und ich trotzdem mich mit den Angelegenheiten der Athener befasse, anstatt mich um mich selbst zu kümmern. Ich verstopfe mir also mit Gewalt, wie vor den Sirenen, die Ohren und mache, daß ich fortkomme, damit ich nicht immer bis in mein Alter bei ihm sitzenbleiben muß. Und mit diesem allein unter allen Menschen ist mir begegnet, was man nicht in mir suchen sollte, daß ich mich vor irgend jemand schämen könnte; aber vor ihm allein muß ich mich schämen. Denn ich bin mir sehr gut bewußt, daß ich nicht imstande bin, ihm zu widersprechen, als ob man das nicht zu tun brauche, was er anrät, sondern daß ich nur, wenn ich von ihm gegangen bin, durch die Ehrenbezeigungen des Volkes mich wieder überwinden lasse. Also laufe ich ihm davon und fliehe, und wenn ich ihn wiedersehe, schäme ich mich wegen dessen, was ich ihm zugegeben habe, und wollte oft lieber sehen, er lebte gar nicht; geschähe es aber etwa, so weiß ich gewiß, daß mir das noch bei weitem schmerzlicher wäre, so daß ich gar nicht weiß, wie ich es halten soll mit dem Menschen. Durch sein Flötenspiel also ist mir und vielen andern so mitgespielt worden von diesem Satyr. Hört aber noch weiter, wie ähnlich er dem ist, womit ich ihn verglichen habe, und wie wunderbare Eigenschaften er an sich hat. Denn das wißt nur, daß keiner von euch ihn kennt, sondern ich will ihn euch erst beschreiben, da ich einmal angefangen habe. Denn ihr seht doch, daß Sokrates verliebt ist in die Schönen und immer um sie her und außer sich über sie, und wiederum, daß er in allem unwissend ist und nichts weiß, wie er sich ja immer anstellt; ist nun das nicht recht silenenhaft? Gewiß sehr. Denn das hat er nur so äußerlich umgetan, so wie ein geschnitzter Silen, inwendig aber, wenn man ihn auftut, was meint ihr wohl, ihr Männer und Trinkgenossen, wie vieler Weisheit und Besonnenheit er voll ist? Wißt denn, daß es ihn nicht im mindesten kümmert, ob einer schön ist, sondern er achtet das so gering, wie wohl niemand glauben möchte, noch ob einer reich ist, oder irgendeinen der, von den Leuten am meisten gepriesenen Vorzüge hat. Er hält vielmehr alle diese Dinge für nichts wert und uns für nichts und verstellt sich nur gegen die Menschen und treibt sein Spiel mit ihnen sein lebelang. Ob aber jemand, wenn er ernsthaft war und sich auftat, die Götterbilder gesehn hat, die er in sich trägt, das weiß ich nicht. Ich habe sie aber einmal gesehn, und so göttlich und golden und überaus schön und bewunderungswürdig kamen sie mir vor, daß ich glaubte, auf der Stelle alles tun zu müssen, was nur Sokrates wünschte. Da ich nun glaubte, daß er sich ernstlich Mühe gäbe um meine Schönheit, hielt ich das für einen herrlichen Fund und für ein überaus glückliches Ereignis, weil es nun in meiner Gewalt stände, wenn ich mich dem Sokrates gefällig erwiese, alles zu hören, was er wüßte. Denn ich bildete mir wunder wieviel ein auf meine Schönheit. In diesen Gedanken nun, während ich vorher nicht ohne Diener mit ihm allein zu sein pflegte, schickte ich einst den Diener weg und blieb ganz allein mit ihm. Denn ich muß euch nun die ganze Wahrheit sagen, also gebt Achtung, und wenn ich lüge, Sokrates, so widersprich mir. Allein also, ihr Männer, waren wir zwei miteinander, und ich meinte, er sollte mir nun gleich solche Dinge sagen, wie ein Liebhaber seinem Liebling in der Einsamkeit sagen würde, und freute mich. Hieraus aber wurde gar nichts, sondern wie er sonst mit mir zu sprechen pflegte, brachte er den ganzen Tag mit mir hin und ging fort. Später einmal forderte ich ihn auf, Leibesübungen mit mir anzustellen, und übte mich mit ihm, um dadurch etwas zu erreichen. Er trieb also mit mir Leibesübungen und rang öfters mit mir ohne jemandes Beisein. Und was soll ich sagen? Ich hatte nichts weiter davon. Da ich nun so auf keine Weise etwas gewann, nahm ich mir vor, dem Manne mit Gewalt zuzusetzen und nicht abzulassen, da ich es einmal unternommen, sondern endlich zu erfahren, woran ich wäre. Also lade ich ihn zur Mahlzeit, ordentlich wie ein Liebhaber seinem Liebling nachstellt.

Auch das gewährte er mir nicht einmal gleich, doch mit der Zeit ließ er sich überreden. Als er nun zum erstenmal da war, wollte er nach der Mahlzeit fortgehn, und damals schämte ich mich noch und ließ ihn. Ein andermal aber stellte ich es listiger an und sprach mit ihm, nachdem er abgespeist, bis tief in die Nacht hinein, und als er nun gehen wollte, nahm ich zum Vorwand, daß es schon spät sei, und nötigte ihn zu bleiben. Also legte er sich nieder auf dem Polster neben dem meinigen, wo er auch bei der Mahlzeit gesessen hatte, und niemand sonst schlief in dem Gemach als wir. Bis hieher nun könnte man die Sache noch unbedenklich jedermann erzählen; das Folgende aber würdet ihr wohl nicht von mir hören, wenn nicht zuerst nach dem Sprichwort[8] der Wein mit oder ohne Kinder die Wahrheit redete, und dann es mir auch unrecht schiene, eine erstaunliche Handlungsweise des Sokrates im Dunkeln zu lassen, nachdem ich es einmal übernommen habe, ihn zu loben. Auch mir geht es gerade wie Leuten, die von einer Natter gebissen sind. Denn man sagt ja, wem dies begegnet sei, der wolle niemanden sagen, wie ihm gewesen, als den ebenfalls Gebissenen, weil diese allein verstehen und verzeihen könnten, was einer alles getan und geredet hat vor Schmerz. Also auch ich war gebissen, und zwar noch empfindlicher und an der empfindlichsten Stelle, an der man überhaupt gebissen werden kann, denn am Herzen oder an der Seele oder wie man es nennen soll, bin ich verwundet von den Reden der Philosophie, die sich an eine junge, nicht unedle Seele, wenn sie einmal ergriffen, noch heftiger als eine Natter ansaugen und sie in Wort und Tat zu allem bringen können. Und wenn ich nun hier einen Phaidros und Agathon vor mir habe, einen Eryximachos und Pausanias, Aristodemos und Aristophanes, und was soll ich den Sokrates selbst erst nennen und die andern alle, denn ihr seid alle behaftet mit dieser Wut und Schwärmerei der Philosophie: so sollt ihr es auch alle hören; denn ihr werdet Nachsicht haben mit dem, was ich damals tat und jetzt erzähle. Die Diener aber und wer sonst ungeweiht und ungewandt ist, mögen sich den größten Riegel vor die Ohren schieben. Als nämlich, ihr Männer, das Licht nun ausgelöscht war und die

Diener hinausgegangen, dachte ich, nun dürfte ich nicht länger Umschweife mit ihm machen, sondern geradeheraus sagen, wie ich es meinte. Ich stieß ihn also an und sagte: Sokrates, schläfst du? – Nicht recht, sagte er. – Weißt du wohl, was ich gesonnen bin? – Was doch? sprach er. – Du dünkst mich, sagte ich, der einzige unter meinen Liebhabern zu sein, der es wert ist, und mir scheint, als trügst du Bedenken, mit mir davon zu reden. Ich aber, wie ich gesinnt bin, würde es für ganz unvernünftig halten, wenn ich dir nicht auch hierin gefällig sein wollte, und in allem, was du irgend sonst von dem Meinigen oder von meinen Freunden brauchst. Denn mir ist ja nichts wichtiger, als daß ich so trefflich werde als nur irgend möglich, und hiezu, glaube ich, kann niemand mir mehr förderlich sein als du. Also würde ich einem solchen Manne dies nicht zu gewähren mich weit mehr vor den Vernünftigen schämen, als es zu gewähren vor dem großen Haufen der Unvernünftigen. – Als er dies gehört, sagt er ganz spöttisch und so recht, wie er pflegt: Guter Alkibiades, du scheinst wahrlich gar nicht dumm zu sein, wenn das wahr ist, was du von mir sagst, und es eine Kraft in mir gibt, durch welche du besser werden könntest, du erblicktest dann an mir eine gar wunderbare Schönheit, die deine Wohlgestalt um gar vieles übertrifft. Wenn du also auf diesen Anblick hin in Gemeinschaft mit mir treten und Schönheit gegen Schönheit austauschen willst: so gedenkst du ja mich nicht wenig zu übervorteilen und suchst für den bloßen Schein derselben das wahre Wesen der Schönheit zu gewinnen und denkst in Wahrheit Gold für Kupfer[9] einzutauschen. Aber, du Guter, überlege es nur besser, ob du dich nicht irrst und eigentlich nichts an mir ist. Das Auge des Geistes fängt erst an scharf zu sehen, wenn das leibliche von seiner Schärfe schon verlieren will, und davon bist du noch weit entfernt. – Darauf sagte ich: Von meiner Seite steht es so, und ich habe nichts anders gesagt, als ich es meine. Du aber überlege es nun selbst, wie du es für dich und mich am besten findest. – Ja, sagte er, das war wohl gesprochen, und wir wollen von nun an immer nach reiflicher Überlegung dasjenige tun, was hierin und in allem andern uns beiden das beste scheint.

Nach dieser Rede und Antwort nun, und nachdem ich meine Pfeile sozusagen abgeschossen, glaubte ich ihn doch getroffen zu haben, und ich stand auf, ohne daß ich ihn weiter zum Worte kommen ließ, warf dies mein Kleid über, denn es war Winter, und legte mich unter seinen Mantel, indem ich mit beiden Armen diesen göttlichen und in Wahrheit ganz wunderbaren Mann umfaßte, und so lag ich die ganze Nacht. Und auch davon, Sokrates, wirst du nicht sagen können, daß ich lüge. Und obgleich ich dies alles getan, siegte er so sehr und verachtete und verlachte meine Schönheit und trieb Übermut, wiewohl ich doch glaubte, es wäre etwas damit; ihr Richter – denn Richter seid ihr über des Sokrates Hochmut – wißt es nun, bei Göttern und Göttinnen, daß, nachdem ich so mit dem Sokrates geschlafen hatte, ich aufstand, ohne etwas weiteres, als wenn ich bei einem Vater oder älteren Bruder gelegen hätte. Hierauf also, wie meint ihr, daß mir zumute gewesen, der ich mich gekränkt glaubte und doch auch an des Mannes Natur und Besonnenheit und Tapferkeit mich erfreute, da ich einen solchen angetroffen, wie ich nie zu finden geglaubt an Weisheit und Beharrlichkeit, so daß ich weder wußte, wie ich ihm zürnen sollte und mich seinem Umgang entziehen, noch auch, wie ich ihn gewinnen könnte, Rat wußte. Denn das wußte ich wohl, daß er durch Gold noch viel weniger irgendwo verwundbar wäre als Aias durch Eisen; und auch der Schlinge, mit der allein ich ihn glaubte fangen zu können, wußte er sich zu entziehen. Ratlos also blieb ich und in der Gewalt des Menschen, wie nie jemand in der eines andern gewesen ist. Dies nun war alles früher geschehen, hernach aber machten wir den Feldzug nach Potidaia zusammen und waren dort Tischgenossen. Da nun übertraf er zuerst im Ertragen aller Beschwerden nicht nur mich, sondern alle insgesamt. Denn wenn wir etwa irgendwo abgeschnitten waren und, wie es im Felde wohl geht, hungern mußten: so war das, wie es die andern aushielten, nichts gegen ihn. Aber auch bei Gelagen verstand er es allein, zu genießen, und wenn er gegen seinen Willen zum Trinken gezwungen wurde, zeigte er sich auch darin allen überlegen und, was das Wunderbarste ist, niemals hat irgend jemand den Sokrates trunken gesehen. Dafür nun, dünkt mich, werdet ihr auch jetzt gleich den Beweis erhalten. Im Ertragen der Witterung aber – die Winter sind dort sehr hart – trieb er es bewunderungswürdig weit. Einmal besonders, als der Frost so heftig war, als man sich nur denken kann, und die andern entweder gar nicht hinausgingen, oder, wer es etwa tat, nur in Filz- oder Pelzschuhen, da ging dieser hinaus in ebensolcher Kleidung, wie er sie immer zu tragen pflegt, und ging unbeschuht weit leichter über das Eis als die anderen in Schuhen. Die Soldaten sahen ihn auch scheel an, als verachte er sie. Das wäre nun dieses.

„Doch wie er jenes vollbracht und bestand, der gewaltige Krieger“[10],

auch damals noch beim Heere, das lohnt wohl der Mühe zu hören. Es war ihm etwas eingefallen, und er stand nachsinnend darüber von des Morgens an auf einer Stelle, und da es ihm nicht vonstatten ging, ließ er nicht nach, sondern blieb immer forschend stehen. Nun wurde es Mittag, und die Leute merkten es und erzählten verwundert einer dem andern, daß Sokrates vom Morgen an über etwas nachsinnend dastände. Endlich, als es Abend war und man gespeist hatte, trugen einige Ionier, denn damals war es Sommer, ihre Schlafdecken hinaus, teils um im Kühlen zu schlafen, teils um auf ihn achtzugeben, ob er auch die Nacht über da stehenbleiben würde. Und er blieb stehen, bis es Morgen ward und die Sonne aufging; dann verrichtete er noch sein Gebet an die Sonne und ging fort Wollt ihr ihn auch in der Schlacht sehen, denn es ist billig, ihm das auch nachzurühmen: als nämlich das Gefecht stattfand, bei welchem mir die Heerführer den Preis zuerkannten, hat mich kein anderer Mensch gerettet als dieser, der mich Verwundeten nicht verlassen wollte und so meine Waffen und mich selbst glücklich mit durchbrachte. Auch drang ich damals darauf, Sokrates, daß die Heerführer dir den Preis erteilen sollten, was du auch weder tadeln wirst, noch sagen, daß ich damit lüge; allein wie die Heerführer auf meine Vornehmheit Rücksicht nahmen und mir ihn geben wollten, so warst du noch eifriger darauf bedacht als die Heerführer, daß ich ihn erhalten sollte und nicht du. Besonders noch, ihr Männer, war es der Mühe wert, den Sokrates zu sehen, als sich das Heer von Delion fliehend zurückzog. Denn ich war zu Pferde dabei, er aber in schwerer Rüstung zu Fuß. Er zog sich also zurück erst, als unsere Leute sich schon ganz zerstreut hatten, er und Laches. Ich komme dazu und erkenne sie und redete ihnen sogleich zu, gutes Mutes zu sein, und sagte, daß ich sie nicht verlassen würde. Da konnte ich nun den Sokrates noch schöner beobachten als bei Potidaia, denn ich selbst war weniger in Furcht, weil ich zu Pferde war, zuerst wie weit er den Laches an Fassung übertraf, und dann schien er mir nach deinem Ausdruck, Aristophanes[11], auch dort einherzugehn „stolzierend und stier seitwärts hinwerfend die Augen“, ruhig umschauend nach Freunden und Feinden; und jeder mußte es schon ganz von ferne sehen, daß wenn einer diesen Mann berührte, er sich aufs kräftigste verteidigen würde. Darum kamen sie auch unverletzt davon, er und der andere. Denn wer im Kriege sich so hält, wird fast gar nicht angegriffen, sondern man verfolgt nur die, welche in voller Hast fliehen. Und viel anderes und Bewunderswürdiges könnte man gewiß noch von Sokrates rühmen. Allein in andern Bestrebungen kann man wohl leicht auch von anderen dasselbe sagen; wie aber er durchaus keinem Menschen ähnlich ist, weder den früheren noch den jetzigen, das ist ganz verwunderlich. Denn zum Beispiel den Brasidas könnte man mit dem Charakter des Achilleus vergleichen, den Perikles mit dem des Nestor oder Antenor, und so gibt es noch andere, und auf ähnliche Art könnte man Vergleichungen für andere finden; wie aber dieser Mensch in seiner Wunderlichkeit ist, er selbst und seine Reden, so würde einer auch von fern nichts Ähnliches finden, weder bei den jetzigen Menschen noch bei den früheren, wenn man ihn nicht, wie ich eben tue, mit keinem Menschen vergleichen will, sondern mit den Silenen und Satyrn, ihn und seine Reden. Und dies habe ich gleich zuerst noch übergangen, daß auch seine Reden jenen aufschließbaren Silenen äußerst ähnlich sind. Denn wenn jemand des Sokrates Reden anhören will, so werden sie ihm anfangs ganz lächerlich vorkommen, in solche Worte und Redensarten sind sie äußerlich eingehüllt, wie in das Fell eines frechen Satyrs. Denn von Lasteseln spricht er, von Schmieden und Schustern und Gerbern, und scheint immer auf dieselbe Art nur dasselbe zu sagen, so daß jeder unerfahrene und unverständige Mensch über seine Reden spotten muß. Wenn man sie aber geöffnet sieht und in sie eindringt: so wird man zuerst finden, daß diese Reden allein inwendig Vernunft haben, und dann, daß sie ganz göttlich sind und die schönsten Götterbilder von Tugend in sich enthalten und auf das meiste von dem oder vielmehr auf alles hinzielen, worauf zu sehen dem, der gut und edel werden will, gebührt. Dies ist es, ihr Männer, was ich an Sokrates lobe, und wiederum auch, was ich tadle, habe ich mit eingemischt und euch gesagt, wie er mich gekränkt hat. Und nicht nur mir hat er solches angetan, sondern auch dem Charmides, dem Sohn des Glaukon, und dem Euthydemos, dem Sohn des Diokles, und gar vielen anderen, die er hintergeht, als wäre er ihr Liebhaber, während er vielmehr Gegenstand ihrer Liebe wird statt umgekehrt. Das sage ich besonders auch dir, Agathon, damit du dich nicht von ihm hintergehen lassest, sondern durch unsern Schaden klug gemacht dich hütest und nicht erst nach dem Sprichwort wie ein Kind durch Schaden klug werdest.

PHAIDROS

Der Dialog berührt sich in seiner Erörterung der Frage nach der Möglichkeit einer wissenschaftlichen Rhetorik mit dem Gorgias und Menon, in dem Teil, der vom Wesen des Eros handelt, mit dem Gastmahl und in seinen Ausführungen über die Unsterblichkeit der Seele mit dem Phaidon. Freilich ist hier eine wichtige Änderung in Platons Anschauung zu beachten: Während im Phaidon auf die Einheit der Seele der stärkste Nachdruck gelegt wird und diese als eine Hauptbürgschaft für ihre Unzerstörbarkeit erscheint, ist hier die Dreiteilung der Seele vorausgesetzt, die auch im Staat zugrunde gelegt ist. Es folgt hier der wichtigste Abschnitt aus der zweiten Rede des Sokrates über den Eros.

Jede Seele ist unsterblich. Denn das stets Bewegte ist unsterblich. Bei allem aber, was ein anderes bewegt und seinerseits von einem andern bewegt wird, kommt die Bewegung und damit auch das Leben einmal zur Ruhe. Nur bei dem, was sich selbst bewegt, hört die Bewegung niemals auf, weil es nie sich selbst verläßt, sondern es ist auch für alles andere, was bewegt wird, Quelle und Anfang der Bewegung. Der Anfang aber ist unentstanden. Denn aus dem Anfang muß alles Entstehende entstehen, er selbst aber aus nichts. Denn wenn der Anfang aus etwas entstände, so wäre er nicht von Anfang an. Da er aber unentstanden ist, muß er notwendig auch unvergänglich sein. Denn wenn der Anfang unterginge, könnte weder er jemals aus etwas anderem, noch etwas anderes aus ihm entstehen, da ja alles aus dem Anfange entstehen soll. Demnach also ist der Bewegung Anfang das sich selbst Bewegende; dies aber kann weder untergehen noch entstehen; sonst müßte der ganze Himmel und alles, was geworden, zusammenstürzen und stehenbleiben, und es wäre nichts vorhanden, das Quelle neuer Bewegung und neuen Werdens sein könnte. Nachdem sich nun das, was sich von selbst bewegt, als unsterblich gezeigt hat, so darf man sich auch nicht scheuen, ebendieses für das Wesen und den Begriff der Seele zu erklären. Denn jeder Körper, der nur von außen in Bewegung gesetzt wird, heißt unbeseelt; derjenige aber, der die Bewegung aus sich selbst hervorbringt, beseelt: denn dies macht die Natur der Seele aus. Verhält sich nun dies so, daß es nichts anderes gibt, was sich selbst bewegt, außer der Seele, so ist notwendig auch die Seele unentstanden und unsterblich. Über ihre Unsterblichkeit nun mag dies genügen. Über ihr Wesen [ihre „Idee"] aber ist folgendes zu sagen. Wie es in Wirklichkeit ist, das würde einer ausführlichen und in jeder Hinsicht göttliche Kraft erfordernden Auseinandersetzung bedürfen. In einem Bilde aber kann man es kürzer und nach menschlicher Art sagen. Auf diese Art also wollen wir davon reden. Es gleiche daher der zusammengewachsenen Kraft eines geflügelten Gespannes und seines Führers. Die Rosse und Lenker der Götterseelen sind nun alle selbst gut und aus gutem Stamme; die der andern Seelen aber sind verschieden. Bei uns also führt fürs erste der Herr des Gespanns die Zügel; ferner ist von den Rossen das eine schön und edel und von ebensolchem Stamm, das andere aber hat die gegenteiligen Eigenschaften und ist von gegenteiliger Abkunft. Schwierig und mühsam ist daher natürlich bei uns die Lenkung. Inwiefern nun ein lebendes Wesen sterblich und unsterblich ist, müssen wir auch versuchen zu erklären. Alles, was Seele ist, waltet über alles Unbeseelte und schweift am ganzen Himmel umher, wobei es bald diese, bald jene Gestalt hat. Die vollkommene und befiederte Seele schwebt in den höheren Gegenden und waltet durch die ganze Welt; die entfiederte aber schwebt umher, bis sie auf ein Starres trifft, wo sie nun wohnhaft wird, einen irdischen Leib annimmt, der nun durch ihre Kraft sich selbst zu bewegen scheint, und dieses Ganze, Seele und Leib zusammengefügt, wird dann ein lebendes Wesen genannt und bekommt die Bezeichnung sterblich. Das Unsterbliche aber können wir nicht mit Einem Begriff erfassen, sondern ohne einen Gott je gesehen oder genügend erkannt zu haben, stellen wir uns das Bild eines unsterblichen lebenden Wesens mit Leib und Seele vor, die aber bei ihm auf ewige Zeit miteinander verwachsen sind. Doch das mag sein und heißen, wie es Gott gefällt. Dagegen wollen wir die Ursache zu erfassen suchen, weshalb die Seele ihr Gefieder verliert und es von ihr abfällt. Das ist etwa folgende. Die Kraft des Gefieders besteht darin, das Schwere emporzuheben und hinaufzuführen, wo das Geschlecht der Götter wohnt. Es hat auch irgendwie weitgehenden Anteil bekommen an der Leiblichkeit des Göttlichen. Das Göttliche nämlich ist das Schöne, Weise, Gute und was dem ähnlich ist. Hiervon also nährt sich und wächst vornehmlich das Gefieder der Seele, durch das Mißgestaltete aber, das Böse und was sonst jenem entgegengesetzt ist, zehrt es ab und vergeht. Der große Herrscher im Himmel nun, Zeus, zieht, seinen geflügelten Wagen lenkend, zuerst aus, alles anordnend und versorgend, und ihm folgt das Heer der Götter und Geister, in elf Zügen geordnet. Denn Hestia bleibt in der Götter Hause allein. Alle andern aber, welche zu der Zahl der zwölf als herrschende Götter geordnet sind, führen ihre Züge an, wie jedem angewiesen ist. Viele selige Gesichte und Bahnen innerhalb des Himmels gibt es da, wozu der seligen Götter Geschlecht sich hinwendet, und jeder tut das seine; es folgt ihm aber, wer jeweils will und kann. Denn Mißgunst ist verbannt aus dem göttlichen Chor. Wenn sie aber zum Fest und zum Mahle gehen, dann fahren sie zu äußerst von unten an der Wölbung des Himmels steil empor: dabei fahren zwar die Wagen der Götter, die im Gleichgewicht sind und gut gelenkt werden, mit Leichtigkeit dahin, die andern aber haben Mühe zu folgen. Denn das Roß von schlechtem Stamme ist schwerfällig und drückt mit seiner Last das Gespann zur Erde nieder, wenn der Lenker es nicht gut gezogen hat. Da wartet denn der Seele Mühsal und Kampf bis zum äußersten. Doch die Seelen der Unsterblichen fahren, wenn sie auf die Höhe gelangen, außerhalb dahin und betreten den Rücken des Himmels, wobei dann dessen Umschwung sie mit sich reißt, und sie schauen nun das, was außerhalb des Himmels ist. Diesen überhimmlischen Raum hat noch nie ein Dichter besungen, noch wird jemals einer ihn besingen, wie es sich gebührt. Es steht aber folgendermaßen mit ihm. Denn ich muß es wagen, ihn wahrheitsgemäß zu beschreiben, zumal ich von der Wahrheit rede. Diesen Raum nimmt das farblose, gestaltlose, unfaßbare, wahrhaft seiende Wesen ein, das nur der Lenker der Seele, der Geist, schauen kann und worauf sich die wahre Wissenschaft richtet. Da nun die göttliche Vernunft von reinem Geist und Wissen sich nährt, wie auch jede Seele, die bereit ist, das aufzunehmen, was für sie paßt, so sieht sie von Zeit zu Zeit das Seiende und ist dann zufrieden, und indem sie die Wahrheit schaut, nimmt sie Nahrung zu sich und befindet sich wohl, bis der Umschwung sie im Kreis wieder an die gleiche Stelle zurückbringt. In diesem Umlauf nun schaut sie die Gerechtigkeit selbst, schaut die Besonnenheit selbst und schaut das Wissen: nicht das Wissen, das entsteht und das bei jedem von den Dingen, die wir jetzt wirklich nennen, wieder ein anderes ist, sondern das Wissen, das wirklich besteht von dem, was wahrhaft ist. Und wenn sie auch alles übrige, was wahrhaft ist, geschaut und sich daran gesättigt hat, taucht sie wieder hinein in das Innere des Himmels und kehrt nach Hause zurück. Ist sie heimgekommen, so stellt der Wagenlenker die Rosse an die Krippe und wirft ihnen Ambrosia vor, und danach tränkt er sie mit Nektar. Dies nun ist der Götter Lebensweise. Von den andern Seelen aber können nur wenige, welche am besten dem Gotte folgten und ihm ähnlich wurden, das Haupt des Lenkers in den äußeren Raum hinein erheben und von dem Umschwung sich mitnehmen lassen; doch werden sie von den Rossen gestört und können nur mit Mühe das Seiende erblicken; andere erheben sich bisweilen und tauchen dann wieder unter, so daß sie, der Gewalt der Rosse erliegend, einiges zwar sehen, anderes aber nicht. Alle andern streben zwar auch nach oben und suchen ihnen zu folgen. Da sie aber nicht die Kraft dazu haben, tauchen sie unter und fahren nun mit herum, indem sie einander treten und stoßen und jede die andere zu überholen sucht. Da gibt es denn ein Wettfahren mit viel Getümmel und äußerster Anstrengung. Da lahmen infolge des Ungeschicks der Führer bei vielen die Rosse und brechen ihre Schwingen; und trotz vieler Mühe fahren sie alle davon, ohne das Seiende geschaut zu haben, und wenn sie dann weg sind, so nähren sie sich vom Scheine. Daher denn auch der große Eifer, zu sehen, wo das Gefilde der Wahrheit liegt. Die dem edelsten Teil der Seele angemessene Nahrung stammt von jener Wiese, und die Natur der Schwinge, mittels deren die Seele sich hebt, erfordert diese Nahrung. Auch gibt es ein Gesetz der Adrasteia[1], daß jede Seele, die im Gefolge eines Gottes etwas von dem Wahren erschaut hat, bis zum nächsten Umlauf frei von Leid bleibe und, wenn sie imstande ist, dies immer wieder zu bewirken, sie dann auch immer unverletzt bleibe. Wenn sie aber unvermögend, ihm zu folgen, nichts sieht, sondern ihr ein Unfall begegnet und sie dabei, von Vergeßlichkeit und Ungeschicklichkeit übernommen, niedergedrückt wird und so das Gefieder verliert und zur Erde fällt: dann ist es Gesetz, daß eine Seele bei der ersten Einkörperung noch nicht in einen Tierleib eingepflanzt werde, sondern diejenige, die am meisten geschaut hat, in den Keim eines Mannes, der ein Liebhaber der Weisheit, des Schönen, ein Freund der Musenkunst oder ein Diener des Eros werden wird; die zweite in den eines rechtmäßigen Königs oder eines Herrschers und Heerführers; die dritte in den eines Staatsmannes oder eines Mannes, der sich auf Güter- und Vermögensverwaltung versteht; die vierte in den eines körperliche Anstrengung liebenden Athleten; die fünfte wird das Leben eines Sehers oder Weihepriesters bekommen; der sechsten wird das eines Dichters oder sonstigen nachahmenden Künstlers gemäß sein; der siebenten das eines Handwerkers oder Bauern; der achten das eines Sophisten oder Volksschmeichlers, der neunten das eines Tyrannen. Unter allen diesen nun wird dem, der gerecht lebt, ein besseres Geschick zuteil, dem, der ungerecht lebt, ein schlimmeres. Denn dorthin, woher jede Seele kommt, kehrt sie nicht zurück vor zehntausend Jahren, denn sie wird nicht vor Ablauf so langer Zeit wieder befiedert, ausgenommen die Seele dessen, der ohne Falsch philosophiert oder im Geist der Philosophie Liebe zu Knaben gehegt hat. Diese können im dritten tausendjährigen Zeitraum, wenn sie dreimal nacheinander dieses Leben gewählt, also nach dreitausend Jahren, befiedert heimkehren. Die übrigen aber, wenn sie ihr erstes Leben vollbracht, kommen vor Gericht. Und nach diesem Gericht kommen die einen an unterirdische Strafplätze, wo sie ihr Unrecht büßen; andere aber werden auf Grund des Richterspruchs in einen Raum des Himmels erhoben und leben dort entsprechend dem Leben, welches sie in menschlicher Gestalt geführt. Im tausendsten Jahre aber gelangen beiderlei Seelen zur Auslosung und Wahl des zweiten Lebens, die jede trifft, wie sie will. Dann kann auch eine menschliche Seele in ein tierisches Leben übergehen und aus einem Tier wieder in einen Menschen. Denn in diese Gestalt kann keine gelangen, die die Wahrheit nie geschaut hat. Denn der Mensch muß das, was gattungsmäßig ausgedrückt wird, begreifen, indem er das, was von einer Vielheit von Wahrnehmungen ausgeht, als eine Einheit im Begriff zusammenfaßt. Und dies ist Erinnerung an das, was einst unsere Seele gesehen, als sie im Gefolge eines Gottes über das wegsah, wovon wir jetzt sagen, es sei, und das Haupt zu dem, was wahrhaft ist, emporrichtete. Deshalb wird auch mit Recht nur die Seele des Philosophen beschwingt, denn sie ist immer mit der Erinnerung soviel als möglich bei jenen Dingen, bei denen zu verweilen die Göttlichkeit des Gottes ausmacht. Nur ein Mann, der solche Erinnerungen recht zu verwerten weiß und immer in die vollkommenen Weihen eingeweiht ist, kann wirklich vollkommen werden. Er, der die menschlichen Bestrebungen verschmäht und mit dem Göttlichen verkehrt, wird freilich von der Menge getadelt und heißt bei ihr ein Verrückter; daß er aber vom Gottesgeist ergriffen ist, merkt sie nicht ... Wenn nun solche Seelen ein Ebenbild dessen, was dort ist, erblicken, so werden sie entzückt und sind nicht mehr ihrer selbst mächtig, was ihnen aber eigentlich begegnet, wissen sie nicht, weil sie es nicht genug durchschauen. Denn den irdischen Ebenbildern der Gerechtigkeit, Besonnenheit und was sonst für die Seele wertvoll ist, fehlt der Glanz, und nur einige wenige erfassen mittels ihrer schwachen Organe, indem sie sich den Bildern nahen, mit Mühe die Art dessen, was in ihnen abgebildet ist. Die Schönheit aber war damals glänzend zu schauen, als mit dem seligen Chore wir dem Zeus, andere einem andern Gotte folgend, des herrlichsten Anblicks und Schauspiels genossen und in ein Geheimnis eingeweiht wurden, welches man wohl das allerseligste nennen kann und welches wir feierten, selbst vollkommen rein und nicht befleckt von den Übeln, die unser für die künftige Zeit warteten, und so auch geweiht zu vollkommen reinen, einfachen, unwandelbaren, seligen Gesichten, die wir schauten in reinem Glanz, selbst rein und noch nicht gezeichnet mit diesem Ding, das wir Körper nennen und das wir, darein eingekerkert, wie ein Schaltier mit uns herumtragen müssen.

DER STAAT

Der Staat ist Platons umfang- und inhaltreichstes Werk, an dem er wohl ein Jahrzehnt lang in der Vollreife seines Lebens, etwa zwischen seinem vierzigsten und fünfzigsten Jahr, gearbeitet haben mag. Man wird diesem Werke nicht gerecht, wenn man den hier entworfenen Idealstaat als eine Utopie bezeichnet. Im Sinne Platons war er das keinesfalls. Es wurde gezeigt[1], wie Platon aus der Notlage des heimischen Staatswesens heraus zum politischen Denken gelangte, und die Kritik der Verfassungen im 8. Buch zeigt gleichfalls, wie dieses sein politisches Denken im Boden der Wirklichkeit, in seinen persönlichen Erfahrungen wurzelte, die er im demokratisch, zuweilen auch oligarchisch regierten Athen wie am Tyrannenhof in Syrakus gemacht hat. Auch Einwirkungen der auf Lykurg zurückgeführten Verfassung Spartas sind unverkennbar. Aber freilich, Platon war andererseits auch überzeugt, daß hier nur eine radikale Umkehr Wandel schaffen und daß das Heil dem Staate nur von der Philosophie kommen könne: denn diese allein ist imstande, für das Handeln der Menschen absolute Maßstäbe aufzustellen, die auch angewendet werden müssen, wenn der Staat, was ihn allein retten kann, auf eine sittliche Grundlage gestellt werden soll, die ihm bisher fehlte. So geht Platon jetzt daran, den Staat der Gerechtigkeit aufzubauen, wozu schon der Gorgias und der jetzt dem großen Werk als Einleitung vorangestellte Dialog Thrasymachos, die sich beide mit dem Wesen der Gerechtigkeit befassen, Vorarbeiten gebildet hatten. Das neue große Werk umschließt Platons ganze Philosophie: Erkenntnistheorie, Anthropologie, Metaphysik, Ethik und Politik. Vom Einzelmenschen ausgehend, schreitet es fort zur Gesellschaftslehre. Und diese staatliche Organisation ist aufgebaut auf der Dreiteilung der menschlichen Seele. Wie im einzelnen Menschen den drei Seelenteilen[2] einzelne Tugenden entsprechen: dem begehrenden die maßhaltende Besonnenheit (Sophrosyne), dem mutvollen die Tapferkeit, dem denkenden die Weisheit, und wie

[1] Einleitung S. XV.
[2] Vgl. Phaidros S. 146.

diese drei zueinander ins richtige Verhältnis gesetzt werden durch die vierte Tugend, die Gerechtigkeit, so ist es auch im Staate. Hier entsprechen den drei Seelenteilen die drei Stände: dem begehrenden die Bauern und Handwerker, die für die äußeren Lebensverhältnisse zu sorgen haben; dem mutvollen die Wächter, denen die Verteidigung des Staates obliegt, und dem denkenden die Philosophen-Herrscher, die die gesamte Regierung und Erziehung der Bürger in Händen haben. Sie sind auf Grund einer strengen Auslese nach den Grundsätzen der Eugenik zur höchsten Stelle emporgestiegen. Als führender Stand müssen sie wissenschaftlich, d. h. philosophisch gebildet sein: sie müssen Wesen und Wert der Dinge, der vergänglichen wie der unvergänglichen, kennen, was sie in einer langen, durch praktische Betätigung unterbrochenen Ausbildungszeit erreichen. Der beherrschende Gesichtspunkt ist immer und überall das Wohl des Ganzen, dem die Interessen des Einzelnen rücksichtslos untergeordnet werden. Die Erziehung der Bürger erfolgt aber keineswegs bloß zu dem Zweck praktischer Brauchbarkeit im Leben, sondern nach den unbedingten überirdischen und überzeitlichen Normen, deren Erkenntnis in der Form der Ideen auf dem Weg der Dialektik erreicht wird, und deren Befolgung für das Glück des Menschen nicht nur in diesem, sondern auch in jenem Leben entscheidend ist, wie der großartige Mythus zeigt, in den das Werk ausmündet. Daher die strengen Anforderungen an die beiden führenden Stände, die zugunsten einer kommunistischen Gesellschaftsform auf Eigentum und Familie verzichten müssen; daher auch die Preisgabe hoher Werte der griechischen Kultur, des heroischen Epos wie der Tragödie und wesentlicher Teile der Musik, die einer unerbittlichen Sittenzensur zum Opfer fallen, sowie die Geringschätzung der bildenden Kunst. Trotz dieser Einseitigkeiten enthält Platons Staat eine Fülle feiner und wahrer Gedanken, und seine Grundidee, daß nur ein geistig überlegener und wissenschaftlich geschulter Stand die Führung eines Volkes übernehmen kann, diese Durchführung des sokratischen Grundsatzes der Sachverständigkeit im höchsten Sinne auch für das Regieren, hat noch viele Jahrhunderte später bis zu einem gewissen Grad ihre Verwirklichung gefunden: in dem Bildungsprivilegium des Klerus der mittelalterlichen katholischen Kirche und im modernen, auf dem Nachweis wissenschaftlicher Bildung aufgebauten Beamtenstaat. — Sokrates spricht:

Der Gerechte und der Ungerechte

Das Urteil über die zwei Arten der Lebensführung, von denen wir sprechen, werden wir nur dann in richtiger Weise fällen können, wenn wir den Gerechten und Ungerechten, je in ihrem extremsten Typus, einander gegenüberstellen; sonst nicht. Wie macht sich nun diese Gegenüberstellung? So: wir wollen nicht das geringste abnehmen, weder dem Ungerechten von der Ungerechtigkeit noch dem Gerechten von der Gerechtigkeit, sondern beide in ihrem Bestreben vollendet annehmen. Zuerst also, der Ungerechte soll es machen wie die recht tüchtigen Meister. Wie der rechte Steuermann und Arzt wohl zu unterscheiden weiß, was unmöglich ist für seine Kunst und was möglich, dieses also unternimmt und jenes läßt, und, wenn er auch ja einmal etwas versieht, doch imstande ist, es wieder gutzumachen: so muß auch der Ungerechte, weil er seine Taten verständig unternimmt, mit seinen Ungerechtigkeiten verborgen bleiben, wenn er uns in hohem Maße ungerecht sein soll; wer sich aber fangen läßt, den muß man für ungeschickt halten. Denn die höchste Ungerechtigkeit ist, daß man gerecht scheine, ohne es zu sein. Dem vollkommen Ungerechten müssen wir also auch die vollkommenste Ungerechtigkeit zugestehn und ihm nichts davon abziehn, sondern ihm zugeben, daß er sich nach den ungerechtesten Taten den größten Ruf der Gerechtigkeit erworben habe, und wenn er auch einmal etwas versehen hat, daß er imstande sei, es wieder gutzumachen, indem er versteht, überzeugend zu reden, wenn irgend von seinen Verbrechen etwas verlauten will, und das, wozu es der Gewalt bedarf, mit Gewalt durchzusetzen durch Stärke und Tapferkeit und dadurch, daß er sich Freunde und Vermögen zu verschaffen weiß. Nachdem wir nun diesen so angenommen haben, so laßt uns den Gerechten neben ihn stellen in unserer Rede, den schlichten und biedern Mann nach Aischylos[1], der nicht gut scheinen will, sondern sein. Das Scheinen muß man ihm also nehmen. Denn wenn er dafür gilt, gerecht zu sein, so werden ihm Ehren und Gaben zufallen, weil er als ein solcher erscheint. Also wird es ungewiß sein, ob er des Gerechten wegen oder der Gaben und Ehren wegen ein solcher ist. Er werde also von allem entblößt außer der Gerechtigkeit und in einen ganz entgegengesetzten Zustand versetzt als der vorige. Ohne irgend Unrecht zu tun, habe er nämlich den größten Schein der Ungerechtigkeit, damit er uns die Probe auf seine Gerechtigkeit bestehe, indem er auch durch die üble Nachrede und alles, was daraus entsteht, sich nicht mürbe machen läßt; sondern, ohne sich zu ändern, gehe er seine Bahn bis zum Tode, indem er sein Leben lang für ungerecht gehalten wird und doch gerecht ist, damit beide an das Äußerste, der eine der Gerechtigkeit, der andere der Ungerechtigkeit gelangt, daraufhin beurteilt werden können, welcher von ihnen der Glücklichere ist. – Weh! sprach ich, lieber Glaukon, wie gründlich säuberst du uns wie Statuen zur Ausstellung jeden der beiden Männer. – So sehr ich nur immer kann, sprach er. Wenn sie nun solcher Art sind, wird es, denke ich, nicht mehr schwer sein, nachzuweisen, was für ein Leben jeden von ihnen erwartet. Das muß also geschehen; und wenn es zu derb herauskommt, Sokrates, so bedenke nur, daß nicht ich es sage, sondern die, welche die Ungerechtigkeit vor der Gerechtigkeit bevorzugen. Diese sagen aber, ein Mann von so gerechter Gesinnung werde gegeißelt, gefoltert, an beiden Augen geblendet, in den Kerker geworfen und nach Leiden aller Art zuletzt noch gekreuzigt werden und dann einsehen, daß man nicht muß gerecht sein, sondern scheinen wollen. Des Aischylos Wort aber wäre weit richtiger von dem Ungerechten gesagt worden. Denn tatsächlich, werden sie sagen, wird der Ungerechte, der sich an die Wirklichkeit hält und nicht auf den Schein lebt, nicht ungerecht scheinen, sondern sein wollen,

„Aus tiefer Furche seines Geistes erntend
Den klugen Rat, der ihm daraus erwächst“[2]:

zuerst nämlich, daß er in seiner Stadt zur Regierung gelangt, weil er für gerecht gilt, dann heiratet aus welcher Familie er will, und seine Kinder verheiratet an wen er will, sich verbinden und Gemeinschaft haben kann mit wem er Lust hat, und überdies noch in allen Dingen gefördert wird, indem er Gewinn davon zieht, daß er das Unrechttun nicht scheut. Hat er irgendeinen Kampf auszufechten, sei es in eigener Sache oder für das Gemeinwesen, so wird er seine Feinde besiegen und den Vorteil über sie davontragen; und weil er überall den Vorteil hat, wird er reich sein und seinen Freunden wohltun, seinen Feinden aber schaden und den Göttern ausgiebige und großartige Opfer und Weihgeschenke darbringen und so viel besser als der Gerechte den Göttern und den Menschen, denen er geneigt ist, zu dienen wissen. Daher wird ihm billigerweise auch die Liebe der Götter in höherem Grade zuteil werden als dem Gerechten. So sagen sie, daß sowohl von seiten der Götter als der Menschen dem Ungerechten ein weit besseres Leben bereitet sei als dem Gerechten.

Die Entstehung des Staates

Es entsteht, sprach ich, ein Staat, wie ich glaube, weil jeder Einzelne von uns nicht sich selbst genügt, sondern ihm vieles mangelt. Oder welchen andern Ursprung nimmst du für die Gründung eines Staates an? – Keinen andern, sagte er. – Wenn also einer den andern, den zu diesem und den wieder zu jenem Bedürfnis hinzunimmt, und die Leute so, weil sie viele Bedürfnisse haben, an einen Wohnplatz viele Genossen und Gehilfen heranziehen, so bezeichnen wir eine solche gemeinschaftliche Siedelung mit dem Namen Staat. Nicht wahr? – Allerdings. – Je nachdem teilt nun einer dem andern etwas von dem Seinen mit oder empfängt von dem andern etwas, in der Annahme, daß dies für ihn vorteilhafter sei. – Freilich. – Wohlan, sprach ich, laß uns also in Gedanken einen Staat von Anfang an gründen. Es gründet ihn aber, wie sich zeigte, unser Bedürfnis. – Was wohl sonst! – Aber das erste und größte aller Bedürfnisse ist die Herbeischaffung der Nahrung des Bestehens und Lebens wegen. – Ganz gewiß. – Das zweite aber die Wohnung; das dritte Bekleidung und dergleichen. – So ist es. – Wohlan denn, sprach ich, wie wird nun der Staat so vielfachen Bedürfnissen genügen? Nicht wahr, da ist der Ackersmann, der Baumeister, der Weber, oder wollen wir gleich auch den Schuhmacher hinzufügen oder sonst einen von den Handwerkern, die für den Leib arbeiten? – Freilich wohl. – So bestände also der notdürftigste Staat aus vier oder fünf Männern? – So scheint es. – Wie nun? soll jeder von diesen seine eigene Tätigkeit gemeinsam für alle ausüben; z. B. der Ackersmann als einer Nahrung für viere beschaffen und vierfache Zeit und Mühe auf die Beschaffung des Getreides verwenden und dann den andern davon abgeben? Oder soll er ohne Rücksicht auf die andern nur für sich allein den vierten Teil dieses Getreides ziehen in dem vierten Teil der Zeit, von den übrigen dreien aber einen auf den Bau des Hauses verwenden, einen anderen, um sich Kleidung, noch einen, um sich Schuhe zu machen; und nicht durch die Abgabe von seinen Erzeugnissen an andere sich ein Geschäft machen, sondern nur für sich allein seine Tätigkeit ausüben? – Und Adeimantos sagte: Vielleicht, Sokrates, ist wohl das erste leichter als das andere. – Das ist, sprach ich, beim Zeus auch ganz natürlich. Denn während du es sagst, kommt auch mir der Gedanke, daß doch keiner dem andern von Natur völlig gleich ist, sondern jeder wieder anders veranlagt, der eine zu dieser, der andere zu jener Tätigkeit. Oder meinst du nicht? – Doch. – Und wie wird nun eine Tätigkeit besser ausfallen: wenn ein und derselbe Mensch mehrere Fertigkeiten ausübt oder jeder nur eine? – Wenn jeder nur eine, sagte er. – Aber ich denke, auch das ist klar, daß, wenn jemand die rechte Zeit für eine Arbeit verpaßt, sie nicht zustande kommt. – Allerdings. – Denn ich denke, was zu verrichten ist, pflegt nicht auf die Muße dessen, der es tun soll, zu warten, vielmehr muß dieser dem, was getan werden soll, ordentlich nachgehn und nicht nur beiläufig. – Notwendig. – Hiernach also wird alles reichlicher zustande kommen und schöner und leichter, wenn ein Einzelner *eine* Tätigkeit seiner Naturanlage gemäß zur rechten Zeit ausübt, ohne sich mit anderem zu befassen. – Durchaus. – Wir bedürfen also, Adeimantos, viel mehr Bürger als vier zu den Erfordernissen, die wir anführten. Denn der Ackersmann, wie es scheint, wird sich nicht selbst den Pflug machen können, wenn er recht gut sein soll, noch auch die Hacke und die andern zum Ackerbau gehörigen Werkzeuge. Ebensowenig der Baumeister und auch dieser bedarf vielerlei. Desgleichen der Weber und der Schuhmacher. Oder nicht? – Richtig. – Wenn nun also auch Holzarbeiter und Schmiede und viele sonstige Handwerker Genossen unseres kleinen Staates werden, so werden sie ihn schon größer machen. – Allerdings. – Aber er wird immer noch nicht sehr groß sein, wenn wir auch noch Rinderhirten, Schäfer und sonstige Leute, die mit dem Vieh zu tun haben, hinzufügen, damit doch die Ackersleute zum Pflügen Ochsen haben, und die Baumeister zum Anfahren sich mit den Ackersleuten zusammen des Zugviehs bedienen können, und die Weber und Schuhmacher Häute und Wolle haben. – Auch klein, sprach er, ist der Staat nicht mehr, wenn er dies alles hat. – Allein, sprach ich, die Stadt selbst an einem solchen Orte anzulegen, wo sie gar keiner Zufuhr von auswärts bedürfte, möchte fast unmöglich sein. – Unmöglich freilich. – Also wird sie auch noch anderer Leute bedürfen, die ihr aus anderen Städten holen, was sie braucht. – Das wird sie. – Wenn nun aber der, der diesen Dienst übernommen hat, mit leeren Händen hinkommt, ohne etwas mitzubringen für die Bedürfnisse der Leute, von denen er das holen will, was jene bedürfen, so wird er auch leer wieder abziehn. Nicht wahr? – So scheint es. – Also müssen sie zu Hause nicht nur für sich selbst genug schaffen, sondern auch was und soviel als jene bedürfen. – Das müssen sie. – Wir brauchen also noch mehr Ackersleute und andere Handwerker in unserer Stadt. – Ja. – Und auch wohl die Leute, die den Dienst der Ein- und Ausfuhr besorgen. Dies sind aber die Kaufleute. Nicht wahr? – Ja. – Also auch Kaufleute brauchen wir? – Freilich. – Und wenn der Handel zur See geführt wird, werden wir noch gar mancher andern bedürfen, die dessen kundig sind, was zum Seewesen gehört. – Gewiß. – Wie soll es nun aber in der Stadt selbst zugehen? Wie sollen sie ihre Erzeugnisse aneinander abgeben, was ja doch eigentlich der Zweck war, weshalb sie die Gemeinschaft eingegangen sind und den Staat gegründet haben? – Offenbar, antwortete er, durch

Kauf und Verkauf. – Hieraus wird sich uns also weiter ein Markt und Münze als bestimmtes Zeichen zum Behuf des Tausches ergeben. – Allerdings. – Wenn nun der Landmann, der etwas von seinen Erzeugnissen zu Markte bringt, oder auch ein anderer Arbeiter, nicht zur gleichen Zeit da ist, wie die, welche seine Waren eintauschen möchten, so wird er von seiner eigentlichen Arbeit feiernd auf dem Markt sitzen. – Ganz und gar nicht, sagte er, sondern es finden sich schon Leute, die dies bemerken und selbst diesen Dienst auf sich nehmen. Dies werden in gut verwalteten Staaten so ziemlich die körperlich Schwächsten sein, die man zu keiner andern Arbeit brauchen kann. Diese haben die Aufgabe, auf dem Markt zu verweilen, Waren gegen Geld einzutauschen von denen, die etwas abgeben wollen, und sie dann wieder gegen Geld an diejenigen weiterzugeben, die etwas kaufen wollen. Dieses Bedürfnis also bewirkt für den Staat die Bildung eines Standes von Krämern. Oder nennen wir nicht so die Leute, die auf dem Markt ihren Stand haben und Kauf und Verkauf betreiben, diejenigen aber, die in den Städten umherreisen, Kaufleute? – Allerdings. – Es gibt aber auch noch, wie ich glaube, andere Dienstleute, die hinsichtlich ihrer Geisteskräfte keine wertvollen Mitglieder der Gesellschaft zu werden versprechen, aber hinreichende körperliche Stärke haben zu allerlei schweren Arbeiten, welche denn den Gebrauch ihrer Kräfte verkaufen und den Preis derselben Lohn nennen, selbst aber, wie ich denke, Tagelöhner genannt werden. Nicht wahr? – Allerdings. – Also auch die Tagelöhner bilden einen Teil des vollständigen Staatsganzen. – Das scheint wohl. – Ist uns nun wohl, Adeimantos, der Staat schon so weit herangewachsen, daß er vollständig ist? – Vielleicht. – Wo ist nun aber wohl in ihm die Gerechtigkeit und die Ungerechtigkeit? und mit welchem der von uns betrachteten Stände ist sie hereingekommen? – Das weiß ich nicht, sagte er, Sokrates, wenn sie nicht in einem Bedürfnis ihrer gegenseitigen Beziehungen liegen sollte. – Vielleicht, sprach ich, hast du damit ganz recht, wir müssen das ungesäumt untersuchen. Zuerst nun laß uns erwägen, auf welche Weise wohl die mit diesen Mitteln ausgerüsteten

Bürger leben werden. Nicht wahr, sie werden Getreide und Wein ziehen, Kleider und Schuhe machen und Häuser bauen, dabei im Sommer zwar oft unbeschuht und ziemlich entblößt arbeiten, im Winter aber hinlänglich bekleidet und beschuht. Und nähren werden sie sich, indem sie aus der Gerste Graupe bereiten und aus dem Weizen Mehl, und dies kneten und backen und so die schönsten Kuchen und Brote auf Rohr und reinen Baumblättern vorlegen und selbst mit ihren Kindern schmausen, auf Streu von Taxus und Myrten gelagert, Wein dazu trinken und bekränzt den Göttern lobsingen und vergnüglich zusammen leben, aber nicht mehr Kinder erzeugen, als ihr Besitz zuläßt, aus Furcht vor Armut oder Krieg. – Hiebei unterbrach mich Glaukon und sagte: Also ohne Zukost, scheint es, läßt du die Männer bewirten? – Du erinnerst mich recht! sprach ich. Ich vergaß, daß sie auch Zukost haben müssen, Salz, ja gewiß, und Oliven und Käse und Zwiebeln und Kohl und was es auf dem Felde zu kochen gibt, das werden sie kochen. Auch Nachtisch wollen wir ihnen vorsetzen von Feigen, Erbsen und Bohnen und Myrtenbeeren, und Kastanien werden sie sich in der Asche rösten und mäßig dazu trinken. So werden sie ihr Leben friedlich und gesund hinbringen und aller Wahrscheinlichkeit nach wohlbetagt sterben und ihren Nachkommen ein ebensolches Leben hinterlassen. – Darauf sagte er: Und wenn du eine Stadt von Schweinen angelegt hättest, Sokrates, könntest du sie wohl anders als so abfüttern? – Aber wie soll ich es denn machen, Glaukon? sprach ich. – Wie es Brauch ist, antwortete er. Wenn sie nicht ganz jämmerlich leben sollen, so müssen sie doch auf Polstern liegen, an Tischen speisen und auch Zukost und Nachtisch haben, wie es jetzt ist. – Wohl! sprach ich, ich verstehe. Es scheint, wir wollen nicht nur sehen, wie eine Stadt entsteht, sondern auch eine üppige Stadt. Vielleicht ist das auch gar nicht unrecht; denn auch bei Betrachtung einer solchen könnten wir sehen, wie Gerechtigkeit und Ungerechtigkeit in den Staaten erwachsen. Die rechte Stadt nun scheint mir die zu sein, die wir eben beschrieben haben und die gleichsam gesund ist. Wenn ihr aber wollt, daß wir auch eine aufgeschwemmte Stadt betrachten wollen, so steht nichts im Wege. Denn was wir bisher genannt haben und die beschriebene Lebensweise wird ja manchen nicht genügen, auch nicht die Lebensart selbst; sondern es sollen Polster da sein und Tische und anderes Hausgerät, und Zukost und Salben und Räucherwerk und Freudenmädchen und Backwerk, dies alles aufs mannigfaltigste. Auch werden wir uns nicht mehr bloß auf das Notwendige beschränken, das wir vorhin genannt haben: Häuser, Kleider und Schuhe; sondern man muß die Malerei in Bewegung setzen und die bunte Weberei, und Gold und Elfenbein und alles dergleichen muß angeschafft werden. Nicht wahr? – Ja, sagte er. – Also müssen wir die Stadt wiederum größer machen? Denn jene gesunde ist nicht mehr hinreichend, sondern sie muß sich nun anfüllen mit einem Haufen Volks, das nicht mehr des Notwendigen wegen in der Stadt ist, wie zum Beispiel alle Jäger und Schaukünstler, viele, die es mit Gestalten und Farben zu tun haben, viele auch mit der Tonkunst, Dichter und deren Diener, Rhapsoden, Schauspieler, Tänzer, Unternehmer und Handwerker, die allerlei Geräte verfertigen, unter andern auch für den weiblichen Putz. Ja auch noch mehr Dienstleute werden wir bedürfen. Oder meinst du nicht, daß wir auch Hauslehrer brauchen werden und Wärterinnen, Kammermädchen und Putzmacherinnen, Bartscherer und dann wieder Bäcker und Köche? Auch Schweinehirten werden wir noch brauchen. Denn dies Tier hatten wir nicht in unserer ersten Stadt, denn es war uns zu nichts nutz; in dieser aber werden wir auch das nötig haben, und des anderen zahmen Viehs werden wir auch sehr viel brauchen, wenn man es verzehren will. Nicht wahr? – Wie sollten wir nicht? – Und auch Ärzte werden wir gewiß nun weit häufiger nötig haben bei dieser Lebensweise als bei der vorigen? – Bei weitem. – Und auch der Grund und Boden, welcher damals hinreichte, die damals angenommene Bevölkerung zu ernähren, wird nun zu klein sein und nicht mehr groß genug. Oder wie meinst du? – Ebenso. – Also werden wir von den Nachbarn Land abtrennen müssen, wenn wir genug haben wollen zur Viehweide und zum Ackerbau, und ebenso diese von unserem, wenn sie sich gleichfalls gehn lassen, die Grenzen des Notwendigen überschreiten und nach ungemeßnem Besitz streben? – Ganz unumgänglich, Sokrates, sagte er. – Von nun an werden wir also Krieg zu führen haben, Glaukon? oder wie wird es gehen? – Allerdings so, sagte er. – Und wir wollen noch gar nicht davon reden, sprach ich, ob der Krieg Übles oder Gutes bewirkt, sondern nur so viel sagen: wir haben den Ursprung des Kriegs in dem gefunden, dessen Vorhandensein sowohl für die Staaten im ganzen als auch für die einzelnen Bürger persönlich meist eine Veranlassung zum Unheil wird. – Allerdings. – Noch größer also, mein Lieber, muß nun unsere Stadt werden, und zwar nicht um eine Kleinigkeit, sondern um ein ganzes Heer, welches auszieht und für das gesamte Vermögen und alles, was wir eben erwähnten, mit den Angreifenden sich schlägt. – Wieso? sprach er, können sie denn das nicht selbst? – Nein, sprach ich, wenigstens wenn du und wir alle vorhin recht gehabt haben mit dem, was wir behauptet haben, als wir zuerst unsere Stadt anlegten. Wir behaupteten nämlich, wenn du dich erinnerst, es sei unmöglich, daß ein und derselbe Mensch mehrere Tätigkeiten zugleich gut ausüben könne. – Du hast recht, sagte er. – Wie also? sagte ich, scheint dir der kriegerische Kampf kein kunstmäßiger zu sein? – Gar sehr, sagte er. – Sollte man also wohl für die Schuhmacherei mehr Sorge tragen als für das Kriegswesen? – Keineswegs. – Aber den Schuhmacher hielten wir doch zurück, daß er nicht versuchen sollte, zugleich Landmann zu sein oder Weber oder Baumeister, sondern nur Schuster, damit sein Handwerk gut vonstatten ginge. Und ebenso wiesen wir allen andern nur Eine Tätigkeit zu, für die jeder durch seine Naturanlage besonders geeignet schien und die er unter Verzicht auf andere und unter Ausnützung der sich bietenden Gelegenheiten sein ganzes Leben lang in rechter Art ausüben sollte. Kommt nun aber nicht das allermeiste darauf an, daß die Aufgaben des Kriegswesens richtig erledigt werden? Oder ist das so leicht, daß auch ein beliebiger Bauer oder Schuster oder sonstiger Handwerker zugleich auch ein Kriegsmann sein kann, während es auch nur im Brett- und Würfelspiel niemand zu etwas bringt, der sich nicht von klein auf, sondern nur nebenbei damit beschäftigt hat? Und wer also nur einen Schild oder sonst eine kriegerische Schutz- oder Trutzwaffe in die Hand nimmt, der wäre dann damit sofort ein tüchtiger Streiter unter den Schwerbewaffneten oder in einer sonstigen Waffengattung, während doch sonst kein Werkzeug den, der es in die Hand nimmt, zum Meister in einem Handwerk oder zu einem berufsmäßigen Kämpfer macht, sondern ihm nichts nützt, wenn er sich nicht ausreichende Kenntnis und Übung in seiner Handhabung verschafft? — Da wären ja auch, sprach er, die Werkzeuge gar viel wert! — Also, sprach ich, je wichtiger die Aufgabe der Wehrmänner ist, desto mehr erfordert sie Befreiung von allem andern und auch wiederum desto mehr Kunst und Sorgfalt. — Das glaube ich wohl, sagte er. — Nicht auch eine zu dieser Beschäftigung besonders geeignete Natur? — Wie sollte sie nicht. — Unsere Sache also würde sein, wenn wir dazu imstande sind, auszusuchen, welche und was für Naturen zur Bewachung der Stadt geeignet sind. — Gewiß. Beim Zeus! sprach ich, da haben wir also keine kleine Aufgabe übernommen. Dennoch müssen wir nicht verzagen, solange wir nur irgend noch Kräfte spüren. — Freilich nicht. — Glaubst du nun, sprach ich, daß die Natur eines Hundes von edler Rasse in Hinsicht auf die Wachsamkeit sich von einem jungen Menschen von edler Abstammung unterscheide? — Wie meinst du das? — Nun, beide müssen doch wohl scharf in der Wahrnehmung sein, flink in der Verfolgung des Wahrgenommenen und stark, wenn es gilt, mit dem, den man gefaßt hat, noch zu kämpfen. — Das alles, sprach er, müssen sie sein. — Und doch auch tapfer? wenn er doch gut kämpfen soll! — Gewiß. — Wird aber wohl tapfer sein wollen, was nicht mutig ist, mag es nun ein Pferd sein oder ein Hund oder sonst ein lebendes Wesen? Oder hast du nicht bemerkt, wie unbezwinglich und unüberwindlich der Mut ist, der jede Seele, der er innewohnt, furchtlos und unbesiegbar macht? — Das habe ich wohl bemerkt. — Welcher Art also der Krieger in körperlicher Hinsicht sein muß, ist klar. — Ja. — Und auch in seelischer: nämlich mutig. — Auch das. — Aber, sprach ich, Glaukon, wenn sie von solcher Natur sind, werden sie dann nicht gegeneinander und gegen die übrigen Bürger allzu heftig sein? – Beim Zeus, sagte er, das kann leicht sein. – Aber sie müssen doch wohl gegen alle Befreundeten sanft sein und nur gegen die Feinde hart. Wo nicht, so werden sie nicht erst auf andere warten dürfen, die sie aufreiben, sondern sie werden es schon eher selbst tun. – Richtig, sagte er. – Was sollen wir also machen? sprach ich. Wo sollen wir eine zugleich sanfte und hochgemute Sinnesart auffinden? Denn die sanftmütige Natur ist ja derjenigen entgegengesetzt, in welcher der Mut vorherrscht. – Offenbar. – Und doch kann der kein guter Wächter sein, dem eine dieser beiden Eigenschaften fehlt. Dies aber scheint unmöglich, und so wäre denn auch ein guter Wächter etwas Unmögliches. – Das scheint beinahe, sagte er. – Wie ich nun ratlos war und mir das Vorige alles zusammenhielt, sprach ich: Mit Recht sind wir in Verlegenheit, Lieber! Denn wir sind von dem Bilde, welches wir uns vorgehalten hatten, abgewichen. – Wie meinst du das? – Wir haben nicht gemerkt, daß es wirklich solche Naturen gibt, die diese entgegengesetzten Eigenschaften in sich vereinigen, was wir für unmöglich hielten. – Wo denn? – Auch unter andern Tieren kann man sie wohl finden, am leichtesten aber wohl bei dem, welches wir mit dem Wächter verglichen. Denn du weißt wohl, daß das edler Hunde Art ist, von Natur gegen Hausgenossen und Bekannte so zahm zu sein als nur möglich, gegen Unbekannte aber ganz das Gegenteil. – Das weiß ich wohl. – Dies, sprach ich, ist möglich; und es ist nichts Widernatürliches, daß wir einen Wächter suchen, der so sei. – Offenbar nicht. – Dünkt dich nun auch dies noch nötig für einen, der sich zum Wächter schicken soll, daß er außer mutig auch noch philosophisch sei von Natur? – Wie doch? sprach er; denn das verstehe ich nicht. – Auch dieses, sprach ich, kannst du an den Hunden sehn, und es ist gewiß sehr wunderbar an dem Tiere. – Was denn? – Sowie es einen Unbekannten sieht, ist es gegen ihn böse, ohne daß jener ihm zuvor irgend etwas zuleide getan; wenn aber einen Bekannten, ist es gegen ihn freundlich, wenn er ihm auch niemals irgend etwas Gutes erwiesen. Oder ist dir das noch niemals aufgefallen? – Ich habe, sagte er, bis jetzt eben noch nicht darauf geachtet; aber daß sie es so machen, ist offenbar. – Aber dies ist doch ein feiner und in der Tat philosophischer Zug in seinem Wesen. – Weshalb denn? – Weil es, sprach ich, das, was es sieht, als freundlich oder feindlich nur daran unterscheidet, daß es das eine kennt, das andere aber nicht. Wie sollte nun ein Wesen nicht wißbegierig sein, das das Angehörige und das Fremde danach bestimmt, ob es dieses kennt oder nicht kennt? – Das muß so sein, sagte er. – Und, sprach ich, wißbegierig und philosophisch ist doch dasselbe? – Freilich. – Also können wir nun nicht getrost auch für den Menschen annehmen, daß er von Natur philosophisch und wißbegierig sein muß, wenn er doch gegen Angehörige und Bekannte freundlich sein soll? – Allerdings. – Also philosophisch und mutig und rasch und stark muß uns von Natur sein, wer ein guter und tüchtiger Wächter der Stadt sein soll. – Gewiß, sagte er. – Diese Eigenschaften also muß er haben. Wie aber sollen nun diese Wächter erzogen und gebildet werden? Denn auch diese Untersuchung wird uns wohl förderlich sein für die Erkenntnis, um derentwillen wir sie ja überhaupt anstellen: auf welche Weise Gerechtigkeit und Ungerechtigkeit im Staat entsteht. Denn wir wollen weder übergehen, was erforderlich ist, noch auch zu ausführlich werden.

Die Erziehung der Wächter

Wer eine Erziehung durch Musik und Gymnastik anordnet, lieber Glaukon, der meint es damit doch nicht so, wie freilich vielfach angenommen wird, daß die eine der Ausbildung des Körpers, die andere der der Seele dienen solle? – Wie denn sonst? fragte er. – Mir scheint, sagte ich, daß man beides in der Hauptsache der Seele wegen anordnet. – Wieso? – Bemerkst du nicht, sagte ich, in was für einer geistigen Verfassung die Leute sind, die sich ihr Leben lang nur mit Gymnastik abgeben, die musische Bildung aber ganz beiseite lassen, oder diejenigen, bei denen das Gegenteil der Fall ist? – Was meinst du damit? – Roheit und Störrigkeit bei den einen, Weichheit und Milde bei den andern. – Das weiß ich wohl, sagte er, daß, wer sich ausschließlich der Gymnastik hingibt, roher wird als gut ist, und wer ausschließlich der musischen Bildung lebt, weicher als ihm ansteht. – Und doch, sagte ich, bildet eben diese Roheit die Grundlage des natürlichen Mutes, und, richtig ausgebildet, kann sie zur Tapferkeit werden; aber freilich, wenn man sie übertreibt, wird sie natürlich zur Störrigkeit und Widerwärtigkeit. – So scheint es, sagte er. – Und nun, ist der philosophischen Natur nicht Milde eigen? Überläßt man diese nun sich selbst, so wird sie weicher als gut ist; bildet man sie aber richtig aus, so wird die Milde zur Sittsamkeit. – So ist es. – Und wir sagen doch, daß unsere Wächter diese Eigenschaften beide haben müssen? – Das müssen sie freilich. – Also müssen sie richtig aufeinander abgestimmt werden. – Allerdings. – Bei wem nun beide im Einklang sind, dessen Seele ist dann besonnen und tapfer. – Richtig. – Bei wem aber dieser Einklang fehlt, der wird feige oder roh? – Gewiß. – Also wenn jemand sich der Musik so weit überläßt, daß er sich von ihr durch die Ohren wie durch einen Trichter die Seele mit Flötengetön und jenen süßlichen, weichlichen und sentimentalen Melodien überströmen läßt und dann trillernd und vom Spiel entzückt sein ganzes Leben verbringt, der wird zwar, wenn er zum Mut veranlagt ist, diesen zuerst gleich dem Eisen geschmeidig machen und so an Stelle unbrauchbarer Sprödigkeit etwas Brauchbares setzen. Wenn er aber damit ohne Unterlaß fortfährt und ihn zu bannen sucht, so bringt er ihn zum Schmelzen und Zerfließen, bis er sich schließlich den Mut ausgeschmolzen und der Seele gleichsam die Sehnen ausgeschnitten und „einen weichlichen Speerkämpfer“[3] aus sich gemacht hat. – Allerdings, sagte er. – Und wenn dies einen schon von Natur Mutlosen trifft, so ist es desto geschwinder geschehen; wenn aber einen Mutigen, so schwächt es den Mut und macht ihn reizbar, daß er schnell durch Kleinigkeiten erhitzt und auch wieder abgekühlt wird, und statt mutig, werden dann solche Leute jähzornig und leidenschaftlich und sind immer verstimmt. – Ganz offenbar. – Wie aber, wenn jemand mit Gymnastik sich stark anstrengt und sich dabei sehr kräftig nährt, Musik aber und Philosophie ganz unberührt läßt, wird er dann nicht zuerst sich körperlich vortrefflich befinden, voll Selbstvertrauen und Mut und tapferer werden, als er vorher war? – Ganz gewiß. – Wie aber, wenn er nun gar nichts anderes tut, noch irgendwie an geistiger Bildung teilnimmt, muß dann nicht die Wißbegier, die etwa seiner Seele eigen ist, wenn sie von keiner Untersuchung, von keiner Denkarbeit, überhaupt von keiner geistigen Tätigkeit zu kosten bekommt, schwach, taub und blind werden, weil sie nicht geweckt und genährt wird und seine sinnlichen Empfindungen nicht geläutert werden? Ein Feind des Denkens wird also ein solcher und ein ungebildeter Mensch. Überzeugung durch Gründe gibt es für ihn nicht, sondern er verfährt gegenüber allem mit Gewalt und Wildheit wie ein Tier, und er lebt in Unwissenheit und Dummheit ohne Takt und Anmut. – Ganz gewiß, sprach er, verhält es sich so. – Für dies beides, möchte ich behaupten, hat, wie es scheint, ein Gott den Menschen zwei Künste gegeben, die Musik und die Gymnastik, für den Mut und den Erkenntnistrieb in uns, nicht für Seele und Leib, außer höchstens nebenbei, sondern dazu, daß jene beiden seelischen Anlagen miteinander in Einklang gebracht und je nachdem angespannt oder locker gelassen werden bis zum richtigen Maß. – So scheint es freilich, sagte er. – Wer also musische Bildung und Gymnastik auf die schönste Weise zu verbinden und im richtigsten Maße der Seele zuzuführen weiß, den dürften wir mit größtem Recht als den vollkommen musisch und harmonisch gebildeten Menschen bezeichnen, mit viel größerem als den, der die Saiten richtig aufeinander zu stimmen weiß. – Ganz natürlich, Sokrates, sagte er. – Auch in unserem Staat also, Glaukon, werden wir wohl immer eines solchen Aufsehers bedürfen, wenn die Verfassung Bestand haben soll? – Allerdings werden wir notwendig einen solchen brauchen, sagte er. – Das also wären die Grundformen der Bildung und Erziehung. Was wäre nun die nächste Bestimmung, die wir zu treffen hätten? Doch wohl, welche von den Bürgern zu gebieten haben sollen und welche zu gehorchen? – Warum nicht? – Und, nicht wahr, die Älteren müssen gebieten, die Jüngeren gehorchen, das ist doch klar? – Offenbar. – Auch müssen die Gebietenden doch wohl die Tüchtigsten sein? – Auch das. – Sind nun die tüchtigsten Bauern nicht die Leute, die sich am besten zum Ackerbau eignen? – Ja. – Da es aber nun die besten Wächter sein sollen, so werden das wohl die sein, die sich am meisten zur Bewachung der Stadt eignen? – Ja. – Darin also müssen sie verständig sein und tüchtig, und außerdem noch für die Stadt Sorge tragen. Sorge tragen aber wird man am meisten für das, was man liebt? – Notwendig. – Und lieben wird man wohl am meisten das, von dem man glaubt, es habe dieselben Interessen wie wir selbst, und wovon man denkt, daß sein Wohlbefinden auch unserem Wohlbefinden förderlich sei und das Gegenteil dementsprechend. – So ist es, sagte er. – Also müssen wir aus den Wächtern solche Männer auswählen, von denen sich uns bei näherer Beobachtung am meisten zeigt, daß sie in ihrem ganzen Leben das, wovon sie glauben, daß es dem Staat förderlich sei, mit allem Eifer tun, was aber nicht, das auch unter keinen Umständen zu tun gewillt sind. – Das sind freilich die rechten, sagte er. – Also dünkt mich, müssen wir sie auf jeder Altersstufe beobachten, ob sie über diesem Grundsatz wachen und weder durch suggestive Einwirkung noch durch äußere Gewalt sich von diesem Standpunkt vertreiben lassen, so daß sie den Grundsatz vergäßen, nur das zu tun, was für den Staat das beste ist. – Was meinst du mit diesem „sich vertreiben lassen"? – Das, sagte ich, will ich dir erklären. Mir scheint nämlich eine Meinung aus dem Bewußtsein zu verschwinden, entweder freiwillig oder wider Willen; mit seinem Willen nämlich die falsche Meinung dessen, der umlernt; wider Willen aber jede wahre Meinung. Wie es mit unserem Willen geschehen kann, sagte er, das verstehe ich; dagegen für den unfreiwilligen Vorgang bedarf ich noch näherer Erklärung. – Wie denn! glaubst du nicht auch, sagte ich, daß die Menschen das Gute sich nur wider ihren Willen nehmen lassen, das Schlimme aber gern? Oder dünkt dich nicht auch die Wahrheit verfehlen schlimm, in der Wahrheit sein aber gut? Oder meinst du nicht, vorstellen, was ist, heiße in der Wahrheit sein? – Freilich, sprach er, hast du recht, und mir scheint, daß man nur wider Willen eine richtige Meinung fahren läßt. — Das passiert den Leuten also wohl nur durch Täuschung, Suggestion oder Gewalt? — Das, sagte er, verstehe ich nun wieder nicht. — Da scheine ich mich etwas zu pathetisch ausgedrückt zu haben. Unter den Getäuschten verstehe ich die Leute, die sich umstimmen ließen oder ihren Grundsatz vergaßen, weil sie entweder die Zeit oder die Überredung unvermerkt um ihre Meinung brachte. Nun verstehst du es doch wohl? — Ja. — Unter den Vergewaltigten aber verstehe ich solche, die Leiden oder Schmerz zu einer Meinungsänderung veranlaßt. Einer suggestiven Einwirkung aber unterliegen, wie ich glaube, auch nach deiner Ansicht diejenigen, die von einer Lust bezaubert oder von einer Furcht geängstigt ihre Meinung ändern. — Es scheint ja freilich, sagte er, alle Täuschung auf Suggestion zu beruhen. — Was ich also eben sagte, wir müssen diejenigen suchen, welche ihren Grundsatz, nur das zu tun, was nach ihrer Überzeugung dem Staat am förderlichsten ist, am besten zu wahren wissen. Das muß also beobachtet werden, indem man ihnen gleich von Kindheit an Geschäfte aufgibt, bei denen man dies am ehesten vergessen und sich täuschen lassen kann; und wer es nun dennoch festhält und sich einer Täuschung unzugänglich erweist, der soll ausgewählt, wer aber nicht, ausgeschlossen werden. Nicht wahr? — Ja. — Auch Anstrengungen und Schmerzen und Wettkämpfe muß man ihnen auferlegen und sie dabei unter den gleichen Gesichtspunkten beobachten. — Richtig, sagte er. — Muß nicht auch, sprach ich, für die dritte Art, die der Suggestion, ein Wettstreit eröffnet und zugeschaut werden, wie bei den Füllen, die man unter Lärm und Getümmel führt, um zu sehen, ob sie scheu werden, so bei den Jünglingen, indem man sie irgendwie in Angst versetzt und dann wieder in Versuchung zu einer Lust führt, um sie noch mehr als das Gold im Feuer darauf zu prüfen, wer sich der Suggestion unzugänglich und in allen Fällen in guter Haltung zeigt, als ein guter Wächter über sich selbst, der die Grundsätze seiner Geistesbildung zu wahren weiß und sich bei all dem als taktvoll und im Einklang mit sich selbst bewährt: denn nur so wird er sich und dem Staat am besten dienen. Und wer nun immer unter den Knaben, Jünglingen und Männern so geprüft worden und untadelig daraus hervorgegangen wäre, der wäre zum Herrscher und Wächter des Staates zu bestellen, und Auszeichnungen wären ihm zuzuerkennen im Leben und im Tode, und es sollten ihm bei seiner Bestattung und durch sonstige Gedenkzeichen die größten Ehren erwiesen werden. Wer sich aber nicht so zeigt, der wäre zu verwerfen. Dieses scheint mir, Glaukon, sprach ich, die Auswahl und Bestellung der Regenten und Hüter zu sein, um sie nur im Umriß, nicht genau zu beschreiben. – Auch mir, sprach er, scheint es so sein zu müssen. – Wäre es nun nicht in der Tat das Richtigste, diese als die Wächter im vollen Sinne zu bezeichnen, sowohl gegenüber den Feinden draußen als den Freunden drinnen, so daß die einen dem Staat keinen Schaden zufügen können, die andern es nicht wollen? Die Jünglinge aber, die wir vorhin Wächter nannten, würden wir nur als Gehilfen und Beistände der Regenten in der Durchführung ihrer Grundsätze bezeichnen. – Einverstanden, sagte er. – Was für ein Mittel aber gibt es wohl, fuhr ich fort, um womöglich den Regenten selbst, wo nicht, so doch der übrigen Bürgerschaft durch eine jener unentbehrlichen Fabeln edler Art eine Überzeugung beizubringen? – Durch was für eine? fragte er. – Es ist nichts Neues, sprach ich, sondern etwas Phönikisches[4], etwas, wie es ja in alten Zeiten oft vorkam, wie die Dichter sagen und glauben machen, zu unserer Zeit aber nicht mehr geschieht, wie ich denn überhaupt nicht weiß, ob es jemals geschehen konnte. Es ist daher keine kleine Kunst, dafür Glauben zu erwecken. Und es wird dir einleuchten, sprach ich, daß ich mit gutem Recht bedenklich gewesen bin, wenn ich es gesagt haben werde. – Trage es nur vor, sagte er, und fürchte dich nicht. – So will ich es denn. Doch weiß ich nicht, woher ich die Kühnheit nehmen, noch mit was für Worten ich es sagen und versuchen soll, zuerst die Regenten selbst und die Krieger zu überzeugen, dann aber auch die übrige Bürgerschaft, daß, was wir an ihnen erzogen und gebildet haben, ihnen nur wie im Traume widerfahren und von ihnen erlebt worden sei, als begegne es ihnen und geschähe an ihnen, sie seien vielmehr damals eigentlich unter der Erde gewesen und dort drinnen gebildet und aufgezogen worden, und auch ihre Waffen und sonstigen Gerätschaften seien dort hergestellt worden. Nachdem sie aber vollkommen ausgearbeitet gewesen seien und die Erde als ihre Mutter sie heraufgesandt habe, müßten nun auch sie für das Land, in welchem sie sich befinden, als für ihre Mutter und Ernährerin mit Rat und Tat sorgen, wenn jemand es bedrohe, und so auch gegen ihre Mitbürger als Brüder und gleichfalls Erderzeugte gesinnt sein. – Es war nicht ohne, sagte er, daß du dich so lange gescheut hast, diese Fabel vorzutragen. – Sehr natürlich, sprach ich, war das; aber höre doch auch noch den Rest der Sage. Ihr alle – so werden wir in unserer Fabel zu ihnen sprechen –, die ihr zu diesem Staate gehört, seid also Brüder, der bildende Gott aber hat denen von euch, welche geschickt sind zu herrschen, bei ihrer Entstehung Gold beigemischt, weshalb sie denn am wertvollsten sind, den Gehilfen aber Silber, Eisen hingegen und Erz den Ackerbauern und übrigen Arbeitern. Weil ihr nun so alle verwandt seid, werdet ihr ja wohl meistens auch euresgleichen erzeugen; bisweilen aber könnte doch auch wohl aus Gold ein silberner und aus Silber ein goldener Sprößling erzeugt werden, und so wechselweise auch in allen anderen Fällen. Für die Regenten nun ist das erste und wichtigste Gebot Gottes, über nichts anderes so gute Obhut zu halten, noch auf irgend etwas so genau achtzuhaben als darauf, was den Seelen ihrer Nachkommen hievon beigemischt sei; und wenn irgend von ihren eigenen Nachkommen einer ehern wäre oder eisenhaltig, sollen sie auf keine Weise Mitleid mit ihm haben, sondern nur die seiner Natur gebührende Stelle ihm anweisen und ihn zu den Handwerkern oder Bauern verstoßen; und so auch, wenn unter diesen einer aufwüchse, in dem sich Gold oder Silber zeigte, so sollten sie einen solchen in Ehren halten und die einen unter die Wächter, die andern unter die Gehilfen erheben, da ein Orakel vorliege, der Staat sei dem Untergang verfallen, sobald Eisen oder Erz das Wächteramt in ihm führe. Diese Erzählung also ihnen glaublich zu machen, weißt du dazu irgendein

Mittel? – Nein, wenigstens, was sie selbst betrifft; aber vielleicht gelingt es bei ihren Söhnen und den späteren Generationen. – Auch dies, sagte ich, hätte wohl schon die erfreuliche Wirkung, daß sie mehr für die Stadt und füreinander sorgen würden; denn ich verstehe ungefähr schon, wie du es meinst. Das mag nun gehen, wie eben die Sage ihren Lauf nimmt. Wir aber wollen diese Erdensöhne bewaffnen und vorführen, die Regenten an der Spitze. Sind sie nun zusammen, so sollen sie zusehen, wo es am vorteilhaftesten ist, in der Stadt das Lager zu schlagen, um von da aus sowohl die drinnen am besten im Zaum zu halten, wenn etwa einer den Gesetzen nicht gehorchen wollte, als auch die von außen abzuwehren, wenn etwa ein Feind wie ein Wolf die Herde anfallen wollte. Nachdem sie nun den Lagerwall aufgeführt und geopfert haben, wem es sich gebührt, sollen sie sich ihre Schlafstellen bereiten. Oder wie? – Ganz recht so, sagte er. – Und nicht wahr, wohl solche, welche sie im Winter und im Sommer gleich gut schützen können? – Natürlich. – Denn du meinst doch, sagte er, wie ich glaube, Wohnungen. – Ja, sprach ich, jedoch solche für Soldaten, nicht wie für Gewerbetreibende. – Wie, fragte er, meinst du nun wieder, daß hier ein Unterschied zu machen sei? – Das, sprach ich, will ich versuchen, dir zu erklären. Das Gefährlichste und Schlimmste, was Hirten widerfahren kann, ist doch, wenn die Hunde, die sie zu ihrer Hilfe bei den Herden aufziehen, derart werden, daß diese aus Unbändigkeit oder Hunger oder sonst schlechter Gewöhnung selbst sich unterfangen, den Schafen Übles zuzufügen, und statt Hunden Wölfen ähnlich zu werden. – Arg ist das freilich, sprach er, natürlich! – Also müssen wir auf alle Weise verhüten, daß die Gehilfen uns nichts dergleichen gegen die Bürger tun und statt wohlwollender Bundesgenossen sich vielmehr grausamen Tyrannen ähnlich zeigen. – Das müssen wir verhüten, sagte er. – Ist nun nicht die wirksamste Vorsichtsmaßregel die, daß sie selbst wirklich gut erzogen sind? – Aber das sind sie ja schon, sagte er. – Das dürfen wir noch nicht versichern, lieber Glaukon, sondern nur, was wir eben sagten, daß ihnen eine richtige Erziehung zuteil werden müsse, worin diese nun auch bestehen mag, wenn sie jene wichtigste Eigenschaft besitzen sollen, milde zu sein untereinander und gegenüber denen, die ihrer Obhut anvertraut sind. – Richtig allerdings, sprach er. – Außer dieser Erziehung nun, möchte wohl ein Vernünftiger sagen, müßten auch ihre Wohnungen und ihre ganze übrige Habe so eingerichtet sein, daß dadurch weder die Wächter davon abgebracht werden können, so trefflich als möglich zu sein, noch weniger aber gereizt werden, den andern Bürgern Schaden zuzufügen. – Und ganz mit Recht, sagte er. – Sieh also zu, sprach ich, ob sie etwa auf folgende Weise leben und wohnen müssen, wenn sie solcher Art werden sollen. Zuerst nämlich soll keiner eigenes Vermögen besitzen, wenn es irgend zu vermeiden ist; ferner soll keiner eine solche Wohnung oder Vorratskammer haben, die nicht jedermann, der Lust hat, betreten dürfte. Ihren Unterhalt aber, soviel dessen bescheidene und tapfere Männer, die im Kriege kämpfen sollen, bedürfen, sollen sie nach festgesetzter Ordnung von den andern Bürgern als Lohn für ihren Schutz in solchem Maße empfangen, daß ihnen weder etwas übrigbliebe auf das nächste Jahr, noch sie auch Mangel haben. Sie werden gemeinsam ihre Mahlzeiten einnehmen, so wie man es im Felde allgemein macht. Was aber Gold und Silber betrifft, so muß man ihnen sagen, daß sie solches von göttlicher Art von den Göttern her immer in ihrer Seele tragen und des menschlichen gar nicht mehr bedürfen. Es sei ihnen auch nicht verstattet, den Besitz jenes göttlichen Goldes oder Silbers durch Erwerb von irdischem zu beflecken, da gar vieles und Unheiliges mit dieser gemeinen Münze vorgegangen, die ihrige aber ganz unverfälscht sei; sondern ihnen allein von allen im Staate sei es verboten, mit Gold und Silber zu schaffen zu haben und es zu berühren, oder unter demselben Dach damit zu sein, oder es an der Kleidung zu tragen, oder daraus zu trinken. Auf diese Weise würden sie sich selbst und den Staat erhalten. Besäßen sie aber selbst eignes Land und Wohnungen und Gold, so würden sie dann Hauswirte und Landwirte sein anstatt Wächter, und feindselige Herren anstatt Bundesgenossen der andern Bürger werden. Dann würden sie ihr ganzes Leben hindurch hassen und gehaßt werden, Anschläge machen und Ziel von solchen werden, sie würden sich noch viel mehr vor inneren als vor äußeren Feinden fürchten müssen und so immer sie selbst mitsamt der übrigen Bürgerschaft am Rand des Abgrunds dahingehen. Wollen wir nun aus allen diesen Gründen behaupten, daß das Leben der Wächter betreffs der Wohnung und alles andern so gestaltet werden müsse und dies zum Gesetz erheben? – Gewiß, sagte Glaukon.

Die vier grundlegenden Tugenden

Gegründet also, sprach ich, wäre dir nun schon, Sohn des Ariston, die Stadt. Nächstdem aber schaue dich nun selbst in ihr um mit hinlänglichem Lichte versehen, und rufe auch deinen Bruder und den Polemarchos und die andern herbei, ob wir etwa sehen können, wo nun wohl die Gerechtigkeit ist und wo die Ungerechtigkeit, wie sie voneinander verschieden sind, und welche von beiden der besitzen muß, der glücklich sein soll, mag er auch allen Göttern und Menschen verborgen bleiben oder nicht. – Das gilt nicht! erwiderte Glaukon, denn du hast versprochen, selbst suchen zu wollen, weil es von dir frevelhaft wäre, der Gerechtigkeit nicht nach Vermögen auf alle Weise zu helfen. – Ganz recht, sagte ich, erinnerst du mich, und so soll es sein; aber auch ihr müßt mit Hand anlegen. – Wohl denn! sagte er, das wollen wir tun. – Wie nun, sprach ich, gibt es in der von uns eingerichteten Stadt bei einigen Bürgern ein Wissen, das sich nicht mit irgendwelchen Einzelfragen im Staatsleben befaßt, sondern mit dem Staat als solchem und mit der Frage, wie er selbst seine eigenen inneren Einrichtungen und seine Beziehungen zu andern Staaten am besten regelt? – Welches, sprach ich, und bei wem? – Das, sagte er, ist die Ausbildung zum Wächteramt, und sie ist bei den Regenten zu finden, die wir vorhin die vollkommenen Wächter nannten. – Wie nennst du nun den Staat wegen dieses Wissens? – Wohlberaten, sagte er, und in Wahrheit weise. – Was meinst du nun wohl, sprach ich, werden sich in unserer Stadt mehr Schmiede finden oder mehr von diesen wahrhaften Wächtern? – Bei weitem mehr Schmiede. – Werden sie nun nicht auch im Vergleich mit den andern Leuten, die ein Wissen besitzen und danach heißen, unter allen an Zahl die wenigsten sein? Also vermöge dieser kleinsten Gruppe und dieses kleinsten Bruchteils sowie vermöge des diesem, dem leitenden und regierenden Teil, eigenen Wissens wird der ganze von uns der Natur gemäß errichtete Staat weise sein. Und zwar ist dies, wie es scheint, von Natur so, daß die an Zahl kleinste Klasse es ist, der es zukommt, an dem Wissen teilzunehmen, das man im Vergleich mit den übrigen Wissenschaften allein Weisheit nennen darf. – Vollkommen wahr gesprochen, sagte er. – Dieses eine also unter den vieren haben wir, ich weiß selbst nicht wie, gefunden, was es ist und wo in der Stadt es seinen Sitz hat. – Mir wenigstens, sagte er, scheint es ganz befriedigend erklärt zu sein ...

Und auch tapfer ist unser Staat durch einen Teil seiner selbst, weil er in diesem eine Macht besitzt, welche unter allen Umständen die Meinung von dem Gefährlichen festhalten wird, daß es nämlich das und solcher Art sei, wie es der Gesetzgeber in der Erziehung vorgeschrieben hat. Oder nennst du das nicht Tapferkeit? – Ich habe nicht völlig verstanden, sagte er, was du meintest, also erkläre es noch einmal. – Ich meine eine Art von Festhalten. – Was für eine Art von Festhalten? – Ein Festhalten an der von dem Gesetz durch die Erziehung eingepflanzten Meinung von dem Gefährlichen, was und welcher Art dieses sei. Wenn ich sie aber ein Festhalten daran „unter allen Umständen" nannte, so meinte ich damit, daß man sie in Freud und Leid, in Begierden und Ängsten festhält und nicht fahren läßt ...

Zweierlei also, sprach ich, ist uns noch übrig, was wir im Staate auffinden müssen, die Besonnenheit und die Gerechtigkeit, um derentwillen wir alles andere mit suchen. Ein gewisser Anstand ist doch, sprach ich, die Besonnenheit und eine Mäßigung gewisser Lüste und Begierden, wie man sagt; „sich selbst überwinden", nennt man ja das, ich weiß selbst nicht recht wie; und noch einige andere derartige Merkmale werden wie Spuren von ihr sichtbar.

Nicht wahr? – Ganz richtig, sagte er. – Ist nun nicht das Sich-selbst-überwinden lächerlich? Denn wer sich selbst überwände, der müßte ja auch sich selbst unterliegen. Er wäre also zugleich der Stärkere und der Schwächere. Denn es handelt sich bei allen diesen Redensarten doch immer um die gleiche Person. – Gewiß. – Allein mir scheint diese Erklärung sagen zu wollen, daß es in dem Menschen selbst an der Seele irgendein Besseres und ein Schlechteres gibt; und wenn nun das von Natur Bessere über das Schlechtere Gewalt hat, dies nennt sie „Sich-selbst-überwinden“, denn dies lobt sie ja; wenn aber durch schlechte Erziehung oder Behandlung von der Menge des Schlechteren das kleinere Bessere überwältigt wird, dieses scheint sie vorwurfsvoll zu tadeln und dies „Sich-selbst-unterliegen“ zu nennen, und den, dem dies widerfährt, zuchtlos. – So erscheint es, sagte er. – Sieh also her, sprach ich, auf unsern neuen Staat, und du wirst das eine von diesen beiden in ihm finden. Denn von ihm kann man mit Recht sagen, daß er sich selbst überwinde, wenigstens wenn man die Herrschaft des Besseren über das Schlechtere Besonnenheit und Selbstüberwindung nennen soll. – Ich sehe her, sagte er, und du hast recht. – Und die vielen und vielerlei Begierden und Lüste und Schmerzen findet man doch wohl am meisten bei Weibern und Gesinde, unter den sogenannten freien Leuten aber nur bei der großen und ungebildeten Menge. – Allerdings. – Einfach und maßvoll aber, durch eine auf Vernunft und richtiger Vorstellung beruhende Überlegung geleitet, wirst du Lust und Schmerz nur bei wenigen Menschen finden, nämlich bei den bestgearteten und besterzogenen. – Wahr, sagte er. – Nun siehst du doch, daß du dies alles auch in unserem Staate hast, und zwar werden hier die Begierden der ungebildeten Menge gebändigt durch die verständigen Bestrebungen einer gesitteten Minderheit. – Das sehe ich, sagte er. – Wenn man also einen Staat Überwinder der Lüste und Begierden und also auch seiner selbst nennen darf, so ist es dieser. – Ganz gewiß, sagte er. – Gut, sagte ich; diese drei Arten der Tugend sind uns also, wie es scheint, in unserem Staat sichtbar geworden. Was ist nun aber die vierte Art, die unserem Staat zum Besitz der vollkommenen Tugend noch fehlt? Offenbar die Gerechtigkeit. — Das ist klar. — Nun also, Glaukon, müssen wir wie Jäger den Busch rings umstellen, daß uns die Gerechtigkeit nicht etwa entschlüpfe, und dann, wenn sie einmal verschwunden ist, nicht wieder zum Vorschein komme. Denn offenbar ist sie hier irgendwo. Sieh also zu und gib dir recht Mühe, ob du sie etwa vor mir erblicken und mir zeigen kannst. — Wenn ich doch könnte! sagte er. Vielmehr, wenn du mich als einen behandelst, der die Folgen und das, was du ihm zeigst, ins Auge fassen soll, so bin ich mit dieser Behandlung ganz zufrieden. — So folge mir denn, sprach ich, nach gemeinsam verrichtetem Gebet. — Das will ich tun, sprach er, führe du nur an. — Freilich, fuhr ich fort, scheint mir der Ort gar unzugänglich und überwachsen, wenigstens ist er dunkel und schwer zu durchstreifen; aber wir müssen dennoch gehen. — Das müssen wir! sagte er. — Nachdem ich nun etwas erblickt, rief ich aus: Hallo, Glaukon! es scheint, daß wir eine Spur haben, und ich glaube, sie soll uns nun gewiß nicht entkommen. — Das ist ja eine gute Nachricht, sprach er. — Wahrhaftig, sagte ich, etwas ungeschickt haben wir uns dabei doch angestellt. — Wieso? — Schon lange, du Bester, liegt sie uns von Anfang an vor den Füßen, und wir haben sie nur nicht gesehen, sondern benahmen uns ganz lächerlich, wie bisweilen Leute, die etwas in der Hand haben und das suchen, was sie haben; so haben auch wir nicht auf den Fleck gesehen, sondern irgendwohin ins Weite, daher sie uns denn natürlich entgehen mußte. — Wie, fragte er, meinst du das? — So, antwortete ich, daß mich dünkt, wir haben schon lange davon gesprochen und gehört und nur selbst nicht verstanden, daß wir eben davon handelten. — Lange Vorrede, sagte er, für einen, der begierig ist zu hören! — Also, sprach ich, höre, ob etwas daran ist. Nämlich was wir von Anfang an festgesetzt haben, was jeder durchgängig tun müßte, als wir den Staat gründeten, eben dieses oder doch eine Art davon ist, wie mich dünkt, die Gerechtigkeit. Denn wir haben ja festgesetzt und oftmals gesagt, wenn du dich dessen erinnerst, daß jeder sich nur Einer Tätigkeit im

Dienste des Staates befleißigen solle, nämlich derjenigen, zu der seine Natur sich am besten eignet. – Das haben wir freilich gesagt. – Und gewiß, daß das Seinige tun und sich nicht in vielerlei mischen Gerechtigkeit ist, auch das haben wir von vielen andern gehört und gewiß auch öfters selbst gesagt. – Gewiß haben wir es gesagt. – Dies also, mein Lieber, das Seinige zu tun, das scheint, wenn es auf eine bestimmte Art geschieht, die Gerechtigkeit zu sein. Weißt du, woraus ich das schließe? – Nein, aber sage es! antwortete er. – Mich dünkt nämlich, sprach ich, die Eigenschaft, die unserem Staate noch fehlt, außer denen, die wir schon betrachtet haben, der Besonnenheit, Tapferkeit und Vernünftigkeit, müsse das sein, was jenen insgesamt die Kraft gibt, da zu sein, und müsse jene andern auch, wenn es einmal da ist, erhalten, solange es selbst vorhanden ist. Nun aber sagten wir doch, die Gerechtigkeit müsse dasjenige sein, was noch fehle, wenn wir die drei andern würden gefunden haben. – Und das ist auch notwendig so, sagte er. – Aber doch, sprach ich, wenn man nun entscheiden sollte, welche von diesen Eigenschaften wohl vorzüglich unsern Staat gut mache durch ihre Anwesenheit, so möchte schwer zu entscheiden sein, ob dies die einheitliche Überzeugung der Regenten und der Regierten ist oder das Festhalten an der gesetzlich bestimmten Meinung von dem Gefährlichen und Ungefährlichen, die den Kriegern innewohnt, oder die verständige Auffassung, die die Regenten von ihrem Wächteramt haben, oder ob es in erster Linie diese Eigenschaft ist, die unsern Staat gut macht, insofern sie Weib und Kind, Sklaven und Freien und Handwerkern, Regenten und Regierten gleichermaßen zukommt: nämlich, daß jeder einzelne das Seine tut und sich nicht der Vielgeschäftigkeit ergibt! – Schwer zu entscheiden, sagte er, allerdings. – Es wetteifert also in bezug auf die Tugend der Stadt mit der Weisheit und Besonnenheit und Tapferkeit diese Eigenschaft, daß jeder in ihr das Seinige tut. – Gewiß, sagte er. – Und du würdest doch wohl nur der Gerechtigkeit einen Wettstreit mit jenen in bezug auf die Tugend der Stadt zugestehen? – Allerdings. – Erwäge aber auch von dieser

Seite, ob es dir so scheint. Wirst du wohl den Herrschenden in der Stadt auftragen, die Rechtssachen zu schlichten? – Wem anders? – Werden sie nun wohl nach irgend etwas anderem mehr streben bei ihren Entscheidungen als danach, daß einem jeden weder Fremdes zugeteilt noch ihm das Seinige genommen werde? – Nein, sondern danach. – Als nach dem Gerechten? – Ja. – Auch so demnach würde, daß jeder das Seinige und Gehörige hat und tut, als Gerechtigkeit anerkannt werden. – So ist es. – Sieh nun zu, ob du noch weiter meiner Meinung bist. Wenn der Zimmermann sich beikommen läßt, des Schuhmachers Handwerk zu treiben, oder der Schuhmacher das des Zimmermanns, mögen sie nun ihre Werkzeuge und ihren Lohn wechseln, oder mag auch einer und derselbe beides zu treiben versuchen, wenn nun auch alle andern Tätigkeiten so vertauscht würden, glaubst du, daß das dem Staat großen Schaden zufügen würde? – Nicht eben, antwortete er. – Aber wenn ein Handwerker oder ein Mann, der seiner natürlichen Veranlagung nach sonst zu den Gewerbetreibenden gehört, mit der Zeit hochmütig geworden durch Reichtum oder Verbindungen oder Stärke oder etwas dergleichen, sucht in den Stand der Krieger überzugehen oder einer von den Kriegern in den der Ratsleute und Wächter, ohne daß er es wert ist, und diese dann ihre Werkzeuge und ihre Ehrenstellen gegeneinander vertauschen, oder einer und derselbe dies alles zu verrichten unternimmt, dann denke ich, wirst auch du der Meinung sein, daß ein solcher Tausch und solche Vielgeschäftigkeit die Stadt ins Verderben stürzen müßte. – Allerdings. – Die Vielgeschäftigkeit also bei diesen drei Ständen und die gegenseitige Einmischung in ihre Tätigkeit kann man wohl am richtigsten als das schwerste Vergehen bezeichnen. – Jawohl. – Und das schwerste Vergehen gegen den eigenen Staat wirst du doch wohl Ungerechtigkeit nennen. – Natürlich. – Das also wäre die Ungerechtigkeit. Und so wollen wir denn nochmals erklären: Wenn der Stand der Gewerbetreibenden, der Gehilfen und der Wächter, ein jeder bei seiner eigenen Tätigkeit bleibt, so ist das das Gegenteil von jenem Vergehen, nämlich Gerechtigkeit, und durch sie wird der Staat gerecht. – So und nicht anders verhält es sich.

Die Frauenfrage

Wenn es sich herausstellen sollte, sagte ich, daß das Geschlecht der Männer und Frauen sich in der Geschicklichkeit für irgendeine Kunst oder sonstige Tätigkeit unterscheidet, so werden wir also sagen, daß man jedem von beiden diejenige zuteilen müsse, für die es taugt; sollte es sich aber zeigen, daß sie sich nur dadurch unterscheiden, daß dem Weibe das Gebären, dem Manne das Erzeugen eigen ist, so werden wir es noch keineswegs als bewiesen ansehen, daß in Beziehung auf das, wovon wir reden, Mann und Frau verschieden sind, sondern noch immer annehmen, daß unsere Wächter und ihre Frauen dieselbe Tätigkeit betreiben sollen. – Und mit Recht, sagte er. – Und nicht wahr, daraufhin werden wir den, der das Gegenteil behauptet, auffordern, uns darüber zu belehren, in bezug auf welche Kunst oder welches Geschäft von denen, die zur Erhaltung des Staates gehören, die Naturanlage des Weibes und des Mannes nicht dieselbe sei, sondern verschieden? – Das ist ganz billig. – Nun könnte aber, was du vor kurzem sagtest, auch wohl ein anderer sagen, daß dies auf der Stelle hinreichend zu bestimmen nicht leicht sei, nach gehöriger Überlegung aber nicht schwer. – Das könnte einer freilich. – Sollen wir also den, der uns dergleichen entgegenstellt, bitten, uns zu folgen, ob wir vielleicht ihm zeigen können, daß es gar kein besonderes Geschäft für das Weib gibt in dem, was den Staat betrifft? – Das will ich wohl. – So komm denn, wollen wir zu ihm sprechen, und antworte. Meintest du es etwa so, daß einer von Natur geschickt zu etwas ist und der andere ungeschickt, insofern der eine etwas leicht lernt und der andere schwer? und der eine nach kurzem Unterricht schon sehr erfinderisch wird in dem, was er gelernt hat, der andere aber, auch wenn viel Unterweisung und Mühe an ihn gewendet ist, nicht einmal, was er gelernt hat, behalten kann? ferner daß dem einen seine körperliche Beschaffenheit zustatten kommt für seine Absicht, dem andern dagegen sie diese erschwert? Gibt es wohl irgend etwas anderes als dieses, wodurch du in jeder Sache den, der von Natur dazu geschickt ist, und der nicht, unterscheiden kannst? – Niemand, sprach er, wird wohl etwas anderes anführen können. – Weißt du nun irgend etwas von Menschen Betriebenes, worin das Geschlecht der Männer nicht in allen diesen Beziehungen den Vorzug besäße vor dem der Weiber? Oder sollen wir erst weitläufig sein und die Weberei anführen und die Zubereitung von Gebäck und Speisen, worin ja das weibliche Geschlecht sich auszuzeichnen scheint, so daß es geradezu lächerlich wäre, wenn es sich hierin (von den Männern) übertreffen ließe. – Ganz richtig, antwortete er, sprichst du, daß, um es kurz zu sagen, in allem gar sehr das eine Geschlecht von dem andern übertroffen wird. Viele Frauen mögen zwar in vielem besser sein als viele Männer, im ganzen aber verhält es sich, wie du sagst. – Also, mein Freund, gibt es keine Tätigkeit in der Staatsverwaltung, die dem Weibe als Weib oder dem Manne als Mann zukäme, sondern die natürlichen Anlagen sind auf ähnliche Weise in beiden verteilt, und an allen Geschäften kann das Weib teilnehmen ihrer Natur nach, wie der Mann an allen; in allen aber ist das Weib schwächer als der Mann. – Freilich. – Wollen wir also den Männern alles auftragen und dem Weibe nichts? – Woher doch? – Sondern wirklich ist, denke ich, wie wir behaupten werden, die eine Frau von Natur zur Heilkunst begabt und die andere nicht, und die eine musikalisch, die andere nicht. – Wie anders? – Und auch wohl zu Leibesübungen und kriegerischer Tätigkeit die eine geeignet, die andere aber unkriegerisch und ohne Neigung zu Leibesübungen? – Ja. – Ferner wird die eine die Weisheit lieben, die andere sie ablehnen, die eine leidenschaftlich sein, die andere ohne Leidenschaft? – Auch das kommt vor. – Es wird also auch die eine Frau sich zum Wächteramt eignen, die andere nicht. Oder haben wir nicht ebenso auch eine besondere Natur der hierzu tauglichen Männer angenommen? – Allerdings. – So ist also bei Mann und Weib die Naturanlage zum Wächteramt im Staate dieselbe, abgesehen davon, daß sie bei dem einen schwächer, bei dem andern stärker ist? – So zeigt es sich. – Also müssen solchen Männern auch solche Frauen ausgewählt werden, um mit ihnen zu leben und mit ihnen das Wächteramt zu versehen, die ihrer Natur nach dazu tauglich und ihnen verwandt sind. – Freilich. – Und müssen nicht gleichen Naturen auch gleiche Tätigkeiten zugewiesen werden? – Ja. – So kommen wir also wiederum auf das Frühere zurück und bekennen, es sei nicht gegen die Natur, den Frauen der Wächter musische und gymnastische Ausbildung zuteil werden zu lassen. – Allerdings. – Wir haben also nicht Unmögliches oder leeren Wünschen Ähnliches als Gesetz aufgestellt, da wir ja der Natur gemäß das Gesetz gefaßt haben; sondern was jetzt dem entgegen geschieht, scheint mehr gegen die Natur zu sein. – So scheint es. – Und unsere Untersuchung war doch darauf gerichtet, vorzuschlagen, was möglich und das Beste sei. – Das war sie. – Daß es nun möglich war, ist eingestanden. – Ja. – Daß aber auch das Beste, darüber müssen wir uns nächstdem verständigen. – Offenbar. – Nicht wahr, daß eine Frau zum Wächteramt geschickt werde, dazu wird uns keine andere Erziehung dienen als diejenige, welche die Männer dazu macht, zumal sie ja die gleiche Natur bei beiden überkommt? – Keine andere. – Wie denkst du aber hierüber? – Worüber? – Ob du bei dir selbst annimmst, daß ein Mann besser ist und der andere schlechter? Oder gelten sie dir alle gleich? – Keineswegs. – Glaubst du nun, daß uns in dem Staat, den wir gegründet haben, die Wächter zu besseren Männern ausgebildet worden sind, da ihnen ja die beschriebene Erziehung zuteil geworden ist, oder die Schuster, die in ihrem Handwerk ausgebildet sind? – Das ist ja eine lächerliche Frage, antwortete er. – Ich verstehe, sagte ich. Aber wie? sind die Wächter nicht unter allen Bürgern die trefflichsten? – Bei weitem. – Und wie? werden nun nicht die entsprechenden Frauen auch unter den Frauen die besten sein? – Auch das, sagte er, bei weitem. – Und gibt es etwas Vorzüglicheres für den Staat, als daß seine Männer und Frauen so trefflich als möglich sind? – Das gibt es nicht. – Dies aber wird die Wirkung der musischen und gymnastischen Ausbildung sein, die ihnen nach unserer Auseinandersetzung zuteil werden wird. – Natürlich. – Nicht nur Mögliches also, sondern auch das Beste haben wir in unserem Staat gesetzlich angeordnet. – So ist es. – So werden sich also die Frauen der Wächter auch entkleiden müssen, da sie sich ja statt des Gewandes in ihre Tugend hüllen können, und sie werden am Krieg und den sonstigen Pflichten des Wächteramts teilnehmen und keine andere Tätigkeit ausüben. Hiebei aber sind den Frauen die leichteren Aufgaben zuzuweisen im Vergleich mit den Männern mit Rücksicht auf die Schwäche ihres Geschlechts. Ein Mann aber, welcher lacht über entkleidete Frauen, die sich des Besten wegen auf diese Art üben, der pflückt mit seinem Lachen „eine unreife Frucht der Weisheit“[5] und weiß, wie man wohl sieht, nicht, worüber er lacht, noch was er tut. Denn das ist und bleibt gut gesagt, daß das Nützliche schön und das Schädliche häßlich ist. – Ganz gewiß. – Das wäre also gleichsam eine Welle, über die wir uns rühmen können in unserer Verteidigung des Gesetzes über die Frauen glücklich hinweggekommen zu sein, so daß wir doch nicht ganz von ihr verschlungen worden sind, indem wir festsetzten, Wächter und Wächterinnen sollten uns durchweg gemeinsam dasselbe betreiben. Vielmehr legt unsere Rede durch ihre innere Folgerichtigkeit gewissermaßen für sich selbst Zeugnis ab, daß, was sie vorträgt, möglich und nützlich ist. – Und gewiß, sagte er, über keine kleine Welle bist du da hinweggekommen. – Du wirst wohl gestehen, sagte ich, daß sie nicht groß ist, wenn du auf das Folgende siehst. – Rede nur, damit ich es sehe, sagte er. – Diesem Gesetz und dem, was wir sonst bisher ausgeführt haben, muß, glaub' ich, folgende Einrichtung sich anschließen. Welche? – Daß diese Frauen alle allen diesen Männern gemeinsam seien, keine aber irgendeinem besonders beiwohne, und so auch die Kinder gemeinsam, so daß weder ein Vater sein Kind kenne noch auch ein Kind seinen Vater. – Allerdings, sagte er, erregt diese bei weitem noch mehr Befremden, sowohl im Blick auf das Mögliche als auf das Nützliche. – Ich denke nicht, sprach ich, daß man über die Nützlichkeit im Zweifel wäre, sondern die Gemeinsamkeit der Frauen und Kinder als einen großen Vorzug anerkennen würde, wenn anders sie sich durchführen läßt; aber darüber, denke ich, ob es durchführbar ist oder nicht, wird der meiste Streit entstehen. – Über beides, sprach er, ließe sich wohl tüchtig streiten.

– Du meinst, sagte ich, daß die beiden Fragen zusammengehören; ich aber glaubte schon der Beantwortung der einen entronnen zu sein, wofern dir der Vorschlag nützlich zu sein schiene, und ich hätte dann nur noch über seine Möglichkeit oder Unmöglichkeit zu reden. – Ich merkte wohl, sprach er, daß du entwischen wolltest; also steh nur Rede über beides. – Ich muß ja wohl, sprach ich, meine Strafe auf mich nehmen. Nur das eine tue mir zu Gefallen, laß mich einmal mir gütlich tun, wie die Leute von trägem Geist sich selbst zu bewirten pflegen, wenn sie allein auf die Wanderung gehen. Nun will auch ich mir gegenüber jetzt etwas weich sein und möchte die Frage nach der Möglichkeit aufschieben und erst später erörtern. Jetzt aber will ich, wenn du erlaubst, die Möglichkeit der Sache vorausgesetzt, untersuchen, in welcher Weise die Regenten die Anordnung durchführen werden und inwiefern sie sich, verwirklicht, dem Staat und den Wächtern als der größte Nutzen erweisen wird. Dieses möchte ich zuerst mit dir versuchen durchzudenken, jenes aber hernach, wenn du es zufrieden bist. – Freilich bin ich es zufrieden, sagte er, tue es nur. –

Ich denke also, sprach ich, wenn doch die Regenten dieses Namens wert sein sollen und ihre Gehilfen gleichfalls, so werden ja wohl die einen gewillt sein, das Befohlene zu tun, die andern aber werden befehlen, so daß sie den Gesetzen teils selbst gehorchen, teils in allem, was wir ihnen selbst freigestellt haben, in ihrem Sinne handeln. – Wahrscheinlich, sagte er. – Also, sprach ich, du als Gesetzgeber wirst, wie du die Männer ausgewählt hast, so auch die Frauen auswählen und ihnen übergeben, und zwar solche, die ihnen ihrer Naturanlage nach möglichst ähnlich sind. Weil sie nun gemeinsame Wohnungen und Mahlzeiten haben und keines von ihnen etwas derart für sich allein hat, werden sie also zusammenleben. Und wenn sie sich so zusammenfinden auf den Übungsplätzen und im übrigen Leben, werden sie, denke ich, durch die eingeborene Notwendigkeit getrieben werden, sich miteinander zu vermählen. Oder scheint dir das, was ich sage, nicht eine notwendige Folge? – Im mathematischen Sinne nicht, antwortete er, wohl aber im Sinne der Liebesleidenschaft, und diese scheint ja noch viel intensiver zu sein als jene, wenigstens um die große Menge zu bestimmen und mitzureißen. — Gewiß antwortete ich. Weiter aber, Glaukon, ohne Ordnung sich zu vermählen oder irgend sonst etwas auf diese Art zu tun, kann wohl weder für fromm geachtet sein in einem Staat von Glücklichen, noch werden es die Regenten zulassen. — Das wäre freilich unrecht, sagte er. — Offenbar also haben wir nächstdem Hochzeiten abzuhalten, und zwar so heilige als möglich; heilig aber dürfen wohl die zweckmäßigsten sein. — Ganz gewiß. — Wie also werden sie am zweckmäßigsten sein? das sage mir, Glaukon. Denn ich sehe ja in deinem Hause sowohl Jagdhunde als auch gar mancherlei von dem edlen Geflügel. Hast du also wohl auf etwas achtgegeben bei ihren Hochzeiten und ihrer Erzeugung von Jungen? — Worauf doch? fragte er. — Zuerst, wiewohl sie alle edel sind, sind nicht auch unter ihnen doch und werden immer einige die besten? — Gewiß. — Erzielst du nun aus allen ohne Unterschied Nachkommenschaft, oder strebst du nicht wenigstens danach, daß es soviel als möglich nur aus den Besten geschehe? — Aus den Besten. — Und aus den Jüngsten oder Ältesten, oder denen, die am meisten in der Blüte der Jahre sind? — Aus den letzteren. — Und wenn es nicht so geschieht, so glaubst du, daß sich dir der Schlag der Hunde sowohl als der Vögel gar sehr verschlechtern werde? — Gewiß, sagte er. — Und was meinst du, sprach ich, von den Pferden und den übrigen Tieren? etwa, daß es sich anders mit ihnen verhalte? — Das wäre ja unerhört, sprach er. — O weh, sprach ich, lieber Freund, wie scharfsinnig werden dann unsere Regenten sein müssen, wenn es sich mit dem menschlichen Geschlecht ebenso verhält. — Das tut es freilich gewiß, sagte er. Aber was weiter? — Weil sie notwendig, sprach ich, viele Mittel werden anwenden müssen. Nun genügt, wie wir glauben, für die körperliche Behandlung, bei der es keiner Arzneien, sondern nur der Befolgung einer bestimmten Diät bedarf, auch ein weniger geschickter Arzt; wenn aber Arzneien müssen angewendet werden, dann wissen wir, bedarf es eines tüchtigen Arztes. — Richtig. Aber weshalb sagst du das? — Deshalb, sprach ich. Es scheint, daß unsere Regenten allerlei Täuschungen und Betrug werden anwenden müssen zum Nutzen der Beherrschten. Und wir sagten ja, alles dergleichen sei nur nach Art der Arznei nützlich. – Ganz richtig, sagte er. – Bei den Hochzeiten nun und der Kindererzeugung scheint dies Richtige gar nicht in geringem Maß vorzukommen. – Wieso? – Nach dem Eingestandenen, sagte ich, sollten die trefflichsten Männer den trefflichsten Frauen so oft als möglich, die minderwertigsten Männer den minderwertigsten Frauen so selten als möglich beiwohnen; und die Kinder jener sollten aufgezogen werden, die dieser nicht, wenn die Herde auf der Höhe bleiben soll; und dies alles muß völlig unbekannt bleiben, außer den Regenten selbst, wenn die Gesamtheit der Wächter möglichst durch keine Zwietracht gestört werden soll. – Das ist ganz richtig, sagte er. – Also werden gewisse Feste gesetzlich eingeführt werden, an welchen wir die neuen Ehegenossen beiderlei Geschlechts zusammenführen werden, und Opfer und Gesänge sollen unsere Dichter dichten, wie sie sich für die zu feiernden Hochzeiten schicken. Die Menge aber der Hochzeiten wollen wir den Regenten freistellen, damit diese, indem sie Kriege und Krankheiten und alles dergleichen mit in Anschlag bringen, uns möglichst dieselbe Anzahl von Männern erhalten, und so der Staat nach Möglichkeit weder größer noch kleiner werde. – Richtig, sagte er. – Und dann, denke ich, müssen wir fein ersonnene Lose einführen, damit bei jeder Verbindung der Minderwertige dem Zufall die Schuld beimesse und nicht den Regenten. – Ei freilich, sagte er. – Und den jungen Männern, die sich im Krieg oder sonstwie als tüchtig gezeigt haben, muß außer andern Ehrengaben und Preisen auch die Erlaubnis erteilt werden, den Frauen häufiger beizuwohnen, damit zugleich auch unter gerechtem Vorwand die meisten Kinder von solchen erzeugt werden. – Richtig. – Weiter nun, die jedesmal geborenen Kinder nehmen die dazu bestellten Obrigkeiten an sich, mögen sie nun aus Männern oder Frauen, oder beiden bestehen, denn die Ämter sind ja auch Frauen und Männern gemeinsam. – Ja. – Die der guten nun, denke ich, tragen sie in das Säuglingshaus zu Wärterinnen, die in einem besondern Teil der Stadt wohnen, die der schlechteren aber, und wenn eines von den andern verstümmelt geboren ist, werden sie, wie es sich ziemt, an einem unzugänglichen und unbekannten Orte verbergen. – Wenn doch, sagte er, das Geschlecht unserer Wächter ganz rein bleiben soll[6]. – Diese werden also auch für die Nahrung sorgen, indem sie die Mütter, wenn sie von Milch strotzen, in das Säuglingshaus führen, so jedoch, daß sie auf alle ersinnliche Weise verhüten, daß eine ihr Kind erkenne, und indem sie, wenn jene nicht hinreichen, noch andere Säugende herbeischaffen. Und auch dafür werden sie sorgen, daß die Mütter eine angemessene Zeitlang stillen, die Nachtwachen aber und die übrige beschwerliche Pflege werden sie Wärterinnen und Kinderfrauen auftragen. – Da machst du ja das Kinderbekommen den Frauen der Wächter recht leicht. – Das gehört sich auch, sprach ich. Laß uns nun aber auch das Weitere durchgehen, was wir uns vornahmen. Denn wir sagten doch, von blühenden und vollkräftigen Leuten müßten die Kinder erzeugt werden? – Richtig. – Dünkt dich das nun auch die rechte Zeit der vollen Kraft, zwanzig Jahre für die Frau und dreißig Jahre für den Mann? – Wie meinst du das? – Daß die Frau vom zwanzigsten bis zum vierzigsten Jahre dem Staat gebäre, der Mann aber die stürmischste Periode seiner Entwicklung vorübergehen lasse und dann erst für den Staat zeuge bis zum fünfundfünfzigsten Jahre. – Für beide ist wohl dies, sagte er, die kräftigste Zeit des Körpers und auch des Verstandes. – Wenn also ein Mann, der älter oder jünger ist, an den Zeugungen für das Gemeinwesen sich beteiligt, so werden wir das als eine frevelhafte und rechtswidrige Verfehlung bezeichnen, weil er dann dem Staat ein Kind zeugt, das, wenn es unbeachtet bleibt, bei seiner Geburt nicht unter Opfern und Gebeten auf die Welt kommt, wie sie bei jeder Verheiratung Priester und Priesterinnen und die ganze Bürgerschaft an die Gottheit richten: es möchten stets von guten Eltern noch bessere Kinder und von brauchbaren noch brauchbarere herkommen. – Richtig, sagte er. – Und dasselbe wird doch auch gelten, fuhr ich fort, wenn einer von den noch Erzeugenden die Frauen, die noch in den fruchtbaren Jahren sind, berührt, ohne daß einer der Regenten sie mit ihm verbunden hat. Denn das Kind, das er dem Staate zubringt, müssen wir als unehelich, ungesetzlich und unheilig bezeichnen. – Ganz richtig, sagte er. – Wenn aber, denke ich, Frauen und Männer erst das Alter der Fruchtbarkeit überschritten haben, dann wollen wir letzteren frei lassen, sich zu vermählen, mit welcher sie wollen, nur mit keiner Tochter oder Mutter oder Tochterkind oder über die Mutter hinaus, und den Frauen ebenfalls nur mit keinem Sohn oder Vater, oder solchen, die mit diesen in auf- und jenen in absteigender Linie zusammenhängen. Und nachdem wir ihnen dies alles anbefohlen, mögen sie dann dafür sorgen, wenn eine Empfängnis stattfindet, womöglich das Empfangene nicht ans Licht zu bringen; wird es aber trotz des Versuchs gewaltsamer Verhinderung geboren, mit ihm gemäß der Bestimmung zu verfahren, daß ein solches Kind nicht aufgezogen werden darf. – Auch das, sagte er, ist der Sache angemessen verordnet. Aber ihre Väter und Töchter und was du sonst eben anführtest, wie sollen sie denn die erkennen? – Gar nicht, sprach ich, sondern soviel Kinder geboren werden zwischen dem siebenten und zehnten Monat von jenem Tage an, da einer Ehemann geworden ist, alle diese soll er, die männlichen seine Söhne und die weiblichen seine Töchter nennen, und sie ihn Vater, und so auch die Kinder von diesen seine Enkel und sie ihn Großvater und so auch Großmutter, und die in der Zeit geborenen, in der ihre Väter und Mütter noch fruchtbar waren, Brüder und Schwestern; so daß die bisher Angeführten einander nicht berühren dürfen, Brüdern aber und Schwestern wird das Gesetz gestatten, einander beizuwohnen, wenn das Los so fällt und die Pythia es bestätigt. – Vollkommen richtig, sagte er. –

Dieses also und von dieser Art, Glaukon, ist die Gemeinschaft der Frauen und Kinder unter den Wächtern deines Staats.

Die Philosophenkönige

Die nächste Frage, die wir, wie es scheint, zu untersuchen und zu beantworten versuchen müssen, ist die, warum denn in den jetzt bestehenden Staaten eine solche Politik getrieben wird, weshalb sie nicht in dieser Weise verwaltet werden, ferner welches die kleinste Veränderung ist, deren es bedarf, um einen Staat in diese Verfassung überzuführen, womöglich nur einer, allenfalls zweier, jedenfalls möglichst weniger und unbedeutender. – Allerdings, sagte er. – Ich glaube nun zeigen zu können, daß er sich durch eine einzige Veränderung dazu umwandeln werde, freilich durch keine kleine, auch nicht leichte, aber doch mögliche. – Durch welche? sagte er. – So will ich denn gerade auf das losgehen, was wir vorhin im Bilde die größte Woge nannten. Es soll gesagt werden, und sollte es mich auch mit Schmach und Gelächter ordentlich wie eine aufsprudelnde Welle überschütten. Sieh aber zu, was ich sagen will. – Rede nur, sagte er. – *Wenn nicht*, sprach ich, *entweder die Philosophen Könige werden in den Staaten, oder die jetzt so genannten Könige und Gewalthaber wahrhaft und gründlich philosophieren, und also dieses beides zusammentrifft, die Staatsgewalt und die Philosophie, von den Leuten aber, die sich jetzt jeder von beiden getrennt zuwenden, die meisten im Blick auf ihre Naturanlage unerbittlich angeschlossen werden, so gibt es kein Ende des Unheils für die Staaten, ja ich glaube für das Menschengeschlecht*[7]*;* und auch diese Staatsverfassung, lieber Glaukon, die wir jetzt in Gedanken entworfen haben, wird niemals vorher ins Leben treten und das Licht der Sonne schauen, soweit dies überhaupt möglich ist. Aber dies ist es eben, was auszusprechen mir schon lange Bedenken macht, weil ich sehe, wie es gegen aller Menschen Meinung angeht. Denn es fällt schwer einzusehen, daß eine glückliche Gestaltung der menschlichen Verhältnisse auf keine andere Weise möglich ist, weder für den Einzelnen noch für das Volksganze. – Da sagte er: Sokrates, du hast da ein solches Wort und einen solchen Gedanken hingeworfen, daß du dich darauf gefaßt machen darfst, daß jetzt gar viele und nicht die schlechtesten Leute mit aller Kraft gegen dich anstürmen werden: sie werden gleichsam die Kleider abwerfen und entblößt die nächstbeste Waffe an sich reißen, um dir damit wunder was zu tun. Wenn es dir nicht gelingt, sie mit vernünftiger Rede abzuwehren und so ihnen zu entrinnen, so wirst du in der Tat mit Spott und Hohn büßen müssen. – Und daran, sprach ich, bist du mir doch schuld. – Woran ich, sagte er, gar wohlgetan habe. Aber ich will dich auch nicht verlassen, sondern dir helfen, womit ich nur kann; ich kann aber freilich nur mit gutem Willen und Zureden, und vielleicht, wenn ich dir sorgfältiger als irgendein anderer antworte. Also einen solchen Gehilfen zur Seite, versuche nun den Ungläubigen zu zeigen, daß es sich so verhält, wie du sagst. – Ich muß es versuchen, sprach ich, zumal auch du einen so kräftigen Beistand anbietest. Es dünkt mich nun notwendig, wenn wir irgend denen entkommen wollen, die du meinst, ihnen zu erklären, was wir unter Philosophen verstehen, um die Behauptung wagen zu können, sie müßten regieren. Denn erst, wenn klar geworden ist, was sie sind, kann man sich gegen den Angriff wehren und zeigen, daß es den einen von Natur zukommt, sich mit Philosophie zu befassen und die Führung im Staate zu übernehmen, den andern aber, die Hand davon zu lassen und dem führenden Stande zu folgen. – Das zu bestimmen, wäre allerdings an der Zeit, sagte er. – Nun beantworte mir folgendes mit Ja oder Nein. Wenn wir von jemandem sagen, er begehre etwas, meinen wir dann, daß er die betreffende Sache ganz oder nur teilweise begehre? – Ganz, antwortete er. – Also auch der Philosoph, werden wir sagen, trachte nach Weisheit, nicht nach einiger, und zwar auch nicht bloß nach einem Teil von ihr, sondern nach der ganzen. – Richtig. – Wer also in Kenntnissen wählerisch ist, zumal in der Jugend, wenn er noch keine Einsicht darein hat, was brauchbar ist und was nicht, von dem wollen wir nicht sagen, daß er lernbegierig oder weisheitliebend sei, sowie wir von dem, der in Speisen wählerisch ist, nicht sagen, daß er hungere oder Speise begehre oder eßlustig sei, sondern vielmehr ein Kostverächter. – Und mit Recht sagen wir das. – Wer aber ohne Umstände von jeder Wissenschaft zu kosten Lust hat und gern ans Lernen geht und unersättlich darin ist, den werden wir wohl mit Recht weisheitliebend nennen. Nicht wahr? – Darauf sagte Glaukon: Dann wirst du gar viele und wunderliche Leute bekommen. Denn da scheinen mir zunächst einmal alle Schaulustigen hierher zu gehören, weil sie eine Freude daran haben, etwas Neues kennenzulernen; ferner die Leute, die gerne Musik hören, und diese sind doch eine gar zu wunderliche Gesellschaft, um sie unter die Philosophen zu rechnen: sie, die keinerlei Lust bezeigen, einer vernünftigen Unterhaltung oder einem Vortrag anzuwohnen, dagegen, als ob sie ihre Ohren vermietet hätten, an den Dionysien bei allen Choraufführungen herumlaufen und keine, weder von denen in der Stadt noch von denen in den Dörfern, hinauslassen. Sollen wir nun alle diese und noch viele andere Lernbegierige der Art, auch Liebhaber von allerlei Künststücken, zu den Philosophen rechnen? – Keineswegs, sagte ich, sondern sie sind diesen nur ähnlich. – Was verstehst du denn dann unter den wirklichen Philosophen? – Diejenigen, sprach ich, die die Wahrheit zu schauen begehren. – Schon recht, sagte er; aber wie verstehst du das? – Das einem andern zu erklären, sprach ich, ist keineswegs leicht. Doch wirst du mir, denk' ich, folgendes zugeben. – Was denn? – Daß, da Schönes und Häßliches Gegensätze sind, dieses zwei sind. – Natürlich. – Also wenn zwei, ist auch jedes von ihnen eins. – Auch dieses. – Und mit dem Gerechten und Ungerechten und Guten und Bösen und allen andern Begriffen ist es ebenso, daß jeder für sich eins ist; aber da jeder vermöge seiner Gemeinschaft mit den Handlungen und körperlichen Dingen und den übrigen Begriffen überall zum Vorschein kommt, auch jeder als vieles erscheint. – Du hast recht, sagte er. – Da treffe ich nun, sprach ich, folgende Einteilung: die eine Gruppe bilden die Leute, die du als auf praktisches Handeln gerichtet bezeichnet hast, die andere diejenigen, von denen die Rede ist, und die man allein mit Recht Philosophen nennen kann. – Wie, fragte er, meinst du das? – Die Hörbegierigen und Schaulustigen, sprach ich, lieben doch die schönen Töne und Farben und Gestalten und alles, was man daraus macht, die Natur des Schönen selbst aber ist ihr Geist unfähig zu sehen und zu lieben. – So freilich, sagte er, verhält es sich. – Die nun aber dem Schönen selbst zu nahen und es für sich zu betrachten vermögen, sind die wohl nicht selten? – Gar sehr. – Wer nun schöne Sachen zwar anerkennt, die Schönheit selbst aber weder anerkennt, noch auch, wenn ihn jemand zur Erkenntnis derselben führen will, ihm zu folgen vermag, dünkt dich der wachend oder träumend zu leben? Denn sieh: das Träumen, besteht das nicht darin, wenn jemand, es sei nun im Schlaf oder auch wachend, etwas einer Sache Ähnliches nicht für ähnlich, sondern für die Sache selbst hält, der es gleicht? – Ich wenigstens, sprach er, würde sagen, daß ein solcher träume. – Wie aber, wer ganz im Gegenteil die Schönheit selbst für eine Realität hält, und auch sie selbst sowohl als das, was an ihr teilhat, wahrnehmen kann, und weder das, was an ihr teilhat, noch sie selbst für das Teilhabende hält, dünkt dich dieser wachend zu leben oder schlafend? – Ganz sicher wachend, sagte er. – Würden wir nun nicht seine Gedanken, weil er etwas erkennt, richtigerweise Erkenntnis nennen, die des andern dagegen, der dem Scheine glaubt, Glauben? – Allerdings. – Wie nun, wenn uns derjenige böse würde, von dem wir sagen, er glaube nur, erkenne aber nicht, und wenn er uns bestreiten wollte, daß wir recht hätten, würden wir ihm wohl zuzureden wissen und ihn leise zu überreden, ohne ihn merken zu lassen, daß er verwirrt ist? – Das müßten wir, sagte er. – Komm denn und sieh zu, was wir ihm sagen sollen. Oder willst du lieber, daß wir es so von ihm zu erfahren suchen, daß wir ihm sagen: Wenn er etwas wisse, trügen wir deshalb keinen Neid, sondern wir würden gar gern einen sehen, der etwas wisse. Also sage uns nur dieses: Der Erkennende, erkennt er etwas oder nichts? Du nämlich antworte mir nun an seiner Stelle. – Ich werde antworten, sagte er, daß er etwas erkennt. – Was ist, oder was nicht ist? – Was ist; denn wie könnte etwas, was nicht ist, erkannt werden? – Dies also wissen wir zur Genüge, und wenn wir es von noch soviel Seiten betrachteten, daß das vollkommen Seiende auch vollkommen erkennbar ist, das auf keine Weise Seiende aber auch ganz und gar unerkennbar. – Ganz zur Genüge. – Wohl. Wenn sich aber etwas so verhält, daß es zugleich ist und auch nicht ist, würde es dann nicht in der Mitte liegen zwischen dem unbedingt Seienden und dem ganz und gar nicht Seienden? – In der Mitte. – Nun bezog sich doch Erkenntnis auf das Seiende,

Unkenntnis aber notwendig auf das Nichtseiende. Für das zwischen beiden also ist etwas zu suchen zwischen der Unkenntnis und der Erkenntnis, wenn es etwas Derartiges gibt. – Allerdings. – Sagen wir nun, daß etwas auch Glaube ist? – Wie sollten wir nicht? – Als ein von dem Wissen verschiedenes Vermögen oder als dasselbe? – Als ein verschiedenes. – Also bezieht sich der Glaube auf etwas anderes als das Wissen, jedes von beiden nach seinem ihm eigentümlichen Vermögen. – So ist es.

Die Eigenschaften des Philosophen

Was also Philosophen sind und was nicht, beides, mein Glaukon, ist uns erst nach einer langen Erörterung mit Mühe klar geworden. – Vielleicht, sagt er, geht es auch in einer kurzen nicht leicht. – Wie es scheint! antwortete ich. Aber mich dünkt, es wäre uns noch besser klar geworden, wenn wir nur darüber zu reden gehabt hätten und wenn nicht noch so vieles auseinanderzusetzen wäre, wenn man erkennen will, wodurch sich ein gerechtes Leben von einem ungerechten unterscheidet. – Was also, sagte er, haben wir jetzt zu erörtern? – Was sonst, sprach ich, als was sich als nächste Frage ergibt? Da nun die Philosophen die Leute sind, die das, was sich immer gleich und unverändert verhält, erfassen können, diejenigen aber, die das nicht vermögen, sondern immer in der Welt des Vielerlei und des sich bald so, bald anders Verhaltenden umherschweifen, keine Philosophen sind, welche von beiden sollen Führer des Staates sein? – Mit welchen Bestimmungen, sagte er, würden wir hier das Richtige treffen? – Diejenigen von beiden, sprach ich, welche sich imstande zeigen, die Gesetze und Aufgaben der Staaten zu wahren, diese soll man zu Wächtern bestellen. – Richtig, sagte er. – Aber das ist doch wohl klar, sprach ich, ob man einem blinden oder einem scharfsehenden Wächter etwas zur Obhut anvertrauen soll? – Und wie, sagte er, sollte das nicht klar sein! – Unterscheiden sich nun nach deiner Meinung die Leute, die in der Tat keinerlei Erkenntnis von etwas, das wirklich ist, besitzen und kein deutliches Bild davon in der Seele tragen, in irgend etwas von Blinden, Leute, die nicht imstande sind, gleich Malern, die auf das, was schlechthin wahr ist, schauen, und alle einzelnen Erscheinungen stets darauf zurückführen und im Blick darauf so genau als möglich wiedergeben, so auch, was hier von Schönem und Gerechtem und Gutem Gesetz sein soll, in entsprechender Weise festzusetzen, wenn es dessen bedarf, und alsdann das Festgesetze zu wahren und zu erhalten? – Nein, beim Zeus, sprach er, sie unterscheiden sich nicht von ihnen. – Sollen wir also lieber diese zu Wächtern setzen, oder die, welche jegliches, wie es ist, erkennen, dabei aber an Erfahrung und Übung hinter jenen nicht zurückbleiben, noch ihnen an irgendeinem andern Teile der Tugend nachstehen? – Ungereimt wäre es freilich, sagte er, andere zu wählen, wenn diese sonst nicht zurückstehen; denn hinsichtlich der wichtigsten Eigenschaft verdienen sie freilich den Vorzug. Sollen wir nun nicht erklären, wie es möglich ist, daß sie zugleich die einen und die andern Eigenschaften besitzen? – Gewiß. – Was wir also gleich im Anfang dieser Erörterung sagten, wir müssen zuerst ihre Natur verstehen; und haben wir uns über diese gehörig geeinigt, so werden wir, denke ich, auch darüber einig sein, daß sie imstande sind, zugleich beiderlei Eigenschaften zu haben, und daß keine anderen Führer der Staaten sein dürfen als sie. – Wie das? – Über *die* Eigenschaft der philosophischen Naturen also sind wir einig, daß sie stets nach *dem* Wissen streben, das ihnen etwas von jenem Sein offenbart, das immer ist und nicht durch Werden und Vergehen erschüttert wird. – Darüber sind wir einig. – Und auch darüber, sagte ich, daß sie dies Wissen in vollem Umfang erstreben und nicht auf einen kleineren oder größeren, einen wertvolleren oder minder wertvollen Teil davon freiwillig verzichten. – Richtig, sagte er. – Sieh nun ferner zu, ob sie außerdem auch noch folgende seelische Eigenschaften haben müssen, wenn sie unsern Anforderungen entsprechen sollen. – Welche? – Daß sie ohne Falsch sind und mit Willen auf keine Weise das Falsche annehmen, sondern es hassen, die Wahrheit aber lieben. – Wahrscheinlich, sagte er. – Nicht nur wahrscheinlich, Freund, sondern ganz notwendig wird, wer von Natur etwas liebt, alles seinem Lieblingsgegenstande Verwandte und Angehörige auch lieben. – Richtig, sagte er. – Könntest du nun wohl etwas der Weisheit Verwandteres finden als die Wahrheit? – Wie sollte ich, sprach er. – Kann also wohl dieselbe Natur weisheitsliebend und trugliebend sein? – Keineswegs. – Wer also wirklich wißbegierig ist, muß gleich von Jugend an soviel als möglich nach aller Wahrheit streben. – Allerdings ja. – Wir wissen aber doch wohl, daß bei einem Menschen, dessen Begierden sich heftig auf Einen Gegenstand richten, diese in anderer Hinsicht schwächer sind, weil der Strom gleichsam dorthin abgeleitet ist. – Natürlich! – Wem sie also nach Kenntnissen und allem dergleichen hinströmen, bei dem gehen sie, denke ich, auf die Lust, welche der Seele für sich allein zukommt, und halten sich dagegen von der durch den Leib vermittelten zurück, wenn er in Wahrheit ein Philosoph ist und nicht nur ein solcher zu sein vortäuscht. – Ganz notwendig. – Mäßig ist also ein solcher und keineswegs habsüchtig. Denn nach den Zielen zu streben, um derentwillen mit solchem Aufwande nach Geld gestrebt wird, ziemt eher jedem andern als ihm. – So ist es. – Aber auch folgendes mußt du ja erwägen, wenn du eine philosophische Natur und eine, die es nicht ist, unterscheiden willst. – Was denn? – Daß dir kein etwa vorhandener Zug von niedriger Gesinnung entgehe. Denn Kleinlichkeit ist wohl ganz vorzüglich einer Seele zuwider, welche überall das Ganze und Vollständige anstreben möchte, Göttliches und Menschliches. – Vollkommen richtig! sagte er. – Wer nun Größe der Denkungsart besitzt und eine Anschauung hat von aller Zeit und allem Sein, hältst du es für möglich, daß den das menschliche Leben etwas Großes dünke? – Unmöglich, sprach er. – Also auch den Tod wird ein solcher wohl nicht für etwas Arges halten? – Keineswegs. – Eine feige und unedle Natur also kann an wahrhafter Philosophie keinen Teil haben. – Nein, dünkt mich. – Wie aber? der Sittsame, nicht Habsüchtige, noch Unedle, noch Großtuerische, noch Feige, könnte der wohl unverträglich sein oder ungerecht? – Nicht möglich. – Willst du also untersuchen, welches eine philosophische Seele ist und welches nicht, so wirst du gleich, wenn einer noch jung ist, darauf sehen, ob sie gerecht ist und mild oder unverträglich und roh. – Allerdings. – Aber auch folgendes wirst du, denke ich, nicht unbeachtet lassen. – Was? – Ob jemand gerne oder ungerne lernt. Oder erwartest du, daß jemals jemand eine Tätigkeit so, wie es sich gehört, lieben werde, wenn er sich dazu zwingen muß und dabei nur mit Mühe und Not ein wenig zustande bringt? – Das ist kaum möglich. – Und wer, was er gelernt hat, nicht behalten kann und durch und durch vergeßlich ist, wie sollte der nicht jedes Wissens bar sein? – Wie sollte er nicht? – Wenn er sich also immer vergeblich anstrengt, meinst du nicht, daß er am Ende dahin kommen muß, sich selbst und eine solche Tätigkeit zu hassen? – Wie sollte er nicht? – Eine vergeßliche Seele wollen wir also nie als ausreichend philosophisch anerkennen, sondern darauf sehen, daß eine solche ein gutes Gedächtnis haben müsse. – Gewiß. – Von einer Seele aber, die von geistiger Bildung nichts will und keinen Formensinn hat, werden wir von der nicht annehmen müssen, daß sie zur Maßlosigkeit neige? – Doch! – Und die Wahrheit, meinst du, daß sie der Maßlosigkeit verwandt ist oder dem Ebenmaß? – Dem Ebenmaß. – Also von Natur ebenmäßig und anmutig wird wohl noch außerdem das Gemüt sein müssen, welches eine natürliche Anlage haben soll, sich leicht hinführen zu lassen zu der Idee eines jeglichen, was wirklich ist. – Allerdings. – Wie nun? glaubst du etwa nicht, daß alles, was wir durchgegangen haben, miteinander zusammenhänge und auch jedes einzeln notwendig sei für die Seele, welche gehörig und vollständig das Wahre ergreifen soll? – Ganz notwendig, sagte er. – Kannst du also wohl irgendwie eine solche Tätigkeit tadeln, der sich niemals jemand gründlich widmen kann, wenn er nicht von Natur ein gutes Gedächtnis hat, gerne lernt, hochgemut, anmutig, ein Freund und Verwandter der Wahrheit, Gerechtigkeit, Tapferkeit und Besonnenheit ist? – Auch Momos selbst, sagte er, könnte ja so etwas nicht tadeln[8]. – Und solche Leute sind es doch wohl allein, sagte ich, denen man, wenn sie durch ihr Alter sowie durch Bildung und

Erziehung voll entwickelt sind, allein einen Staat anvertrauen kann. – Darauf sagte Adeimantos: Hiegegen, Sokrates, wird niemand imstande sein, einen Einwand zu erheben.

Solche Naturen, die alle die Eigenschaften besitzen, die wir soeben für den vollkommenen Philosophen gefordert haben, wird es nur selten und in kleiner Zahl unter den Menschen geben. Oder meinst du nicht? – Gewiß! – Und nun sieh, wie viele und wie große Gefahren diesen Wenigen drohen! – Welche denn? – Was am wunderbarsten ist zu hören, daß selbst jede einzelne Eigenschaft, die wir an solcher Natur gerühmt haben, die Seele, die sie hat, verderben und von der Philosophie abziehen kann; ich meine die Tapferkeit und die Mäßigung und was wir sonst angeführt. – Unglaublich, sagte er, das zu hören! – Nächstdem nun, sprach ich, können auch alle sogenannten Güter sie verderben und abziehn, Schönheit, Reichtum, Körperkraft, einflußreiche Verwandtschaften im Staat und was damit zusammenhängt. Denn du hast nun schon den Umriß von dem, was ich meine. – Den habe ich, sagte er, und gern möchte ich noch genauer verstehn, was du sagst. – Fasse es also nur, sprach ich, im ganzen richtig auf, so wird es dir sehr klar werden, und was ich davon vorhergesagt, wird dir nicht unglaublich vorkommen. – Wie also, sagte er, meinst du, soll ich es verstehen? – Von allem Samen, sprach ich, oder Gewächs der Pflanzen oder Tiere wissen wir, daß es, wenn ihm die ihm zukommende Nahrung oder Witterung oder Bodenbeschaffenheit nicht zuteil wird, je kräftiger es ist, desto weiter hinter dem Normalen zurückbleibt. Denn dem Guten ist ja das Schlechte mehr entgegengesetzt als dem Nichtguten. – Wie sollte es nicht! – Es läßt sich also hören, denke ich, daß die edelste Natur bei einer gar zu fremdartigen Nahrung schlechter wegkommen muß als die gemeinere. – Das läßt sich hören. – Also, Adeimantos, sprach ich, wollen wir auch von den Seelen ebenso sagen, daß die von Natur Edelsten, wenn sie eine schlechte Erziehung bekommen, auch besonders schlecht geraten. Oder meinst du, die großen Verbrechen und die reine

Schlechtigkeit komme aus einer gemeinen und nicht vielmehr aus einer reich ausgestatteten, aber durch Erziehung verderbten Natur, indem ja eine schwache Natur nie Großes weder im Guten noch im Bösen hervorbringen kann? – Nein, sagte er, so denke ich auch. – Die Natur also, die wir dem Philosophen beigelegt haben, wird, denke ich, wenn sie gehörigen Unterricht genießt, notwendig zu aller Tugend allmählich heranwachsen; wenn sie aber nicht in den richtigen Boden gesät und gepflanzt wird und nun in diesem aufwachsen soll, so schlägt bei ihr alles ins Gegenteil aus, wenn ihr nicht ein Gott zu Hilfe kommt. Oder glaubst du auch wie die große Menge, daß gewisse junge Leute von Sophisten verdorben worden seien, und daß ihre Verderber Sophisten, bloße Privatleute, seien? Das ist ja nicht der Rede wert; sind nicht vielmehr eben die, die das sagen, die größten Sophisten, die es verstehen, jung und alt, Männer und Frauen in der vollkommensten Weise so zu ziehen und herzurichten, wie sie sie haben wollen? – Wann denn? sagte er. – Dann, antwortete ich, wenn sie in großer Menge beisammen in den Volksversammlungen oder in den Gerichtshöfen oder Theatern oder Lagern oder in was sonst für gemeinsamen Zusammenkünften des Volkes mit großem Lärm einiges tadeln von dem, was geredet oder getan wird, und anderes loben, beides im Übermaß, unter Schreien und Klatschen, und wenn dann noch dazu die Felsen und die Örtlichkeit, an der sie sich befinden, mit ihrem Widerhall den Lärm des Beifalls und des Tadels verdoppeln. Wie glaubst du wohl, daß einem jungen Menschen bei solcher Gelegenheit, wie man sagt, zumute sei? Oder was für eine private Erziehung würde wohl da standhalten und nicht von den Wogen des Tadels und des Beifalls weggeschwemmt und vom Strom mit fortgerissen werden, wohin dieser eben treibt? Und wird dann ein solcher junger Mann nicht dasselbe für schön und häßlich erklären wie diese und dasselbe treiben wie sie, kurz ihresgleichen werden? – Das muß er wohl, Sokrates, sagte er. – Und doch, sprach ich, haben wir vom stärksten Zwang noch nicht gesprochen. – Von welchem? fragte er. – Von dem, den solche Erzieher und Sophisten durch die Tat ausüben, wenn das Wort nicht ausreicht. Oder weißt du nicht, daß sie den, der ihnen nicht folgt, mit dem Verlust bürgerlicher Ehren, mit Geldbußen und mit dem Tode bestrafen? – Freilich, sagte er. – Was für ein anderer Sophist, meinst du, oder was für dem entgegenwirkende Reden eines Einzelnen können da wohl obsiegen? – Keine, glaube ich, sprach er. – Freilich nicht, sprach ich, sondern es auch nur zu versuchen ist schon eine große Torheit, denn es geschieht nicht und wird auch nicht geschehen, daß ein andersartiger Charakter, der im Widerspruch gegen die Erziehung dieser Leute erzogen ist, gegen sie aufkommen könnte, wenigstens ein Mensch, lieber Freund; die Gottheit wollen wir nach dem Sprichwort von diesem Satze ausnehmen. Denn das soll man wohl wissen: was sich bei dem jetzigen Zustand der Staaten überhaupt noch erhält und wird, wie es werden soll, das verdankt, wie man mit Recht sagen darf, seine Erhaltung einem göttlichen Geschick. – Auch mir, sagte er, scheint es nicht anders. – So möge dir denn, sprach ich, außer diesem auch noch folgendes gefallen. – Was doch? – Daß keiner von diesen um Geld lehrenden Privatleuten, die man Sophisten nennt und in denen die Menge ihre Gegner sieht, seiner Erziehung ein anderes Ziel setzt als eben die Glaubenslehren der Menge, die diese in ihren Versammlungen verkündigt. Und was er seine Weisheit nennt, ist dies: gleichsam einer großen und starken Bestie, die man aufzieht, ihre Leidenschaften und Begierden abzulauschen, wie man sich ihr nahen und wie sie anfassen darf, wann und wodurch sie am gefährlichsten und am zahmsten wird, was für Laute und bei welcher Gelegenheit sie solche auszustoßen pflegt und durch welche Laute eines andern man sie besänftigen und wild machen kann. Hat er ihr dies alles in langem Umgang mit ihr abgelauscht, so nennt er das seine Weisheit, macht ein wissenschaftliches System daraus und wirft sich zu dessen Lehrer auf: er, der doch in Wahrheit gar nicht weiß, was an diesen Lehren und Begierden schön oder häßlich, gut oder schlecht, gerecht oder ungerecht ist. Er nennt aber das alles so, entsprechend den Vorstellu... des großen Tieres, indem er gut nennt, was ihm Freu...

macht, und schlecht, was es reizt. Sonst aber hat er keinen Maßstab für diese Begriffe, sondern er nennt das Notwendige gerecht und gut, ohne daß er imstande wäre, das Wesen des Notwendigen und Guten und den großen tatsächlichen Unterschied zwischen beiden selbst zu erkennen oder einem andern klarzumachen. Beim Zeus! Kommt dir ein solcher Mensch nicht als ein sonderbarer Erzieher vor? – Allerdings, sagte er. – Und scheint dir von diesem etwa derjenige verschieden zu sein, der es für Weisheit hält, der großen und bunten Menge bei ihren Versammlungen abzulauschen, was ihr gefällt oder mißfällt, sei es in der Malerei, in Musik und Dichtung oder in der Politik? Denn wenn ein solcher Mensch, der mit diesen Leuten sich einläßt, eine Dichtung oder sonst ein Kunstwerk oder eine politische Tat als seine Leistung ihrem Urteil unterwirft, so macht er die Menge mehr als notwendig zu seinem Herrn, und es ergibt sich für ihn die sogenannte Diomedische Notwendigkeit[9], zu tun, was sie gutheißt. Daß das dann aber auch in Wahrheit gut und schön wäre, hast du darüber jemals einen von ihnen Rechenschaft geben hören, ohne daß er sich lächerlich gemacht hätte? – Nein, sagte er, und das werde ich auch nie hören.

Die Idee des Guten als höchstes Ziel

Du erinnerst dich doch, sprach ich, daß wir drei Formen seelischer Tätigkeit unterschieden und daraus folgerten, was das Wesen der Gerechtigkeit, Besonnenheit, Tapferkeit und Weisheit sei. Ein Wächter des Staates und der Gesetze nun, sprach ich, darf sich im Lernen nicht weniger anstrengen als in den Leibesübungen, oder er wird niemals an das Ziel der höchsten Erkenntnis gelangen, die doch ihm am allermeisten zukommt. – Ist denn dieses, sagte er, nicht die höchste? sondern gibt es noch Größeres als die Gerechtigkeit, und was wir sonst noch erörterten? – Ja, es gibt noch etwas Höheres, sprach ich; aber auch schon dies sollte man nicht, wie jetzt, nur sozusagen in einer Skizze betrachten, sondern man sollte es nicht unterlassen, die Sache aufs vollkommenste auszuführen. Oder ist es nicht lächerlich, in andern unbedeutenden Dingen alles zu tun und sich anzustrengen, um sie auf das genaueste und reinste zu haben, in dem höchsten aber nicht auch die höchste Genauigkeit zu fordern? – Das ist freilich, sagte er, ein ganz würdiger Gedanke. Aber was du nun unter der höchsten Erkenntnis verstehst und worauf sie sich bezieht, meinst du, man werde darauf verzichten, dich danach zu fragen? – Nein, sagte ich. Also frage nur auch du. Auf jeden Fall hast du es schon nicht selten gehört, und entweder denkst du nur eben nicht daran, oder du hast wieder im Sinne, mir dreinzureden und mir Schwierigkeiten zu machen. Ich glaube aber eher das letztere. Denn daß die Idee des Guten die höchste Erkenntnis ist, hast du schon oft gehört. Denn durch sie wird ja erst das Gerechte und alles andere, was zu ihr in Beziehung steht, nützlich und heilsam. Und auch jetzt weißt du wohl gewiß, daß ich dies sagen will, und noch überdies, daß wir sie nicht hinreichend kennen; wenn wir sie aber nicht kennen, weißt du wohl, daß, wenn wir auch ohne sie alles andere noch so gut wüßten, es uns doch nichts hilft, und ebenso, wenn wir irgend sonst etwas ohne das Gute besitzen. Oder meinst du, es helfe uns etwas, alles zu besitzen, nur das Gute nicht, oder alles andere zu verstehen, das Schöne und Gute aber nicht zu verstehen? – Beim Zeus, ich nicht, sagte er ... Aber was verstehst du denn unter dem Guten? Ist es Erkenntnis oder Lust oder noch etwas anderes? ...

Wir sagen doch, daß es eine Vielheit von schönen und guten Dingen und ebenso auch von jeder andern Art gebe, und bestimmen sie als solche durch die sprachliche Bezeichnung. – Ja. – Dann aber nehmen wir auch wieder ein Schönes an sich, ein Gutes an sich und so bei allem an, was wir vorhin als Vielheit annahmen, und so nehmen wir denn auch wieder eine einzige Idee für jedes an, die eine Einheit bildet, und bezeichnen mit ihrer Hilfe, was das Wesen jedes einzelnen Dinges ist. – So ist es. – Und von jenem vielen sagen wir, daß es gesehen werde, aber nicht gedacht; von den Ideen hingegen, daß sie gedacht werden, aber nicht gesehen. – Ganz gewiß. – Mit welchem Organ sehen wir das Gesehene? – Mit dem Gesicht, sagte er. – Nicht auch ebenso, sprach ich, mit dem Gehör das Gehörte, und so mit den übrigen Sinnen alles Wahrnehmbare? – Freilich. – Hast du auch beachtet, wie der Bildner unserer Sinne das Vermögen, zu sehen und gesehen zu werden, zum Kostbarsten von ihnen gestaltet hat? – Nicht eben, sagte er. – So sieh denn zu. Bedürfen wohl das Gehör und die Stimme noch ein anderes Wesen, damit jenes höre und diese gehört werde, so daß, wenn dieses dritte nicht da ist, jenes nicht hören und diese nicht gehört werden kann? – Keines, sagte er. – Und ich glaube, sprach ich, daß auch die meisten andern Sinne, um nicht zu sagen alle, dergleichen nicht bedürfen. Oder weißt du einen anzuführen? – Nein, sagte er. – Aber das Gesicht und das Sichtbare, merkst du nicht, daß die eines solchen bedürfen? – Wieso? – Wenn auch den Augen Sehkraft innewohnt und ihr Besitzer diese zu gebrauchen versucht, und wenn sie auch den Sinn für Farbe haben, so weißt du doch, daß man mit den Augen nichts sieht, und daß die Farben unsichtbar bleiben, wenn nicht etwas Drittes hinzukommt, das von Natur diesem besonderen Zwecke dient. – Was meinst du denn damit? fragte er. – Was du, sprach ich, das Licht nennst. – Du hast recht, sagte er. Der Gesichtssinn also und die Möglichkeit, gesehen zu werden, Vermögen, die schon an und für sich nichts Geringes sind[10], sind mit einem noch kostbareren Bande als die andern entsprechenden Verbindungen zusammengehalten, wofern das Licht nicht etwas Wertloses sein sollte. – Das ist es gewiß nicht. – Und welchen von den Göttern am Himmel kannst du als den Herrn darüber bezeichnen und als Urheber des Lichts, durch das unsere Augen aufs beste sehen und das Sichtbare gesehen wird? – Denselben, sagte er, wie du und jedermann; denn offenbar fragst du doch nach der Sonne. – Ist nun das Verhältnis unseres Gesichtssinns zu diesem Gotte etwa das folgende? – Welches? – Das Sehvermögen ist nicht die Sonne, weder es selbst noch das Organ, worin es wirksam wird und das wir das Auge nennen. – Nein. – Aber das sonnenhafteste[11], denke ich, ist es doch unter allen Organen der Wahrnehmung. – Bei weitem. – Und ist nicht auch die ihm eigentümliche Kraft gewissermaßen ein Ausfluß aus dem Machtbereich dieses Gottes? – Allerdings. – Und ist es nun nicht ebenso mit der Sonne? Sie ist nicht das Sehvermögen, aber die Ursache davon und wird durch eben dieses gesehen. – So ist es, sprach er. – Und eben diese nun, sprach ich, nenne ich, wie du sagen magst, den Sohn des Guten, den das Gute seinem eigenen Wesen entsprechend erzeugt hat, und was das Gute selbst im Reich des Denkbaren im Verhältnis zur Denkkraft und zu dem Gedachten ist, das ist die Sonne in der sichtbaren Welt im Verhältnis zum Sehvermögen und zu dem, was gesehen wird. – Wie? sagte er, erkläre mir das noch genauer. – Du weißt ja doch, wenn man die Augen nicht mehr auf solche Dinge richtet, auf deren Farben das Tageslicht fällt, sondern auf solche, auf denen nächtliche Dämmerung liegt, so werden sie blöde und scheinen beinahe blind, als ob keine reine Sehkraft in ihnen wäre? – Ganz recht, sagte er. – Wenn aber, denke ich, auf das, was die Sonne bescheint, dann sehen sie deutlich, und es zeigt sich, daß in eben diesen Augen die Sehkraft wohnt. – Freilich. – Stelle nun dieselbe Betrachtung in Beziehung auf die Seele an! Wenn sie sich fest auf das richtet, wo die Wahrheit und das Seiende erglänzt, dann erkennt sie es denkend, und es zeigt sich, daß sie Denkkraft besitzt; wenn aber auf das mit Finsternis Gemischte, das Entstehende und Vergehende, so glaubt sie nur, und sie wird blöde, so daß ihre Vorstellungen sich verwirren, und es sieht aus, als ob sie keine Vernunft hätte. – So scheint es freilich. – Das also, was dem Erkennbaren Wahrheit verleiht und dem Erkennenden die Kraft dazu gibt, sage, sei die Idee des Guten, und sie mußt du dir denken als die Ursache der Erkenntnis und der Wahrheit, sofern sie erkannt wird. So schön aber diese beiden sind, die Erkenntnis und die Wahrheit, so wirst du doch nur dann die richtige Vorstellung von der Idee des Guten haben, wenn du sie dir als etwas anderes und noch Schöneres als jene denkst. Wie es nun dort das richtige ist, Licht und Sehvermögen zwar für etwas Sonnenhaftes zu halten, es aber falsch wäre, sie als die Sonne anzusehen, so ist es auch hier das richtige, jene beiden zwar für artverwandt mit dem Guten zu halten, aber eines von beiden als das Gute anzusehen, wäre falsch, sondern das Gute ist seinem

Verhalten nach noch höher zu schätzen. – Etwas überschwänglich Schönes, sagte er, verkündigst du, wenn es Erkenntnis und Wahrheit hervorbringt, selbst aber noch über diesen steht an Schönheit. Für Lust also hältst du es doch gewiß nicht. – Nimm deine Worte in acht! sprach ich, sondern betrachte sein Ebenbild noch weiter so. – Wie? – Die Sonne, denke ich, wirst du sagen, verleihe dem Sichtbaren nicht nur das Vermögen, gesehen zu werden, sondern auch das Werden und Wachstum und Nahrung, obgleich sie selbst nicht das Werden ist. – Wie sollte sie das sein! – Ebenso nun sage auch, daß dem Erkennbaren nicht nur das Erkanntwerden von dem Guten komme, sondern auch das Sein und Wesen habe es von ihm, da doch das Gute selbst nicht das Sein ist, sondern noch über das Sein an Würde und Kraft hinausragt.

Das Höhlengleichnis

Weiterhin sprach ich, magst du dir den Unterschied, der im Zustand unserer Naturanlage besteht, je nachdem sie gebildet oder ungebildet ist, durch folgendes Gleichnis veranschaulichen lassen. Stelle dir Menschen in einer unterirdischen höhlenartigen Behausung vor, die der ganzen Höhle entlang einen aufwärts gegen das Licht geöffneten Zugang hat. In dieser sind sie von Kindheit an gefesselt an Hals und Schenkeln, so daß sie auf demselben Fleck bleiben und auch nur nach vorne sehen, den Kopf aber herumzudrehen der Fessel wegen nicht imstande sind. Licht aber haben sie von einem Feuer, welches von oben und von ferne her hinter ihnen brennt. Zwischen dem Feuer und den Gefangenen geht obenher ein Weg, längs diesem stelle dir eine Mauer aufgeführt vor, wie die Schranken, welche die Gaukler vor den Zuschauern sich errichten und über welche herüber sie ihre Kunststücke zeigen. – Ich sehe es vor mir, sagte er. – Längs dieser Mauer – so stelle dir weiter vor – tragen Menschen allerlei Gefäße, die über die Mauer emporragen, und Bildsäulen und andere steinerne und hölzerne Bilder, aufs mannigfaltigste gearbeitet; einige, wie natürlich, reden dabei, andere schweigen. – Ein gar wunderliches Bild, sprach er, stellst du dar und wunderliche Gefangene. –

Die aber uns gleichen, entgegnete ich. Denn fürs erste, meinst du wohl, daß dergleichen Menschen von sich selbst und voneinander etwas anderes zu sehen bekommen als die Schatten, welche das Feuer auf die ihnen gegenüberstehende Wand der Höhle wirft? – Wie sollten sie, sprach er, wenn sie gezwungen sind, zeitlebens den Kopf unbeweglich zu halten! – Und wie steht es mit den vorbeigetragenen Gegenständen? Nicht ebenso? – Was sonst? – Wenn sie nun miteinander reden könnten, meinst du nicht, sie würden glauben, das, was sie sehen und mit Worten bezeichnen, sei dasselbe wie das, was vorübergetragen wird? – Notwendig. – Und wie, wenn ihr Kerker auch einen Widerhall hätte von drüben her, meinst du, wenn einer von den Vorübergehenden spräche, sie würden denken, etwas anderes rede als der eben vorübergehende Schatten? – Nein, beim Zeus, sagte er. – Auf keine Weise also können diese irgend etwas anderes für das Wahre halten als die Schatten jener Kunstwerke? – Ganz unmöglich. – Nun überlege dir aber auch, wie die Lösung von ihren Fesseln und die Heilung von ihrem Unverstande natürlicherweise vor sich ginge, wenn ihnen folgendes begegnete. Stelle dir vor, es werde einer befreit und genötigt, plötzlich aufzustehen, den Hals umzuwenden, zu gehen und nach dem Licht hinzublicken, und dies alles täte ihm weh, und er wäre wegen des Flimmerns nicht imstande, die Gegenstände zu sehen, deren Schatten er vorher gesehen hatte. Was glaubst du, daß er sagen würde, wenn man ihm versicherte, damals habe er lauter Nichtigkeiten gesehen, jetzt aber sei er dem Seienden näher, stehe vor Dingen, denen ein Sein in höherem Grade zukomme, und sehe daher richtiger, und wenn man ihm nun jedes der vorüberziehenden Dinge zeigen und ihn nötigen würde, auf die Frage, was es sei, zu antworten, glaubst du nicht, daß er dann gänzlich in Verwirrung käme und, was er früher gesehen, für wirklicher halten würde, als was man ihm jetzt zeigt? – Für viel wirklicher, sagte er. – Und wenn man ihn gar in das Licht selbst zu sehen nötigte, würden ihm dann nicht die Augen schmerzen, und er würde fliehen und zu jenen Dingen zurückkehren, die er anzusehen imstande ist, fest überzeugt, diese seien in der Tat viel wirklicher als das, was man ihm zuletzt gezeigt hatte? – Allerdings. – Und, sprach ich, wenn man ihn mit Gewalt von dort durch den unwegsamen und steilen Aufgang schleppte und nicht losließe, bis man ihn an das Licht der Sonne gebracht hätte, wird er da nicht viel Schmerzen haben und sich gar ungern schleppen lassen? Und wenn er nun an das Licht kommt und seine Augen vom Glanze völlig geblendet sind, von dem, was man ihm jetzt als das Wahre bezeichnet, wird er nichts sehen können von dem, was ihm nun für das Wahre gegeben wird. – Freilich nicht, sagte er, wenigstens nicht sofort. – Gewöhnung also, meine ich, wird er nötig haben, um die Dinge hier oben zu sehen. Und zuerst würde er Schatten am leichtesten erkennen, hernach die Bilder der Menschen und der andern Dinge im Wasser, und dann erst sie selbst. Und ebenso, was am Himmel ist, und den Himmel selbst würde er am liebsten in der Nacht betrachten und in das Mond- und Sternenlicht sehen, als bei Tage in die Sonne und in ihr Licht. – Wie sollte er nicht! – Zuletzt aber, denke ich, wird er auch die Sonne selbst, nicht Bilder von ihr im Wasser oder anderwärts, sondern sie selbst an ihrer eigenen Stelle anzusehen und zu betrachten imstande sein. – Notwendig, sagte er. – Und dann wird er schon daraus den Schluß ziehen, daß sie es ist, die alle Zeiten und Jahre schafft und alles ordnet in dem sichtbaren Raume, und auch von dem, was sie dort sahen, gewissermaßen die Ursache ist. – Offenbar, sagte er, würde er nach jener Erkenntnis auch zu dieser gelangen. – Und wie, wenn er nun seiner ersten Wohnung gedenkt und der dortigen Weisheit und der damaligen Mitgefangenen, meinst du nicht, er werde sich selbst glücklich preisen über die Veränderung, jene aber beklagen? – Ganz gewiß. – Und wenn sie dort unter sich Ehre, Lob und Belohnungen für den bestimmt hatten, der die vorüberziehenden Gegenstände am schärfsten sah und am besten im Gedächtnis behielt, welche von ihnen zuerst und welche zuletzt und welche gleichzeitig vorüberzuwandeln pflegten, und daher also am besten vorhersagen konnte, was nun kommen werde, glaubst du, es werde ihn danach noch heftig verlangen und er werde die bei jenen Geehrten und Machthabenden beneiden? Oder glaubst du nicht, es werde ihm vielmehr gehen wie jenem homerischen Helden, und er werde viel lieber hier oben einem andern unbegüterten Manne als Tagelöhner dienen wollen[12] und lieber alles über sich ergehen lassen, als an jene Vorstellungen glauben und auf jene Weise leben? – So, sagte er, glaube auch ich, er wird sich alles eher gefallen lassen, als so zu leben. – Auch das bedenke noch, sprach ich. Wenn ein solcher nun wieder hinunterstiege und wieder seinen alten Platz einnähme, würden ihm die Augen nicht ganz voll Dunkelheit sein, da er so plötzlich von der Sonne herkommt? – Ganz gewiß. – Und wenn er wieder in der Begutachtung jener Schatten wetteifern sollte mit denen, die immer dort gefangen gewesen, während es ihm noch vor den Augen flimmert, und ehe diese wieder darauf eingestellt sind – und sich daran wieder zu gewöhnen, dürfte nicht wenig Zeit erfordern –, würde man ihn dann nicht auslachen und von ihm sagen, er sei mit verdorbenen Augen von oben zurückgekommen, und es lohne nicht, daß man versuche hinaufzukommen? Und wenn jemand versuchen würde, sie loszumachen und emporzuführen, so würden sie ihn, falls sie seiner habhaft werden könnten, wohl gar umbringen? – Ganz gewiß, sagte er. – Dieses ganze Bild nun, sagte ich, lieber Glaukon, mußt du mit dem früher Gesagten verbinden, unsern mittels der Augen uns sichtbar werdenden Aufenthaltsort dem Gefängnisse gleichsetzen und den Schein von dem Feuer darin der Kraft der Sonne; und wenn du nun das Hinaufsteigen und den Anblick der Dinge dort oben gleichsetzst mit dem Aufschwung der Seele in die nur mit dem Denken erfaßbare Welt, so wirst du die Hoffnung nicht verfehlen, die ich hege, da du dies ja zu vernehmen begehrst; Gott aber mag wissen, ob sie der Wahrheit entspricht. Was also mir aufgegangen ist, ist dies: Im Reich des Erkennbaren wird als Letztes und nur mit Mühe die Idee des Guten sichtbar. Hat man sie aber einmal erschaut, so ist der Schluß unabweisbar, daß sie für alle die Ursache alles Rechten und Guten ist, daß sie im Reich des Sichtbaren das Licht und seinen Herrn hervorgebracht hat, und daß sie auch im Reich des Denkbaren die Herrin ist, die Wahrheit und Vernunft verleiht, und daß auf sie schauen muß, wer in seinem persönlichen und im öffentlichen Leben rechtschaffen handeln will. — Auch ich, sprach er, teile deine Meinung, so gut ich eben kann. — Komm denn, sprach ich, teile auch folgende mit mir, und wundere dich nicht, wenn diejenigen, die bis hieher gekommen sind, nicht Lust haben, menschliche Dinge zu betreiben, sondern ihre Seelen immer nach dem Aufenthalt dort oben trachten; denn so ist es ja natürlich, wenn sich dies nach dem vorhin erzählten Gleichnis verhält. — Natürlich, sagte er. — Und wie? kommt dir das wunderbar vor, fuhr ich fort, wenn jemand vom Anblick dieser göttlichen Dinge herkommt und nun, unter das menschliche Elend versetzt, sich nicht zurechtfindet und gar lächerlich erscheint, wenn er, solange er noch trübe sieht und ehe er sich noch an die dortige Finsternis hinreichend gewöhnt hat, schon genötigt wird, vor Gericht oder sonstwo sich herumzustreiten über die Vorstellungen, die sich von diesen Dingen Leute machen, welche die Gerechtigkeit selbst niemals gesehen haben? — Das wäre keineswegs auffallend, sagte er. — Sondern, wenn einer Vernunft hätte, fuhr ich fort, so würde er bedenken, daß durch zweierlei und auf zweifache Weise das Sehvermögen gestört sein kann, wenn man aus dem Licht in die Dunkelheit versetzt wird und wenn aus der Dunkelheit in das Licht. Und ebenso, würde er denken, gehe es auch mit der Seele, und würde, wenn er eine verwirrt findet und unfähig zu sehen, nicht unüberlegt lachen, sondern erst zusehen, ob sie wohl, von einem lichtvolleren Leben herkommend, aus Ungewohnheit verfinstert ist, oder ob sie, aus größerem Unverstande ins Hellere gekommen, durch die Fülle des Glanzes geblendet wird; und so würde er dann die eine wegen ihres Zustandes und ihrer Lebensweise glücklich preisen, die andere aber bedauern; oder, wenn er über diese lachen wollte, wäre sein Lachen nicht so lächerlich als das über die, welche von oben her aus dem Lichte kommt. — Sehr richtig gesprochen, sagte er. — Wir müssen daher, sprach ich, so hierüber denken, wenn das Bisherige richtig ist, daß die Bildung und Erziehung nicht das sei, wofür manche Leute sich vermessen sie auszugeben. Sie behaupten nämlich, wenn kein

Wissen in der Seele sei, könnten sie es ihr verleihen, wie wenn sie blinden Augen das Sehvermögen verleihen könnten. – Das behaupten sie freilich, sagte er. – Unsere jetzige Überlegung aber, sprach ich, zeigt, daß dieses Vermögen der Seele eines jeden innewohnt; nur muß, wie das Auge nicht fähig war, anders als zusammen mit dem ganzen Körper sich aus dem Dunkel nach der Helligkeit zu kehren, so auch dieses Organ, womit jeder erkennt, zusammen mit der ganzen Seele von der Welt des Werdens sich ab- und umkehren, bis es fähig wird, den Anblick des Seienden und des Leuchtendsten unter dem Seienden auszuhalten. Das aber, sagen wir, sei das Gute; nicht wahr? – Ja. – Bildung und Erziehung wäre also die Kunst, die Umkehrung dieses Organs herbeizuführen, und zwar auf möglichst leichte und erfolgreiche Art; nicht aber ihm das Sehvermögen, das es ja schon hat, erst beizubringen, dagegen zu bewirken, daß es statt der falschen die richtige Einstellung bekommt und dahin schaut, wohin es schauen soll. – Das leuchtet ein, sagte er. – Und wie, sprach ich, ist nicht auch dies natürlich und nach dem bisher Gesagten notwendig, daß weder die Ungebildeten und der Wahrheit Unkundigen dem Staat gehörig vorstehen werden, noch auch die, welche man sich immerwährend mit den Wissenschaften beschäftigen läßt? Die einen, weil sie kein einheitliches Ziel im Leben haben, im Blick auf das man doch all sein Handeln einstellen muß, gelte es nun dem persönlichen oder dem öffentlichen Leben; die andern, weil sie gutwillig gar keine praktische Tätigkeit werden betreiben wollen, in der Meinung, daß sie noch immer fern der Welt auf den Inseln der Seligen leben und also abwesend sind. – Richtig, sagte er. – Und also, als den Gründern der Stadt, sprach ich, liegt ob, die trefflichsten Naturen unter unsern Bewohnern zu nötigen, daß sie zu jenem Wissen zu gelangen suchen, das wir vorhin als das höchste bezeichneten, nämlich das Gute zu schauen und den Aufstieg zu jener Höhe anzutreten; aber wenn sie dort oben zur Genüge geschaut haben, darf man ihnen nicht erlauben, was ihnen jetzt erlaubt wird. – Was meinst du damit? – Dortzubleiben, sprach ich, und nicht wieder zurückkehren zu wollen zu jenen Gefangenen, noch Anteil zu nehmen an ihren Mühseligkeiten und Ehrenbezeigungen, mögen diese nun geringfügig sein oder bedeutend. – Also, sagte er, wollen wir ihnen Unrecht zufügen und schuld daran sein daß sie schlechter leben, da sie es besser könnten? – Du hast wieder vergessen, Freund, sprach ich, daß der Gesetzgeber sich nicht das angelegen sein läßt, daß ein Stand im Staat sich besonders wohl befinde, sondern daß er das Wohl des ganzen Staates herbeiführen soll, indem er die Bürger, sei es auf dem Weg der Überzeugung oder des Zwanges, einander anpaßt und so bewirkt, daß sie einander die nützlichen Dienste zukommen lassen, die jeder einzelne dem Gemeinwesen zu leisten imstande ist, und indem er Männer dieser Art im Staate selbst großzieht, nicht um sie dann ihren eigenen Neigungen folgen zu lassen, sondern um sich selbst ihrer für den Zusammenhalt des Staates zu bedienen. – Richtig, sagte er; das hatte ich freilich vergessen. – Betrachte nun, Glaukon, fuhr ich fort, daß wir den bei uns sich bildenden Philosophen kein Unrecht tun werden, sondern nur billige Anforderungen an sie stellen, wenn wir ihnen zumuten, für die andern Sorge zu tragen und sie unter Obhut zu nehmen. Wir werden nämlich folgendermaßen zu ihnen sprechen: „Die Philosophen in den andern Staaten werden billigerweise mit den Mühen der Regierung nicht befaßt; denn sie wachsen da ganz von selbst auf, ohne daß sich der betreffende Staat darum kümmert. Und es ist doch nicht mehr als billig, daß das, was von selbst aufwächst und für seinen Unterhalt niemand etwas schuldet, auch nicht geneigt ist, jemand Kostgeld zu bezahlen. Euch aber haben wir zu eurem und des übrigen Staates Besten wie in den Bienenstöcken die Weisel und Könige erzogen und besser und vollständiger als die übrigen ausgebildet, so daß ihr tüchtiger seid, an beidem teilzunehmen. Ihr müßt also nun wieder herabsteigen, jeder in seiner Ordnung, zu der Wohnung der übrigen und euch mit ihnen gewöhnen, das Dunkle zu schauen. Nun, sobald ihr wieder daran gewöhnt seid, werdet ihr tausendmal besser als die dort unten sehen und jedes Schattenbild als das erkennen, was es ist und wovon es ein Abbild ist, weil ihr das wahre Wesen des

Schönen, Gerechten und Guten geschaut habt. Und so wird unsere von euch geführte Staatsregierung eine solche von wachenden Menschen sein und nicht von träumenden, wie es jetzt bei den meisten Staaten der Fall ist, deren Leiter Schattengefechte miteinander ausfechten und bei ihrer Verwaltung Parteikämpfe um die Herrschaft führen, als ob diese ein gar großes Gut wäre. In Wahrheit aber steht es so, der Staat, in welchem die zur Regierung Berufenen am wenigsten Lust haben zu regieren, wird notwendig am besten und ruhigsten, der aber, der Regenten entgegengesetzter Art bekommt, auch entgegengesetzt verwaltet werden. – Ganz gewiß, sagte er.

Die Bildung der Regenten: Die Dialektik

Wenn man mittels der Dialektik versucht, ohne Mithilfe irgendwelcher sinnlicher Wahrnehmung, nur durch das vernünftige Denken das zu erfassen, was jedes Ding seinem Wesen nach ist, und davon nicht abläßt, bis man das Wesen des Guten mit dem bloßen Denken erfaßt hat, dann gelangt man an das Ziel dessen, was denkbar ist. – Gewiß, sagte er. – Und diesen Weg, nennst du den nicht den dialektischen? – Wie sonst? – . . . Und auch folgende Sätze, sprach ich, wird uns wohl niemand bestreiten: Es gibt kein anderes wissenschaftliches Verfahren, das das Wesen jedes einzelnen Dinges in jedem einzelnen Falle methodisch zu erfassen sucht; sondern alle andern Wissenschaften haben es entweder mit menschlichen Meinungen und Begierden zu tun oder mit der Entstehung und Zusammensetzung von Dingen oder mit der Erhaltung dessen, was entsteht und zusammengesetzt wird; und die übrigen, von denen wir zugestanden, daß sie sich einigermaßen mit dem Seienden befassen, die Geometrie und was mit ihr zusammenhängt, sahen wir doch nur von dem Seienden träumen; es wachend zu schauen, sind sie nicht imstande, solange sie sich an Voraussetzungen halten, die sie als unerschütterlich ansehen und von denen sie doch keine Rechenschaft zu geben wissen. Denn wenn etwas einen Anfang hat, den man nicht kennt, und seine Mitte und Ende ebenfalls aus Unbekanntem besteht, wie wäre es möglich, daß aus solch negativer Bestimmung jemals seine Wissenschaft davon hervorgehen sollte? – Unmöglich, sagte er. – Es ist also, sprach ich, einzig und allein die dialektische Methode, die auf Voraussetzungen verzichtet und geradeswegs auf den Anfang selbst losgeht, um sich seiner zu versichern; und das in Wahrheit in barbarischem Schlamm vergrabene Auge der Seele zieht sie gelinde hervor und leitet es aufwärts, wobei sie als Mitdienerinnen und Mitleiterinnen die angeführten Fertigkeiten[13] gebraucht, welche wir zwar mehrmals Wissenschaften genannt haben, der Gewohnheit gemäß, die aber eines anderen Namens bedürfen, der mehr besagt als Meinung, aber dunkler ist als die Wissenschaft – wir haben sie aber schon früher irgendwo Verständnis genannt; indes, denke ich, müssen die nicht über die Wörter streiten, denen eine so große Untersuchung wie uns vorliegt. – Gewiß nicht! sagte er... Nennst du nun auch den Dialektiker, der den Begriff des Wesens jedes Dinges erfaßt? Dem aber, der dies nicht kann, wirst du doch, insofern er weder sich noch einem andern darüber Rechenschaft geben kann, die Erkenntnis des betreffenden Dings absprechen? – Wie sollte ich sie denn anerkennen? sagte er. – Ebenso ist es nun auch mit dem Guten; wer nicht imstande ist, die Idee des Guten von allem andern abzugrenzen und begrifflich zu bestimmen, und wer nicht wie im Gefecht durch alle Angriffe sich durchzuschlagen weiß, voll Eifer, sie nicht dem Scheine, sondern dem Wesen nach zu erweisen, und wer bei dem allem nicht mit einem unerschütterlichen Begriff daherkommt: von einem Menschen dieser Art wirst du doch nicht behaupten wollen, daß er das Gute selbst oder irgendein anderes Gute erkenne; sondern wenn er irgendein Schattenbild davon erfaßt, daß er es durch Meinung, nicht durch Wissen erfasse, und daß er dieses Leben verträumt und verschlummert, um noch, ehe er hier erwacht ist, in die Unterwelt zu kommen und dann dort vollkommen in tiefen Schlaf zu versinken. – Beim Zeus, sagte er, entschieden werde ich das alles sagen. – Und deine eigenen Kinder, die du jetzt nur in Gedanken erziehst und bildest, wenn du die je in der Wirklichkeit erzögest, würdest du doch gewiß nicht zugeben, daß sie wie vernunftlose Figuren den Staat regieren, und sie die wichtigsten Fragen entscheiden lassen? – Freilich nicht. – Sondern du wirst es ihnen zum Gesetz machen, derjenigen Bildung vorzüglich nachzustreben, durch welche sie instand gesetzt werden, in Frage und Antwort ein gründliches Wissen zu bewahren. – Dies Gesetz werde ich allerdings mit dir geben. – Scheint es dir nun nicht, sprach ich, daß die Dialektik recht wie der Schlußstein über allen anderen Wissenschaften ruht, und daß sich über ihr keine andere Wissenschaft mehr richtigerweise aufbauen läßt, sondern daß sie die Vollendung des Wissens darstellt? – So ist es, sagte er.

Kritik der bestehenden Staatsverfassungen

Wahrhaftig, sagte er, ich bin sehr neugierig zu hören, was für vier Verfassungen du meintest. – Das sollst du, sprach ich, ohne Schwierigkeit. Denn die ich meine, sind die dem Namen nach allgemein bekannten, zuerst diese von so vielen gepriesene Kretische und zugleich auch Lakonische, die zweite und auch an zweiter Stelle gerühmte sogenannte Oligarchie, eine Verfassung voll mancherlei Übel, ferner die von dieser ganz verschiedene und gewöhnlich aus ihr entstehende Demokratie, und endlich die edle Tyrannis, von allen diesen verschieden, des Staates vierte und letzte Krankheit. Oder kennst du noch eine andere Form von Verfassung, welche einen bestimmten Typus bildet? Denn allerlei Formen der Gewaltherrschaft von Häuptlingen und käufliche Königswürden und dergleichen mehr liegen freilich zwischen diesen; deren findet man aber nicht weniger bei den Barbaren als bei den Hellenen. – Ja, man hört von zahlreichen Verfassungen von sonderbarer Art. – Und du weißt doch, daß es gewissermaßen ebensoviel Arten von Menschen geben muß als von Verfassungen. Oder meinst du, daß die Verfassungen aus Eiche oder Fels und nicht vielmehr aus dem Charakter der Menschen entstehen, die einen Staat bilden[14]? Denn dieser gibt den Ausschlag und zieht alles andere nach sich. – Gewiß gehen sie aus nichts anderem hervor. – Wenn es nun fünf Arten von Staatsverfassungen gibt, so wird es auch fünf Arten von Menschen hinsichtlich ihrer seelischen Verfassung geben. – Natürlich. – Den der Aristokratie entsprechenden Menschentypus haben wir nun schon durchgenommen, und wir finden es richtig, ihn als gut und gerecht zu bezeichnen. – Ja. – Also zunächst müssen wir nun die Schlechteren durchnehmen, den Streitsüchtigen zuerst und Ehrgeizigen, der auf der Seite der Lakonischen Verfassung steht, und dann den Oligarchischen, den Demokratischen und den Tyrannischen, damit, wenn wir den Ungerechtesten herausgefunden, wir ihn dem Gerechtesten gegenüberstellen und so die Untersuchung sich uns vollende, wie sich die reine Gerechtigkeit zu der reinen Ungerechtigkeit verhält in Hinsicht auf das Glück oder Unglück dessen, dem diese Eigenschaften zukommen.

Die Timokratie

Wohlan, sagte ich, wir wollen zu erklären versuchen, wie aus der Aristokratie eine Timokratie sich entwickelt ... Dies geschieht dadurch, daß Zwietracht unter den verschiedenen Klassen der Bürger entsteht. Das eherne und eiserne Geschlecht[15] trachten nach Gelderwerb und nach dem Besitz von Land und Häusern, Gold und Silber; das goldene und silberne aber, wie sie nicht arm sind, sondern von Natur reich, leiten die Seelen zur Tugend und zur alten Sitte hin. Wenn es nun zu Gewalttaten und gegenseitigen Streitigkeiten kommt, so trifft man einen Vergleich: man verteilt den Grund und Boden und die Häuser und erklärt sie für Privateigentum. Die Leute, die über diese früher als Wächter die Aufsicht geführt, in denen sie aber ihre Freunde und den Nährstand gesehen hatten, diese unterwerfen sie jetzt und machen sie zu Landarbeitern und Dienstleuten. Sie selbst aber kümmern sich nur um den Krieg und um die Regierung ...

So verwandelt sie sich demnach. Wie wird sie nun nach ihrer Verwandlung eingerichtet sein? Wird sie nicht offenbar in manchen Zügen die vorige Verfassung nachahmen, in andern die Oligarchie, als in der Mitte zwischen beiden, einiges aber auch wieder für sich eigentümlich haben? – Gewiß so, sagte er. – In der Ehrerbietung nun gegen die Regierenden und darin, daß ihr Wehrstand sich des Ackerbaus und aller Hantierung und anderen Gewerbes enthalten wird, sowie in der Einrichtung gemeinsamer Speisungen und in dem Fleiß und der Sorgfalt für alles, was zu den Leibesübungen und kriegerischen Spielen gehört, in dergleichen eben wird sie ja wohl die frühere nachahmen? — Ja. — Die Scheu aber, die Weisen ans Regiment zu bringen, weil einfache und strenge Männer dieser Art nicht mehr vorhanden sind, sondern nur noch solche, die aus einer Vermischung der Naturanlagen hervorgingen, und die Hinneigung zu den Willensmenschen und in geistiger Hinsicht Einfältigeren, welche mehr für den Krieg geeignet sind als für den Frieden, ferner die Hochschätzung von trügerischen Mitteln und das unablässige Kriegführen: das sind Züge, die ihr größtenteils eigentümlich sein werden. — — Ja. — Geldgierig aber, sprach ich, werden diese Leute sein wie die in den Oligarchien, und werden im geheimen Gold und Silber leidenschaftlich hochschätzen, da sie ja nun eigene Schatzkammern haben, wo sie es verbergen können, und Umzäunungen um ihre Häuser, recht wie eigene Nester, in denen sie auf Weiber und auf was sie sonst wollen, gar vieles verwenden können. — Sehr wahr, sagte er. — Daher werden sie auch wohl karg sein mit dem Gelde, da sie viel darauf halten und es doch nicht offenkundig besitzen, fremdes aber werden sie gern aus Lüsternheit verwenden und heimliche Freuden genießen und dann vor dem Gesetz davonlaufen wie Kinder vor dem Vater. Denn sie sind ja auch nicht durch Überzeugung erzogen worden, sondern durch Gewalt, weil sie die wahre Muse, die es mit Gründen der Vernunft zu tun hat, vernachlässigt und die Gymnastik höher gestellt haben als die geistige Bildung. — Dies ist ja, sagte er, wie du sie beschreibst, eine gar sehr aus Schlechtem und Gutem gemischte Verfassung. — Gemischt freilich ist sie, sprach ich; und recht klar ist nur eines in ihr wegen der Herrschaft der Willensmenschen, nämlich Kampflust und Ehrgeiz. — Gar sehr, sagte er ... Welches ist nun der dieser Verfassung entsprechende Mann? Wie entwickelt er sich und welcher Art ist er? Er wird etwas selbstbewußt und geistig nicht übermäßig gebildet sein, wenn auch der Musik nicht ganz abhold. Er wird gern zuhören, aber kein Redner sein. Den Sklaven wird er ein harter Herr sein, wenngleich er sich ihnen nicht so überlegen fühlen wird wie der wahrhaft Gebildete; den freien Bürgern gegenüber wird er verbindlich sein, gegen die Regenten sehr unterwürfig, dabei aber selbst herrschsüchtig und ehrgeizig. Doch wird er seinen Anspruch auf Herrschaft nicht auf Gewandtheit im Reden oder derartiges gründen, sondern auf kriegerische Taten und seine Leistungsfähigkeit auf diesem Gebiet. Er wird die Leibesübungen und die Jagd lieben. – Dieser Charakter, sagte er, entspricht in der Tat dieser Verfassung.

Die Oligarchie

Nach dieser Verfassung käme nun also, wie ich glaube, die Oligarchie. – Was für eine Verfassung, sagte er, verstehst du unter Oligarchie? – Diejenige, antwortete ich, die sich auf die Schätzung des Vermögens gründet, in der die Reichen herrschen, die Armen aber von der Regierung ausgeschlossen sind. – Ich verstehe, sagte er . . . – Wird also der Reichtum in einem Staat geehrt und die Reichen, so wird die Tugend minder geachtet und die Guten. – Offenbar. – Was aber jedesmal in Achtung steht, das wird auch geübt, und das nicht Geachtete bleibt liegen. – So ist es. – Aus kampflustigen und ehrgeizigen Männern werden nun schließlich erwerbsliebende und geldgierige, und den Reichen loben und bewundern sie und ziehen ihn zu den Ämtern heran, den Armen aber achten sie gering. – Allerdings. – Dann also geben sie ein Grundgesetz für die oligarchische Verfassung, indem sie eine bestimmte Größe des Vermögens festsetzen – und je stärker die Oligarchie ist, desto höher ist die Summe, je schwächer, desto niedriger – und worin sie im voraus bestimmen, jedermann solle von der Regierung ausgeschlossen sein, dessen Vermögen nicht die bestimmte Höhe erreiche. Dies setzen sie entweder mit Gewalt der Waffen durch, oder auch ehe es dazu kommt, bringen sie durch Schrecken diese Verfassung zustande. Oder ist es nicht so? – Allerdings. – Ihre Einführung also ist diese. – Ja, antwortete er. Welches aber ist nun der Charakter dieser Verfassung und welches sind die Fehler, die, wie wir sagten, ihr anhaften? — Ihr erster Fehler, sprach ich, liegt eben in dieser ihrer Grundbestimmung. Denn sieh nur! Wenn jemand auf diese Weise für die Schiffe Steuermänner ernennen wollte nach der Vermögensschätzung; Armen aber, wenn sie auch die Steuermannskunst viel besser verständen, wäre sie nicht verstattet! — Die würden, sagte er, eine böse Fahrt haben. — Ist es nun nicht ebenso mit jeder Leitung irgendeiner andern Sache? — Das denke ich wenigstens. — Ausgenommen den Staat? sprach ich, oder auch beim Staat? — Wohl um so viel mehr, sagte er, als dessen Regierung die schwierigste und wichtigste Aufgabe ist. — Also diesen einen großen Fehler hätte schon die Oligarchie. — So scheint es. — Und wie, ist der folgende wohl geringer als der vorige? — Welcher? — Daß ein solcher Staat notwendig nicht einer ist, sondern zwei; den einen bilden die Armen, den andern die Reichen, und diese beiden Parteien werden, obwohl sie im gleichen Gemeinwesen zusammenwohnen, einander fortgesetzt bedrohen. — Beim Zeus, sagte er, das ist freilich ein ebenso großer Fehler. — Aber das ist wohl schön, daß sie am Ende außerstande sind, einen Krieg zu führen, weil sie sich entweder der Menge bedienen müssen, vor welcher sie sich dann, wenn sie bewaffnet ist, mehr fürchten als vor den Feinden, oder wenn sie sich ihrer nicht bedienen, so erscheinen sie dann im Gefecht in der Tat als „Herrscher von wenigen", wozu noch kommt, daß sie auch keine Abgaben bezahlen mögen, weil sie selbst das Geld lieben. — Das ist nicht gut. — Und wie, was wir schon längst tadelten, die Vielgeschäftigkeit, daß in einem solchen Staate dieselben Leute Ackerbau treiben und Gewerbe und Krieg, dünkt dich denn das richtig zu sein? — Keineswegs. — Nun sieh noch, ob diese Verfassung außer den angeführten Fehlern noch folgendes größte Übel in sich schließt. — Was doch für eins? — Die für jedermann bestehende Möglichkeit, seinen ganzen Besitz zu verschwenden, so daß ihn ein anderer erwerben kann, und dann nichtsdestoweniger in dem Staat wohnen zu bleiben, ohne doch zu irgendeinem Stande zu gehören, sei es als Gewerbetreibender oder Handwerker, als Reiter oder Schwerbewaffneter, sondern einfach als ein mittelloser Armer, wie er dann auch heißt. – Dazu gibt allerdings diese Verfassung in erster Linie Veranlassung, sagte er; wenigstens wird dies nicht verhindert in den oligarchisch eingerichteten Staaten. Denn sonst wären nicht einige überreich und andere ganz und gar arm. – Richtig. – Überlege dir nun auch folgendes! Als dieser Mann noch reich war und das Seinige vertat, war er da irgend dem Staate mehr nutz zu den oben angeführten Tätigkeiten? Oder schien er zwar zu den Herrschenden zu gehören, war aber in der Tat weder Herr noch Diener im Staat, sondern nur ein Verschwender seines Vermögens? – So ist es, sprach er. Jenes schien er, war aber nichts weiter als Verschwender. – Sollen wir nun nicht sagen, wie sich in der Wachszelle die Drohne entwickelt, nur als eine Krankheit des Stocks, so entwickelt sich auch ein solcher Mensch im Hause recht wie eine Drohne, nur als eine Krankheit des Staates. – Ganz gewiß, sagte er, Sokrates. – Aber nicht wahr, Adeimantos, die geflügelten Drohnen hat Gott alle ohne Stacheln geschaffen? von diesen zweibeinigen aber sind wohl einige zwar auch stachellos, andere aber haben gar schlimme Stacheln? und aus den Stachellosen werden Bettler auf ihr Alter, aus den Bestachelten aber alle die Leute, die man schlechtes Gesindel nennt? – Vollkommen richtig, sagte er. – Offenbar also, sprach ich, gibt es in einem Staat, wo man Bettler antrifft, im geheimen auch Diebe, Beutelschneider, Tempelräuber und sonstige gewerbsmäßige Verbrecher. – Offenbar, sagte er. – Und sollen wir nun nicht sagen, es habe dies seinen Grund in der Unbildung, in der schlechten Erziehung und in der verkehrten Einrichtung des Staates, daß sich solche Leute darin finden? – Doch. – Das also wäre der oligarchische Staat und dies die großen Fehler, die ihm eigen sind; vielleicht hat er sogar deren noch mehr. – So ungefähr ist es, sagte er ...

Und nun wollen wir auch den Mann betrachten, der dieser Staatsform entspricht. – Gut, sagte er. – Entspricht er ihr nicht in erster Linie darin, daß er das Geld auf das höchste schätzt? – Wie sollte er nicht? – Und auch in solcher Sparsamkeit und Arbeitsamkeit, daß er sich selbst nur die Befriedigung der notwendigsten Bedürfnisse erlaubt, seine übrigen Begierden als unberechtigt unterdrückt? – Allerdings. – Etwas schmutzig also, indem er an allem einen Profit macht, sammelt der Mann Schätze; und solche lobt ja auch das Volk. Ist nun dieser nicht dem oligarchischen Staat ähnlich? – Mir scheint es so; Geld wenigstens wird am höchsten geschätzt in jenem Staat und auch von einem solchen Menschen. – Und um Bildung, sagte ich, bemüht sich ein solcher auch nicht? – Ich glaube wenigstens nicht, sagte er; sonst hätte er wohl nicht einen Blinden[16] zum Chorführer bestellt. – Und nun, sprach ich, betrachte dir auch noch dieses recht genau. Sollen wir nicht sagen, daß eben aus Unbildung auch drohnenhafte Begierden in ihm entstehen werden, teils bettelhafte, teils bösartige, die wohl nur mit Gewalt durch Besorgnis in anderer Richtung gebändigt werden? – Freilich, sagte er. – Und weißt du auch, sprach ich, worauf du sehen mußt, um die Schurkereien solcher Leute zu entdecken? – Worauf? sprach er. – Auf die Vormundschaften über die Waisen, und auf sonstige Fälle, die vielfache Gelegenheit bieten, sich an unrechtem Gut zu vergreifen. – Richtig. – Geht nun daraus nicht hervor, daß ein solcher Mann auch bei sonstiger geschäftlicher Betätigung, in der er sich durch den Schein der Rechtschaffenheit einiges Ansehen erworben hat, nur durch einen gewissen äußeren Anstand, zu dem er sich zwingt, seine übrigen schlechten Begierden bändigt: nicht etwa aus Überzeugung, daß es so besser wäre, auch nicht weil es vernünftig wäre, sie zu beschwichtigen, sondern nur notgedrungen und aus Angst, weil er für sein üppiges Eigentum zittert? – Allerdings, sagte er. – Und beim Zeus, Freund, sprach ich, bei den meisten von ihnen wirst du, wenn es darauf ankommt, fremdes Gut sich zunutze zu machen, auch die den Drohnen verwandten Begierden gewiß antreffen. – Und das gar sehr, sprach er. – Ein solcher Mensch also kann auch gewiß in sich selbst nicht frei von Zwiespalt sein; und er ist auch keine einheitliche Persönlichkeit, sondern ein zwiespältiges Wesen, bei dem allerdings die besseren Begierden über die schlechteren meist die Oberhand gewinnen. – So ist es. – Deshalb nun, denke ich, ist ein solcher immer noch anständiger als viele; aber von der wahrhaften Tugend einer in sich einigen und harmonischen Seele ist er weit entfernt. – Das ist richtig.

Die Demokratie

Weiterhin haben wir, wie es scheint, die Demokratie zu untersuchen, ihre Entstehung und ihren Charakter, sowie den Mann, der diesem entspricht, um ihn dann unserer Beurteilung zu unterstellen. – So wenigstens bleiben wir uns gleich in unserem Fortschritt ... – Eine Demokratie also entsteht, denke ich, wenn die Armen den Sieg davontragen und von der Gegenpartei die einen hinrichten lassen, die andern verbannen und den übrigen Bürgern gleichen Anteil an der Staatsverwaltung und den Ämtern geben, wobei meistens die Besetzung der Ämter durch das Los erfolgt. – Ja, sagte er, so kommt es zur Einrichtung einer Demokratie, mag diese nun durch Waffengewalt zustande kommen oder dadurch, daß die Gegenpartei aus Furcht das Feld räumt. – Auf welche Weise, sprach ich, leben nun diese Leute und was ist der Charakter dieser Verfassung? Dann wird ja wohl auch der ihr entsprechende demokratische Mann in Erscheinung treten. – Offenbar, sagte er. – Und nicht wahr, vor allem sind die Leute frei und die ganze Stadt hallt wider von Freiheit und unbeschränkter Meinungsäußerung, und jedermann darf hier tun, was er will? – So sagt man ja wenigstens, sprach er. – Wo aber diese Möglichkeit vorhanden ist, da richtet sich natürlich jeder seine Lebensweise ein, wie es ihm gefällt. – Offenbar. – Es werden also die verschiedenartigsten Menschen sein, die sich mit Vorliebe unter dieser Verfassung zusammenfinden. – Wie sollten sie nicht! – Am Ende, sprach ich, mag dies die schönste unter allen Verfassungen sein; wie ein buntes Kleid, dem recht vielerlei Blumen eingewirkt sind, so könnte auch diese, die mit Charakteren jeder Art geziert ist, als die schönste erscheinen. – Warum nicht? sagte er. – Und vielleicht, sprach ich, werden auch viele, die wie Kinder und Weiber auf das Bunte sehen, diese für die schönste erklären. – Gewiß! sagte er. – Und es ist auch gar bequem, sprach ich, in ihr eine Verfassung zu suchen. – Wieso? – Weil sie vermöge jener Möglichkeit alle Arten von Verfassungen in sich schließt. Wer also einen Staat gründen will, wie wir es jetzt versuchten, der braucht, so scheint es, nur in eine demokratisch regierte Stadt zu gehen, und kann sich dann dort, wie in einem Warenhaus von Verfassungen, die Sorte auswählen, die ihm am besten gefällt, um sie dann bei seiner Staatsgründung zu verwenden. – An Mustern freilich, sagte er, wird es ihm da schwerlich fehlen. – Und, fuhr ich fort, daß man so gar nicht gezwungen ist, am Regiment teilzunehmen in einem solchen Staat, und wenn du auch noch so geschickt dazu bist, noch auch zu gehorchen, wenn du nicht Lust hast, und ebensowenig wenn die andern Krieg führen, auch mitzutun, oder Frieden zu halten, wenn die andern ihn halten, du aber keine Lust dazu hast; ferner daß, wenn ein Gesetz dir verbietet, ein Amt zu bekleiden oder Recht zu sprechen, du beides, wenn es dir einfällt, doch tun kannst, ist das für den Augenblick nicht eine göttliche und höchst vergnügliche Daseinsweise? – Vielleicht, sagte er, so für den Augenblick. – Und wie? die Milde gegen die Verurteilten, ist die nicht manchmal prächtig? Oder hast du es noch nie erlebt, daß in einem solchen Staate Leute, die zum Tode verurteilt oder verbannt worden sind, nichtsdestoweniger bleiben und mitten unter den andern umhergehen? Und als ob niemand sich darum kümmerte oder keiner es sähe, stolziert ein solcher umher wie ein Held. – Schon oft, sagte er. – Und die Nachsicht dieses Staates, der so gar nichts weiß von irgendeiner Kleinigkeitskrämerei, sondern daraus gar nichts macht, was wir mit so gewichtigem Ernst vorbrachten, als wir unsere Stadt einrichteten, daß, wenn nicht einer eine ganz außergewöhnliche Naturanlage habe, keiner ein tüchtiger Mann werde, wenn nicht schon seine Spiele als Knabe edler Art seien und er sich auch später nur mit solchen Dingen befasse: wie großzügig geht dieser Staat darüber hinweg und kümmert sich nicht im geringsten darum, was der künftige Staatsmann denn bisher getrieben habe, sondern er läßt ihm jede Ehre zuteil werden, wenn er nur versichert, er meine es gut mit dem Volk. – Gar edel, sagte er, ist freilich diese Nachsicht. – Diese und ähnliche, sagte ich, wären also die Eigenschaften der Demokratie, und sie ist demnach eine vergnügliche Verfassung, ohne Regierung, buntscheckig, und verteilt eine angebliche Gleichheit gleichermaßen an Gleiche und Ungleiche. – Was du da sagst, versetzte er, ist ja allgemein bekannt. – Und nun sieh zu, fuhr ich fort, welcher Art der dieser Verfassung entsprechende Einzelmensch ist ... Wir fragen also, wie aus dem oligarchischen der demokratische Mensch wird. Diese Entwicklung scheint sich meistens folgendermaßen zu vollziehen. – Wie? – Wenn ein ungebildet und kärglich erzogener Jüngling von dem Honig der Drohnen kostet und mit feurigen und gewitzigten Schlemmern zusammenkommt, die ihm mannigfaltige und die größten Abwechslungen darbietende Vergnügungen aller Art zu verschaffen wissen, dann, glaube mir, nimmt die Verwandlung seiner oligarchischen Natur in die demokratische ihren Anfang. – Ganz notwendig, sagte er. – Und wie der Staat sich verwandelte, wenn der einen Partei Unterstützung von außen, Gleiches zu Gleichem, kam, so verwandelt sich auch der junge Mann, wenn der einen Gattung von Begierden in ihm die verwandten und gleichen von außen zu Hilfe kommen. – Gewiß. – Und wenn nun, denke ich, auf der andern Seite auch dem oligarchischen Sinn in ihm eine andere Hilfsmacht Beistand leistet, sei es nun vom Vater her oder von den Verwandten, die ihn zurechtweisen und schelten, so entstehen dann in ihm Parteien und Gegenparteien und Streit mit sich selbst. – Wie sonst? – Und das eine Mal muß wohl, meine ich, das Demokratische dem Oligarchischen weichen, und von den Begierden werden einige ertötet, einige ausgetrieben, wenn er sich in seiner Seele noch einiges Schamgefühl bewahrt hat; und so wird er wieder zur guten Ordnung zurückgebracht. – Das geschieht wohl bisweilen, sagte er. – Dann aber, denke ich, werden wieder andere mit den vertriebenen verwandte und mit aufgewachsene Begierden vermöge des Mangels an Einsicht in der väterlichen Erziehung mächtig und zahlreich. – Das pflegt wohl so zu gehen, sagte er. – Diese ziehen ihn dann wieder in denselben Umgang hinein und vermehren sich durch diesen heimlichen

Verkehr. – Wie sollten sie nicht! – Und am Ende, denke ich, nehmen sie die Burg in der Seele des jungen Menschen in Besitz, nachdem sie gemerkt haben, daß es darin fehlt an schönen Kenntnissen und Bestrebungen und an richtigen Grundsätzen, welche doch immer die besten Hüter und Wächter in den Seelen gottbefreundeter Männer sind. – Ganz entschieden, sagte er. – Und nun, glaube ich, laufen statt ihrer falsche und prahlerische Gedanken und Vorstellungen dagegen Sturm und setzen sich im Innern eines solchen Menschen an ihre Stelle. – Jawohl, sagte er. – Wird er dann nicht wieder zu jenen Lotophagen[17] gehen und nun ganz öffentlich mit ihnen zusammen leben? Und wenn von seinen Angehörigen her irgendeine Hilfe für das Sparsame in seiner Seele anlangt, so schließen jene hoffärtigen Gedanken die Tore der königlichen Feste in ihm und lassen weder die Hilfsmacht hinein, noch lassen sie sich auf Verhandlungen mit älteren Männern ein, sondern sie bleiben Sieger im Kampfe. Schamhaftigkeit nennen sie Dummheit und verstoßen sie in ehrlose Verbannung, Besonnenheit heißen sie Unmännlichkeit, beschimpfen sie und jagen sie hinaus; Mäßigkeit aber und häusliche Ordnung stellen sie als bäurisches und armseliges Wesen dar und bringen sie über die Grenze, unterstützt von einer Menge nutzloser Begierden. – Gewiß. – Haben sie nun die Seele des von ihnen eingenommenen und mit den großen Weihen versehenen Menschen alles dessen entleert und sie davon gesäubert, dann holen sie mit einem zahlreichen Chor den Übermut ein und die Zügellosigkeit und die Schwelgerei und die Unverschämtheit glänzend geschmückt und bekränzt unter Lobpreisungen und süßen Schmeichelreden, indem sie den Übermut als Großzügigkeit begrüßen, die Zügellosigkeit als Freiheit, die Schwelgerei als großartige Lebensweise und die Unverschämtheit als Mannhaftigkeit. Ist das nicht die Art, sprach ich, wie ein junger Mensch, der dazu erzogen war, nur seine notwendigen Begierden zu befriedigen, dazu übergeht, den unnötigen und unnützen Lüsten freien Lauf zu lassen? – Augenscheinlich. – Hierauf nun, denke ich, lebt ein solcher so, daß er Geld, Zeit und Mühe ebenso sehr auf die unnötigen wie auf die notwendigen Begierden verwendet. Ja, wenn er glücklich ist und von jener bakchischen Begeisterung nicht noch weiter fortgerissen wird, vielmehr, nachdem er etwas älter geworden ist und der große Sturm vorüber ist, wenn er dann die vertriebenen zum Teil wieder aufnimmt und sich den damals eingedrungenen nicht gänzlich hingibt, so wird er in einem gewissen ruhigeren Gleichgewicht der Lüste leben: er wird derjenigen, die ihn jeweils befällt, als ob das Los sie getroffen hätte, die Herrschaft in sich übergeben, bis sie befriedigt ist, und dann wieder einer andern, indem er keine benachteiligt, sondern sie alle gleichmäßig pflegt. – So allerdings. – Einem wahren Wort aber, fuhr ich fort, verschließt er sich und gestattet ihm keinen Zutritt in seine Burg, wenn man ihm etwa sagt, Lust rühre teils von edlen und guten Begierden her, teils aber von schlimmen, und die Lust der ersteren Art müsse man pflegen und hochschätzen, die der zweiten dagegen in Zucht nehmen und überwinden; sondern das alles lehnt er ab und bleibt bei seiner Behauptung, Lust sei Lust und in jeder Form gleich schätzenswert. – So, sagte er, ist es mit ihm bestellt, und so handelt er. – Also, sprach ich, so lebt er dahin Tag für Tag und gibt immer der sich jeweils regenden Begierde nach: bald ist er trunken wie Flötenklang, bald trinkt er wieder Wasser und kasteit sich, dann treibt er auch wieder Leibesübungen; bald ist er träge und gleichgültig, bald tut er wieder, als vertiefe er sich ganz in die Wissenschaft. Oft auch befaßt er sich mit Politik, und wenn er dann von seinem Sitz aufspringt, redet und handelt er, wie es sich gerade trifft. Wird er einmal eifersüchtig auf Kriegsmänner, so wendet er sich dieser Tätigkeit zu, und wenn auf Geldmänner, dann dieser. Und so herrscht denn in seinem Leben weder Ordnung noch Gesetz; er aber nennt ein solches Leben vergnügt, frei und glücklich und lebt so weiter in den Tag hinein. – In jeder Hinsicht, sagte er, hast du das Leben eines Mannes geschildert, der allem gleiches Recht zuteil werden läßt. – Und meiner Meinung nach, fuhr ich fort, ist der Mann ein gar vielseitiger: er vereinigt in sich Züge der verschiedensten Charaktere und ist so schön und bunt wie jene Staatsverfassung. Und so beneiden ihn denn auch viele Männer und Frauen um seine Lebensweise, ihn, der eine förmliche Musterkarte von Verfassungen und Charakteren in sich trägt. – So ist es, sagte er. – Wie nun? Dürfen wir einen solchen Mann als der Demokratie entsprechend hinstellen, und dürfen wir ihn mit Recht als den Typus des Demokraten bezeichnen? – Ja, sagte er, das dürfen wir.

Die Tyrannis

Nun wäre uns mithin noch übrig, sprach ich, die trefflichste Verfassung und den trefflichsten Mann durchzugehn, die Tyrannis und den Tyrannen. – Offenbar, sagte er. – Wohlan denn, lieber Freund, wie vollzieht sich die Wendung zur Tyrannis? Denn daß sie eine Reaktion gegen die Demokratie ist, ist doch wohl klar! – Offenbar. – Entsteht nun etwa auf dieselbe Weise, wie aus der Oligarchie die Demokratie, so auch aus der Demokratie die Tyrannis? – Wieso? – Was die Oligarchie sich als das größte Gut vorsteckte und wodurch sie auch zustande gekommen war, das war doch der große Reichtum. Nicht wahr? – Ja. – Die Unersättlichkeit im Reichtum aber und die Vernachlässigung alles übrigen um des Geldmachens willen führte zu ihrem Untergang. – Richtig! sagte er. – Und die Demokratie, löst nicht auch diese sich auf durch die Unersättlichkeit in dem, was sie als ihr Gut bestimmt? – Was meinst du damit? – Die Freiheit, antwortete ich. Denn von dieser wirst du immer in einer demokratischen Stadt hören, daß sie das Vortrefflichste sei, und daß deshalb auch nur in einer solchen leben dürfe, wer von Natur frei sei. – Das ist freilich ein oft gehörter Spruch. – Ist es nun etwa nicht, was ich eben sagen wollte, die Unersättlichkeit hierin mit Vernachlässigung alles übrigen, was auch diese Verfassung umgestaltet und sie dahin bringt, der Tyrannis zu bedürfen? – Wie das? sprach er. – Ich meine, wenn einer demokratischen, nach Freiheit durstigen Stadt schlechte Mundschenken vorstehen, und sie sich über die Gebühr in ihrem starken Wein berauscht, so wird sie ihre Obrigkeiten, wenn diese nicht ganz zahm sind und alle Freiheit gewähren, zur Strafe ziehn, indem sie ihnen schuld gibt, bösartig und oligarchisch zu sein. – Ja, so machen sie es, sagte er. – Die Leute aber, die den Obrigkeiten gehorchen, mißhandelt sie als knechtisch und nichtswürdig gesinnt; und nur Beamte, welche sich wie Untergebene, und Untergebene, welche sich wie Beamte anstellen, werden, wo man unter sich ist und öffentlich, gelobt und geehrt. Muß nun nicht in einem solchen Staat die Freiheit sich notwendig überallhin erstrecken? – Wie sollte sie nicht? – Und so, sprach ich, mein Freund, wird sie sich auch in die Häuser einschleichen und am Ende so weit gehn, daß schließlich auch noch den Tieren die Ungebundenheit eingepflanzt wird. – Wie, sprach er, ist wohl dies gemeint? – Wenn z. B. ein Vater sich gewöhnt, seinem Sohne sich anzupassen und sich also vor seinen Söhnen zu fürchten, der Sohn aber den Vater spielt und also die Eltern weder achtet, noch sich vor ihnen fürchtet, um nur ja recht frei zu sein. Ebenso wenn ein Beisasse dem Bürger und der Bürger dem Beisassen sich gleichzustellen sucht und der Fremde ebenso. – Das geschieht freilich, sagte er. – Dieses, fuhr ich fort, und noch andere ähnliche Kleinigkeiten. Der Lehrer zittert unter solchen Verhältnissen vor seinen Schülern und schmeichelt ihnen; die Schüler aber machen sich nichts aus den Lehrern und so auch aus den Aufsehern. Und überhaupt stellen sich die Jüngeren den Älteren gleich und treten mit ihnen in die Schranken in Worten und Taten; die Alten aber setzen sich unter die Jugend und suchen es ihr gleichzutun an Fülle des Witzes und lustigen Einfällen, damit es nämlich nicht das Ansehen gewinne, als seien sie mißvergnügt oder herrisch. – So ist es allerdings, sagte er. – Du verstehst nun wohl, was sich als Hauptsache ergibt, wenn man dies alles zusammennimmt: merkst du wohl, wie empfindlich nämlich dadurch die Seele der Bürger wird, so daß, wenn man ihnen auch nur ein wenig Zwang auferlegen will, sie gleich aufbegehren und es sich nicht gefallen lassen? Und zuletzt weißt du ja, daß sie sich auch um die Gesetze gar nicht kümmern, mögen es nun geschriebene sein oder ungeschriebene, damit nur ja niemand ihr Herr sei. – Jawohl, sagte er, weiß ich das. – Das, mein Freund, sagte ich, ist der schöne und jugendfrische Ursprung, aus dem die Tyrannis erwächst. –

Jugendfrisch allerdings, erwiderte er; aber wie geht es nun weiter? – Dieselbe Krankheit, sprach ich, deren Ausbruch in der Oligarchie diese zugrunde richtet, verknechtet auch die Demokratie, in der sie, infolge der bestehenden Willkür, nur noch stärker und heftiger auftritt. Und in der Tat, wo etwas auf die Spitze getrieben wird, da pflegt als Folge ein Umschlag ins Gegenteil einzutreten: so ist es bei den Jahreszeiten, bei den Pflanzen, bei der Ernährung des Körpers und nicht am wenigsten bei den Staaten. – Das läßt sich hören, sagte er. – Und so wird denn auch, wie es scheint, die auf die Spitze getriebene Freiheit für den einzelnen Bürger wie für den Staat in nichts anderes umschlagen als in die entsprechende Knechtschaft. – Wahrscheinlich. – Und so entsteht also die Tyrannis natürlicherweise aus keiner anderen Verfassung als aus der Demokratie: aus der übertriebensten Freiheit die härteste und grausamste Knechtschaft, wie ich glaube. – Das hat freilich Grund, sagte er. – Jedoch ich glaube, du fragtest nicht hiernach; sondern was für eine auch in der Oligarchie vorkommende Krankheit die Demokratie in Knechtschaft bringe. – Du hast recht, sagte er. – Ich meinte nun, sagte ich, jenes Geschlecht fauler und verschwenderischer Menschen, deren tapferste dann die Führung übernehmen, während die weniger Mutigen ihr Gefolge bilden, und welches wir mit den Drohnen verglichen, jene mit solchen, die einen Stachel führen, diese mit stachellosen. – Und gewiß richtig, sagte er. – Diese beiden nun, sprach ich, richten Unordnung in jeder Verfassung an, wo sie sich auch finden, wie im Körper Schleim und Galle. Daher wird der gute Arzt und Gesetzgeber gerade so wie der sachverständige Imker schon von weitem vorbeugen, daß diese beiden gefährlichen Elemente womöglich garnicht sich einnisten; sind sie aber einmal da, so wird er sie mitsamt den Waben ausschneiden. – Ja, beim Zeus, sprach er, ganz gewiß. – So laß uns denn, sprach ich, die Sache so angreifen, damit der Zweck unserer Untersuchung deutlicher herauskommt. – Wie? – Wir wollen die demokratisch regierte Bürgerschaft in Gedanken in drei Klassen einteilen, die übrigens der Wirklichkeit entsprechen. Die erste Klasse ist diejenige, welche wegen der

Ungebundenheit in einem demokratischen Staat nicht minder entsteht als im oligarchischen. – So ist es. – Sie tritt aber in der Demokratie viel schärfer in die Erscheinung als in der Oligarchie. – Wieso? – In der Oligarchie genießt sie keine Achtung und bleibt von den Ämtern ausgeschlossen. Deshalb hat sie hier keine Möglichkeit, sich zu üben und zu erstarken; in der Demokratie aber hat diese mit wenigen Ausnahmen überall die Führung. Und die Leidenschaftlichsten von ihnen reden und handeln, die andern umlagern und umsummen die Rednerbühne und leiden nicht, daß jemand etwas anderes sage, so daß in einem solchen Staate bis auf einiges Wenige alles von dieser Klasse verwaltet wird. – Jawohl, sagte er. – Die zweite Klasse, die sich aus der Menge ausscheidet, ist wohl folgende. – Welche? – Wenn doch alle aufs Erwerben eingestellt sind, so werden die von Natur Sittsamen gewöhnlich die Reichsten. – Wahrscheinlich. – Da gibt es nun, denke ich, für die Drohnen den meisten Honig, und er läßt sich ihnen in größter Menge auspressen. – Wie sollte man ihn auch, sagte er, denen auspressen, die nur wenig haben? – Solche Reiche aber, meine ich, nennt man die Weide der Drohnen. – So etwa, sagte er. – Die dritte Klasse nun wäre also das Volk, alle die von ihrer Hände Arbeit leben, nicht selbst Politik machen und nur geringen Besitz haben. Diese ist die zahlreichste in der Demokratie und die am meisten den Ausschlag gibt, wenn sie zur Versammlung kommt. – Das freilich, sagte er, aber sie pflegt nicht leicht dazu zu kommen, wenn sie dabei nicht etwas Honig erhält. – Das erhält sie auch immer, sagte ich, soweit es die Führer zu beschaffen verstehen, indem sie die Besitzenden ihres Vermögens berauben und dieses unter das Volk verteilen, wobei sie freilich das meiste für sich behalten. – Auf diese Weise freilich, sagte er, bekommt sie davon. – Sonach werden doch, denke ich, diejenigen, welche man beraubt, genötigt, sich durch Reden vor dem Volk und auch, soweit sie können, tätlich zur Wehr zu setzen. – Wie sollten sie nicht! – Daher, wenn sie auch in der Tat gar keine Lust haben zu Neuerungen, werden sie nun doch von den andern beschuldigt, daß sie die Volksregierung stürzen wollten und oligarchisch gesinnt seien. – Das läßt sich denken. – Am Ende also, wenn sie sehen, daß das Volk nicht aus eigenem Antriebe, sondern in seiner Unwissenheit und von ihren Verleumdern hintergangen, doch darauf ausgeht, ihnen unrecht zu tun, dann endlich, mögen sie nun wollen oder nicht, werden sie wirklich oligarchisch gesinnt, nicht aus eignem Antriebe, sondern auch dieses Unheil bewirken jene Drohnen durch ihre Stiche. – Offenbar. – Und so entstehen dann gegenseitige Anklagen, Rechtsstreitigkeiten und Kämpfe. – Jawohl. – Stellt dann das Volk nicht gewöhnlich Einen Mann als seinen besonderen Führer an die Spitze, den es dann hegt und pflegt und großmächtig macht? – So geht es gewöhnlich. – So viel scheint mir also klar, wenn eine Tyrannis entsteht, so ist ihre Wurzel diese Stellung eines Volksführers; in einem andern Boden gedeiht sie nicht. – Sehr klar! – Womit beginnt nun die Umwandlung eines Volksführers in einen Tyrannen? Etwa dann, wenn der Volksführer anfängt dasselbe zu tun wie der Mann in der Fabel, welche von dem Arkadischen Tempel des Lykäischen Zeus erzählt wird? – Wie lautet diese denn? – Daß, wer menschliches Eingeweide gekostet hat, wenn solches unter das von Opfertieren mit hineingeschnitten ist, der notwendig zum Wolfe wird. Oder solltest du die Geschichte nicht gehört haben? – Doch. – Ist es nun nicht ebenso, wenn ein Volksführer, gestützt auf die ihm völlig ergebene Menge, vor Blutvergießen unter seinen Mitbürgern nicht zurückschreckt, sondern – wie sie es gern machen – auf ungerechte Beschuldigungen hin sie vor Gericht führt und Blutschuld auf sich lädt, indem er Menschenleben vernichtet und, indem er mit frevelhafter Zunge und Lippe stammverwandtes Blut kostet, Verbannungs- und Todesurteile ausspricht, wobei er auf Niederschlagung der Schulden und Verteilung der Grundstücke von ferne hindeutet, daß dann für einen solchen die unausweichliche Notwendigkeit besteht, entweder durch seine Feinde unterzugehen oder ein Tyrann und also aus einem Menschen ein Wolf zu werden? – Ganz unausweichlich. – Dieser wird also, sagte ich, das Parteihaupt gegen die Vermögenden. – Gewiß. – Wenn er nun vertrieben wird und nach Überwältigung seiner Gegner zurückkehrt, kommt er dann nicht als ein gemachter Tyrann zurück? – Offenbar. – Sind sie aber zu ohnmächtig, um ihn zu vertreiben oder durch Verdächtigung bei der Bürgerschaft seine Hinrichtung zu erwirken, so machen sie Anschläge gegen ihn, um ihn insgeheim zu ermorden. – So pflegt es wohl zu geschehen, sagte er. – Die allbekannte tyrannische Forderung also sinnen sich deshalb auch alle aus, die einmal so weit gegangen sind, nämlich das Volk um eine Leibwache zu bitten, damit doch der Beschützer des Volkes selbst sicher sei. – Ei freilich, sagte er. – Und die geben sie ihm, weil sie für sein Leben fürchten, selber aber sich für ihren eignen Vorteil etwas von ihm versprechen. – Gewiß. – Wenn dies nun ein Reicher sieht, der bei seinem Reichtum zugleich im Verdacht steht, ein Volksfeind zu sein, so macht er es, wie es in dem Orakel heißt, das Kroisos bekam,

„Und hin zum kiesigen Hermos
flieht er und bleibt nicht mehr, noch scheut er's, für feige zu gelten.“–[18]

Ganz recht, sagte er. Zum zweiten Male wird er schwerlich in diese Lage kommen. Denn wird er gefangen, so ist er dem Tode verfallen. – Notwendig. – Jener Volksführer aber liegt nun nicht etwa als „ein großer Held groß ausgestreckt“[19], sondern, nachdem er viele andere zu Boden geworfen, steht er offenbar aufrecht in dem Wagen des Staats und lenkt ihn allein, und ist nun aus einem Volksführer ein vollendeter Tyrann geworden. – Wie sollte er nicht? sagte er.

Und nun, sprach ich, laß uns das Glück des Mannes und des Staates betrachten, in dem ein solches Geschöpf erwachsen ist. – Allerdings, sagte er, wollen wir das. – Wird er nun nicht in der ersten Zeit wohl jedermann, dem er begegnet, freundlich anlächeln und begrüßen und dabei versichern, er sei gar kein Tyrann, und ihnen vielerlei versprechen, einzelnen und dem Gemeinwesen, einen Schuldenerlaß verfügen und Grundstücke an das Volk und seine Umgebung verteilen, kurz gegen jedermann den milden und gnädigen Herrn spielen? – Notwendig, sagte er. – Wenn er aber, denke ich, mit seinen auswärtigen Feinden sich teils vertragen, teils sie vernichtet und also Ruhe vor ihnen gewonnen hat, dann bricht er fürs erste immer wieder einen Krieg vom Zaune, damit das Volk eines Anführers bedürfe. — Natürlich. — Und wohl auch deshalb, damit die Leute durch drückende Steuern verarmen und dadurch gezwungen werden, für ihr tägliches Brot zu sorgen, so daß sie weniger auf Anschläge gegen ihn sinnen können? — Offenbar. — Ferner, denke ich, um Leute, die er im Verdacht einer freiheitlichen Gesinnung und des Widerstrebens gegen seine Herrschaft hat, auf gute Art aus dem Wege zu räumen, indem er sie den Feinden preisgibt? Hat es nicht aus allen diesen Ursachen ein Tyrann immer nötig, einen Krieg zu erregen? — Gewiß. — Und wenn er so handelt, ist es doch natürlich, daß er den Bürgern immer mehr verhaßt werde? — Allerdings. — Und werden dann nicht einige von denen, die ihn haben einsetzen helfen und mächtig sind, gegen ihn und unter sich frei mit der Sprache herausgehn und tadeln, was geschieht, wenigstens die herzhaftesten unter ihnen? — Wahrscheinlich ja! — Und aller dieser muß der Tyrann sich entledigen, wenn seine Herrschaft bestehen soll, bis weder von Feind noch Freund irgendeiner übrig ist, der etwas taugt. — Offenbar. — Er muß also einen scharfen Blick dafür haben, wer tapfer und wer hochherzig, wer klug und wer reich ist. Und so glücklich ist er, daß er wohl oder übel allen diesen Leuten feind sein und ihnen nach dem Leben trachten muß, bis er die Stadt von ihnen gereinigt hat. — Eine schöne Reinigung! sagte er. — Freilich, sprach ich, gerade das Gegenteil von der Art, wie die Ärzte mit dem Leibe verfahren: diese entziehen dem Körper die schlechtesten Stoffe und lassen ihm die besten; er aber macht es umgekehrt. — Und doch, sagte er, kann er, wie es scheint, nicht anders, wenn er überhaupt herrschen will. — So ist er also, sprach ich, von einer gar unseligen Notwendigkeit gebunden, welche ihm auferlegt, entweder unter einer Menge schlechter Menschen zu hausen, noch dazu von diesen gehaßt, oder gar nicht zu leben. — So ist es.

Die Künste

Und gewiß, sprach ich, auch in mancher sonstigen Hinsicht, denke ich, haben wir unsern Staat aufs allerbeste eingerichtet; nicht am wenigsten aber gilt dies, wenn ich mir seine Stellung zur Dichtkunst überlege. — Inwiefern? fragte er. — Insofern, als wir alles ausschließen, was an ihr nachahmender Art ist. Denn daß dies unter gar keinen Umständen aufgenommen werden darf, das zeigt sich, wie mich dünkt, jetzt noch deutlicher, seitdem wir die verschiedenen Teile der Seele einzeln voneinander gesondert haben. — Wie meinst du das? — Um es nur zu euch zu sagen — denn ihr werdet mich doch nicht angeben bei den Tragödiendichtern und den übrigen Vertretern der nachahmenden Künste —, mir scheint alles der Art eine Gefahr für die Gesinnung der Zuhörer zu bilden, soweit diese nicht in der wirklichen Kenntnis der Dinge ein Gegenmittel besitzen. — Wie meinst du denn das? — Ich muß mich wohl erklären, sprach ich, wiewohl mich die Liebe und Ehrfurcht, die ich von Kindheit an für Homer hege, hindern will zu reden. Denn er mag doch wohl aller dieser trefflichen Tragiker erster Lehrer und Anführer gewesen sein. Aber kein Mann soll uns doch über die Wahrheit gehen; also muß ich wohl sagen, was ich denke. — Unbedingt, sagte er. — So höre denn, oder vielmehr antworte. — Frage nur. — Was Nachahmung überhaupt ist, weißt du mir das wohl zu sagen? Denn ich selbst sehe noch nicht recht, was sie sein will. — Und, sagte er, da soll ich es wohl sehen? — Das wäre ja, sprach ich, gar nichts Sonderbares, denn schon oft haben kurzsichtige Leute etwas früher gesehen als scharfsichtige. — Das ist wohl richtig, sagte er; aber in deiner Gegenwart könnte ich nicht einmal das Herz fassen, zu sagen, was mir etwa einfiele; also sieh du nur selbst zu. — Willst du also, daß wir die Untersuchung nach unserer gewohnten Methode beginnen? Denn für jede Vielheit von Dingen, der wir dieselbe Bezeichnung beilegen, pflegen wir ja doch jeweils eine einheitliche Idee aufzustellen. Oder verstehst du mich nicht? — Doch, ich verstehe. — Nehmen wir also eine beliebige solche Vielheit! Z. B. wenn du erlaubst, gibt es doch viele Bettstellen und Tische? — Wie sollte es nicht. — Aber Ideen gibt es doch nur zwei für diese Möbelstücke, die eine das Bett, die andere der Tisch. — Ja. — Und pflegen wir nicht zu sagen, daß die Handwerker, die sie herstellen, bei ihrem Tun auf die Idee sehen, und so der eine die Bettstellen, der andere die Tische macht, deren wir uns bedienen, und ebenso auch alles andere? Denn die Idee selbst verfertigt doch keiner von diesen Meistern; wie sollte er auch? — Keineswegs. — Aber sieh einmal zu, wie du den folgenden Meister nennen willst. — Welchen denn? — Den, der alles das schafft, was jeder einzelne dieser Handwerker verfertigt. — Ein solcher Mann wäre ja ein Wunder von Geschicklichkeit! — Nur langsam! Bald wirst du es wohl noch stärker ausdrücken. Denn dieser selbe Handwerker ist imstande, nicht nur alle Geräte zu machen, sondern auch alles insgesamt, was aus der Erde wächst, macht er und alle Tiere stellt er her, nicht nur andere lebende Wesen, sondern auch sich selbst und außerdem noch den Himmel und die Erde und die Götter und alles im Himmel und unter der Erde im Hades insgesamt verfertigt er. — Einen ganz wunderbaren Künstler, sagte er, beschreibst du da. — Glaubst du es etwa nicht? sprach ich; und sage mir, dünkt es dich überhaupt unmöglich, daß es einen solchen Meister gibt, oder meinst du, auf die eine Art könnte er all das machen, auf die andere aber nicht? Oder merkst du nicht, daß auch du selbst imstande bist, auf gewisse Weise alle diese Dinge zu machen? — Und, fragte er, was ist doch dies für eine Weise? — Gar keine schwere, sprach ich, sondern ein häufig angewandtes und rasches Verfahren. Am schnellsten aber geht es wohl, wenn du einen Spiegel zur Hand nimmst und den überall umherträgst: damit kannst du bald die Sonne machen und was am Himmel ist, bald die Erde, bald auch dich selbst und die übrigen lebendigen Wesen und Geräte und Gewächse und alles, wovon vorhin die Rede war. — Ja scheinbar, sagte er, jedoch nicht in Wirklichkeit. — Schön, sprach ich, du triffst mit deiner Antwort den springenden Punkt. Nämlich einer von diesen Meistern, meine ich, ist auch der Maler. Nicht wahr? — Wie sollte er nicht? — Aber du wirst sagen, was er mache, sei nichts Wirkliches. Wiewohl auf gewisse Weise macht auch der Maler eine Bettstelle. Oder nicht? – Ja, sagte er, er macht eine, aber nur eine scheinbare. – Wie aber der Tischler? Sagtest du nicht doch eben, daß auch er ja die Idee nicht macht, die doch nach unserer Ausdrucksweise das Wesen der Bettstelle ausmacht, sondern eine beliebige Bettstelle? – Das sagte ich freilich! – Also wenn er nicht macht, was das Wesen einer Sache ist, so macht er auch nicht das Seiende, sondern nur dergleichen etwas, das wie das Seiende ist, Seiendes aber nicht? und wenn jemand behaupten wollte, das Werk des Tischlers oder sonst eines Handwerkers sei etwas, dem ein Sein im vollen Sinne zukomme, der schiene sich wohl nicht richtig auszudrücken? – Freilich nicht, sagte er, wenigstens in den Augen derer, die sich mit dieser Lehre befassen. – So wollen wir uns demnach nicht wundern, wenn auch dieses etwas Trübes ist gegen die Wahrheit. – Freilich nicht. – Willst du nun, daß wir auf Grund dessen auch untersuchen, was dann der Nachahmer solcher Dinge sei? – Wenn du willst, sagte er. – Es ergeben sich uns also dreierlei Bettstellen: erstens die in der natürlichen Wirklichkeit existierende, als deren Schöpfer wir, denk' ich, Gott bezeichnen würden, oder wen sonst? – Niemand anders, denke ich. – Zweitens die, die der Tischler macht. – Ja, sagte er. – Und drittens die, die der Maler macht. Nicht wahr? – So sei es. – Also der Maler, der Tischler, Gott: diese drei sind die Schöpfer der drei Arten von Bettstellen. – Ja, drei. – Gott nun, mag er nicht gewollt haben oder lag für ihn eine Notwendigkeit vor, in der natürlichen Wirklichkeit nicht mehr als Eine Bettstelle zu schaffen, jedenfalls macht er nur eine: eben die Bettstelle, die das Wesen der Bettstelle ausmacht. Zwei oder mehr solcher Art sind aber von Gott nicht ins Dasein gerufen worden und werden es auch nicht werden. – Wieso? sagte er. – Weil, sprach ich, wenn er auch nur zwei gemacht hätte, so würde sich doch wieder eine zeigen, wovon jene beiden die Gestalt an sich hätten, und so wäre dann jene das, was das Wesen der Bettstelle ausmacht, und nicht die zwei. – Richtig! sagte er. – Weil er also dieses wußte und der wirkliche Schöpfer der wirklichen Bettstelle und nicht der Verfertiger einer beliebigen Bettstelle sein wollte, so hat er nur sie allein in der natürlichen Wirklichkeit geschaffen. – So scheint es. – Sollen wir ihn nun den Schöpfer der Naturwesen nennen oder ungefähr so? – Das ist ja wohl billig, sagte er, da er ja dieses und alles andere dem Wesen nach geschaffen hat. – Und wie den Tischler? Nicht den Verfertiger der Bettstelle? – Ja. – Und sollen wir auch den Maler Meister und Verfertiger einer solchen Sache nennen? – Keineswegs. – Aber wie willst du nun diesen in seiner Beziehung zu der Bettstelle bezeichnen? – Ihn, entgegnete er, werden wir wohl am angemessensten als Nachahmer der Sache bezeichnen, die jene hergestellt haben. – Gut, sagte ich; Nachahmer nennst du also den, der etwas macht, das, von der natürlichen Wirklichkeit an gerechnet, auf der dritten Stufe steht? – Allerdings, sagte er. – Dieses also wird auch auf Tragödiendichter zutreffen, wenn er doch Nachahmer ist: er steht erst an dritter Stelle von dem Könige und der Wahrheit an gerechnet, und so auch alle andern Nachbildner. – So scheint es. – Über den Nachbildner also sind wir eins; sage mir aber vom Maler noch folgendes. Versucht er eben jenes Eine in der natürlichen Wirklichkeit Existierende nachzuahmen oder die Erzeugnisse der Handwerker? – Die der Handwerker, sagte er. – Und wie sie sind oder wie sie erscheinen? denn auch dieses unterscheide mir wohl. – Wie meinst du? sagte er. – Folgendermaßen. Wenn man eine Bettstelle von der Seite sieht oder von vorn oder sonstwie, ist sie dann je nachdem von sich selbst verschieden, oder ist sie es nicht und erscheint nur andersartig? Und entsprechend auch bei den andern Dingen? – So ist es, sagte er, sie erscheint nur anders, ist aber nicht verschieden. – Nun überlege dir eben dieses! Worauf sieht es die Malerei in jedem einzelnen Falle ab: auf die Nachahmung dessen, was wirklich ist, in seiner wahren Gestalt, oder auf die Nachahmung der Erscheinung, wie sie eben erscheint? Ist sie Nachahmung eines Scheinbildes oder der Wirklichkeit? – Eines Scheinbildes, sagte er. – Gar weit also von der Wirklichkeit ist die nachahmende Kunst entfernt, und das ist, wie es scheint, der Grund, daß sie alles machen kann: sie erfaßt von jedem Ding nur einen kleinen Teil und selbst davon nur ein Schattenbild ...

Nächstdem, sprach ich, laß uns nun die Tragödie vornehmen und ihr Haupt, Homer, weil wir ja doch von manchen Leuten hören, daß diese Dichter alle Künste verstehen und alles Menschliche, was sich auf Tugend und Laster bezieht, und das Göttliche dazu. Denn notwendig müsse der gute Dichter, wenn er seinen Gegenstand dichterisch schön zur Darstellung bringen wolle, seine Sache verstehen oder er werde überhaupt nicht imstande sein, zu dichten. Wir müssen also zusehen, ob sich jene Leute etwa von diesen nachahmenden Künstlern haben täuschen lassen und ob sie beim Anschauen ihrer Werke nicht merken, daß diese, von der Wirklichkeit aus gesehen, erst an dritter Stelle stehen und daß sie leicht auch jemand machen kann, der von der Wahrheit nichts versteht – denn was sie schaffen, sind Scheinbilder, nicht Wirklichkeiten –, oder ob an ihrer Behauptung etwas Richtiges ist und die guten Dichter in der Tat etwas von dem verstehen, worüber sie nach der Meinung der Menge so gut zu reden wissen. – Allerdings, sagte er, müssen wir das untersuchen. – Meinst du nun, wenn einer beides machen könnte, das was nachgeahmt werden soll und das Schattenbild, er sich gestatten würde, so viel Mühe auf die Verfertigung der Schattenbilder zu verwenden und dies zu seinem Lebenszweck zu machen, weil es das Beste sei, was er leisten könne? – Wohl kaum. – Nein, wenn er sich in Wahrheit auf das verstehen würde, was er nachahmt, so würde er doch weit eher seine Mühe auf die wirklichen Dinge selbst verwenden als auf ihre Nachahmung und würde versuchen, viele und treffliche Werke als Denkmale von sich zu hinterlassen, und er würde es vorziehen, selbst gepriesen zu werden, anstatt andere zu preisen. – Das denke ich auch, sagte er; denn Ehre und Nutzen ist hier keineswegs gleich. – Über das übrige nun wollen wir von Homer oder sonst einem Dichter keine Rechenschaft fordern, indem wir ihn etwa fragen, ob er sich wirklich auf die Heilkunst verstehe und nicht bloß Reden nachahme, die sich darauf beziehen, wen denn wohl ein alter oder neuer Dichter gesund gemacht haben solle, wie Asklepios, oder was für Schüler in der Heilkunde einer hinterlassen habe, wie jener seine Nachkommen. Auch über die andern Künste wollen wir sie nicht erst befragen, sondern das gut sein lassen; über das Größte und Herrlichste aber, wovon Homer zu erzählen unternimmt, über Kriege und Führung von Feldzügen, über Staatsverwaltung und Menschenbildung, sind wir doch berechtigt, ihn zu fragen und Auskunft von ihm zu verlangen: Lieber Homer, wenn du denn, was Tugend anlangt, von der Wahrheit an gerechnet nicht erst an dritter Stelle stehst als ein Schöpfer von Schattenbildern, wie wir den Nachahmer bestimmt haben, sondern an zweiter, und wirklich zu erkennen vermochtest, durch welche Bestrebungen die Menschen besser werden oder schlechter im häuslichen Leben sowohl als im öffentlichen, so sage uns doch, welche Stadt denn durch dich eine bessere Einrichtung bekommen hat, wie Lakedaimon durch Lykurg und so viele andere große und kleine Städte durch andere Gesetzgeber? Welche Stadt führt dich denn auf als einen tüchtigen Gesetzgeber, der ihr Wohl begründet habe? Denn Italien und Sizilien nennt den Charondas und wir den Solon; welche aber dich? Wird er wohl eine angeben können? – Ich denke nicht, sagte Glaukon; auch wird das ja nicht einmal von den Homerschwärmern behauptet . . . Wenn Homer und Hesiod imstande gewesen wären, sagte ich, den Menschen zur Tugend zu verhelfen, hätten dann ihre Zeitgenossen sie als Rhapsoden umherziehen lassen und hätten sie nicht viel mehr an ihnen gehangen als an ihrem Gelde und sie genötigt, bei ihnen daheim zu bleiben? Oder wenn sie sie nicht dazu bestimmen konnten, sollten sie nicht mit ihren Kindern ihnen nachgezogen sein, wohin jene nur gingen, bis sie der Bildung genug gehabt hätten? – Durchaus, sagte er, scheinst du mir recht zu haben! Sokrates. – Wollen wir also feststellen, daß von Homer an alle Dichter nur Nachahmer von Schattenbildern der Tugend und der andern Dinge, worüber sie dichten, seien, die Wahrheit aber gar nicht berühren? – Gewiß . . .

Das Gesetz, sprach ich weiter, sagt nun, es sei am besten, im Unglück möglichst die Ruhe zu bewahren und sich nicht aufzuregen, weil man ja gar nicht weiß, was daran gut oder übel ist, noch auch für die Zukunft daraus, daß man es widerwillig erträgt, irgendein Vorteil sich ergeben kann. Überhaupt verdienen ja die Geschicke der Menschen nicht, daß man ihnen eine ernsthafte Bedeutung beilegt. Jedenfalls aber ist der Kummer ein Hindernis für das, was wir in solchen Fällen augenblicklich am meisten brauchen. – Was meinst du damit? sprach er. – Das Nachdenken über das, was geschehen ist, sprach ich; und daß wir wie beim Würfelspiel unsere Maßnahmen dem Wurf entsprechend so treffen, wie es nach der Entscheidung der Vernunft als das beste erscheint, nicht aber, wenn wir zu Fall gekommen sind, wie Kinder die schmerzhafte Stelle halten und fortschreien, sondern immer die Seele daran gewöhnen, so schnell als möglich zur Heilung der durch den Fall verletzten Stelle zu schreiten und sie wieder gutzumachen, indem man so die Wehklage durch die ärztliche Kunst zum Schweigen bringt. – Am richtigsten, sprach er, würde man wenigstens auf diese Art den Unfällen begegnen. – Und das Beste in uns, sagen wir doch, ist geneigt, dieser vernünftigen Überlegung zu folgen. – Offenbar. – Was aber zu schmerzhaften Erinnerungen und Klagen hinzieht und nicht genug davon haben kann, wollen wir nicht sagen, das sei unvernünftig und träge und der Feigheit befreundet? – Das werden wir freilich sagen. – Dieses widerspenstige Wesen nun läßt sich vielfach und in den mannigfaltigsten Formen nachahmen; die vernünftige und ruhige Gemütsverfassung aber, welche immer sich selbst gleichbleibt, diese ist weder leicht nachzuahmen, noch auch ist die Nachahmung leicht zu verstehen, zumal für eine große Versammlung und die verschiedenartigsten Menschen, wie sie sich im Theater zusammenfinden. Denn der Zustand, der damit nachgeahmt würde, würde die Leute fremdartig berühren. – Allerdings. – Der nachahmende Dichter ist also offenbar seiner Natur nach nicht auf einen solchen Gemütszustand eingestellt, und seine Kunst geht nicht darauf aus, sich ihm anzupassen, wenn sie den Beifall der

Menge finden will, sondern sie richtet sich vielmehr auf jene widerspenstige und wechselnde Stimmung, die sich leicht nachahmen läßt. – Offenbar. – Können wir ihn also nicht jetzt mit vollem Recht angreifen und ihn als ein Seitenstück zu dem Maler aufstellen? Denn darin, daß er im Vergleich mit der Wahrheit Minderwertiges hervorbringt, wenn man auf die Wahrheit sieht, gleicht er ihm; und daß er sich an die entsprechenden Regungen in der Seele wendet und nicht an das Beste in ihr, auch darin sind sie einander ähnlich. Und so sind wir wohl schon gerechtfertigt, wenn wir ihn nicht aufnehmen in einen Staat, der eine untadelige Verfassung haben soll, weil er jene Regungen in der Seele weckt und nährt und, indem er sie stärkt, das vernünftige Denken zugrunde richtet. Wie wenn man in einem Staat die Schurken mächtig machen und ihnen die Regierung übergeben würde, die anständigen Leute aber verkommen ließe, ebenso bringt nach unserer Behauptung der nachahmende Dichter der Seele jedes Einzelnen eine schlechte Verfassung bei, indem er sich ihrem unvernünftigen Teil gefällig erweist, der nicht einmal zwischen groß und klein unterscheiden kann, sondern dasselbe bald für groß und bald für klein hält, und ihm Schattenbilder von Schattenbildern vorführt, von der Wahrheit aber ganz weit entfernt bleibt. – Allerdings. – Und doch haben wir die größte Anklage gegen diese Art von Kunst noch nicht vorgebracht; denn daß sie imstande ist, auch die anständigen Leute, einige ganz wenige ausgenommen, zu verderben, das ist doch gar arg. – Ganz gewiß, wenn sie dies wirklich tut. – So höre und überlege. Auch wenn die Besten von uns den Homer hören oder einen andern Tragödiendichter, wie er uns einen trauernden Helden darstellt und ihn eine lange Klagerede halten läßt, oder wenn er seine Helden singen und sich vor Schmerz die Brust schlagen läßt, so macht uns das, wie du weißt, Freude, wir geben uns dem Eindruck hin und folgen dem Spiel voll Mitleids, ja wir loben im Ernst den, der uns in eine solche Stimmung versetzt, als einen guten Dichter. – Das weiß ich; wie sollten wir auch nicht? – Wenn aber einen von uns ein eigener Kummer trifft, so bemerkst du doch, daß wir dann ganz im Gegenteil unseren Stolz darin setzen, wenn wir imstande sind, ruhig zu sein und auszuharren, weil dies das Verhalten eines Mannes, jenes aber, was wir damals lobten, das Gebaren eines Weibes sei. – Das bemerke ich, sagte er. – Ist es denn nun mit jenem Lobe in Ordnung: daß man, wenn man einen Mann sich so verhalten sieht, wie man es bei sich selbst nicht recht finden, sondern sich dessen schämen würde, dann doch seine Freude daran hat und es lobt, anstatt sich mit Widerwillen davon abzuwenden? – Das scheint, sagte er, beim Zeus, wohl nicht vernünftig.

Und verhält es sich etwa mit dem Lächerlichen nicht ebenso? Wenn du einen Schwank, den du dich schämen würdest selbst zu machen, doch, hörst du ihn in der nachahmenden Darstellung der Komödie oder in einem kleinen Kreise, mit Vergnügen aufnimmst und nicht als unsittlich ablehnst, so tust du dasselbe wie dort bei jenen Klagereden. Denn der Neigung zum Possenreißen, die du in dir selbst durch die Vernunft im Zaum hieltest, weil du doch den Ruf eines Possenreißers scheutest, der läßt du nun die Zügel schießen; und hast du sie dort aufgefrischt, so wirst du unvermerkt bald auch in deinem eigenen Kreise dich so weit treiben lassen, daß du einen Spaßmacher vorstellst. – Allerdings, sagte er ...

Also, sagte ich, Glaukon, wenn du Leute triffst, die für Homer schwärmen und die behaupten, dieser Dichter sei der Erzieher Griechenlands und, wenn man die menschlichen Verhältnisse ordnen und sich und andere bilden wolle, dann müsse man ihn zur Hand nehmen, um von ihm zu lernen und das ganze eigene Leben nach diesem Dichter einrichten und durchführen, so magst du sie lieb und wert halten als ganz treffliche Menschen, soweit sie das eben zu sein vermögen, und ihnen auch zugeben, Homer sei der größte Dichter und der erste aller Tragödiendichter, aber du mußt auch wissen, daß in den Staat nur der Teil von der Dichtkunst aufzunehmen ist, der Gesänge an die Götter und Loblieder auf treffliche Männer hervorbringt. Wirst du aber die unterhaltende Muse aufnehmen, seien es nun Lieder oder erzählende Dichtungen, so werden dir Lust und Schmerz im Staate das Regiment führen, statt des Gesetzes und des von der Vernunft bestimmten Grundsatzes, der allgemein immer als der beste erschien. – Sehr wahr, sagte er. – Dieses also sei zu unserer Verteidigung gesagt, weil wir der Dichtkunst wieder gedachten, daß wir sie mit gutem Rechte damals aus dem Staat verwiesen, da sie solcher Art ist; denn die Vernunft zwang uns dazu. Dennoch soll es ausgesprochen sein, daß wir, wenn die unterhaltende und nachahmende Dichtkunst irgendwie den Nachweis führen könnte, daß sie in einem Staat mit guten Gesetzen ihre Stelle finden müsse, sie mit Freuden aufnehmen würden; sind wir uns doch wohl bewußt, selbst ihren Zauber empfunden zu haben. Aber preiszugeben, was sich als wahr gezeigt hat, wäre wider das Gewissen. – Denn groß, fuhr ich fort, lieber Glaukon, groß und nicht wie es gewöhnlich genommen wird, ist der Kampf darum, ob man gut werde oder schlecht; so daß man sich weder durch Ehre noch Geld noch durch Herrschermacht noch auch durch die Dichtkunst dazu hinreißen lassen darf, die Gerechtigkeit und die übrige Tugend zu vernachlässigen. – Ich bin mit dir einverstanden nach allem, was wir miteinander besprochen haben, sagte er, und ich glaube, auch jeder andere wird es sein.

Die Ewigkeit der Seele

Diese unsere ganze Lebenszeit, sprach ich, von der Kindheit bis zum Alter, ist doch nur eine ganz kurze Spanne im Vergleich zur Ewigkeit. – So gut wie nichts, sagte er. – Wie nun? Glaubst du denn, einem unsterblichen Wesen gebühre es, wegen einer so kurzen Zeit sich abzumühen und nicht vielmehr um der Ewigkeit willen? – Das glaube ich schon; aber wie meinst du denn das? – Ist es dir noch nicht zum Bewußtsein gekommen, daß unsere Seele unsterblich ist und niemals umkommt? – Da schaute er mich verwundert an und sagte: Nein, beim Zeus, mir allerdings nicht. Aber du, wolltest du wagen, dies zu behaupten? – Wenn ich mich nicht einer Unterlassung schuldig machen will, sagte ich. – So laß denn hören! ...

Wie nun? sprach ich. Nimmst du für jedes Ding etwas Gutes und Schlimmes an: z. B. für die Augen ein Augenübel, für den ganzen Körper Krankheit, für das Getreide Brand, für das Holz Fäulnis, für Erz und Eisen Rost und, meine ich, so ziemlich bei allem ein ihm seinem Wesen nach zukommendes Übel und eine Krankheit? – Allerdings. – Stellt sich dies nun bei einem Ding ein, so schädigt es dieses und führt zuletzt seine Zersetzung und Vernichtung herbei, nicht wahr? – Natürlich. – Also das einem jeden Ding seinem Wesen nach zukommende Schlimme und Schädliche ist es, was es zugrunde richtet; und, wenn dies es nicht tut, so kann nichts anderes es vernichten. – Ja. – Wohlan denn, so betrachte auch die Seele auf diese Weise! Kann etwa Ungerechtigkeit oder sonstige Bosheit, die ihr innewohnt und anhaftet, sie vernichten und verzehren, bis sie sie dem Tod überliefert und vom Körper trennt? – Keineswegs, sagte er. – Daß aber irgendein Ding von etwas vernichtet werden sollte, was zwar einem andern schadet, aber nicht ihm selbst, das ist doch widersinnig? – Gewiß. – Wenn also das, was dem Körper schadet, der Seele keinen Schaden zufügen kann, so ist es unglaublich, daß die Seele von einem ihr fremdartigen Übel, das mit ihrer eigenen Schlechtigkeit nichts zu tun hätte, zugrunde gerichtet werden könne, durch ein Übel, das einem von ihr verschiedenen Ding zukommt. – Das ist richtig gefolgert, sagte er. – Wenn also die Seele von keinem Übel zugrunde gerichtet werden kann, weder von dem ihr eigentümlichen, noch von einem fremdartigen, so muß sie offenbar ewig sein und, wenn ewig, unsterblich. – Notwendig, sagte er. – Das mag sich nun so verhalten. Wenn es aber so ist, so mußt du bedenken, daß die ewig existierenden Seelen immer dieselben sind: denn sie können sich nicht vermindern, da ja keine zugrunde geht, aber auch ebensowenig vermehren; denn wenn der Bestand der unsterblichen Wesen sich vermehren würde, so könnte das nur aus dem Bestand der sterblichen Wesen geschehen, und so würde schließlich alles unsterblich. Das ist aber gegen die Vernunft. Daß nun die Seele unsterblich ist, das ergibt sich zwingend aus dem soeben geführten Beweis wie aus den andern. Um aber ihr wahres Wesen zu erkennen, darf man sie nicht so sehen, wie wir es jetzt tun: verunstaltet durch die Gemeinschaft mit dem Körper und durch andere Übel; sondern so, wie sie sich hievon gereinigt ausnimmt, muß man sie mit dem Verstand genau betrachten; dann wird man sie viel schöner finden und Gerechtigkeit und Ungerechtigkeit und alles, was wir jetzt erörterten, viel schärfer unterscheiden können. Was wir jetzt von ihr sagten, trifft zwar zu auf den Zustand, in dem sie uns gegenwärtig erscheint; wir sehen sie aber nur in solchem Zustande, wie Menschen, welche des Meergottes Glaukos ansichtig werden, doch nicht leicht seine ehemalige Natur zu Gesicht bekommen, weil sowohl seine alten Gliedmaßen teils zerschlagen, teils zerstoßen und auf alle Weise von den Wellen beschädigt sind, als auch ihm ganz Neues zugewachsen ist: Muscheln, Tang und Gestein, so daß er eher einem Ungeheuer ähnlich sieht als dem, was er vorher war. Ebenso nun sehen auch wir unsere Seele von tausenderlei Übeln bös zugerichtet. Aber, Glaukon, dorthin müssen wir unsere Blicke richten. – Wohin? fragte er. – Auf ihre Liebe zur Weisheit und wir müssen bemerken, wonach sie trachtet und welchen Umgang sie sucht, als dem Göttlichen und Unsterblichen und Ewigen verwandt, und wie sie sein würde, wenn sie diesem ihrem Wesen ganz folgen könnte, wenn sie, von diesem Antriebe emporgehoben aus der Meerestiefe, in der sie sich jetzt befindet, das Gestein und Muschelwerk abstieße, welches ihr jetzt, da sie auf der Erde zu Gaste ist, erdig und steinig, bunt und wild durcheinander angewachsen ist, eine Folge dieser angeblich glückbringenden Gastfreundschaft. Und dann erst würde man ihre wahre Natur erkennen, ob sie vielgestaltig ist oder einheitlich und wie und auf welche Weise sie sich verhält. Ihre Zustände und Erscheinungsformen in diesem menschlichen Leben aber haben wir, denke ich, jetzt deutlich genug auseinandergesetzt. – Gewiß, sagte er.

Von dem gerechten Manne müssen wir nun annehmen, daß ihm, auch wenn er in Armut, Krankheit oder sonst einem scheinbar unglücklichen Zustand lebt, dies doch zu etwas Gutem im Leben oder auch nach dem Tode ausschlagen werde. Denn niemals wird der von den Göttern verlassen werden, der den guten Willen hat, gerecht zu sein, die Tugend zu üben und, soweit es dem Menschen möglich ist, Gott ähnlich zu sein ...

Und so gilt auch umgekehrt von den Ungerechten, daß die meisten von ihnen, auch wenn sie in ihrer Jugend unentdeckt bleiben, doch am Ende ihrer Laufbahn ertappt und verlacht und so im Alter von Mitbürgern und Fremden mißachtet werden. – Du hast recht, sagte er.

Das also wäre es, sprach ich, was dem Gerechten bei seinem Leben von Göttern und Menschen an Preis, Lohn und Gaben zuteil wird außer jenen Gütern, welche die Gerechtigkeit an und für sich ihm darbietet. – Wahrhaftig, ein schöner und sicherer Lohn! – Dieses aber, sagte ich, ist noch nichts an Menge und Größe verglichen mit demjenigen, was jeden von beiden nach dem Tode erwartet. Auch dieses aber müssen wir vernehmen, damit jeder von beiden vollständig zu hören bekomme, was ihm unsere Untersuchung schuldig ist. – Sage es nur, sprach er, und sei überzeugt, daß es kaum etwas gibt, was ich lieber hörte. –

Ich will dir aber nicht eine Geschichte wie die des Alkinoos[20] erzählen, sondern die eines streitbaren Mannes, des Er[21], des Sohnes des Armenios, der aus Pamphylien stammte. Dieser war im Kriege gefallen, und als zehn Tage später die Toten, die schon in Verwesung übergegangen waren, aufgesammelt wurden, fand man ihn noch unversehrt und brachte ihn nach Hause. Hier sollte er am zwölften Tage verbrannt werden. Als er nun schon auf dem Scheiterhaufen lag, kehrte er ins Leben zurück und berichtete sodann, was er dort gesehen. Er sagte aber, nachdem seine Seele ausgefahren, sei sie mit vielen andern gewandelt, und sie seien an einen wunderbaren Ort gekommen, wo in der Erde zwei aneinandergrenzende Spalten gewesen seien und am Himmel gleichfalls zwei andere ihnen gegenüber. Zwischen diesen seien Richter gesessen, welche, nachdem sie ihren Richterspruch gefällt, den Gerechten befohlen hätten, den Weg rechts nach oben durch den Himmel einzuschlagen, nachdem sie ihnen Zeichen ihres Urteils vorne angehängt, den Ungerechten aber den Weg links nach unten, und auch diese hätten Zeichen von allen ihren Handlungen getragen, aber hinten. Als nun auch er hinzugekommen, hätten sie ihm gesagt, er solle den Menschen Botschaft von dem jenseitigen Leben bringen, und hätten ihm geboten, auf alles, was hier vorgehe, zu hören und zu schauen. Er habe nun dort gesehen, wie durch eine jener Spalten im Himmel und in der Erde die Seelen, nachdem sie gerichtet worden, abgezogen seien, von den beiden andern aber seien, aus dem in der Erde Seelen hervorgekommen voller Schmutz und Staub, durch den andern hingegen seien reine Seelen vom Himmel herabgestiegen. Und wenn sie angekommen seien, so habe es den Anschein gehabt, als kämen sie von einer langen Reise; mit Freuden seien sie zu einer Aue hingezogen, wo sie sich wie zu einer Festversammlung niedergelassen hätten. Die einander Bekannten hätten sich dann begrüßt, und die aus der Erde Kommenden hätten sich bei den andern nach den dortigen Verhältnissen erkundigt, und so auch die aus dem Himmel bei jenen nach den ihrigen; und so hätten sie einander erzählt, die einen klagend und weinend in Erinnerung an all die mancherlei Leiden, die sie auf ihrer unterirdischen Wanderung durchgemacht und erlebt hätten – die Wanderung daure aber tausend Jahre –; die aus dem Himmel hingegen hätten von ihrem Wohlergehen erzählt und von der unbegreiflichen Schönheit dessen, was sie dort geschaut. Das alles zu erzählen, mein Glaukon, würde zuviel Zeit erfordern: die Hauptsache aber, sagte er, sei folgendes: Für alles Unrecht, das sie getan und das sie irgend jemand zugefügt hätten, hätten sie, für jeden einzelnen Fall zehnfach, büßen müssen, d. h. immer jeweils nach hundert Jahren, da dies der dem menschlichen Leben angemessene Zeitraum sei: so müßten sie sich einer zehnfachen Buße für das Unrecht unterziehen. Wenn z. B. manche den Tod vieler Menschen verschuldet hätten dadurch, daß sie Staaten oder Heere verraten und in Knechtschaft gestürzt hätten oder sonst großes Elend mitverschuldet hätten, so müßten sie für jedes dieser Vergehen zehnfache Pein erdulden; hatten sie dagegen Wohltaten erwiesen und sich gerecht und fromm gezeigt, so empfingen sie auch dafür den gebührenden Lohn. Über diejenigen aber, die nach ihrer Geburt nur kurze Zeit lebten, teilte er noch anderes mit, was nicht der Erwähnung wert ist. Für Freveltaten gegenüber den Göttern und Eltern sowie für einen mit eigener Hand ausgeführten Mord sei, so erzählte er, die Vergeltung noch höher und schwerer. Denn er sei zugegen gewesen, als einer von dem andern gefragt worden, wo den Ardiaios der Große sei, welcher nämlich in einer pamphylischen Stadt vor damals schon tausend Jahren als Tyrann geherrscht, nachdem er seinen betagten Vater und älteren Bruder getötet und viele anderen Frevel verübt hatte, wie man erzählte. Der Gefragte habe darauf gesagt, er ist nicht hier und wird wohl auch nicht hierherkommen. Denn zu den furchtbaren Schauspielen, denen wir zusahen, gehörte auch folgendes. Als wir nahe an der Mündung waren, im Begriff emporzusteigen, nachdem wir das andere alles erduldet, so sahen wir plötzlich jenen mit anderen, von denen die meisten auch Tyrannen waren, nur einige darunter waren keine Staatsmänner, hatten aber sonst schwere Verbrechen begangen. Als diese meinten, eben emporsteigen zu dürfen, nahm die Mündung sie nicht auf, sondern erhob großes Gebrülle, sooft einer von den so unheilbar Bösen oder einer, der noch nicht hinreichend gebüßt hatte, versuchen wollte, heraufzusteigen. Und gleich waren auch, fuhr er fort, wilde Männer bei der Hand, ganz feurig anzusehen, welche jenes Getöse verstanden und einige davon besonders wegführten; dem Ardiaios aber und anderen banden sie Hände und Füße und Kopf zusammen, warfen sie nieder und, nachdem sie sie mit Schlägen bedeckt, zogen sie sie seitwärts vom Wege ab, wo sie sie mit Dornen zerkratzten und den Vorbeigehenden jedesmal andeuteten, weshalb ihnen dies geschehe, und daß sie abgeführt würden, um in den Tartaros geworfen zu werden. Und so sei denn, sagte er, nachdem ihnen soviel und mancherlei Furchtbares begegnet, diese Furcht die schlimmste von allen gewesen für jeden, daß, wenn er hinaufsteigen wollte, der Schlund brüllen möchte, und mit der größten Zufriedenheit seien sie dann hinaufgestiegen, wenn er geschwiegen habe. Solcherlei also seien die Bußen und Strafen, und ebenso die ihnen als Gegenstück entsprechenden Belohnungen. Nachdem ihnen auf der Wiese sieben Tage verstrichen seien, hätten sie am achten wieder aufbrechen und wandern müssen und seien dann am vierten Tag an einen Ort gekommen, wo man von oben herab ein gerades Licht wie eine Säule über den ganzen Himmel und die Erde verbreitet sehe, am meisten dem Regenbogen vergleichbar, aber glänzender und reiner. Als sie noch einen Tag weitergewandert, seien sie zu diesem Licht gelangt und hätten dort mitten in dem Lichte vom Himmel her die Enden der ihn zusammenhaltenden Bänder befestigt gesehen. Denn dieses Licht sei das Band des Himmels, welches wie die Gurten an den Kriegsschiffen das ganze sich drehende Himmelsgewölbe zusammenhält[22]. An diesen Enden aber sei die Spindel der Notwendigkeit befestigt, vermittels deren alle Sphären in Umschwung gesetzt werden, und an dieser sei die Stange und der Haken von Stahl, der Wirtel aber gemischt aus diesem und anderen Metallen. Dieser Wirtel aber habe folgende Eigenschaften. Seine Form sei die eines gewöhnlichen Wirtels, sie sei so, als wenn in einem großen und durchweg ausgehöhlten Wirtel ein anderer ebensolcher kleinerer eingepaßt wäre, wie man Schachteln hat, die so ineinander passen, und ebenso ein anderer dritter und ein vierter und noch vier andere. Denn acht Wirtel[23] seien es insgesamt, welche ineinander liegend ihre Ränder von oben her als Kreise zeigen, um die Stange her aber nur eine zusammenhängende Oberfläche eines Wirtels bilden; diese aber sei durch den achten mittendurch getrieben. Der erste und äußerste Wirtel nun habe auch den breitesten Kreis des Randes, der zweite sei der des sechsten, der dritte der des vierten, der vierte der des achten, der fünfte der des siebenten, der sechste der des fünften, der siebente der des dritten, der achte der des zweiten. Und der des größten sei bunt, der des siebenten der glänzendste, der des achten erhalte seine Farbe von der Beleuchtung des siebenten, der des zweiten und fünften seien einander sehr ähnlich, gelblicher als jene, der dritte habe die weißeste Farbe, der vierte sei rötlich, der zweite aber übertreffe an Weiße den sechsten. Indem nun die Spindel gedreht werde, so kreise sie zwar immer ganz in demselben Schwunge, in dem umschwingenden Ganzen aber bewegten sich die sieben inneren Kreise langsam in einem dem Ganzen entgegengesetzten Schwung. Von diesen gehe der achte am schnellsten; auf ihn folgen der Schnelligkeit nach, zugleich miteinander der siebente, sechste und fünfte; als der dritte seinem Schwunge nach kreise, wie es ihnen geschienen, der vierte, als vierter aber der dritte und als fünfter der zweite. Gedreht aber werde die Spindel im Schoße der Notwendigkeit. Auf den Kreisen derselben aber säßen oben auf jeglichem eine mitumschwingende Sirene, deren jede immer nur einen Ton von sich gebe, so abgestimmt, daß aus allen achten insgesamt dann eine Harmonie zusammenklänge. Um die Notwendigkeit herum aber säßen in gleicher Entfernung drei andere Göttinnen, jede auf einem Thron, ihre Töchter, die Schicksalsgöttinnen, in weißen Gewändern, die Moiren Lachesis, Klotho und Atropos, und sängen zu der Harmonie der Sirenen, und zwar Lachesis das Geschehene, Klotho das Gegenwärtige, Atropos aber das Bevorstehende. Und Klotho berühre von Zeit zu Zeit mit ihrer Rechten den äußeren Umkreis der Spindel und drehe sie mit, Atropos aber ebenso die inneren mit der Linken, Lachesis aber berühre mit beiden abwechselnd beides, das Äußere und Innere. Dort angekommen, hätten sie sogleich zur Lachesis hintreten müssen. Ein Prophet aber habe sie zuerst der Ordnung nach auseinandergestellt, dann aus der Lachesis Schoß Lose genommen und Muster von Lebensformen, dann sei er auf eine hohe Bühne gestiegen und habe gesagt: So spricht die Tochter der Notwendigkeit, die Jungfrau Lachesis: Seelen, ihr Eintagswesen, wieder beginnt ein todbringender Umlauf für das sterbliche Geschlecht. Nicht euch wird der Dämon erlosen, sondern ihr werdet den Dämon wählen. Wer aber zuerst gelost hat, wähle zuerst die Lebensform, in der er dann notwendig verharren wird. Die Tugend ist herrenlos, von ihr wird jeder mehr oder weniger haben, je nachdem er sie ehrt oder geringschätzt. Die Schuld liegt an den Wählenden; Gott ist schuldlos. Nach diesen Worten habe er die Lose unter alle hingeworfen; und jeder habe das ihm Zufallende aufgehoben, nur er nicht, ihm habe er es nicht gestattet. Wer es aber nun aufgehoben, dem sei kund geworden, als der wievielste er an die Reihe komme. Gleich darauf habe er die Muster der Lebensformen vor ihnen auf dem Boden ausgebreitet in weit größerer Anzahl, als die der Anwesenden war. Deren seien es vielerlei gewesen: von allen Gattungen von Lebewesen, besonders aber auch menschliche aller Art. Darunter seien Lebensformen von Tyrannen gewesen, solche mit ununterbrochener Dauer der Herrschaft, andere, bei denen sie mitten drin gestürzt wurde oder in Armut, Verbannung und Bettlerleben endete; ebenso auch Lebensweisen wohlangesehener Männer, die es teils ihrer Persönlichkeit wegen waren, der Schönheit halber oder sonst wegen körperlicher Stärke und Kampftüchtigkeit, andere aber der Verdienste ihrer Vorfahren wegen, und auch solche von Männern, die in gleicher Hinsicht nicht hervorragten, ebenso auch von Frauen. Eine Rangordnung der Seelen aber sei nicht dabei gewesen, weil notwendig diejenige, die eine andere Lebensform wählt, auch anders wird. Alles andere sei untereinander und mit Reichtum und Armut, Krankheit oder Gesundheit gemischt gewesen; einiges auch zwischen diesem mitteninne. Hier nun, lieber Glaukon, liegt, wie man sieht, die gefährliche Entscheidung für den Menschen, und deshalb ist vorzüglich dafür zu sorgen, daß jeder von uns mit Hintansetzung aller anderen Kenntnisse nur das Wissen suche und erlerne, das ihn fähig macht, zu erkennen und herauszufinden, wer ihn geschickt und einsichtig mache, ein gutes und ein schlechtes Leben zu unterscheiden und demgemäß immer und überall das bessere zu wählen. Dabei wird er alles das, was wir jetzt besprochen, miteinander verglichen und unterschieden haben, nach seinem Verhältnis zu einem tugendhaften Leben in Rechnung bringen und wissen, was z. B. Schönheit in Verbindung mit Armut oder Reichtum bewirkt und bei was für einem Seelenzustand sie gute oder schlimme Folgen hat, ferner welcher Art die Wirkungen sind, die vornehme und geringe Herkunft, Privatleben und öffentliche Tätigkeit, Körperkraft und Körperschwäche, Begabung und Unbegabtheit zum Lernen und alle derartige Eigenschaften, ob sie nun der Seele von Natur anhaften oder erworben sind, in ihrer Verbindung und in ihrem gegenseitigen Verhältnis ausüben. Nur wenn man aus dem allem die nötigen Folgerungen zu ziehen versteht, ist man fähig, im Blick auf das Wesen der Seele ein besseres oder ein schlechteres Leben zu wählen, wobei unter einem schlechteren Leben ein solches zu verstehen ist, das sie dazu führt, ungerechter zu werden, unter einem besseren ein solches, das sie gerechter werden läßt; alles andere muß unberücksichtigt bleiben. Denn wir haben gesehen, daß für dieses Leben und für das nach dem Tode dies die beste Wahl ist. Mit dieser Überzeugung, die fest wie Stahl sein muß, muß man in die Unterwelt gehen, um auch dort nicht durch Reichtümer und solcherlei Übel geblendet zu werden, und um nicht, indem man sich auf Tyrannenherrschaften und derlei Tätigkeiten stürzt, viel unheilbares Übel anzurichten und noch größeres selbst zu erleiden; sondern man muß verständig genug sein, ein zwischen den Extremen in der Mitte liegendes Leben zu wählen und das Übermaß nach beiden Seiten möglichst vermeiden, sowohl in diesem wie in jedem folgenden Leben. Denn so wird der Mensch am glücklichsten. Und so habe denn auch, wie der Bote aus dem Jenseits verkündete, der Prophet damals also gesprochen: „Auch dem letzten, welcher herzutritt, ist, wenn er mit Vernunft wählt und dementsprechend lebt, ein Leben bereit, mit dem er zufrieden sein kann[24]. Darum sei weder, wer zuerst wählt, sorglos, noch, wer zuletzt, mutlos.“ Nach diesen Worten des Propheten, erzählte er, sei der, welcher das erste Los gezogen, sogleich herangetreten und habe sich die größte Tyrannenherrschaft erwählt; aus Torheit und Gier aber habe er gewählt, ohne alles genau zu betrachten, und so sei ihm das darin enthaltene Geschick, seine eigenen Kinder zu verzehren, und anderes Unheil entgangen. Nachdem er es nun mit Muße betrachtet, habe er auf sich losgeschlagen und seine Wahl beklagt, ohne zu bedenken, was der Prophet vorher gesagt hatte. Denn er habe nicht sich selbst dieses Unheils Schuld beigelegt, sondern das Glück und die Götter und alles eher als sich selbst angeklagt. Er sei aber einer von den aus dem Himmel Kommenden gewesen, der in einer wohlgeordneten Verfassung sein erstes Leben verlebt und nur durch Gewöhnung, aber ohne Philosophie, an der Tugend teilgehabt. Und er fügte hinzu, gerade unter den Seelen, die aus dem Himmel kommen und daher keine Erfahrung mehr in den Leiden hätten, seien nicht wenige, die bei solch verkehrter Wahl betroffen würden, während diejenigen, die aus der Erde kommen, weil sie selbst viel Not durchgemacht und andere darin getroffen hätten, ihre Wahl nicht so übereilt träfen. Darin und freilich auch in dem Zufall des Loses liege der Grund, daß sich für die meisten Seelen ein Wechsel von Schlimmem und Gutem ergebe. Denn wenn jemand, so oft er in dieses Leben eintrete, immer sich der Weisheit wahrhaft befleißige, und ihm dann das Los zur Wahl nur nicht unter den allerletzten falle, so werde er, wie es nach den von dort kommenden Offenbarungen scheine, nicht nur hier glücklich sein, sondern er werde auch seine Wanderung von hier dorthin und von dort wieder zurück nicht auf unteridischem und rauhem Wege, sondern auf einem glatten und himmlischen Pfade zurücklegen dürfen. Es sei ein sehenswertes Schauspiel gewesen, wie die Seelen jede für sich ihre Lebensform wählten; denn es sei ein erbarmungswerter, lächerlicher und wunderbarer Anblick zugleich gewesen. Meistens träfen sie ihre Wahl entsprechend der Gewohnheit ihres früheren Lebens. So habe er gesehen, daß die Seele, die einmal die des Orpheus gewesen sei, das Leben eines Schwans gewählt habe, da sie aus Haß gegen das weibliche Geschlecht, das ihr einst den Tod zugefügt habe[25], nicht von einem Weibe habe geboren werden wollen; und die des Thamyris[26] habe eine Nachtigall gewählt. Umgekehrt habe auch ein Schwan die Umwandlung in das Leben eines Menschen gewählt, und ebenso andere Singvögel. Die Seele, die das zwanzigste Los gezogen, habe sich das Leben eines Löwen gewählt, und dies sei die des Telamoniers Aias gewesen, welche in Erinnerung an den Schiedsspruch über die Waffen[27] vermeiden wollte, ein Mensch zu werden. Die nächste sei die des Agamemnon gewesen, und auch diese habe aus Haß gegen das Menschengeschlecht wegen der ihr zugefügten Leiden das Leben eines Adlers eingetauscht. Auch Atalantes[28] Seele sei mitten unter den Losenden gewesen; als ihr Blick nun auf die hohen Ehren für einen Athleten gefallen sei, da habe sie nicht vorbeigehen können, sondern habe diese Lebensform gewählt. Nach dieser habe er die des Panopiers Epeios[29] sich in die Natur einer kunstreichen Frau begeben und weiter unter den letzten den Possenreißer Thersites die Gestalt eines Affen annehmen sehen. Zufällig habe die Seele des Odysseus unter allen das letzte Los gezogen gehabt; nun sei sie zur Wahl herangetreten. In Erinnerung an ihre früheren Mühsale habe sie allen Ehrgeiz abgelegt gehabt und sei lange umhergegangen, um ein Leben eines politisch untätigen Privatmanns zu suchen; nur mit Mühe habe sie es gefunden, wie es, von den andern übersehen, irgendwo lag; und als sie es gesehen, habe sie gesagt, sie würde ebenso wie jetzt gehandelt haben, auch wenn sie das erste Los gezogen hätte, und habe mit Freuden dieses Leben gewählt. Gleichermaßen seien nun auch von den Tieren manche in Menschen übergegangen und eine Art in die andere, indem ungerechte sich in wilde verwandelt, gerechte aber in zahme, und allerlei dergleichen Wechsel seien vorgekommen. Nachdem nun aber alle Seelen ihre Lebensform gewählt, seien sie nach der Ordnung, wie sie gelost, zur Lachesis hinzugetreten, und jene habe jedem den Dämon, den er sich gewählt, zum Hüter seines Lebens und Vollstrecker des Gewählten mitgegeben. Dieser nun habe sie zunächst zu Klotho geführt, an ihre Hand heran und an die im Wirbel sich drehende Spindel, um das von jedem gewählte Geschick daran zu befestigen; und nachdem er diese berührt, habe er sie zur spinnenden Atropos geführt, um das Angesponnene unabänderlich zu machen. Von da sei er, ohne sich umzuwenden, an den Thron der Notwendigkeit getreten, und nachdem er an diesem vorübergeschritten und auch die andern vorbeigekommen seien, seien sie alle durch furchtbare Hitze und Glut hindurch zum Gefilde der Vergessenheit gewandert. Dort wachse kein Baum noch sonst etwas, das die Erde hervorbringt. Hier hätten sie sich, da der Abend schon herangekommen, an dem Flusse „Sorgenlos“ gelagert, dessen Wasser kein Gefäß halten könne. Von diesem Wasser habe jede Seele ein gewisses Maß trinken müssen. Diejenigen, die ihre Vernunft nicht davor bewahre, tränken davon im Übermaß, und wer immer davon trinke, der vergesse alles. Nachdem sie sich nun zur Ruhe gelegt und es Mitternacht geworden, habe sich ein Ungewitter und Erdbeben erhoben, und plötzlich seien sie dann dahineilend wie Sterne, der eine hierhin, der andere dorthin getrieben worden, um eben in ein neues Leben einzutreten. Er selbst aber habe von dem Wasser nicht trinken dürfen; wie und auf welche Weise er wieder zu seinem Leibe gekommen, wisse er nicht, sondern nur, daß er plötzlich des Morgens aufschauend, sich schon auf dem Scheiterhaufen habe liegen sehen.

Auf diese Weise, mein Glaukon, ist diese Erzählung gerettet worden, und sie kann auch uns retten, wenn wir ihr folgen; und wir werden dann über den Fluß der Lethe gut hinüberkommen und unsere Seele nicht beflecken. Sondern wenn es nach mir geht, wollen wir, in der Überzeugung, die Seele sei unsterblich und vermöge alles Übel und alles Gute zu ertragen, uns immer an den oberen Weg halten und auf alle Weise mit Vernunft Gerechtigkeit üben; dann werden wir uns selbst und den Göttern lieb sein, sowohl während wir noch hier weilen, als auch, wenn wir den Preis dafür davontragen, den wir uns wie die Sieger von allen Seiten einsammeln, und wir werden hier und auf der tausendjährigen Wanderung, von der wir eben erzählt, uns wohlbefinden.

THEAITET

In diesem erkenntnistheoretischen Dialog ist der Versuch gemacht, das Wesen des Wissens zu bestimmen. Ohne zu einem positiven Ergebnis zu gelangen, das nur in der hier nicht erwähnten, aber im Hintergrund stehenden Ideenlehre hätte gefunden werden können, setzt sich der Dialog im Anschluß an Heraklits Lehre vom ewigen Werden und Vergehen und an des Protagoras Satz vom Menschen als dem Maß aller Dinge teils mit dem Sensualismus des Aristippos, teils mit der Logik des Antisthenes auseinander. Hier sollen nur zwei für Platons eigene Stellung und Anschauung wichtige Stellen herausgehoben werden: die eine, in der Platon seine philosophische Wirksamkeit gegenüber der des Sokrates abgrenzt und erklärt, daß er bewußt über diesen hinausgehe, und die andere über die Bedeutung des Übels in der Welt und das höchste Lebensziel des Menschen: Gott ähnlich zu werden.

THEAITETOS: Wisse nur, Sokrates, ich habe schon oft versucht, dieses herauszufinden, wenn ich die Fragen hörte, die von dir herumgehen: aber ich kann mich weder überzeugen, daß ich selbst etwas Ausreichendes zu sagen hätte, noch höre ich irgendeinen andern die Sache so, wie du es forderst, erklären. Ebensowenig aber kann ich jemals ablassen, darüber nachzusinnen.
Sokrates: Du hast eben Geburtswehen, lieber Theaitetos, weil du nicht leer bist, sondern schwanger gehst.
Theaitetos: Das weiß ich weiter nicht; wie es mir aber ergeht, das habe ich dir gesagt.
Sokrates: Nun, das ist ja zum Lachen; hast du denn noch nie gehört, daß ich der Sohn einer Hebamme bin, einer gar edlen und ehrenwerten Frau, der Phainarete[1]?
Theaitetos: Das habe ich wohl schon gehört.
Sokrates: Hast du auch gehört, daß ich dieselbe Kunst ausübe?
Theaitetos: Das keineswegs.
Sokrates: So wisse denn, dem ist also. Verrate mich aber nicht damit gegen die andern, denn es weiß niemand von mir, Freund, daß ich diese Kunst besitze. Da es nun die Leute nicht wissen, so sagen sie mir dies auch nicht nach, wohl aber, daß ich der wunderlichste aller Menschen sei und alle zum Zweifeln brächte. Gewiß hast du das auch schon gehört?
Theaitetos: Schon oft.
Sokrates: Soll ich dir den Grund davon sagen?
Theaitetos: Allerdings.
Sokrates: Mache dir nur die Tätigkeit der Hebammen ganz klar, so wirst du leichter merken, was ich will. Denn du weißt doch wohl, daß keine, solange sie noch selbst empfängt und gebiert, andere entbindet, sondern nur solche, die selbst nicht mehr fähig sind zu gebären, tun es.
Theaitetos: So ist es allerdings.
Sokrates: Das soll, wie man sagt, von der Artemis herrühren, weil dieser, die doch unvermählt blieb, dennoch

die Geburtshilfe zugeteilt wurde. Nun hat sie zwar den ganz Unfruchtbaren nicht verleihen können, Geburtshelferinnen zu sein, weil die menschliche Natur zu schwach ist, um eine Kunst in Dingen, in denen sie ganz unerfahren ist, zu erlangen; wohl aber hat sie diese Gabe denen, die des Alters wegen nicht mehr gebären, verliehen, um in ihnen die Ähnlichkeit mit ihr selbst zu ehren.

Theaitetos: Das scheint annehmbar.

Sokrates: Ist also wohl auch das annehmbar und notwendig, daß, ob eine Frau schwanger ist oder nicht, besser von den Geburtshelferinnen erkannt wird als von andern?

Theaitetos: Gewiß.

Sokrates: Ja es können auch die Hebammen durch Arzneimittel und Zaubersprüche die Wehen erregen, und wenn sie wollen, sie auch wieder lindern und den Schwergebärenden zur Geburt helfen, oder auch das Kind, wenn diese beschlossen haben, sich dessen zu entledigen, solange es noch ganz klein ist, können sie abtreiben.

Theaitetos: So ist es.

Sokrates: Hast du auch das schon von ihnen vernommen, daß sie dazu noch die geschicktesten Freiwerberinnen sind, indem sie gründlich zu unterscheiden verstehen, welche Frau und welcher Mann sich miteinander verbinden müssen, um die vollkommensten Kinder zu erzielen?

Theaitetos: Das habe ich noch nicht so gewußt.

Sokrates: Denn bedenke auch dies: meinst du, die Bearbeitung des Erdbodens und das Ernten der Feldfrüchte einerseits und andererseits die Kenntnis, in welchen Boden ein Gewächs oder ein Same einzupflanzen ist, sei Aufgabe desselben oder verschiedener Berufe?

Theaitetos: Desselben.

Sokrates: Bei den Frauen aber glaubst du, daß es sich um zwei verschiedenartige Berufe handle?

Theaitetos: Das ist wenigstens nicht wahrscheinlich.

Sokrates: Wohl nicht, sondern nur wegen der rechtswidrigen und willkürlichen Form des Zusammenführens von Männern und Frauen, die man Kuppelei nennt, enthalten sich die Hebammen als ehrbare Frauen auch des Freiwerbens, aus Furcht, sie möchten um dieser Tätigkeit willen in jenen Verdacht geraten. Denn eigentlich steht es den wahren Geburtshelferinnen auch allein zu, auf die rechte Art Ehen zu stiften.

Theaitetos: Offenbar.

Sokrates: So viel also hat es mit den Hebammen auf sich; weniger aber doch als mit meinem Handwerk. Denn bei den Frauen kommt es nicht vor, daß sie das eine Mal wirkliche Kinder gebären, das andere Mal aber nur Schattenbilder von solchen, und daß beides nicht leicht zu unterscheiden wäre. Denn wäre dies der Fall, so würde es gewiß die schönste und größte Kunst der Hebammen sein, zu unterscheiden, was ein richtiges Kind ist und was nicht. Oder glaubst du nicht?

Theaitetos: Das glaube ich wohl.

Sokrates: Von meiner Hebammenkunst nun gilt übrigens sonst alles, was von der ihrigen gilt; sie unterscheidet sich aber von ihr dadurch, daß sie Männer entbindet und nicht Frauen, und daß sie sich mit ihren geistigen, nicht mit ihren leiblichen Geburten befaßt. Das Wichtigste bei unserem Beruf aber ist, daß man die Fähigkeit besitzt, zu prüfen, ob der Geist eines jungen Menschen nur ein trügerisches Schattenbild zur Welt bringt oder etwas Ausgereiftes und Wahres. Und so teile ich denn auch folgende Eigenschaften mit den Hebammen: ich selbst bin nicht imstande, etwas Weises zur Welt zu bringen, und, was man mir schon oft vorgeworfen hat, daß ich zwar andere Leute frage, selbst aber auf nichts eine Antwort gebe, weil ich eben nicht im Besitz von Weisheit sei, dieser Vorwurf besteht zu Recht. Und folgendes ist der Grund davon: *zu entbinden zwingt mich der Gott, zu zeugen aber hat er mir versagt.* Daher bin ich selbst keineswegs etwa weise, habe auch nichts dergleichen aufzuzeigen als Ausgeburt meiner eigenen Seele. Die aber mit mir umgehen, zeigen sich zuerst zwar zum Teil gar sehr ungelehrig; alle aber, denen es der Gott vergönnt, machen bei fortgesetztem Umgang mit mir wunderbar schnelle Fortschritte, wie es ihnen selbst und andern scheint; dabei springt es in die Augen, daß sie niemals von mir etwas gelernt haben, sondern sie selbst finden von sich aus viel Schönes und bringen es zur Welt; die Geburtshilfe indes leisten dabei der Gott und ich...

Theodoros: Wenn du, Sokrates, alle wie mich überzeugtest von dem, was du sagst: so würde mehr Friede und des Bösen viel weniger sein unter den Menschen.
Sokrates: Das Böse, Theodoros, kann weder ausgerottet werden, denn es muß immer etwas dem Guten Entgegengesetztes geben, noch auch bei den Göttern seinen Sitz haben. Die sterbliche Natur aber und dieser Ort ist es, wo es sich notwendigerweise umhertreibt. Darum sollte man auch versuchen, so schnell als möglich von hier dorthin zu entfliehen[2]. Diese Flucht besteht in der Anähnlichung an Gott, soweit dies möglich ist; diese Anähnlichung bedeutet aber nichts anderes, als mit vollem Verständnis gerecht und fromm zu werden. Allein, Bester, es ist gar nicht leicht, die Überzeugung zu erwecken, daß man nicht um deswillen, was die Menge meint, das Böse fliehen und der Tugend nachjagen, diese betätigen und jenes meiden soll, nämlich damit man nicht böse, sondern gut zu sein scheine. Denn dies ist nur, wie mir scheint, sogenanntes Altweibergeschwätz; das Wahre aber, was wir zu sagen haben, ist folgendes: Gott ist niemals und auf keine Weise ungerecht, sondern im höchsten Sinne vollkommen gerecht, und es gibt nichts, was ihm ähnlicher wäre, als wer unter uns ebenfalls so gerecht als möglich wird. Und die Fähigkeit hiezu ist es allein, wonach sich die wahre Leistungsfähigkeit eines Mannes und ebenso seine Unbrauchbarkeit und Schwäche bemißt. Denn nur die Erkenntnis hievon ist wahre Weisheit und Tugend, und die Unwissenheit hierin offenbare Torheit und Schlechtigkeit. Alle andern Fähigkeiten und Einsichten aber, die als solche gelten, sind, wenn sie auf politischem Gebiet sich betätigen, unfein, wenn auf künstlerischem, gewöhnlich. Denn für denjenigen, der Unrecht tut und gottlos redet und handelt, ist es bei weitem am besten, daß man ihm nicht zugesteht, er sei infolge seiner Skrupellosigkeit ein leistungsfähiger Mensch. Denn sie bilden sich auf diese Kritik noch etwas ein und glauben herauszuhören, sie seien keine unbedeutenden Menschen, keine „nutzlose Last der Erde“[3], sondern

Männer, wie sie im Staat erhalten werden müßten. Daher muß man ihnen die Wahrheit sagen, daß sie um so mehr das seien, was sie nicht zu sein glauben, gerade weil sie es nicht glauben. Denn sie wissen nichts von der Bestrafung des Unrechts, was man doch am allerwenigsten nicht wissen darf. Denn diese besteht nicht in Geißelung oder Tod, wovon sie manchmal trotz ihrer Freveltaten nichts trifft, sondern es ist eine, der man unmöglich entrinnen kann.

Theodoros: Welche meinst du denn?

Sokrates: Zwei Musterbilder, lieber Freund, sind im Reiche des wirklichen Seins aufgerichtet: das eine das glückseliger Göttlichkeit, das andere das unseliger Gottlosigkeit; sie aber sehen nicht, daß es sich so verhält, und werden aus Torheit und höchstem Unverstande unvermerkt vermöge ihrer ungerechten Handlungen dem einen immer ähnlicher, dem andern immer unähnlicher. Dafür büßen sie denn auch, indem sie ein Leben führen entsprechend dem Musterbild, dem sie ähnlich werden. Sagen wir ihnen nun, daß, wenn sie von ihrer Art von Meisterschaft nicht ablassen, dann auch nach geendetem Leben jener von allen Übeln reine Ort sie nicht aufnehmen werde, sondern sie immer hier ein ihrem eigenen Wesen entsprechendes Leben führen werden als böse Menschen, die immer nur mit Bösem in Berührung kommen, so hören sie das nur mit skrupelloser Überlegenheit an, wie Reden, die aus dem Mund armseliger Toren kommen.

Theodoros: Ganz gewiß, Sokrates.

DER STAATSMANN

Dieser zu den Altersschriften des Philosophen gehörige Dialog, in dem „Sokrates der Jüngere“ in Anwesenheit des alten Sokrates als Gesprächsteilnehmer eingeführt wird, unter dem sich vielleicht ein Mitglied der Akademie verbirgt, zeigt wesentliche Abweichungen von den im „Staat“ niedergelegten politischen Anschauungen Platons. Er ist wirklichkeitsnäher und schlägt so die Brücke von dem früheren zu Platons letztem großem Werk, den „Gesetzen“. Insbesondere tritt an Stelle der philosophischen Regenten „der königliche Mann“, der durch seine überlegene Einsicht zur Alleinherrschaft berufen erscheint.

FREMDER: Ist nicht die Monarchie eine von den Regierungsformen des Staates?
Sokrates d. J.: Ja.
Fremder: Und nach der Monarchie könnte man, glaube ich, die Oligarchie anführen.
Sokrates d. J.: Natürlich.
Fremder: Und die dritte Form der Staatsverfassung, ist das nicht die Regierung der Menge, welche Demokratie genannt wird?
Sokrates d. J.: Allerdings.
Fremder: Und werden diese nicht gewissermaßen aus dreien fünf, wenn zwei davon sich aus sich selbst andere Namen hervorbringen?
Sokrates d. J.: Welche denn?
Fremder: Wenn man sie unter den Gesichtspunkten der Gewalt und Freiwilligkeit, der Armut und des Reichtums, der Gesetzlichkeit und Ungesetzlichkeit betrachtet, die in ihnen maßgebend sind, so kann man von den zwei ersten Verfassungsformen jede wieder teilen und so zunächst die Monarchie, weil sie zwei Arten unter sich begreift, auch mit zweierlei Namen bezeichnen: nämlich als Tyrannis und Königtum.
Sokrates d. J.: Richtig.
Fremder: Und so auch den von wenigen beherrschten Staat mit zwei Namen: Aristokratie und Oligarchie.
Sokrates d. J.: Allerdings.
Fremder: Anders bei der Demokratie: sie pflegt, mag nun die Menge über die Besitzenden mit Gewalt oder mit deren Einwilligung herrschen, und mag sie die Gesetze genau beobachten oder auch nicht, doch niemals jemand mit einem anderen Namen zu benennen.
Sokrates d. J.: Das ist wahr.
Fremder: Wie nun? Glauben wir, irgendeine von diesen Staatsverfassungen sei richtig, inwiefern sie durch diese Begriffe bestimmt ist, durch die Anzahl, ob es einer ist oder wenige oder viele, oder durch Armut und Reichtum,

oder durch Gewalt oder Freiwilligkeit, oder insofern sie durch eine schriftlich niedergelegte Gesetzgebung zustande kommt oder ohne eine solche?
Sokrates d. J.: Warum nicht, und was sollte uns daran hindern?
Fremder: Betrachte es nur genauer, indem du mir so folgst.
Sokrates d. J.: Wie doch?
Fremder: Ob wir bei dem anfänglich Gesagten bleiben oder davon abgehen wollen?
Sokrates d. J.: Wovon meinst du?
Fremder: Die königliche Regierung, sagten wir, sei eine Wissenschaft.
Sokrates d. J.: Ja.
Fremder: Und zwar nicht nur eine beliebige, sondern diejenige, bei der es auf Urteil und Leitung ankommt.
Sokrates d. J.: Ja.
Fremder: Und bei der Leitung unterschieden wir wieder eine, die es mit unbeseelten Dingen und eine solche, die es mit lebenden Wesen zu tun hat. Und so sind wir immer weiter teilend bis hieher gekommen, ohne je zu vergessen, daß es sich um eine Wissenschaft handelt, nur was für eine sie sei, konnten wir immer noch nicht recht ermitteln.
Sokrates d. J.: Richtig gesagt.
Fremder: Das sehen wir also doch ein, daß weder der Begriff des Vielen noch des Wenigen, weder der Freiwilligkeit noch der Unfreiwilligkeit, des Reichtums oder der Armut hier das Bestimmende ist, sondern daß es eine Wissenschaft sein muß, wenn wir unsere bisherige Untersuchung folgerichtig fortsetzen wollen.
Sokrates d. J.: Das müssen wir aber doch notwendig.
Fremder: Also müssen wir jetzt untersuchen, in welcher dieser Staatsformen die Wissenschaft, die Menschen zu beherrschen, zur Geltung kommt, die sich anzueignen so ziemlich das Schwierigste und Wichtigste sein dürfte. Denn sie müssen wir ins Auge fassen, um zu sehen, welche Leute wir von dem einsichtsvollen König wohl unterscheiden müssen: Leute, die zwar tun, als ob sie Staatsmänner wären, und auch viele andere davon überzeugen, es aber trotzdem keineswegs sind.

Sokrates d. J.: Das müssen wir allerdings tun, wie es uns der Gang unserer Unterhaltung vorgezeichnet hat.
Fremder: Meinst du nun etwa, die Menge im Staate sei imstande, diese Wissenschaft sich anzueignen?
Sokrates d. J.: Wie sollte sie wohl!
Fremder: Aber in einer Stadt von tausend Männern könnten doch wohl ihrer hundert oder wenn auch nur fünfzig imstande sein, sie gründlich sich anzueignen?
Sokrates d. J.: Dann wäre sie ja wohl die leichteste unter allen Künsten. Wissen wir doch, daß es unter tausend Männern nicht einmal so viele hervorragende Brettspieler gibt – im Verhältnis zu den übrigen Hellenen –, geschweige denn Könige. Denn wer die königliche Wissenschaft besitzt, den müssen wir, er mag nun regieren oder nicht, nach unserem früher aufgestellten Satz auch einen königlichen Mann nennen.
Fremder: Sehr gut erinnert. Und daraus, meine ich, folgt, daß man die richtige Regierungsform bei einem oder zweien oder gar wenigen suchen muß, wenn es eine richtige werden soll.
Sokrates d. J.: Wie sollte man anders!
Fremder: Von diesen aber, mögen sie nun mit dem guten Willen der Beherrschten regieren oder wider ihren Willen und nach geschriebenen Satzungen oder ohne solche und dabei reich sein oder arm, müssen wir glauben, wie wir jetzt meinen, daß sie jegliche Regierungsform, welche es auch sei, sachverständig handhaben werden. So halten wir es ja doch auch nicht zum wenigsten mit den Ärzten: sie mögen uns mit oder gegen unsern Willen heilen, durch Schneiden oder Brennen oder durch eine sonstige schmerzhafte Operation, sei es nach ihren Büchern oder ohne solche und gleichviel, ob sie arm oder reich sind, so bezeichnen wir sie doch unter allen Umständen als Ärzte, solange sie ihre Kunst ausüben, mögen sie uns nun durch Abführmittel mager oder dann auch wieder beleibter machen, wenn es nur zum Wohl des Körpers ist, dem sie von einem schlechten zu einem besseren Befinden verhelfen, und sie als die Kurierenden den Gegenstand ihrer Kur zu erhalten wissen. So werden wir sagen, denke ich, und nicht anders ergebe sich

die richtige Bestimmung der ärztlichen und jeder anderen Leitung.

Sokrates d. J.: Offenbar.

Fremder: So muß es nun, wie es scheint, auch bei den Staatsverfassungen sein: diejenige allein ist im Unterschied von andern die richtige, in der man wahrhaft sachverständige Regenten findet, nicht solche, die es nur zu sein scheinen, mögen sie nun nach Gesetzen oder ohne Gesetze regieren und über Gutwillige oder Gezwungene und arm sein oder reich: denn von all dem hängt die Beurteilung ihrer Richtigkeit in keiner Weise ab.

Sokrates d. J.: Schön.

Fremder: Und mögen auch einige Todes- und Verbannungsurteile gefällt werden zu dem guten Zweck, den Staat zu säubern, mag man auch Kolonien wie Bienenschwärme aussenden und ihn dadurch kleiner machen oder aber auch durch Zuziehung weiterer Bürger von außen ihn vergrößern: solange man ihn nur durch das Mittel der Wissenschaft und der Gerechtigkeit erhält und ihn nach Möglichkeit aus schlechteren in bessere Verhältnisse hinüberleitet, so lange haben wir nach diesen Gesichtspunkten nur diese Staatsform für die richtige zu erklären. Alle andern aber, die wir anführen, dürfen wir nicht als echte Staatsverfassungen im Sinne wirklichen Seins bezeichnen, sondern nur als Nachahmungen dieser richtigen, von denen die wohlgeordneten sie besser, die andern schlechter nachahmen.

Sokrates d. J.: Das übrige, Fremdling, scheint angemessen gesagt, daß man aber auch ohne Gesetze herrschen soll, hört sich schwerer mit an.

Fremder: Du bist mir durch deine Frage um ein weniges zuvorgekommen, Sokrates. Denn eben wollte ich dich dasselbe fragen, ob du mit allem zufrieden wärest oder ob dir doch etwas von dem Gesagten zuwider sei. Nun liegt ja schon zutage, daß wir werden durchgehen müssen, wie es mit der Richtigkeit der Behauptung stehen mag, daß auch ohne Gesetze regiert werden könne.

Sokrates d. J.: Freilich.

Fremder: Auf gewisse Weise ist nun wohl offenbar, daß zur königlichen Kunst die gesetzgebende gehört; das beste

aber ist, wenn nicht die Gesetze Macht haben, sondern der mit Einsicht begabte königliche Mann. Weißt du weshalb?
Sokrates d. J.: Sage, weshalb du das meinst.
Fremder: Weil das Gesetz nicht imstande ist, das für alle Zuträglichste und Gerechteste genau zu umfassen und so das wirklich Beste zu befehlen. Denn die Unähnlichkeit der Menschen und der Handlungen und die sozusagen immerwährende und allgemeine Ruhelosigkeit der menschlichen Verhältnisse gestattet nicht, daß irgendeine Kunst in irgend etwas für alle und auf alle Zeit eine einfache Anordnung treffe. Das geben wir doch wohl zu?
Sokrates d. J.: Wie sollten wir nicht!
Fremder: Wir sehen aber doch, daß das Gesetz eben hiernach strebt, wie ein selbstgefälliger und ungelehriger Mensch, der nichts anders als nach seiner eigenen Anordnung tun und auch niemanden weiter anfragen lassen will, auch nicht, wenn jemandem etwas Neues, Besseres gekommen ist, das der von ihm selbst getroffenen Bestimmung widerspricht.
Sokrates d. J.: Richtig. Genau so, wie du jetzt gesagt hast, macht es das Gesetz uns allen.

Fremder: Steht es nun nicht auch hier so, daß das die treffendste Bestimmung einer richtigen Staatsverwaltung sein wird, nach der der weise und gute Mann die Verhältnisse der Beherrschten ordnen wird? Wie der Steuermann das Heil des Schiffes und der Passagiere immer im Auge haben und ohne schriftliche Regeln, lediglich nach den Gesetzen seiner Kunst die Schiffsgenossen sicher führen wird, sollte nicht so und auf dieselbe Weise die richtige Staatsverwaltung von Männern ausgehen, die zu herrschen verstehen und die die Kraft ihrer Staatskunst als den Gesetzen überlegen erweisen? Und diese verständigen Herrscher begehen doch wohl, sie mögen tun, was sie wollen, so lange keinen Fehler, als sie das Eine große Ziel im Auge behalten, mit Vernunft und Sachverständigkeit unter den Bürgern des Staates die höchste Gerechtigkeit walten zu lassen und, solange sie imstande sind, diese nach Möglichkeit von einer schlechteren einer besseren Bildung zuzuführen.
Sokrates d. J.: Es ist hiegegen nichts einzuwenden.

Fremder: Aber auch wohl dagegen wird sich kein Widerruf erheben?
Sokrates d. J.: Wogegen meinst du?
Fremder: Daß nie eine Menge, aus was für Menschen sie auch bestehe, zu dieser Wissenschaft gelangen und imstande sein kann, vernunftgemäß einen Staat zu verwalten: sondern nur bei einer kleinen und geringen Zahl oder gar nur bei einem Einzigen darf man jene eine richtige Staatsverfassung suchen, die übrigen aber nur als Nachahmungen ansehen, wie wir vorhin sagten, von denen einige besser, andere schlechter jene nachahmen ...

So haben wir denn alles, was der Staatswissenschaft fremd ist und fernsteht, ausgeschieden, und es bleiben nur noch die für sie wertvollen und mit ihr verwandten Künste übrig. Zu ihnen gehört die Kriegführung, das Richteramt und die Redekunst, soweit sie in Gemeinschaft mit der königlichen Wissenschaft der Gerechtigkeit das Wort leiht und im Bunde mit ihr das Handeln der Bürger in den Staaten leiten hilft ...

Soviel läßt sich also erkennen, wenn man alle die bisher besprochenen Wissenschaften betrachtet, daß keine von ihnen sich als Staatswissenschaft gezeigt hat. Denn die wahrhaft königliche Wissenschaft soll nicht selbst etwas verrichten, sondern nur über die, welchen Verrichtungen obliegen, soll sie herrschen, als Anfang und Antrieb zu allem Wichtigen im Staat, wobei sie Zeit und Unzeit wahrnimmt; die andern aber sollen, was ihnen aufgetragen ist, verrichten.
Sokrates d. J.: Richtig.
Fremder: Deshalb haben auch diejenigen, die wir soeben erwähnt haben und die weder übereinander noch über sich selbst herrschen, sondern deren jede ihre eigene Aufgabe hat, nach dieser ihrer eigenen Aufgabe billigerweise ihren eigenen Namen erhalten.
Sokrates d. J.: So scheint es.
Fremder: Die aber, die über alle diese herrscht, die für die Gesetze und für das gesamte Staatswesen zu sorgen hat und

die alle Fäden aufs richtigste zusammenwebt, diese dürfen wir doch wohl, wenn wir ihre Bedeutung in einer allgemeinen Bezeichnung zusammenfassen wollen, billigerweise die Staatswissenschaft nennen?

Sokrates d. J.: Allerdings.

Fremder: So könnten wir sie jetzt wohl auch nach dem Muster der Webekunst durchgehn, nun uns auch alle Gattungen, die im Staate vorkommen können, bekannt geworden sind?

Sokrates d. J.: Gewiß.

Fremder: Also, was wir von Anfang suchten, das haben wir gefunden, daß nicht unwichtige Teile der Tugend untereinander von Natur uneins sind und auch die, welche sie besitzen, eben dazu machen.

Sokrates d. J.: Das scheinen sie in der Tat.

Fremder: Laß uns folgende Frage noch hinzunehmen.

Sokrates d. J.: Welche?

Fremder: Ob wohl eine von den zusammensetzenden Künsten irgendeines ihrer Werke, wenn es auch das unbedeutendste wäre, gutwillig aus Schlechtem und Gutem bilden wird? Oder ob nicht jede Kunst überall das Schlechte nach Vermögen verwirft und nur das Brauchbare und Gute nimmt, um aus diesem dann, Ähnliches und Unähnliches in eins verarbeitend, eine bestimmte Kraft oder Gestalt hervorzubringen?

Sokrates d. J.: Wie sollte sie nicht das letzte?

Fremder: Also wird auch die wahrhaft natürliche Staatskunst niemals gutwillig aus guten und schlechten Menschen irgendeinen Staat bilden, sondern offenbar wird sie sie erst am Spiele prüfen und nach der Prüfung Leuten, die sich darauf verstehen, zum Unterricht und zur Fürsorge übergeben unter ihrer eignen Anordnung und Aufsicht, wie die Weberei über die Wollkämmer und andere, welche die zu ihrem Gewebe notwendigen Vorarbeiten verrichten, immer die Aufsicht führt, ihr Geschäft mit ihren Anordnungen begleitend, und ihnen solche Arbeit zu verrichten aufgibt, wie sie sie für ihr eignes Gewebe für geeignet hält.

Sokrates d. J.: Allerdings.

Fremder: Es ist ferner klar, daß die königliche Kunst, die selbst die Macht der Oberaufsicht in sich schließt, allen gesetzmäßigen Lehrern und Erziehern nicht gestatten wird, etwas zu üben, was eine ihrer Mischung nicht angemessene Gesinnung hervorbringen könnte. Das allein ist das Ziel, das sie der Erziehung steckt. Diejenigen aber, die nicht imstande sind, an einer auf mannhafter und besonnener Denkungsart beruhenden Gemeinschaft teilzunehmen und an allem andern, was auf die Tugend abzielt, sondern unter dem Zwang einer bösartigen Naturanlage sich in Gottlosigkeit, Frevel und Unrecht verirren, diese stößt sie aus durch Todesstrafen und durch Verweisungen oder züchtigt sie durch die härtesten und entehrendsten Strafen.

Sokrates d. J.: So soll es wenigstens sein.

Fremder: Wer sich aber in Unwissenheit und niedrigem Treiben aller Art bewegt, den stellt sie unter das Joch der Sklaverei.

Sokrates d. J.: Ganz richtig.

Fremder: Alle übrigen aber, deren Naturanlagen hinreichen, um sich durch Bildung und Erziehung zum Edlen hinlenken zu lassen und eine auf sachverständige Weise bewirkte Verbindung miteinander einzugehen, wird sie, wenn sie mehr zur Tapferkeit neigen, ihrem festeren Charakter entsprechend als für die Kette geeignet ansehen; diejenigen aber, die zur Sittsamkeit hinneigen, wird sie – um im Bilde zu bleiben – als fetten und weichen, zum Einschlag geeigneten Faden zu verwerten wissen und sie so, obwohl sie einander entgegenstreben, dennoch auf folgende Weise miteinander zu verbinden und zu verflechten versuchen.

Sokrates d. J.: Auf welche denn?

Fremder: Zuerst, indem sie, wie es der Verwandtschaft gemäß ist, den ewigen Teil ihrer Seele durch ein göttliches Band vereinigt und nächst dem göttlichen auch den tierischen durch ein menschliches.

Sokrates d. J.: Wie meintest du das wieder?

Fremder: Daß die in Wirklichkeit existierende wahre Vorstellung des Schönen, Gerechten und Guten und ihrer Gegensätze in den Seelen Wurzel faßt und sich festigt und ihnen dadurch in einem geistigen Werdeprozeß etwas Göttliches zuteil wird: das meine ich.

Sokrates d. J.: Das gehört sich auch wohl so.

Fremder: Und von dem staatskundigen und guten Gesetzgeber wissen wir nun, daß ihm allein die Fähigkeit zukommt, mit Hilfe der Muse der königlichen Kunst ebendies denen einzupflanzen, welche nach der vorhin gegebenen Schilderung eine richtige Erziehung und Bildung erhalten haben.

Sokrates d. J.: So scheint es.

Fremder: Wer aber dies, Sokrates, zu bewirken unvermögend ist, dem wollen wir nie den Namen beilegen, dessen Bedeutung wir jetzt untersuchen.

Sokrates d. J.: Ganz richtig . . .

Fremder: Darin also, sagen wir, bestehe die Vollendung des Gewebes der praktischen Staatskunst, daß in richtiger Verflechtung die Sinnesart der tapferen und der besonnenen Menschen verflochten werde, indem es der königlichen Kunst gelingt, sie zu einem gemeinsamen Leben in Eintracht und Freundschaft zusammenzuführen und so das großartigste und beste aller Gewebe zu vollenden: ein Geflecht, in dem sie auch alle die sonstigen Menschen in den Staaten, Freie und Sklaven, zusammenfaßt, so daß sie, ohne etwas beiseite zu lassen, was zu dem einem Staatswesen zukommenden Glück beitragen kann, herrscht und regiert.

Sokrates d. J.: Vortrefflich, Fremdling, hast du uns nun auch den königlichen Staatsmann dargestellt.

TIMAIOS

Der Timaios, der seinen Namen von einem Pythagoreer, der Hauptperson des Gesprächs, trägt, ist der einzige naturphilosophische Dialog Platons. Bei seiner ganzen Stellung zur Körperwelt, in der sich der fortgesetzte Prozeß des Werdens und Vergehens abspielt, und der er eben deshalb kein „Sein“ im vollen Sinne zuerkennen kann, mußte Platon die Naturwissenschaft, soweit sie auf empirischer Forschung beruht, fernliegen. Nur soweit sie sich auf der Mathematik aufbauen läßt, hat sie es nach Platon mit wirklichem Sein zu tun. Die ganze Erkenntnis der sinnlich wahrnehmbaren Welt ist ihm im Gegensatz zu der mit dem Denken erfaßbaren, unveränderlichen und ewigen Welt der Ideen höchst fragwürdig. Darum erklärt er im Timaios immer wieder, daß es sich bei dieser Art von Erkenntnis nicht um Wahrheit, sondern nur um „Wahrscheinlichkeit“ handeln könne. Nichtsdestoweniger hat sich gerade dieser Dialog im Altertum und in der Renaissance ganz besonderer Beliebtheit erfreut, und Raffael hat ihn auf seinem großen Wandgemälde im Vatikan, der „Schule von Athen“, der Prophetengestalt des Philosophen in die Hand gegeben. Hier können aus dem großen Werk, das die Entstehung aller Naturwesen von den Weltkörpern bis zu den irdischen Organismen behandelt, unter Verzicht auf alle Einzelheiten nur die Grundgedanken der einleitenden Kapitel herausgehoben werden.

TIMAIOS: So wollen wir denn sagen, welcher Grund den, der dieses All, das Reich des Werdens, zusammenfügte, zu dieser seiner Wirksamkeit bewogen hat. Er war gut, und in einem Guten entsteht niemals Neid, worauf sich derselbe auch immer beziehen könnte, und, weil frei von diesem, wollte er denn auch, daß alles ihm selbst so ähnlich als möglich werde. Diesen Ausgangspunkt des Werdens und der Welt dürfte man daher wohl mit dem größten Rechte einsichtigen Männern als den hauptsächlichsten zugestehen. Da nämlich Gott wollte, daß, soweit es möglich, alles gut und nichts schlecht sei, aber alles, was sichtbar war, nicht in Ruhe, sondern in regelloser und ungeordneter Bewegung vorfand, so führte er es denn aus der Unordnung in die Ordnung hinüber, weil er der Ansicht war, daß dieser Zustand schlechthin besser als jener sei. Es war aber und ist Recht, daß der Beste nichts anderes als das Schönste vollbringe, und da fand er nun, indem er es bei sich erwog, daß unter den ihrer Natur nach sichtbaren Dingen kein vernunftloses Werk jemals schöner sein werde als ein vernunftbegabtes, wenn man beide als Ganze einander gegenüberstellt, daß aber wiederum Vernunft ohne Seele unmöglich irgendeinem Wesen zuteil werden könne. In dieser Erwägung bildete er die Vernunft in eine Seele und die Seele in einen Körper ein, und fügte so aus ihnen den Bau des Weltalls zusammen, um so naturgemäß das möglichst schönste und beste Werk vollendet zu sehen. Und so darf man es denn mit Wahrscheinlichkeit aussprechen, daß diese Welt als ein wirklich beseeltes und vernünftiges Wesen durch Gottes Vorsehung entstanden ist.

Nachdem dies festgestellt ist, müssen wir wiederum das hieran zunächst sich Anschließende besprechen, welches lebendige Wesen sich denn der Meister bei ihr zum Vorbilde genommen hat, um sie ihm ähnlich zu bilden. Von allem nun, was zur Gattung der Teile gehört, werden wir sie mit nichts in Vergleich bringen wollen; denn was dem

Unvollkommenen gleicht, kann nicht schön sein; wohl aber werden wir sie demjenigen, wovon die übrigen lebendigen Wesen als einzelne, sowie nach ihren Gattungen bloße Teile sind, als am allerähnlichsten setzen. Denn alle die lebendigen Wesen, welche allein dem Gedanken zugänglich sind, faßt jenes ebenso in sich zusammen, wie diese Welt uns und alle übrigen Geschöpfe, welche sichtbar gebildet sind. Denn da Gott sie dem schönsten und in allen Stücken vollkommenen unter allen Gegenständen der Gedankenwelt am ähnlichsten machen wollte, so fügte er sie zu einem einzigen sichtbaren lebendigen Wesen zusammen, welches alle ihrer Natur nach mit ihm verwandten belebten Wesen in sich enthielt. Sprechen wir also mit Recht nur von Einer Welt, oder wäre es richtiger, von vielen, ja von einer unbegrenzten Zahl zu reden? Nur von Einer kann die Rede sein, wenn anders sie wirklich nach ihrem Urbilde geschaffen sein soll. Denn jenes, alles in der Gedankenwelt bestehende Lebendige umfassende Wesen kann unmöglich ein zweites neben einem anderen sein; denn dann müßte es wiederum noch ein anderes, jene beiden umfassendes Wesen geben, dessen Teile denn also jene beiden wären, und man würde dann die Welt nicht mehr ein jenen beiden, sondern vielmehr richtiger ein diesem sie umfassenden Nachgebildetes nennen. Damit sie also als gleichfalls einzig in ihrer Art dem vollkommenen lebendigen Wesen ähnlich wäre, darum bildete der Schöpfer weder zwei, noch auch unzählige Welten, sondern, wie dies Weltgebäude als ein einziggebornes entstanden ist, so besteht es auch und wird auch fernerhin also bestehen.

Körperlich, sichtbar und fühlbar muß nun aber das Gewordene sein. Ohne das Feuer aber kann schwerlich je etwas sichtbar werden, noch fühlbar ohne etwas Festes, und fest wiederum nicht ohne Erde; daher bildete Gott den Körper des Alls, als er ihn zusammenzusetzen begann, zunächst aus Feuer und Erde. Zwei Dinge allein aber ohne ein drittes wohl zusammenzufügen ist unmöglich, denn nur ein vermittelndes Band kann zwischen beiden die Vereinigung bilden. Von allen Bändern ist aber dasjenige das schönste, welches zugleich sich selbst und die durch dasselbe verbundenen Gegenstände möglichst zu einer Einheit macht. Dies aber auf das schönste zu bewirken, ist die Proportion da. Denn wenn von drei Zahlen oder Massen oder Kräften von irgendeiner Art die mittlere sich ebenso zur letzten verhält, wie die erste zu ihr selber, und ebenso wiederum zu der ersten, wie die letzte zu ihr selber, dann wird sich ergeben, daß, wenn die mittlere an die erste und letzte, die erste und letzte dagegen an die beiden mittleren Stellen gesetzt werden, das Ergebnis notwendig ganz dasselbe bleibt; bleibt dies aber dasselbe, so sind sie alle damit wahrhaft untereinander Eins geworden. Wenn nun der Leib des Alls eine bloße Fläche ohne alle Höhe hätte werden sollen, dann würde ein Mittelglied genügt haben, das andere unter sich und sich selber mit ihm zusammenzubinden; nun aber kam es ihm zu, ein Körper zu sein, und alle Körper werden nie durch ein, sondern stets durch zwei Mittelglieder zusammengehalten, und so stellte denn Gott zwischen Feuer und Erde das Wasser und die Luft in die Mitte, indem er sie soviel als möglich untereinander in dasselbe Verhältnis brachte, so daß sich das Feuer ebenso zur Luft wie die Luft zum Wasser, und wie die Luft zum Wasser so das Wasser zur Erde sich verhalten sollte, und verband und fügte auf diese Weise das Weltall zusammen, so daß es sichtbar und fühlbar wurde. Und so wurde denn zu diesem Zwecke und aus diesen also beschaffenen und ihrer Zahl nach auf vier sich belaufenden Elementen der Körper der Welt geschaffen, so daß er vermittels der Proportion innerlich zusammenstimmte, und er erhielt dadurch eine solche Anziehungskraft seiner Teile untereinander, daß er sich mit sich selber in eins zusammenzog und unauflöslich für jeden anderen ward, als für den Urheber der Verbindung.

Von diesen vier Elementen nun hat das Weltgebäude ein jedes ganz erhalten. Denn aus allem Feuer und Wasser und aus aller Luft und Erde fügte es der Bildner zusammen und ließ von keinem derselben irgendeinen Teil oder eine Kraft außerhalb zurück, indem er dies dabei bezweckte, zunächst, daß es als organisches Wesen zu einem möglichst vollkommenen Ganzen durch sein Bestehen aus möglichst vollkommenen Teilen werde, sodann, daß es ein einziges sei, sofern nichts übrig geblieben, woraus ein anderes von derselben Art entstehen könnte; ferner sollte es auch dem Alter und der Krankheit nicht ausgesetzt sein, in der Erwägung, daß, wenn einen zusammengesetzten Körper Hitze und Kälte und alles, was sonst starke Wirkungen ausübt, von außen her umgeben und zur Unzeit mit ihm zusammentreffen, sie ihn in Auflösung versetzen und ihm durch Herbeiführung von Krankheit und Alter seinen allmählichen Untergang bereiten. Aus diesem Grunde und nach dieser Überlegung erbaute er denn diese Welt als ein einziges Ganzes, welches selbst wieder aus lauter Ganzen besteht und eben deshalb frei ist von Alter und Krankheit. Sodann gab er derselben auch eine Gestalt, wie sie ihr angemessen und ihrer Natur verwandt ist. Demjenigen lebendigen Wesen, welches alles andere Lebendige in sich fassen soll, dürfte nun wohl auch eine Gestalt angemessen sein, welche alle andern Gestalten in sich faßt. Deshalb rundete er sie denn auch zur Form einer Kugel, so daß ihre Mitte überall gleichweit von ihrem Endpunkte entfernt war, nach Maßgabe der Kreisform, welche von allen Gestalten die vollkommenste und am meisten sich selbst gleich ist. Denn er hielt das Gleiche für tausendmal schöner als das Ungleiche; außen aber machte er sie ringsherum auf das genauste vollständig glatt, und zwar aus vielerlei Gründen. Bedurfte sie doch der Augen nicht, denn es war nichts Sichtbares, noch auch der Ohren, denn es war nichts Hörbares außerhalb ihrer zurückgelassen; ebenso bestand keine Luft, welche sie noch umgeben und der Einatmung bedurft hätte; auch brauchte sie kein Organ, um vermittels desselben Nahrung zu sich zu nehmen und die früher zu sich genommene und die etwa verdaute wieder auszuscheiden; denn nichts sonderte sich von ihr aus, und nichts trat irgendwoher zu ihr hinzu, denn es gab nichts außer ihr; vielmehr ist sie kunstvoll dergestalt gebildet, daß ihre Aussonderungen ihr auch zugleich wieder zur Nahrung dienen, und daß sie alles innerhalb ihrer selbst erleidet und alles durch sich selber tut; denn es hielt der, welcher sie zusammenfügte, sie für vollkommener und besser, wenn sie sich selbst genügte, als wenn sie eines andern bedürfte. Hände aber, die ihr weder um irgend etwas zu ergreifen, noch auch abzuwehren, erforderlich waren, glaubte er nutzloserweise ihr nicht anfügen zu dürfen, und ebensowenig Füße, sowie überhaupt die zum Gehen dienenden Glieder. Denn er teilte ihr eine Bewegung zu, welche einem Körper von der Gestalt des ihrigen eigentümlich und von allen sieben Bewegungen diejenige ist, die am meisten der der Vernunft und Erkenntnis nahe kommt. Nämlich gleichmäßig in demselben Raume und in sich selber führte er sie herum und ließ sie so sich umschwingend im Kreise bewegen, alle sechs andern Bewegungen aber nahm er ihr ab und machte sie von deren Irrwandel frei, und da sie zu jenem Umlauf um sich selbst der Beine nicht bedurfte, so erschuf er sie ohne Schenkel und Füße.

Diese ganze Erwägung nun also desjenigen Gottes, welcher von Ewigkeit ist, wie derselbe sie über denjenigen Gott anstellte, welcher erst ins Dasein eintreten sollte, bewirkte, daß der Körper der Welt glatt und eben und überall gleichweit vom Mittelpunkte abstehend und in sich geschlossen und vollständig aus Körpern, die schon selber vollständig waren, gebildet wurde. Die Seele aber pflanzte er in die Mitte desselben ein und spannte sie nicht bloß durch das ganze Weltall aus, sondern umkleidete den Weltkörper auch von außen mit ihr. Und so richtete er denn das Weltganze her als einen im Kreise sich drehenden Kreis, welcher, einzig und einsam, durch seine Vortrefflichkeit mit sich selber des Umgangs zu pflegen vermag und keines anderen dazu bedarf, sondern hinlänglich bekannt und befreundet allein mit sich selbst ist. Durch alle diese Veranstaltungen schuf er die Welt zu einem seligen Gott.

Während nun aber wir von der Seele erst an zweiter Stelle zu sprechen versuchen, hat Gott sie nicht etwa erst nach dem Körper gebildet; denn nicht würde er bei der Zusammenfügung beider zugelassen haben, daß das Ältere von dem Jüngeren beherrscht werde; sondern wir, wie wir vielfach vom Zufall und Ungefähr abhängig sind, reden nur gerade eben auf dementsprechende Weise, er dagegen schuf die Seele so, daß sie ihrer Entstehung sowie ihrer Vortrefflichkeit nach dem Körper voranging und ihm gegenüber die dem höheren Alter zustehende Würde empfing, er machte sie zu seiner künftigen Herrin und Gebieterin und setzte sie aus folgenden Bestandteilen und auf folgende Weise zusammen. Aus beiden, nämlich aus der unteilbaren und immer sich gleichbleibenden Wesenheit und sodann derjenigen, welche an den Körpern teilbar wird, mischte er sie als eine dritte Art von Wesenheit zusammen, welche die Mitte hielt zwischen der Natur des Selbigen und der des Anderen, und stellte sie alle drei demgemäß in Einer Reihe vor sich hin, so daß unter ihnen jene die Mitte einnahm zwischen dem Unteilbaren und dem an den Körpern haftenden Geteilten. Darauf nahm er alle drei und mischte sie zu einer einzigen Gestaltung zusammen, indem er die der Mischung widerstrebende Natur des Anderen gewaltsam mit dem Selbigen verträglich machte. Und nachdem er so beide mit der Seelensubstanz gemischt und so aus Dreien Eins gemacht hatte, teilte er wiederum dies Ganze in so viel Teile, als es sich gehörte, so aber, daß ein jeder aus dem Selbigen, dem Anderen und der Seelensubstanz zusammengesetzt war.

Nachdem nun nach dem Sinne des Meisters die ganze Zusammenfügung der Seele erfolgt war, bildete er hierauf alles, was körperlich ist, innerhalb derselben und fügte es so zusammen, daß es dieselbe mitten durchdrang. Sie selbst aber, die nicht bloß das ganze Weltgebäude überall von der Mitte bis zum Umkreise durchflocht, sondern es auch von außen her ringsherum einschloß, und die rein in sich selber ihren Kreislauf vollbrachte, nahm in dieser Weise den göttlichen Anfang eines unvergänglichen und vernunftbegabten Lebens für alle Zeiten. Und der Körper der Welt ward, wie gesagt, sichtbar, sie selbst aber zwar unsichtbar, aber, was sie eben erst zur Seele macht, der Vernunft und Harmonie der reinen Gedankenwelt und des ewig Seienden teilhaftig und so durch den edelsten Schöpfer das Edelste von allem Geschaffenen. Da sie nämlich aus der Natur des Selbigen und des Anderen und der Seelensubstanz, also aus diesen drei Teilen, zusammengemischt und nach festen Verhältnissen geteilt und verbunden ist und in ihrem Kreislaufe in sich selber stets zu sich selber zurückkehrt, so wird sie, wenn sie mit irgend etwas in Berührung tritt, mag nun dasselbe ein teilbares Wesen haben oder ein unteilbares, durch ihr ganzes Selbst hindurch bewegt. Eben hierdurch gibt sie kund, wodurch etwas das Selbige und wovon es verschieden ist, und in was für Beziehung vornehmlich und auf welche Art und Weise, und wann für dasselbe der Fall eintritt, gemäß den Gesetzen des Werdens im Verhältnis zu jeglichem jegliches zu sein und zu erleiden und auch im Verhältnis zu dem, was sich stets gleich bleibt. Wird nun aber diese Kundgebung, welche das durch sich selber Bewegte ohne Laut und Schall in sich trägt, auf gleiche Weise wahr, mag sie nun auf das Andere oder auf das Selbige sich beziehen, so entstehen, wenn sie auf das sinnlich Wahrnehmbare gerichtet ist und der Kreislauf des anderen im richtigen Gange die Kunde der Sache durch die ganze Seele verbreitet hat, sichere und richtige Vorstellungen und Meinungen; wenn sie aber auf das Vernünftige sich erstreckt und der Kreislauf des Selbigen, indem er wohl vonstatten gegangen, ihr solche Kunde gebracht hat, dann kommt notwendig vernünftige Einsicht und Wissenschaft zustande. Wenn aber jemand von allem, was da ist, dasjenige, in welchem diese sowie jene entstehen, anders als Seele nennen wollte, so würde er alles eher als die Wahrheit sagen.

Als nun aber der Vater, welcher das All erzeugt hatte, es ansah, wie es bewegt und belebt und ein Bild der ewigen Götter geworden war, da empfand er Wohlgefallen daran, und in dieser seiner Freude beschloß er denn, es noch mehr seinem Urbilde ähnlich zu machen. Gleichwie nun dieses selber ein unvergängliches Lebendiges ist, ebenso unternahm er es daher, auch dieses All nach Möglichkeit zu einem ebensolchen zu machen. Nun war aber die Natur des höchsten Lebendigen eine ewige, und diese auf das Entstandene vollständig zu übertragen, war eben nicht möglich; aber ein bewegtes Bild der Ewigkeit beschließt er zu machen, und bildet, um zugleich dadurch dem Weltgebäude seine innere Einrichtung zu geben, von der in der Einheit beharrenden Ewigkeit ein nach der Zahl sich fortbewegendes dauerndes Abbild, nämlich eben das, was wir Zeit genannt haben. Nämlich Tage, Nächte, Monate und Jahre, welche es vor der Entstehung des Weltalls nicht gab, läßt er jetzt bei der Zusammenfügung desselben zugleich mit ins Dasein treten. Dies alles aber sind Teile der Zeit, und die Vergangenheit und Zukunft sind Formen der entstandenen Zeit, obwohl wir mit Unrecht, ohne dies zu bedenken, dieselben dem ewigen Sein beilegen. Denn wir sagen ja von ihm: „es war, ist und wird sein“, während ihm doch nach der wahren Redeweise allein das „Es ist“ zukommt, wogegen man die Ausdrücke „es war“ und „es wird sein“ lediglich von dem in der Zeit fortschreitenden Werden gebrauchen darf. Denn beides bezeichnet Bewegungen; demjenigen aber, welches sich unbeweglich stets auf die gleiche Weise verhält, kommt es nicht zu, weder älter noch jünger zu werden im Verlaufe der Zeit, noch es ehemals oder jetzt geworden zu sein oder es in Zukunft zu werden; kurz, es kommt ihm überhaupt nichts von alledem zu, was das Werden mit den im Gebiete der Sinnenwelt sich bewegenden Dingen verknüpft hat, sondern es sind dies alles die Formen der die Ewigkeit nachahmenden und nach den Zahlenverhältnissen im Kreise sich fortbewegenden Zeit geworden. Und ebenso steht es mit Ausdrücken folgender Art: das Entstandene *sei* ein Entstandenes und das Entstehende *sei* ein Entstehendes und das künftig Entstehende *sei* ein künftig Entstehendes, und das Nichtseiende *sei* ein Nichtseiendes, was alles keine genauen Bezeichnungen sind. Doch dürfte gegenwärtig vielleicht nicht der schickliche Zeitpunkt dazu sein, hierüber Bestimmungen zu treffen, wie es, genau genommen, heißen müßte.

So entstand denn also die Zeit zugleich mit der Welt, damit beide, zugleich ins Leben gerufen, auch zugleich wieder aufgelöst würden, wenn je einmal ihre Auflösung eintreten sollte, und nach dem Urbilde der schlechthin ewigen Natur, damit die Welt ihr so ähnlich als möglich werde. Denn das Urbild ist ein durch alle Ewigkeit Seiendes, sie aber immerfort durch alle Zeit geworden, seiend und sein werdend. Zufolge solcher Betrachtung und vernünftiger Überlegung

Gottes in bezug auf die Zeit entstanden, damit diese hervorgebracht werde, Sonne, Mond und die fünf anderen Sterne, welche den Namen der Planeten tragen, zur Unterscheidung und Bewahrung der Zeitmaße. Und nachdem Gott den Körper eines jeden von ihnen gebildet hatte, setzte er sie ihrer sieben in die sieben Kreise hinein, welche der Umlauf des anderen beschrieb, den Mond in den, welcher zunächst um die Erde kreiste, die Sonne in den zweiten oberhalb ihrer, den Morgenstern aber und den, welcher dem Merkur heilig ist und nach ihm genannt wird, in die zwei nächsten, dem der Sonne an Geschwindigkeit gleichen Kreise, versah sie jedoch mit einer der Sonne entgegenstrebenden Kraft der Bewegung, weshalb denn die Sonne und der Merkur und Morgenstern auf gleiche Weise einander einholen und voneinander eingeholt werden. Was aber die übrigen anlangt, so würde, wenn man von allen angeben sollte, wohin und aus welchen Gründen er sie dahin versetzte, diese Auseinandersetzung, die doch nur eine beiläufige wäre, umständlicher sein als die Erörterung selber, welche uns hierauf geführt hat. Vielleicht wird denn auch dieser Gegenstand späterhin bei größerer Muße eine Darlegung finden, wie er sie verdient.

KRITIAS

Diesen nach seinem Verwandten, dem bekannten oligarchischen Staatsmann, benannten Dialog hat Platon unvollendet hinterlassen. In dem erhaltenen Bruchstück wird dem in die Urzeit zurückprojizierten agrarischen Idealstaat von Alt-Athen das imperialistische Seereich Atlantis gegenübergestellt, das im Kampf mit jenem unterliegt. Hier folgt die berühmte Schilderung der Atlantis.

KRITIAS: Wie schon im obigen erzählt wurde, daß die Götter die ganze Erde unter sich teils in größere, teils in kleinere Teile verteilt und sich selber ihre Heiligtümer und Opferstätten gegründet hätten, so fiel auch dem Poseidon die Insel Atlantis zu, und er verpflanzte seine Sprößlinge, die er mit einem sterblichen Weibe erzeugt hatte, an einen Ort der Insel von ungefähr folgender Beschaffenheit. Ziemlich in der Mitte der ganzen Insel, jedoch so, daß sie an das Meer stieß, lag eine Ebene, welche von allen Ebenen die schönste und von ganz vorzüglicher Güte des Bodens gewesen sein soll. Am Rande dieser Ebene aber lag, und zwar etwa sechzig Stadien[1] vom Meere entfernt, ein nach allen Seiten niedriger Berg. Auf demselben wohnte einer von den daselbst im Anfange aus der Erde entsprossenen Männern, namens Euenor, samt seiner Gattin Leukippe, und sie hatten eine einzige Tochter, Kleito, erzeugt. Als nun dies Mädchen in das Alter der Mannbarkeit gekommen war, starben ihr Mutter und Vater; Poseidon aber ward von Liebe zu ihr ergriffen und verband sich mit ihr. Er trennte deshalb auch den Hügel, auf welchem sie wohnte, ringsherum durch eine starke Umhegung ab, indem er mehrere kleinere und größere Ringe abwechselnd von Wasser und von Erde umeinanderlegte, und zwar ihrer zwei von Erde und drei von Wasser, und sie mitten aus der Insel gleichsam herauszirkelte, so daß ein jeder in allen seinen Teilen gleichmäßig von den anderen entfernt war; wodurch denn der Hügel für Menschen unzugänglich ward, denn Schiffe und Schiffahrt gab es damals noch nicht. Für seine Zwecke aber stattete er die in der Mitte liegende Insel, wie es ihm als einem Gotte nicht schwer ward, mit allem Nötigen aus, indem er zwei Wassersprudel, den einen warm und den andern kalt, dergestalt, daß sie aus einer gemeinsamen Quelle flossen, aus der Erde emporsteigen und mannigfache und reichliche Frucht aus ihr hervorgehen ließ. An männlicher Nachkommenschaft aber erzeugte er fünf Zwillingspaare und zog sie auf, zerlegte sodann die ganze Insel Atlantis in zehn Landgebiete und teilte von ihnen dem Erstgeborenen des ältesten Paares den Wohnsitz seiner Mutter und das umliegende Gebiet, als das größte und beste, zu und bestellte ihn auch zum König über die anderen Söhne; aber auch diese machte er zu Herrschern, indem er einem jeden die Herrschaft über viele Menschen und vieles Land verlieh. Auch legte er allen Namen bei, und zwar dem ältesten und Könige den, von welchem auch die ganze Insel und das Meer, welches ja das atlantische heißt, ihre Benennungen empfingen; nämlich Atlas ward dieser erste damals herrschende König geheißen. Dem nach ihm geborenen Zwillingsbruder ferner, welcher den äußersten Teil der Insel, von den Säulen des Herakles bis zu der Gegend, welche jetzt nach der Stadt Gadeira[2] heißt und von der damals so genannten diese Bezeichnung empfangen hat, als seinen Anteil erhielt, gab er in der Landessprache den Namen Gadeiros, welcher auf griechisch Eumelos lauten würde und auch jene Benennung des Landes veranlassen sollte. Von dem zweiten Paare sodann nannte er den einen Ampheres und den andern Euämon, von dem dritten den Erstgeborenen Mnaseas und den folgenden Autochthon, von dem vierten den Ersten Elasippos und den Zweiten Mestor, von dem fünften endlich empfing der Frühergeborne den Namen Azaës und der Letztgeborne den Namen Diaprepes. Diese alle nun samt ihren Abkömmlingen wohnten hier viele Geschlechter hindurch und beherrschten auch noch viele andere Inseln des Meeres, überdies aber, wie schon vorhin bemerkt wurde, auch noch die innerhalb [der Säulen des Herakles] wohnenden Völker bis nach Ägypten und Tyrrhenien hin.

Vom Atlas nun stammte ein zahlreiches Geschlecht, welches auch sonst hochgeehrt war, namentlich aber dadurch, daß der jedesmalige König die königliche Gewalt immer dem ältesten seiner Söhne überlieferte, viele Geschlechter hindurch sich den Besitz dieser Gewalt und damit eines Reichtums von solcher Fülle bewahrte, wie er wohl weder zuvor in irgendeinem Königreiche bestanden hat, noch so leicht künftig wieder bestehen wird; auch waren sie mit allem wohl versehen, was man in der Stadt und sonst im Lande zur Ausstattung braucht. Denn vieles ward diesen Königen von auswärtigen Ländern her infolge ihrer Herrschaft über sie eingeführt, das meiste aber bot die Insel selbst für die Bedürfnisse des Lebens dar, zunächst alles, was durch den Bergbau gediegen oder in schmelzbaren Erzen hervorgegraben wird, darunter auch die Gattung, welche jetzt nur noch ein Name ist, damals aber mehr als dies war, nämlich die des Messingerzes, welches an vielen Stellen der Insel aus der Erde gefördert und unter den damals lebenden Menschen nächst dem Golde am höchsten geschätzt ward. Ferner brachte sie alles, was der Wald zu den Arbeiten der Zimmerleute darbietet, in reichem Maße hervor und nährte reichlich wilde und zahme Tiere. Sogar die Gattung der Elefanten war auf ihr sehr zahlreich, denn nicht bloß für die übrigen Tiere insgesamt, welche in Sümpfen, Teichen und Flüssen, sowie für die, welche auf den Bergen und welche in den Ebenen leben, war reichliches Futter vorhanden, sondern in gleichem Maße auch selbst für diese Tiergattung, welche die größte und gefräßigste von allen ist. Was außerdem die Erde jetzt nur irgend an Wohlgerüchen nährt, sei es von Wurzeln oder Gras oder Hölzern oder hervorquellenden Säften oder Blumen oder Früchten, das alles trug und hegte die Insel vielfältig; nicht minder die „milde Frucht[3]“ und die trockene, deren wir zur Nahrung bedürfen, und alle, deren wir uns sonst zur Speise bedienen und deren Arten wir mit dem gemeinsamen Namen der Gemüse bezeichnen; ferner eine holzige Frucht[4], die Trank und Speise und Salböl zugleich liefert; ferner die schwer aufzubewahrende Frucht der Obstbäume, welche uns zur Freude und zur Erheiterung geschaffen ist, und was wir zum Nachtisch aufzutragen pflegen als erwünschte neue Reizmittel des angefüllten Magens für die Übersättigten – dies alles brachte die heilige Insel, die damals durchweg den Einwirkungen der Sonne zugänglich war, in vortrefflicher und bewundernswerter Gestalt und in der reichsten Fülle hervor. Indem nun Atlas und seine Nachkommen dies alles aus der Erde empfingen, errichteten sie Tempel, Königspaläste, Häfen und Schiffswerften und brachten auch das

ganze übrige Land durch folgende Maßnahmen in einen geordneten Zustand.
Zuerst schlugen sie Brücken über die Ringe von Wasser, welche ihre alte Mutterstadt umgaben, um sich so einen Weg von und zu der Königsburg zu schaffen. Diese hatten sie nämlich gleich im Anfange eben auf jenem Wohnsitze des Gottes und ihrer Vorfahren errichtet, und so empfing sie der eine von dem anderen, indem ein jeder ihre Ausstattung erweiterte und nach Kräften seinen Vorgänger darin überbot, bis denn endlich dieser ihr Wohnsitz durch die Größe und Schönheit ihrer Werke einen staunenswerten Anblick bot. Zuerst nämlich gruben sie einen Kanal von drei Plethren[5] Breite, hundert Fuß Tiefe und fünfzig Stadien Länge vom Meere aus bis zu dem äußersten Ringe hin und machten so eine Einfahrt von der See in denselben wie in einen Hafen möglich, indem sie seine Mündung weit genug zum Einlaufen für die größten Schiffe machten. Sodann durchbrachen sie aber auch die Kreiswälle von Erde, welche die Wasserringe voneinander trennten, unterhalb der Brücken in einer solchen Breite, daß für einen einzelnen Dreiruderer die Durchfahrt von dem einen durch den anderen möglich ward, und überbrückten dann wieder den Durchstich, so daß die Schifffahrt hier eine unterirdische war; die Ränder der Erdwälle hatten nämlich eine Höhe, welche hinlänglich über das Meer emporragte. Es war aber der weiteste von den Ringen, welche einst aus dem Meere gebildet waren, drei Stadien breit und ebenso der zunächst auf ihn folgende Wallring, von den beiden nächsten Ringen aber der aus Wasser bestehende zwei, und ebenso war ihm wiederum der aus Erde aufgehäufte an Breite gleich, endlich der unmittelbar um die Insel herumlaufende ein Stadion, und die Insel selbst, auf welcher die Königsburg stand, hatte fünf Stadien im Durchmesser. Diese selber nun umgaben sie ringsherum, und ebenso die Ringe und die Brücke, welche ein Plethron breit war, von beiden Seiten mit je einer steinernen Mauer und errichteten bei den Brücken nach beiden Seiten hin Türme und Tore gegen die Durchfahrten vom Meere zu. Die Steine dazu aber, welche teils

weiß, teils schwarz und teils rot waren, brachen sie unten an den Abhängen der in der Mitte gelegenen Insel ringsherum, und ebenso unten an den Wallrändern nach außen und nach innen zu, und dadurch, daß sie sie dort herausschlugen, erlangten sie zugleich innerhalb derselben auf beiden Seiten Höhlungen zu Schiffsarsenalen, welche den Felsen selber zur Decke hatten. Auch andere Gebäude errichteten sie aus jenen Steinen, und zwar teils einfarbige, teils auch bunte, indem sie sie aus verschiedenfarbigen Steinen zum Genuß für das Auge zusammensetzten und denselben dadurch ihren vollen natürlichen Reiz gaben. Die Mauer endlich, welche um den äußeren Wall herumlief, faßten sie ihrem ganzen Umfange nach mit Erz ein, indem sie dasselbe gleichsam wie ein Salböl anwandten, die um den inneren aber umschmolzen sie mit Zinn, endlich die Burg selbst mit Messingerz, welches einen feuerähnlichen Glanz hatte.

Die königliche Wohnung innerhalb der Burg selbst aber war folgendermaßen eingerichtet. Inmitten der letzteren befand sich ein der Kleito und dem Poseidon geweihter Tempel, welcher nur von den Priestern betreten werden durfte und mit einer goldenen Mauer umgeben war, derselbe, in welchem sie einst das Geschlecht der zehn Fürsten erzeugt und hervorgebracht hatten. Dahin schickte man auch jedes Jahr aus allen zehn Landgebieten die Erstlinge als Opfer für einen jeden von diesen. Ferner war dort ein besonderer Tempel des Poseidon zu sehen, von einem Stadion Länge, drei Plethren an Breite und von einer dementsprechenden Höhe; er hatte aber ein etwas barbarisches Aussehen. Den ganzen Tempel nun überzogen sie von außen mit Silber, mit Ausnahme der Giebel, diese aber mit Gold. Was aber das Innere anbetrifft, so konnte man die elfenbeinerne Decke ganz mit Gold und Silber und Messingerz verziert sehen, alles andere aber an Mauern, Säulen und Estrichen, überkleideten sie nur mit Messingerz. Auch stellten sie goldene Bildsäulen darin auf, nämlich den Gott selber, wie er, auf seinem Wagen stehend, sechs geflügelte Rosse lenkt, und so groß gebildet, daß er mit dem Haupte die Decke berührte, rings um ihn herum aber die hundert Nereiden auf Delphinen; denn so groß nahm man damals ihre Zahl an; außerdem befanden sich aber auch noch viele andere Bildwerke als Weihgeschenke von Privatleuten im Tempel. Außerhalb aber standen rings um ihn Bildsäulen von allen insgesamt, nämlich von den zehn Königen selbst und ihren Frauen und allen ihren Nachkommen, und viele andere große Weihgeschenke von den Königen wie von Privatleuten teils aus der Stadt selbst, teils aus allen von ihnen beherrschten auswärtigen Gebieten. Auch der Altar entsprach an Größe sowie an Arbeit dieser Ausstattung, und die königliche Wohnung war ebenso sehr der Größe der Herrschaft wie andererseits dem auf die Heiligtümer verwandten Schmucke angemessen. Von den beiden Quellen aber, sowohl der kalten als der warmem Wassers, welche in reicher Fülle flossen und beide ein an Wohlgeschmack und Güte vortreffliches Wasser zum Gebrauche darboten, zogen sie vielfachen Nutzen: sie legten Gebäude und Baumpflanzungen, wie sie zu den Wassern paßten, ringsumher an; ferner richteten sie Wasserbehälter teils unter freiem Himmel, teils zu warmen Bädern für den Winter in bedeckten Räumen in der Umgebung ein, und zwar deren besondere für die Könige und besondere für die Untertanen, ferner noch andere für die Frauen und wieder solche für die Pferde und die übrigen Zugtiere, und einem jeden von diesen allen gaben sie angemessene Ausstattung. Das abfließende Wasser aber leiteten sie in den Hain des Poseidon, welcher Bäume von mannigfacher Art und von ganz wunderbarer Höhe und Schönheit infolge der Güte des Bodens umfaßte, teils aber auch durch Kanäle über die Brücken weg in die äußeren Ringe hinein. In der Nähe dieser Wasserleitungen wurden denn auch Heiligtümer vieler Götter, ferner viele Gärten und Übungsplätze angelegt, und zwar besondere für die auf den menschlichen Körper beschränkten Übungen und besondere für die mit dem Wagengespann auf jeder der beiden aus den Wällen gebildeten Inseln, und überdies besaßen sie auch in der Mitte der größeren Insel eine ausgesuchte Rennbahn, welche ein Stadion breit und deren Länge im ganzen Umkreise zum Wettkampfe für die Rosse eingerichtet war. Um sie herum lagen auf beiden Seiten die Wohnungen für die Mehrzahl der Trabanten. Die zuverlässigeren unter ihnen aber hatten ihre Wache auf dem kleineren und näher an der Burg gelegenen Wallring, den vor allen anderen an Zuverlässigkeit ausgezeichneten endlich waren ihre Wohnungen auf der Burg selber um den Königspalast herum gegeben. Die Schiffsarsenale aber waren voll von Dreiruderern und von allem, was zu der Ausrüstung von Dreiruderern gehört, wovon alles in reichem Maße in Bereitschaft gehalten wurde.

Solches war nun also die Ausrüstung der königlichen Wohnung. Wenn man aber die drei außerhalb derselben befindlichen Häfen hinter sich hatte, so traf man auf eine Mauer, welche am Meere begann und im Kreise herumlief, von dem größten Ringe und zugleich Hafen aber überall fünfzig Stadien entfernt war und an derselben Stelle bei der Mündung des Kanals in das Meer wieder abschloß. Dieses Ganze aber war mit vielen und dichtgedrängten Wohnungen umgeben, und die Ausfahrt sowie der größte Hafen wimmelten von Schiffen und Kaufleuten, welche aus allen Gegenden hieherkamen und bei Tage wie bei Nacht Geschrei, Getümmel und Getöse mannigfacher Art wegen ihrer Menge verursachten.

Über die Stadt und jenen einstigen Wohnsitz der Könige habe ich nun so ziemlich das, was mir damals erzählt wurde, mitgeteilt; nun muß ich aber auch noch versuchen, über die natürliche Beschaffenheit des übrigen Landes und die Art seiner Verwaltung zu berichten. Zunächst nun wurde mir das Land im ganzen als sehr hochgelegen und steil aus dem Meere aufsteigend geschildert, die Gegend um die Stadt her dagegen durchweg als eine Ebene, welche diese umschloß, ihrerseits aber wieder ringsherum von Bergen eingeschlossen wurde, die sich bis zum Meere hinabzogen, und zwar als eine ganz glatte und gleichmäßige Fläche, die in ihrer Gesamtausdehnung eine längliche Gestalt hatte, indem dieselbe nach der Seite zu dreitausend Stadien, in der Mitte aber vom Meere aufwärts nur zweitausend betrug. Von der ganzen Insel nämlich lag dieser Teil nach der Südseite zu, indem er sich von Norden nach Süden erstreckte. Die Berge aber, welche ihn umgaben, wurden damals als solche gepriesen, welche an Menge, Größe und Schönheit alle jetzt vorhandenen übertrafen, indem sie viele Dörfer mit einer reichen Zahl von Bewohnern, ferner Flüsse, Seen und Auen, welche allen möglichen zahmen und wilden Tieren hinreichendes Futter darboten, sowie endlich Waldungen in sich faßten, welche in bunter Menge und in der größten Mannigfaltigkeit aller Gattungen einen reichhaltigen Stoff zu den Arbeiten jeder Art, im großen wie im kleinen, lieferten. Auf diese Weise war die Ebene von der Natur ausgestattet, und viele Könige hatten in einem langen Zeitraum an ihrer Herrichtung gearbeitet. Zum größten Teile bildete sie nämlich wirklich bereits ein vollständiges Rechteck; wo es aber noch an der vollen Regelmäßigkeit dieser Gestalt fehlte, war ihr dieselbe dadurch gegeben worden, daß sie auf allen Seiten einen Graben herumgezogen hatten. Was mir nun von dessen Tiefe, Breite und Länge erzählt ward, das könnte unglaublich erscheinen für ein von Menschenhänden gearbeitetes Werk; es könnte unglaublich erscheinen, daß sie zu ihren vielen anderen Arbeiten auch noch diese von so gewaltiger Ausdehnung unternommen hätten; dennoch muß ich darüber berichten, wie ich es gehört habe. Nämlich ein Plethron tief ward er gegraben und überall ein Stadion breit, und als er um die ganze Ebene herumgezogen war, da ergab sich für ihn eine Länge von zehntausend Stadien. Er nahm auch die von den Bergen herabfließenden Wasser auf, und da er rings um die Ebene herumgeführt war und die Stadt auf beiden Seiten berührte, so ließ er dieselben auf folgende Weise ins Meer abfließen. Von seinem oberen Teile her wurden nämlich von ihm ungefähr hundert Fuß breite Kanäle in gerader Linie in die Ebene geleitet, welche wieder in den großen vom Meer aus gezogenen Kanal einmündeten und voneinander hundert Stadien entfernt waren. Auf ihnen brachten sie denn auch das Holz von den Bergen in die Stadt, aber auch alle anderen Landeserzeugnisse holten sie zu Wasser heran, indem sie wieder Durchfahrten aus den Kanälen ineinander in der Quere und ebenso nach der Stadt hin gruben. Auch ernteten sie infolgedessen zweimal des Jahres, indem ihnen im Winter der Regen des Zeus dazu verhalf, im Sommer aber die Bewässerung, welche das Land selber in sich trug, dadurch, daß sie sie aus den Kanälen herzuleiteten.

Was aber die Zahl der Bewohner anbetrifft, so bestand die Anordnung, daß in der Ebene selbst an kriegstüchtigen Männern jedes Grundstück einen Anführer zu stellen hatte; die Größe eines jeden Grundstückes aber betrug gegen hundert Quadratstadien, und die Zahl von ihnen allen sechzigtausend; auf den Gebirgen dagegen und im übrigen Lande zählte man eine unermeßliche Menschenmasse, alle jedoch waren nach ihren Bezirken und Dörfern je einem dieser Grundstücke und Führer zugeteilt. Die Führer nun aber hatten die Verpflichtung, zum Kriege ihrer sechs zusammen einen Kriegswagen zu stellen, so daß deren insgesamt zehntausend wurden, ferner ein jeder zwei Rosse und Reiter, dazu noch ein Zweigespann ohne Wagen, welches mit einem Krieger bemannt war, der einen kleinen Schild trug und auch herabstieg, um zu Fuße zu kämpfen; außer diesem aber einen Lenker für die beiden Rosse, ferner zwei Schwerbewaffnete und an Bogen- und Schleuderschützen je zwei, und ebenso an Stein- und Speerwerfern ohne Rüstung je drei, endlich vier Seeleute zur Bemannung von zwölfhundert Schiffen. So war das Kriegswesen in dem königlichen Staate angeordnet, in den andern neun Staaten aber auf verschiedene Weise, deren Erörterung zu lange Zeit in Anspruch nehmen würde.

Die Verhältnisse der obrigkeitlichen Gewalt und der Staatsämter aber waren vom Anbeginn her folgendermaßen geordnet. Von den zehn Königen herrschte ein jeder in dem ihm überkommenen Gebiete von seiner Stadt aus über die Bewohner und stand über den meisten Gesetzen dergestalt, daß er strafte und hinrichten ließ, wen immer es ihn gut dünkte. Die Herrschaft über sie selbst aber ward gegenseitig und gemeinschaftlich geführt nach den Anordnungen des Poseidon, wie sie ein Gesetz ihnen überlieferte, welches von ihren Vorfahren auf eine Säule von Messingerz eingegraben war, die in der Mitte der Insel, nämlich im Heiligtum des Poseidon, stand. Hier kamen sie denn auch abwechselnd bald jedes fünfte und bald jedes sechste Jahr zusammen, um der geraden und der ungeraden Zahl ein gleiches Recht angedeihen zu lassen, und berieten sich auf diesen Zusammenkünften teils über die gemeinsamen Angelegenheiten, teils hielten sie Nachforschung danach, ob einer von ihnen irgendeine Übertretung begangen, und saßen darüber zu Gericht. Wenn sie aber zum Gerichte schritten, so gaben sie einander zuvor folgendes Unterpfand der Treue. Sie stellten unter den Stieren, die da frei im Heiligtume des Poseidon weideten, ganz allein ihrer zehn, nachdem sie zu dem Gotte gebetet, daß es ihnen gelingen möge, das Opfertier, welches ihm genehm sei, zu fangen, eine Jagd ohne Eisen, bloß mit Keulen und Stricken an, und denjenigen von den Stieren, welchen sie fingen, brachten sie oben auf die Säule hinauf und schlachteten ihn dort unmittelbar über jener Inschrift. Auf der Säule befand sich aber außer dem Gesetze noch eine Schwurformel, welche gewaltige Verwünschungen über diejenigen aussprach, welche ihm nicht gehorchten. Wenn sie nun so nach ihren Bräuchen beim Opfer dem Gotte alle Glieder des Stieres geweiht hatten, so richteten sie einen Mischkessel zu und warfen in denselben für jeden einen Tropfen geronnenen Blutes, alles übrige aber warfen sie ins Feuer, nachdem sie die Säule ringsherum gereinigt hatten. Hierauf schöpften sie mit goldenen Trinkschalen aus dem Mischbecher, und während sie dann aus denselben die Spenden ins Feuer gossen, schwuren sie dabei, nach den Gesetzen auf der Säule zu richten und es zu strafen, wenn einer von ihnen zuvor einen Frevel begangen, und ebenso wiederum in Zukunft keine von jenen Vorschriften absichtlich zu verletzen und weder anders zu herrschen, noch einem andern Herrscher zu gehorchen als dem, welcher nach den Gesetzen des Vaters regierte. Nachdem ein jeder von ihnen dies für sich selbst und für sein Geschlecht gelobt hatte, trank er und weihte sodann die Becher als Geschenk für das Heiligtum des Gottes, und sodann wandten sie sich zum Mahle, um auch den notwendigen Bedürfnissen ihres Körpers Genüge zu tun. Sobald es aber dunkel ward und das Opferfeuer verglomm, dann kleideten sich alle sofort in ein blaues Gewand von der allerhöchsten Schönheit, und so, bei der Glut der Eidesopfer auf der Erde sitzend, indem sie gänzlich das Feuer im Heiligtume auslöschten, empfingen und sprachen sie Recht bei der Nacht, wenn etwa der eine von ihnen den andern irgendeiner Übertretung anklagte. Nach vollzogenem Urteil aber schrieben sie die Richtersprüche, sobald es Tag ward, auf einer goldenen Tafel auf und weihten dieselbe samt jenen Gewändern zum Andenken. Es gab aber noch viele andere Gesetze, welche die Rechte der Könige für einen jeden im besonderen bestimmten, über allen jedoch stand dies, daß sie niemals gegeneinander die Waffen führen, vielmehr einander insgesamt Hilfe leisten, wenn etwa einer von ihnen in irgendeiner Stadt das königliche Geschlecht auszurotten versuchte, und nach gemeinsamer Beratung, gleichwie ihre Vorfahren, ihre Beschlüsse über den Krieg und alle anderen Angelegenheiten fassen und ausführen, den Vorsitz und Oberbefehl dabei aber dem Geschlechte des Atlas überlassen sollten. Das Recht, einen seiner Verwandten hinrichten zu lassen, sollte ferner einem Könige nur dann zustehen, wenn über die Hälfte von den Zehn es genehmigt hätte.

Diese Macht von solcher Art und Ausdehnung, wie sie damals in jenen Gegenden bestand, führte der Gott, indem er sie zusammen aufbot, nun auch gegen unser Land, wozu, wie es heißt, der Anlaß ungefähr folgender Art war. Viele Geschlechter hindurch, solange noch irgend die Natur des Gottes in ihnen wirksam war, waren sie den Gesetzen gehorsam und zeigten ein befreundetes Verhalten gegen das ihnen verwandte Göttliche. Denn sie besaßen eine wahrhaftige und durchaus großmütige Gesinnung, indem sie eine mit Klugheit gepaarte Sanftmut allen etwaigen Wechselfällen des Schicksals gegenüber sowie gegeneinander an den Tag legten, und da sie ebendeshalb alles andere außer der Tugend für wertlos ansahen, so achteten sie alle vorhandenen Glücksgüter gering und betrachteten mit Gleichmut und mehr wie eine Last die Masse ihres Goldes und ihrer übrigen Besitztümer. Daher kamen sie nicht zu Falle, berauscht von dem Schwelgen in ihrem Reichtum, so daß sie durch ihn die Herrschaft über sich selbst verloren hätten, sondern erkannten mit nüchternem Scharfblick, daß dies alles nur durch die gemeinsame Freundschaft im Verein mit der Tugend sein Gedeihen empfängt, durch den Eifer und das Streben danach dagegen nicht bloß selber entschwindet, sondern auch jene zugleich zugrunde richtet. Infolge dieser Grundsätze und der fortdauernden Wirksamkeit der göttlichen Natur in ihnen gedieh ihnen denn das alles, was ich euch vorhin mitgeteilt habe. Als aber ihr Anteil am Wesen des Gottes durch die vielfache und häufige Beimischung des Sterblichen in ihnen zu schwinden begann und die menschliche Art überwog, da erst waren sie dem vorhandenen Reichtum nicht mehr gewachsen und entarteten und erschienen dem, welcher es zu erkennen vermochte, niedrig, indem sie von allem, was in Ehren zu stehen verdient, gerade das Schönste zugrunde richteten; denen aber, die ein wahrhaft zur Glückseligkeit führendes Leben nicht zu erkennen imstande waren, schienen sie damals erst recht in aller Herrlichkeit und Glückseligkeit dazustehen, als sie ungerechten Gewinn und ungerecht erworbene Macht im Überflusse besaßen. Der Gott der Götter aber, Zeus, welcher nach den Gesetzen herrscht und solches wohl zu erkennen vermag, beschloß, als er ein treffliches Geschlecht so schmählich herunterkommen sah, ihnen Strafe dafür aufzuerlegen, damit sie, durch diese zur Besinnung gebracht, zu einer edleren Lebensweise zurückkehrten. Er berief daher alle Götter in ihren ehrwürdigsten Wohnsitz zusammen, welcher in der Mitte des Weltalls liegt und einen Überblick über alle Dinge gewährt, welche je des Werdens teilhaftig wurden, und nachdem er sie zusammenberufen hatte, sprach er: [Hier endet das Bruchstück.] – –

DIE GESETZE

Auch dieses Werk des greisen Philosophen ermangelt der letzten Ausarbeitung und ist von Platons Schüler, Philippos von Opus, aus seinem Nachlaß herausgegeben. Es ist Platons Vermächtnis und nimmt einen Gedanken aus dem „Staatsmann“ wieder auf, indem es einen Entwurf des zweitbesten Staates, des Gesetzesstaates, vorlegt. Es beweist, daß der Gedanke einer sittlichen Grundlegung des Staates durch sorgfältige und systematische Erziehung der Bürger Platon von seinem frühen Mannesalter bis in seine letzten Lebensjahre als das eigentliche Ziel seiner Philosophie beschäftigte, zu dem Erkenntnistheorie, Psychologie und Metaphysik nur die Mittel darboten. Es zeigt auch, daß Platon seine Grundgedanken bis zuletzt festgehalten hat, daß er aber auch wichtigen Fortschritten in der Erkenntnis, z. B. auf dem Gebiet der Astronomie, sich nicht verschlossen hat, ja, daß er auch fremdartiger Weisheit, wie der damals in die Akademie eindringenden Vorstellungswelt der persischen Religion, seine Aufmerksamkeit geschenkt hat. Unverkennbar ist endlich in dem ganzen Werk eine durch schwere Lebenserfahrungen erzeugte resignierte Stimmung, die aber im Vergleich mit dem „Staat“ den Vorzug einer größeren Lebensnähe bewirkt, wie sie z. B. in der ungemein erfolgreichen Lehre von der aus den drei Grundformen gemischten Verfassung zum Ausdruck kommt.

Bildung und Erziehung

DER ATHENER: Nun müssen wir aber das, was wir Bildung und Erziehung nennen, noch erst genauer bestimmen. Denn oft sagen wir eben, um die Erziehung irgend jemandes von uns zu tadeln oder zu loben, daß der eine Erziehung habe und der andere ohne Erziehung und Bildung sei, obschon der letztere dabei wohl zu den im Kleinhandel und in der Schiffsreederei oder sonstigen in ähnlicher Art in hohem Grade ausgebildeten Leuten gehören kann; und wer nun so sich ausdrückt, der hält offenbar nicht dies für Erziehung und Bildung, sondern glaubt, daß nur die von der frühesten Jugend an fortgeführte Erziehung und Heranbildung zur sittlichen Tüchtigkeit diesen Namen verdient, welche Lust und Liebe dazu einflößt, ein untadelhafter Bürger zu werden, und das Geschick verleiht, mit Gerechtigkeit zu herrschen und zu gehorchen. Diese Erziehung werden nun wir, wie mich dünkt, in genauerer Bestimmung des Wortes in unserer ferneren Erörterung einzig und allein mit diesem Namen benennen, die Anleitung zum Erwerb von Geld oder etwa Körperkraft oder irgendeiner Geschicklichkeit ohne vernünftige Einsicht und Gerechtigkeit als handwerksmäßig und unedel bezeichnen und als nicht wert, überhaupt Erziehung und Bildung genannt zu werden. So haben wir denn dem Mißverständnis des Wortes unter uns vorgebeugt, und der Satz darf hienach nunmehr unter uns feststehen, daß diejenigen, welche auf die richtige Weise erzogen sind, auch meistens tüchtige Männer werden, und man darf daher die Erziehung nicht geringschätzen, da sie vielmehr unter den größten Gütern, welche den besten Menschen zuteil werden, den ersten Rang einnimmt. Und wenn sie jemals zugrunde geht und es noch möglich ist, sie wieder zu erwecken, so muß hierauf ein jeder stets und sein ganzes Leben hindurch, soweit er vermag, hinarbeiten.

Staat und Verfassungsformen

Der Athener: Es müssen doch wohl notwendig in jedem Staate Herrscher und Untertanen sein?
Kleinias: Wie anders?
Der Athener: Gut! Von welcher Art und Zahl sind nun aber die Ansprüche, auf welche sich das Herrschen und Untertansein gründet, in großen und kleinen Staaten und ebenso in einzelnen Familien? Ist nicht einer derselben der, welchen Vater und Mutter erheben, und wird es nicht schlechterdings überall eine gerechte Anforderung der Eltern sein, daß die Kinder ihnen untertan seien?
Kleinias: Eine sehr gerechte.
Der Athener: Hieran knüpft sich dann der Anspruch des Adels auf die Herrschaft über die Bürgerlichen, und sodann drittens der der Älteren, daß sie zu befehlen, die Jüngeren aber zu gehorchen haben.
Kleinias: Freilich.
Der Athener: Der vierte Anspruch sodann, welcher erhoben wird, wird der sein, daß die Sklaven gehorchen und die Herren gebieten.
Kleinias: Unstreitig.
Der Athener: Der fünfte aber, denke ich, daß der Stärkere herrsche und der Schwächere diene.
Kleinias: Das ist eine Herrschaft, der man sich garnicht entziehen kann.
Der Athener: Und eine solche, die sich am meisten unter allen lebenden Wesen findet und der Natur gemäß ist, wie einst Pindar[1] der Thebaner sprach. Der gewichtigste Anspruch aber, glaube ich, wird der sechste sein, welcher verlangt, daß der Unverständige Folge leistet, der Verständige aber leite und herrsche. Und von dem möchte ich meinesteils, weisester Pindar, denn doch vielmehr behaupten, daß er nicht wider die Natur sei, sondern daß im Gegenteil diejenige Herrschaft des Gesetzes, der man sich freiwillig unterwirft, und nicht die, welche in Gewalttätigkeiten besteht, die naturgemäße ist.
Kleinias: Du hast ganz recht.
Der Athener: Wir haben aber noch als eine siebente Art von Herrschaft die anzuführen, bei der sie zur Verlosung

gestellt und der Gunst der Götter und dem Glücke anheimgegeben wird, und erklären es ihr zufolge für das Gerechteste, daß der, welcher das glückliche Los zieht, Herrscher sei, und der, welcher bei der Verlosung leer ausgeht, seines Weges ziehe und sich beherrschen lasse.

Kleinias: Sehr richtig bemerkt.

Der Athener: Ein Gott, glaube ich, hat besondere Fürsorge für euch getragen, indem er in Voraussicht der Zukunft die königliche Gewalt bei euch nicht von einem einzelnen Herrscher, sondern von einem Zwillingspaare, das von einem solchen entsprossen war, ausgehen ließ und so dieselbe mehr auf das richtige Maß beschränkte; und hernach hat dann noch menschliche Art, mit göttlicher Kraft verbunden, von der Wahrnehmung geleitet, daß eure Herrscher noch immer von allzu glühender Leidenschaft beseelt waren, jener auf ihre Abkunft allzu stolzen Gewalt eine Macht, welche durch das Alter besonnen gemacht wurde, beigegeben, indem sie der der Könige die des Rats der achtundzwanzig Greise mit gleicher Berechtigung in den wichtigsten Angelegenheiten an die Seite stellte. Endlich hat noch der dritte Helfer, als er eure Herrscher noch immer zu keck und leidenschaftlich sah, ihrer Macht in der Amtsgewalt der Ephoren einen Zügel angelegt, die er in ähnlicher Weise erwählen ließ, wie die durch das Los ernannten Beamten. Und weil nun auf diese Weise das Königtum bei euch zu einer aus den geziemenden Bestandteilen gemischten Verfassung und dem richtigen Maße unterworfen wurde, so erhielt es sich selber und ward dadurch zugleich die Ursache, daß das ganze Staatswesen unverändert erhalten blieb. Denn unter Temensos, Kresphontes[2] und den damaligen Gesetzgebern, welche sie immer gewesen sein mögen, würde sich auch der Anteil des Aristodemos nicht erhalten haben. Sie hatten nämlich in der Gesetzgebung noch nicht die nötige Erfahrung, denn schwerlich würden sie sonst geglaubt haben, je durch Eidschwüre ein jugendliches Gemüt in Schranken halten zu können, dem eine Macht in die Hände gegeben worden, aus welcher leicht eine Tyrannis hervorgehen konnte. Jetzt aber hat Gott gezeigt, wie die

Regierung sein mußte und wie sie noch sein muß, um möglichst Bestand zu gewinnen, und daß dies daher von uns richtig erkannt wird, nachdem es sich jetzt durch die Tat bewährt hat, ist, wie gesagt, keine Kunst; denn etwas aus einem Beispiele zu ersehen, das als verwirklicht vorliegt, ist eben nicht schwierig. Wenn aber jemand dies damals vorausgesehen hätte und imstande gewesen wäre, die Herrscher in Schranken zu halten und ihre drei Reiche zu einem zu verbinden, so würde er alle jene herrlichen damaligen Entwürfe aufrechterhalten haben, und es würde dann schwerlich weder die persische noch irgendeine andere Kriegsmacht mit Verachtung von uns, als wären wir ein Volk von geringer Bedeutung, sich auf Hellas geworfen haben.
Kleinias: Du hast recht.

Der Athener: So höre denn jetzt. Es gibt unter den Verfassungen zwei, welche gleichsam die Mütter der übrigen sind, dergestalt, daß man mit Recht behaupten darf, daß diese aus ihnen entstanden seien. Die eine nennt man mit Recht Monarchie, die andere Demokratie, und jene, darf man behaupten, ist bei dem Perservolke, diese aber bei uns in ihrer Vollendung zu finden. Die übrigen Verfassungen aber sind, wie gesagt, wohl alle auf verschiedenartige Weise aus diesen beiden zusammengesetzt; und es muß denn auch notwendigerweise eine jede an ihnen teilhaben, wenn anders wirklich Freiheit und Eintracht auf der einen Seite und weise Leitung auf der andern miteinander bestehen sollen. Und dies ist es daher, was unsere Erörterung damit meint und festsetzen will, daß ein Staat ohne Anteil an jenen drei Dingen wohl niemals gut verwaltet werden dürfte.
Kleinias: Richtig.

Recht und Gesetz

Der Athener: Siehe nun zu, welchem von beiden, der Gewalt oder dem Rechte, wir unseren Staat in die Hände geben sollen. Denn schon tausendfach ist es in manchen Staaten begegnet –
Kleinias: Nun?

Der Athener: Daß, nachdem um die Herrschaft Streit entstanden war, die siegende Partei die Verwaltung des Staates so ausschließlich in ihre Hände brachte, daß sie der unterliegenden samt ihren Nachkommen auch nicht den geringsten Anteil an der Herrschaft übrig ließ, und daß sie sodann einander fort und fort beobachten, auf daß nicht einmal irgendeiner sich erhebe und zur Herrschaft gelange, um dann die früher erlittene Unbill zu rächen. Von solchen Verfassungen behaupten wir jetzt, daß es gar keine sind, ebensowenig wie das wahrhaft Gesetze sind, die nicht für das gemeinsame Beste des ganzen Staates gegeben wurden. Solche bloß zugunsten Einzelner entworfene Gesetze nennen wir vielmehr Parteisatzungen, und nicht Staatsgesetze, und alles nur auf sie gegründete angebliche Recht ein leeres Gerede. Das alles sage ich in der Absicht, damit wir in deinem Staate niemandem darum die Herrschaft geben, weil er reich ist oder irgendein anderes von dieser Art Gütern besitzt, Stärke oder Größe oder Adel des Geschlechts, sondern wer den gegebenen Gesetzen am gehorsamsten bleibt und diesen Sieg im Staat erficht, dem, behaupten wir, müsse man auch die oberste Bedienung der Gesetze übertragen, und an zweiter Stelle dem, welcher der zweite Sieger hierin ist, und so weiter nach diesem Verhältnis auch alle folgenden Stellen verteilen. Diener der Gesetze habe ich jetzt die genannt, welche sonst Herrscher und Obrigkeiten heißen, nicht um einer Neuerung im Namen willen, sondern weil ich die Ansicht hege, daß vor allem darin, daß sie dies sind oder nicht sind, das Heil oder Verderben des Staates beruhe. Denn einem Staate, in welchem das Gesetz unter der Willkür der Herrscher steht und ohne Gewalt ist, sehe ich den Untergang bevorstehen; wo es dagegen Herr ist über die Herrscher und sie Sklaven des Gesetzes sind, da sehe ich Wohlstand und alle die Güter erblühen, welche die Götter Staaten verleihen.

Kleinias: Ja, beim Zeus, Freund, bei deinem Alter hast du noch ein scharfes Auge.

Der Athener: Für dergleichen Dinge hat jedermann in seiner Jugend den schwächsten, im Alter aber den schärfsten Blick.

Kleinias: Sehr wahr.

Der Athener: Was machen wir jetzt weiter? Wollen wir nicht annehmen, die Ansiedler seien schon da und hier vor uns anwesend, so daß wir die folgende Anrede an sie halten können?
Kleinias: Warum nicht?
Der Athener: Männer, wollen wir also zu ihnen sagen, der Gott, welcher, wie auch ein alter Spruch[3] besagt, Anfang, Mitte und Ende aller Dinge umfaßt, geht immer den geraden Weg, weil er stets der Natur gemäß unwandelbar seine ewige Bahn verfolgt, und ihn geleitet stets die Gerechtigkeit, welche alle bestraft, die das göttliche Gesetz überschreiten. An sie schließt sich an, wer glückselig werden will, und folgt ihr in Demut und Sittsamkeit. Wenn aber einer sich aus Hoffart überhebt, auf Reichtum, Ehre oder Körperschönheit stolz, und aus Jugend und Unverstand zugleich in Übermut entbrennt, als wenn er keines Beherrschers noch Führers bedürfte, sondern sogar selber andere zu leiten befähigt wäre, so wird er von Gott sich allein überlassen, und so führt er denn von ihm geschieden und mit anderen seinesgleichen, die er an sich gezogen, vereint ein zügelloses Leben und richtet alle möglichen Verwirrungen an. Vielen scheint er dann ein rechter Held zu sein, nach nicht gar langer Zeit aber fällt er der Gerechtigkeit zur gebührenden Strafe anheim und richtet so sich selbst und Haus und Staat völlig zugrunde. Was soll denn nun nach solcherlei Ordnungen ein Verständiger tun und denken, und was nicht?
Kleinias: Nun, offenbar muß jedermann darauf denken, einer von denen zu werden, die Gott nachfolgen wollen.
Der Athener: Welche Handlungsweise ist nun Gott wohlgefällig und Nachfolge Gottes? Nur eine und in einem alten Sprichwort ausgedrückte, nämlich in dem, daß gleich und gleich sich gerne gesellt und mithin einander wohlgefällt, wenn anders es nämlich das richtige Maß in sich hat, wogegen das Maßlose weder mit sich selbst noch mit dem Maßvollen sich verträgt. Gott nun dürfte wohl vornehmlich das Maß aller Dinge für uns sein, und weit mehr als so ein Mensch, wie dies einige wollen[4]. Wer also Gott wohlgefällig werden will, muß sich nach allen Kräften ihm mög-

lichst gleich zu werden bemühen, und wer von uns mäßig und besonnen ist, der ist eben hienach Gott wohlgefällig, denn er gleicht ihm; wer aber das Gegenteil, der ist ihm unähnlich und lebt im Widerstreit mit ihm und ist ihm verfeindet; und entsprechend verhält es sich auch mit allen anderen Tugenden und Lastern.

Gleichheit

Der Athener: Ein altes und wahres Sprichwort drückt sich zwar sehr richtig und treffend dahin aus, daß gleich und gleich sich gern gesellt, aber was für eine Gleichheit es ist, die dies zu bewirken vermag, das ist großer Unklarheit unterworfen und bringt daher auch große Verwirrung bei uns Menschen zuwege. Es gibt nämlich zwei Arten von Gleichheit, welche zwar nur einen Namen führen, aber doch in Wahrheit in vielen Dingen einander beinahe geradezu entgegengesetzt sind. Die eine kann jeder Staat und jeder Gesetzgeber leicht in die Besetzung der Ehrenstellen einführen, nämlich die Gleichheit nach Maß, Zahl und Gewicht, indem er sie durch Anwendung des Loses bei der Verteilung derselben herstellt; die eigentlichste und beste Gleichheit dagegen ist nicht mehr so leicht für jedermann zu erkennen, denn nur Zeus hat über sie das Urteil und die Entscheidung, und den Menschen ist allezeit nur weniges von ihr verliehen; soviel aber nur immer Staaten oder Privatleuten von ihr zuteil geworden ist, das bringt lauter Gutes zuwege. Sie nämlich ist es, die dem Größern mehr und dem Kleinern weniger zuteilt und ihre Gaben überhaupt im rechten Verhältnis zu der Natur eines jeden verleiht. Und demgemäß verteilt sie denn auch die Ehrenstellen nach Verhältnis, indem sie denen, welche reicher an Tugend sind, auch reichere Ehren erweist, und denen, welche sich dagegen an Tugend und Bildung umgekehrt verhalten, gleichfalls das ihnen hienach Gebührende zukommen läßt. Und das Recht und die Gerechtigkeit, welche eben hierin besteht, sind doch wohl eben auch unsere eigentliche Staatsklugheit, und eben nach ihnen müssen wir auch jetzt bei der Gründung unseres jetzt im Entstehen begriffenen Staates hinstreben und diese Art Gleichheit bei derselben vor Augen haben, und ebenso muß, wer sonst einmal einen neuen Staat begründet, ebendies Ziel bei seiner Gesetzgebung seinem Blicke vorschweben lassen: nicht die Herrschaft eines oder mehrerer Tyrannen oder des ganzen Volkes, sondern vielmehr die des Rechts, welches, wie gesagt, eben darin besteht, daß ungleichen Leuten dasjenige verliehen werde, was der Natur eines jeden gleichkommt und entspricht.

Die göttlichen Gestirne

Der Athener: Ach, ihr Guten, wir Griechen reden jetzt, ich darf wohl sagen, alle die Unwahrheit über die großen Götter, über die Sonne ebenso wie über den Mond.
Kleinias: Nun, worin besteht denn diese Unwahrheit?
Der Athener: Wir behaupten, daß sie und einige andere Sterne mit ihnen niemals die gleiche Bahn durchwandeln, und nennen sie alle daher Irrsterne, Planeten.
Kleinias: Beim Zeus, Freund, das ist aber auch ganz richtig. Denn oft in meinem Leben habe ja auch ich selber es schon beobachtet, wie sowohl der Morgen- als der Abendstern und noch einige andere Gestirne niemals in der gleichen Bahn fortlaufen, sondern überallhin umherirren; daß aber doch auch Sonne und Mond dies tun, wissen wir alle.
Der Athener: Das ist es nun gerade, Megillos und Kleinias, warum ich jetzt eben behaupte, daß unsere Bürger und ihre Jugend wenigstens so weit über die Götter am Himmel unterrichtet werden müssen, daß sie nicht Lästerungen über sie aussprechen, sondern mit wahrhaft frommer Verehrung bei Opfer und Gebet geziemend über sie reden.
Kleinias: Das ist ganz gut, wenn es vor allen Dingen nur möglich ist, was du da sagst, zu lernen; ist dies aber der Fall, dann gebe auch ich, wenn anders wir wirklich jetzt etwas Verkehrtes von ihnen behaupten und dagegen nach empfangener Belehrung die richtige Ansicht gewinnen werden, dir zu, daß eine Belehrung von solcher Art und bis zu diesem Grade wirklich notwendig ist. Daß sich dies also wirklich so verhalte, versuche du uns auf alle Weise klarzumachen, und wir werden uns bemühen, deiner Belehrung zu folgen.
Der Athener: Es ist das, was ich meine, nun allerdings nicht leicht zu lernen, doch andererseits auch nicht allzu schwer

und erfordert keinen gar zu großen Zeitaufwand, wie daraus erhellt, daß ich über diesen Gegenstand keineswegs bereits in meiner Jugend, vielmehr erst vor nicht langer Zeit unterrichtet worden bin und auch wohl imstande sein dürfte, ihn euch deutlich zu machen, ohne daß ich lange Zeit dazu brauche, während ich doch, wenn die Sache wirklich so schwierig wäre, überhaupt nicht dazu imstande wäre, in meinem Alter sie Männern von ebenso hohem Alter begreiflich zu machen.

Kleinias: Das ist sehr wahr. Aber nun bezeichne uns denn auch den Inhalt dieses Wissens näher, auf welches du einen so wunderbar hohen Wert legst und dessen Erlernung du als schon der Jugend zukommend bezeichnest, während du es doch uns noch absprichst. Versuche uns wenigstens das Notwendigste davon so deutlich als möglich auseinanderzusetzen.

Der Athener: Wohl, ich muß es versuchen. Nicht ist nämlich, meine Besten, jene Meinung über Mond und Sonne und die andern Gestirne dieser Art richtig, daß sie jemals in der Irre umherwandelten, vielmehr findet gerade das Gegenteil statt. Denn jedes derselben durchwandelt stets dieselbe Bahn und nicht viele, sondern hat stets seinen einen Kreislauf, und es scheint nur so, als ob es in vielerlei Bahnen sich bewege, und ebenso gilt dasjenige von ihnen, welches das schnellste ist, mit Unrecht nach dem äußeren Anschein für das langsamste, und umgekehrt[5]. Wenn also dies der wahre Sachverhalt ist, wir aber nicht so darüber urteilen, so würden wir doch wohl, falls wir über die in Olympia wettlaufenden Pferde oder Männer ebenso dächten und den schnellsten Renner als den langsamsten, den langsamsten aber als den schnellsten bezeichneten und demgemäß mit Lobgesängen den Besiegten als den Sieger priesen, so würden wir doch wohl, sage ich, diese Lobgesänge weder richtig angebracht haben, noch auch so, daß sie den Wettläufern, sofern dies Menschen sind, genehm sein könnten; und nun, da wir in bezug auf die Götter eben denselben Fehler begehen, glauben wir da nicht, daß das, was dort, wenn es je geschehen wäre, dann auch lächerlich und verkehrt gewesen sein würde, hier und in bezug auf sie keineswegs lächer-

lich sei? Und doch ist es gewiß auch den Göttern nicht genehm, wenn wir ihnen lügenhafte Loblieder singen.
Kleinias: Sehr wahr, wenn anders sich dies wirklich so verhält.

Wahre und falsche Güter

Der Athener: Laßt uns denn also wiederum von den Lüsten und Begierden, soweit wir es vermögen, sagen, wie stark sie sind. Der mächtigste Antrieb zu Freveltaten nun ist die Begierde, die sich einer von Leidenschaften verwilderten Seele bemächtigt, und eine solche Begierde pflegt am meisten durch dasjenige erregt zu werden, nach welchem die große Menge die meiste und stärkste Sehnsucht empfindet, nämlich durch das Geld, dessen Macht den unaufhörlichen und unersättlichen Trieb nach endlosem und unermeßlichem Besitze desselben erzeugt, weil die Gemüter, die schon von Natur dazu hinzuneigen pflegen, durch eine schmähliche Verbildung noch mehr in diesem Hange bestärkt werden. Diese Verbildung aber hat darin ihren Ursprung, daß man auf verkehrte Weise allgemein unter Griechen und Nichtgriechen den Reichtum zu preisen pflegt; denn indem man ihn als das höchste der Güter über alle andern zu erheben pflegt, während er doch vielmehr nur den dritten Rang unter ihnen einnimmt, verdirbt man sich selbst und seine Nachkommen, und es wäre daher nichts schöner und besser, als wenn überall in den Staaten die Wahrheit über ihn gesagt würde, daß er nämlich um des Leibes und der Leib wieder um der Seele willen da ist, und daß, da es sonach zwei Güter gibt, in denen er seiner natürlichen Bestimmung nach erst seinen Endzweck findet, nämlich die Tüchtigkeit an Leib und Seele, der Reichtum ihnen unterzuordnen und somit erst an die dritte Stelle zu setzen ist. Dieser Satz würde dann aller Welt die Lehre geben, daß, wer glückselig werden will, nicht einfach dahin streben dürfe, reich, sondern mit Gerechtigkeit und Besonnenheit reich zu werden und zu sein, und dann würde schwerlich in den Staaten aus Habgier Blut vergossen werden, welches wieder durch Blut gesühnt werden will. So aber, wie schon gesagt, ist die Habsucht die erste und größte Veranlassung, welche zum vorsätzlichen Morde und seiner schwersten Bestrafung führt. Die zweite Leidenschaft ist sodann der Ehrgeiz, welcher Mißgunst in der Seele erzeugt, eine schlimme Gefährtin zunächst für ihre eignen Besitzer, dann aber auch eine verderbliche Feindin der edelsten Männer des Staates. Zum dritten sodann hat feige Furcht vor der Entdeckung verbrecherischer Taten schon viele Morde hervorgerufen; denn wenn jemand etwas begeht oder begangen hat, wovon er wünschen muß, keine Mitwisser zu besitzen, weil sie Anzeige davon machen könnten, so wird er, wenn es auf keine andere Weise gehen will, sich zuletzt auch nicht mehr bedenken, sie durch den Tod aus dem Wege zu schaffen. Dies mag denn als Eingang für diesen Teil unserer Gesetzgebung gelten, und beigefügt möge dem noch die Lehre werden, welche viele von denen, die in den Mysterien diesen Dingen ihre Aufmerksamkeit zuwenden, dort nicht bloß aussprechen hören, sondern auch fest glauben, daß der Mord nicht bloß in der Unterwelt gestraft werde, sondern daß auch die Seelen, wenn sie von dort wieder hieher zu einem zweiten Leben zurückkehren, als naturgemäße Strafe ganz dasselbe erleiden müssen, was sie einst begangen, so daß, wer vormals einen andern umbrachte, alsdann gleichermaßen durch die Hand eines andern enden wird.

Gegen den Atheismus

Kleinias: Dünkt es dich, Freund, denn nicht ein leichtes zu sein, die Wahrheit des Satzes, es gebe Götter, zu erhärten?
Der Athener: Nun, wie meinst du denn?
Kleinias: Beweisen es denn nicht erstlich die Erde und die Sonne und die gesamten Gestirne und ferner diese schöne Anordnung der Jahreszeiten, die Einteilung in Jahre und Monate und endlich der Umstand, daß alle Griechen und Nichtgriechen an Götter glauben?
Der Athener: O ich fürchte, mein Teurer, daß bei solcherlei Gründen die Gottlosen — ich will freilich damit nicht sagen, daß ich das scheue — euch mit Verachtung anblicken möchten. Denn ihr wißt da eben nicht den wahren Grund ihrer abweichenden Ansicht und wähnt, daß nur durch einen

zügellosen Hang zu Lüsten und Begierden ihre Gemüter zu einem gottlosen Leben hingetrieben werden.

Kleinias: Nun, und was könnte es noch außerdem für eine Ursache geben?

Der Athener: Etwas, was ihr als etwas ganz außer eurem Gesichtskreise Liegendes nicht wissen könnt und das ihr überhaupt nicht bemerkt habt.

Kleinias: Nun, und was wäre denn dieses?

Der Athener: Eine sehr schwere Unwissenheit, die ihnen aber als die größte Weisheit vorkommt.

Kleinias: Wie sagst du?

Der Athener: Bei uns andern Griechen werden gewisse Schriften viel gelesen, welche bei euch wegen der Vortrefflichkeit eurer Staatsordnung, wie ich weiß, ganz außer Gebrauch sind und die, teils in Versen, teils in Prosa abgefaßt, von den Göttern handeln. Und zwar erzählen uns die ältesten derselben, wie zuerst der Himmel und sodann alles andere in seiner Urgestalt entstand, und in ihrem weiteren Fortgang, bald nach dem Anfang beschreiben sie die Entstehung der Götter und den Verkehr, den diese miteinander pflogen. Ob nun diese Erzählungen in anderer Rücksicht für ihre Leser von Nutzen sind oder nicht, darüber läßt sich ihres hohen Alters wegen nicht wohl ein absprechendes Urteil fällen, aber in Rücksicht der Hochachtung und Ehrerbietung, die man den Eltern schuldig ist, möchte ich für meinen Teil sie nicht loben, noch behaupten, daß sie in dieser Hinsicht nützliche und durchweg richtige Lehren gegeben hätten. Diese alten Werke setze ich daher ganz beiseite und lasse sie ruhen und jeden darüber urteilen, wie es Gott gefällt. Aber die Schriften der jüngeren Philosophen soll mein Tadel treffen, insoweit sie schuld an dem in Rede stehenden Übel sind. Sie sind es aber wirklich, indem sie folgendes bewirken: wenn ich und du zum Beweise dafür, daß es Götter gibt, eben das, was du vorhin nanntest, Sonne, Mond, Sterne und Erde anführen, welche eben selbst Götter und göttlichen Wesens seien, erwidern uns andere, die jenen Philosophen glauben, jene Dinge seien ja nichts als Erde und Steine und könnten sich daher unmöglich um die menschlichen Angelegenheiten kümmern, und sie putzen diese Meinung dann mit Reden auf, welche ihr einen gar hübschen Schein von Wahrheit geben.

Kleinias: Das ist freilich ein schwerwiegender Einwurf, den du da vorbringst, auch wenn es nur ein einziger wäre, der ihn vorbringt, nun aber, wenn ihrer gar viele sind, so dürfte dies in noch höherem Grade der Fall sein.

Der Athener: Wie nun? Was sollen wir jetzt sagen oder tun? Sollen wir uns verteidigen, als hätte uns einer vor gottlosen Menschen angeklagt, die eben selbst nur unserer Gesetzgebung wie ein Angeklagter der Anklage zu entrinnen suchen, indem sie uns erklären, wir täten großes Unrecht, daß wir bei derselben so verführen, als gäbe es Götter? Oder sollen wir diese Sache auf sich beruhen lassen und unbekümmert darum in unserer Gesetzgebung fortfahren, damit uns nicht hier der Eingang länger werde als das Gesetz selber? Denn nicht wenig würden wir unsere Rede ausdehnen müssen, wenn wir denen, welche gottlos zu sein begehren, teils hinlänglichen Aufschluß über das, worüber sie ihn verlangen, geben, teils sie in Furcht versetzen und ihnen Abscheu einflößen vor demjenigen, was sich zu fürchten und zu verabscheuen ziemt, und dann erst zur Gesetzgebung schreiten wollten.

Kleinias: Aber, lieber Freund, wir haben uns doch schon oft genug für diese kurze Zeit eben dahin erklärt, daß in dieser unserer Unterredung die Kürze durchaus keinen Vorzug vor der Weitläufigkeit haben dürfe. Denn wir haben ja, wie man wohl zu sagen pflegt, keinen Treiber hinter uns, und so wäre es denn lächerlich und verächtlich, wenn wir uns als Leute zeigen wollten, die das Kürzere dem Besseren vorziehen. Es ist in der Tat aber nicht wenig daran gelegen, daß unsere Behauptungen, es gäbe Götter und sie seien gut und achteten die Gerechtigkeit weit höher als die Menschen, möglichst wahrscheinlich gemacht werden. Denn einen schönern und bessern Eingang könnten wir sogar unsern sämtlichen Gesetzen nicht geben. Wir wollen uns also durch nichts abschrecken und durch nichts drängen lassen, sondern alle Kraft, die wir haben, unverkürzt auf den Beweis dieser Sätze verwenden und die Sache möglichst erschöpfend abtun.

Der Athener: Wie eine Aufforderung zum Gebete um einen glücklichen Erfolg kommen deine Worte mir vor, so ernst ist es dir mit deinem Eifer; jedenfalls darf ich nicht länger zaudern, ans Werk zu gehen. Wohlan denn, sage mir, wie soll jemand, ohne in Eifer zu geraten, darüber zu sprechen imstande sein, ob es überhaupt Götter gibt oder nicht! Muß man nicht notwendig Haß und Entrüstung gegen Leute fühlen, welche je zu dieser Erörterung Anlaß gegeben haben und ihn auch uns jetzt geben, Leute, die den frommen Sagen nicht glauben, welche sie schon in zartester Kindheit und fast noch an der Mutterbrust von Wärterinnen und Müttern hörten und deren Zauber auch noch später ebensosehr ihre Unterhaltung wie ihre ernste Belehrung ausmachte, indem dieselben den Inhalt der Gebete, die sie bei den Opfern hörten, und der Zeremonien bilden, mit denen sie dieselben begleitet sahen, das anziehendste Schauspiel, welches nur ein junges Gemüt erblicken und vortragen hören kann. Ferner sehen sie doch mitten in dem feierlichen und inbrünstigen Ernste der Opfernden auch ihre eigenen Eltern in der innigsten Andacht und der festesten Überzeugung von dem Dasein der Götter diese mit Gebet und Flehen für sich und ihre Kinder angehen. Endlich sehen sie Griechen und Nichtgriechen beim Aufgange der Sonne und des Mondes und bei ihrem Niedergang in den verschiedenartigsten Lebenslagen, im Glück wie im Unglück, sich zu Boden werfen und hören sie die Götter anrufen, nicht als gäbe es solche gar nicht, sondern in dem festesten Glauben an ihr Dasein und ohne den gringsten Zweifel daran. Woher soll man die Sanftmut nehmen, um alle solche Leute, die sich mit Verachtung dies alles aus dem Sinne geschlagen haben und uns jetzt, ohne im mindesten einen vernünftigen Grund dazu zu haben, wie jeder irgend Verständige urteilen muß, nötigen, ihnen erst den Beweis zu geben, welchen wir nunmehr führen wollen, mit Milde zurechtzuweisen und zuvörderst darüber zu belehren, daß es wirklich Götter gibt! Gleichwohl müssen wir es versuchen. Denn man darf hier nicht mit fanatischer Leidenschaft zu Werke gehen, jene nicht vor unersättlicher Genußsucht und wir nicht vor Entrüstung über sie. Und so mag denn folgende leidenschaftslose Vorerinnerung an die Leute ergehen, deren Gemüt so verderbt ist, und wir wollen allen Zorn unterdrücken und in aller Sanftmut, als ob ein einzelner von ihnen vor uns stände, ihn folgendermaßen anreden: Mein Sohn, du bist noch jung, und der Fortschritt der Zeit wird dich lehren, über viele Dinge ganz anders, ja gerade entgegengesetzt zu denken wie jetzt. Warte also doch so lange, bevor du über die allerwichtigsten Fragen dir ein Urteil erlaubst. Denn wahrlich das Wichtigste ist gerade das, was du jetzt für nichts achtest, nämlich eine richtige Vorstellung vom Göttlichen, weil ihr Besitz allein zu einem glücklichen und ihr Mangel zu einem unglücklichen Leben führt. Fürs erste nun bin ich sicher, daß ich nicht werde als Lügner befunden werden, wenn ich dich in dieser Sache zunächst auf einen wichtigen Umstand aufmerksam mache, nämlich auf folgenden. Nicht du und deine Freunde sind die ersten und einzigen, welche die Meinung, daß es keine Götter gebe, hegten, sondern es gibt stets mehr oder weniger Leute, die mit dieser Krankheit behaftet sind. Das jedoch kann ich, der ich mit vielen derselben verkehrt habe, dir versichern, daß keiner, der in seiner Jugend die Ansicht faßte, es gebe keine Götter, je bis in sein Greisenalter bei dieser Denkweise verharrt hat. Die beiden andern Meinungen aber bleiben allerdings, wenn auch nicht bei vielen, so doch bei manchen, daß es zwar Götter gebe, daß aber diese entweder sich nicht um die menschlichen Angelegenheiten bekümmerten, oder aber, daß sie zwar auch dies täten, aber durch Gebet und Opfer leicht zu begütigen seien. Wenn du also mir folgen willst, so wartest du es ab, bis du dir erst ein zuverlässiges Urteil über diese Fragen gebildet hast, und denkst zu diesem Zwecke erst genau darüber nach, ob die Sache sich so oder anders verhalte, und ziehst auch andere und vor allem den Gesetzgeber darüber zu Rate. Inzwischen aber erkühne dich nicht, wider die Götter zu freveln. Denn der, welcher dir Gesetze gibt, muß es versuchen, dich jetzt und für die Folge zu belehren, wie es in Wahrheit mit ebendiesen Dingen steht.

Kleinias: Ganz vortrefflich, lieber Freund, ist bis hieher alles, was du da sagst.

Der Athener: Freilich, lieber Megillos und Kleinias, aber wir sind da ganz unversehens auf eine verwunderliche Behauptung geraten.

Kleinias: Auf was für eine meinst du denn?

Der Athener: Die, welche von vielen für die allerweiseste gehalten wird.

Kleinias: Erkläre dich deutlicher.

Der Athener: Es behaupten gewisse Leute, daß alle Dinge, welche es gibt und gegeben hat und geben wird, teils von Natur, teils durch Zufall und teils durch Kunst entstehen.

Kleinias: Und haben sie darin denn nicht ganz recht?

Der Athener: Nun, es ist ja wahrscheinlich, daß weise Männer recht haben; indessen wollen wir sie doch erst ein wenig weiter auf ihrem Wege begleiten und uns bei ihren Anhängern darüber unterrichten, was sie sich denn eigentlich bei dieser ihrer Grundansicht denken.

Kleinias: Versteht sich.

Der Athener: Es sei klar, sagen sie, daß die größten und schönsten Werke der Natur und dem Zufall ihren Ursprung verdanken und nur die unbedeutenderen der Kunst, welche ja die Elemente ihres Schaffens bereits fertig aus den Händen der Natur empfange und nur nehme, was diese bereits Großes hervorgebracht, um daraus alle jene geringeren Werke zu bilden und zu formen, die wir ja eben Kunstwerke zu nennen pflegen.

Kleinias: Erkläre dich deutlicher.

Der Athener: Nun, so höre denn: Feuer, Wasser, Erde und Luft, sagen sie, seien insgesamt Werke der Natur und des Zufalls und nicht der Kunst, und aus diesen seien dann wieder ohne alle beseelende Kraft zunächst die großen Weltkörper, Erde, Sonne, Mond und Sterne, entstanden. Die sämtlichen Bestandteile aller Dinge seien nämlich umhergetrieben, wohin einen jeden nach dem Maße seiner Kraft der Zufall führte; dadurch sei dann in geeigneter Weise zusammengetroffen, was zueinander paßte, Warmes mit Kaltem, Trockenes mit Feuchtem, Weiches mit Hartem und überhaupt alles, was, eben weil es einander entgegengesetzt ist, mit Notwendigkeit zu einer Mischung sich verbindet, sobald es der Zufall zusammenführt, und so hätten sie auf diese Weise die ganze Welt und alles, was in ihr ist, hervorgebracht. Ebenso seien auch die Tiere und Pflanzen sowie die Jahreszeiten eine Folge dieser Mischung, und dies alles, sagen sie, sei nicht mit Vernunft, noch geleitet durch irgendeine Gottheit oder auf dem Wege der Kunst entstanden, sondern, wie gesagt, es sei lediglich ein Werk der Natur und des blinden Zufalls. Erst aus diesen Schöpfungen sei vielmehr späterhin die Kunst hervorgegangen und sei daher auch von niedrigerem Range, nur von Sterblichen erzeugt und daher selbst sterblich, und sie habe eben darum auch nur Spielereien hervorgebracht, die wenig Wirklichkeit hätten, sondern nur Schattenbilder von gleicher Art wie sie selber seien, wie denn dies ja von den Werken der Malerei, der musischen Kunst und aller Schwesterkünste von diesen gelte, und wo eine Kunst wirklich etwas Namhaftes hervorbringe, da sei dies doch nur eine solche, welche ihre eigene Kraft mit der der Natur verbinde, so die Arzneikunst, der Landbau und die Turnkunst. Und so sei denn auch die Staatsverwaltung nur zum geringsten Teile Sache der Natur und weit mehr der Kunst, und namentlich die Gesetzgebung beruhe ganz und gar auf der letztern und gar nicht auf der erstern, und darum eben fehle es ihren Satzungen auch an Wahrheit.

Kleinias: Erkläre mir auch das noch genauer.

Der Athener: Die Götter zunächst, mein Teuerster, behaupten sie, seien gar nicht von Natur, sondern bloße künstliche Phantasiegebilde, die auf der Sitte beruhten, daher seien sie denn auch in jedem Lande wieder anders, je nachdem man eben bei der Gesetzgebung hier so und dort so übereinkam. Ähnlich sei ferner das Schöne etwas anderes nach der Natur und etwas anderes nach dem Gesetze, und etwas Gerechtes vollends gebe es gar nicht von Natur, sondern die Menschen lägen vielmehr in einem unaufhörlichen Streite darüber, was das Gerechte sei, und bestimmten es alle Tage anders, und was sie dann jedesmal als Bestimmung hinstellten, das habe dann, solange es noch neu sei und nicht verändert werde, Gültigkeit, so daß folglich alles Recht lediglich aus der Kunst und dem Gesetze entspringe und wahrlich nicht in irgendeiner Ordnung der

Natur seinen Grund habe. Dies ist es, ihr Freunde, was von weisen Männern den jungen Leuten in Prosa und Versen gepredigt wird, und das sei das größte Recht, behaupten sie, was immer einer mit Gewalt durchsetzen könne, und dadurch verfallen denn eben die jungen Leute auf gottlose Handlungen, indem sie sich darauf verlassen, es gebe keine Götter, und nur das Gesetz befehle, sie anzunehmen, und selbst Empörungen und Aufstände sind die Folgen solcher Grundsätze, sofern sie die Leute dazu hinziehen; daß nun eben jeder nach dem Rechte der Natur zu leben strebt, welches eben darin besteht, daß man nicht unter dem Zwange des Gesetzes stehe und anderen diene, sondern vielmehr die andern sich unterwerfe.

Kleinias: Was für eine schlimme Lehre ist das, bester Freund, die du uns hier darlegst, und wie müssen der Staat als solcher und die einzelnen Familien darunter leiden, wenn so verderbliche Grundsätze bei den jungen Leuten einreißen!

Der Athener: Wohl hast du recht, lieber Kleinias. Was für Mittel, meinst du also, müsse der Gesetzgeber anwenden, da solche Lehren schon von alter Zeit her im Schwange sind? Ist es genug, daß er nur so dastehe und drohe: Wofern jemand nicht zugesteht, daß es Götter gibt und sie sich gerade so denkt und vorstellt, wie das Gesetz es ihm gebietet, so soll er. – Und sollte gleichermaßen in bezug auf die Forderungen der Ehre und des Rechts und überhaupt auf alle Fragen von der höchsten Wichtigkeit, auf alles, was Tugend und Lasterhaftigkeit anlangt, wohl schon der bloße Ausspruch genügen, daß man hierin ganz nach derjenigen Denkart handeln müsse, welche der Gesetzgeber vorgeschrieben hat, und daß, wer diesen seinen Gesetzen nicht gehorchen sollte, entweder je nach der Schwere seines Verbrechens mit dem Tode oder mit körperlicher Züchtigung und Gefängnis, mit dem Verlust der bürgerlichen Ehren oder des Vermögens oder endlich mit Verbannung bestraft werden würde? Oder sollte er bei der Verkündigung seiner Gesetze wohl nicht zugleich auch der Überredungsgabe bedürfen und freundliches Zureden mit jenem Akte verbinden müssen, um nach Möglichkeit die Gemüter der Leute zu gewinnen?

Kleinias: Gewiß, Freund, wenn nur irgendwie Gründe zu finden sind, welche geeignet erscheinen, in solchen Dingen das Volk auch nur einigermaßen zu überzeugen, so darf der Gesetzgeber, wenn er nur im geringsten diesen Namen verdienen will, keine Mühe sich verdrießen lassen, sondern muß, wie man wohl zu sagen pflegt, alle Töne anschlagen, um den uralten Glauben an das Dasein der Götter und die Wahrheit alles dessen, was du noch sonst soeben erwähntest, zu stützen und auch dem Gesetze selbst und der Kunst zu Hilfe zu kommen und zu zeigen, daß beide selber von Natur sind oder von etwas nicht Geringerem, als die Natur ist, herstammen, wenn sie doch Erzeugnisse der Vernunft sind, wie du mir anzunehmen und mit Recht anzunehmen scheinst, so daß ich dir vollkommen beistimme.

Seele

Der Athener: Was ist nun der Begriff des Dinges, dessen Name Seele ist? Kann es nach dem Bisherigen wohl ein anderer sein, als das Sichselbstbewegende?
Kleinias: Du behauptest also, daß es einerlei ist, ob wir das Wesen, welches wir alle Seele zu nennen pflegen, mit diesem Namen oder durch die Erklärung bezeichnen, daß sie allein sich selber bewege?
Der Athener: Gewiß. Wenn sich dies aber so verhält, vermissen wir da noch irgend etwas zu einem genügenden Beweise dafür, daß die Seele nichts anderes ist als das Prinzip der Entstehung und Bewegung aller gegenwärtigen, vergangenen und zukünftigen Dinge und ebenso auch alles dessen, was ihnen entgegengesetzt ist, da sie sich ja auch als die Ursache aller Veränderung erwiesen hat?
Kleinias: Nein, sondern es ist auf das vollständigste bewiesen, daß sie wirklich diese Urkraft aller Bewegung, und eben damit auch, daß sie das ursprünglichste aller Dinge ist.
Der Athener: Und ist damit nicht zugleich bewiesen, daß diejenige Bewegung, welche ein Ding von einem andern empfängt und vermöge deren es nie sich selber aus eigener Kraft bewegen kann, in den zweiten Rang, ja so tief, als man will, unter jene erstere herabzusetzen und eben nur die Veränderung eines in Wahrheit seelenlosen Körpers ist?

Kleinias: Jawohl.

Der Athener: Also war unsere Behauptung durchaus richtig und vollgültig, wahr und treffend, daß die Seele ursprünglicher sei als der Körper, und daß dieser ein Abgeleitetes und Späteres und nach der Ordnung der Natur der Herrschaft der Seele untertan sei.

Kleinias: Das ist allerdings nun eine vollständig erwiesene Wahrheit.

Der Athener: Nun erinnern wir uns aber doch, zuvor bereits zugegeben zu haben, wenn sich die Seele als ursprünglicher denn der Körper erwiesen, daß dann auch alles, was die Seele angeht, ursprünglicher sein müsse als alles, was zum Körper in Beziehung steht.

Kleinias: Jawohl.

Der Athener: Charakter, Gefühle, Verstandes- und Willensäußerungen, richtige Vorstellung, Berechnung, Gedächtnis sind also immer eher da als Länge, Breite und Tiefe und Stärke der Körper, wenn doch eben die Seele selbst immer früher als der Körper ist.

Kleinias: Notwendigerweise.

Der Athener: Wenn nun aber die Seele die letzte wirkende Ursache von allem ist, muß sie da nicht ebensowohl die des Guten wie des Schlechten, des Schönen wie des Häßlichen, des Gerechten wie des Ungerechten und überhaupt alles Entgegengesetzten sein?

Kleinias: Freilich muß sie das.

Der Athener: Und wenn nun ferner die Seele alles durchwaltet und allem innewohnt, was überall sich bewegt, muß man da nicht auch dem ganzen Weltall eine solche es durchwaltende Seele zuschreiben?

Kleinias: Man kann nicht umhin.

Der Athener: Eine oder mehrere? Mehrere, antworte ich für euch. Wenigstens müssen wir ihrer zwei annehmen, eine wohltätige und eine, welche das Gegenteil vollführen kann[6].

Kleinias: Du hast vollkommen recht.

Der Athener: Halten wir dies also fest. Es leidet nämlich die Seele nach dem vorigen alles im Himmel und auf Erden, im Land und auf dem Meere durch ihre eigenen Bewegungen, welche man Wollen, Erwägen, Sorgetragen, Ratschlagen, richtiges oder falsches Vorstellen, Freude oder Trauer, Mut oder Furcht, Haß oder Liebe nennt. Solche und ähnliche Bewegungen sind nämlich die ursprünglichen, welche dann erst in den Körpern die Bewegungen zweiter Ordnung mit sich bringen und so alles in Wachstum und Abnahme, Scheidung und Verbindung versetzen, wovon denn Wärme und Kälte, Schwere und Leichtigkeit, Härte und Weichheit, Weiße und Schwärze, Herbheit und Süßigkeit die Folgen sind. Wenn nun dabei die Seele die Vernunft, die göttliche beständig zu Rate zieht und infolgedessen den richtigen Weg einschlägt, so leitet sie alles richtig und zum Glücke; wenn sie dagegen der Unvernunft sich überläßt, so begegnet ihr das Gegenteil. Glaubt auch ihr, daß es so hiemit stehe, oder sind wir noch uneins darüber, ob es nicht vielleicht sich anders verhalte?

Kleinias: Nein, wir sind ganz mit dir einverstanden.

Der Athener: Welcher von beiden Arten von Seele wollen wir nun die Herrschaft über Himmel und Erde, über den ganzen Weltenkreis zuschreiben, derjenigen, die mit Weisheit und Tugend erfüllt ist, oder der, die keine von beiden besitzt? Soll ich diese Frage für euch entscheiden, so würde meine Antwort so lauten.

Kleinias: Nun?

Der Athener: Wenn, so werde ich sagen, mein Teuerster, die Gesamtbewegung der Welt und der Zug der einzelnen Himmelskörper ähnlicher Natur ist mit der Bewegung, dem Umschwung und den Berechnungen der Vernunft, und einen verwandten Gang nimmt, so müssen wir offenbar behaupten, daß die gute Seele für die Welt sorge und sie ebendiesen Weg führe.

Kleinias: Einverstanden.

Der Athener: Wenn hingegen jene Bewegung ohne Sinn und Ordnung ist, so die böse.

Kleinias: Auch dagegen ist nichts einzuwenden.

Vorsehung

Der Athener: So mag denn unsere Unterredung mit jenen Leuten zu Ende sein, und wir wollen uns jetzt mit unserem Zuspruch an die wenden, welche das Dasein von Göttern zugeben, aber bestreiten, daß sie sich um die menschlichen Angelegenheiten bekümmern. Bester Freund, werden wir also zu einem solchen sagen, offenbar zieht dich deine innere Verwandtschaft mit den Göttern zu ihnen hin, so daß du nicht bloß an ihr Dasein glaubst, sondern sie auch als dir verwandte Wesen ehrst; aber das scheinbare Glück schlechter und ungerechter Menschen im persönlichen und öffentlichen Leben, welches doch in Wahrheit nie ein solches ist und nur unverständigerweise von den Leuten als ein hohes Glück gepriesen, in Liedern besungen und in mancherlei Reden verherrlicht wird, verleitet dich zur Gottlosigkeit, und es macht dich verwirrt, wenn du ruchlose Menschen vielleicht ein hohes Alter erreichen und Kinder und Kindeskinder in den höchsten Ehren hinterlassen siehst; es macht dich verwirrt, wenn du in alle solche Verhältnisse hineinblickst oder wenn du vom Hörensagen erfährst oder es gar selbst als Augenzeuge mit ansiehst, wie von manchen Leuten vielerlei ruchlose und frevelhafte Taten verübt wurden und sie gerade durch diese sich aus der Niedrigkeit zur Herrschaft und höchsten Gewalt aufschwangen. Offenbar willst du nun, um wegen aller solcher Vorgänge die Götter nicht tadeln zu müssen, zu denen du dich eben als zu verwandten Wesen hingezogen fühlst, lieber sie nicht als die Urheber von ihnen ansehen; und da du die richtige Erklärung hierfür nicht zu finden weißt, so hast du dir nicht anders zu raten gewußt als dadurch, daß du annimmst, den Göttern, deren Dasein du anerkennst und gegen die du keinen Unwillen zu hegen vermagst, seien eben die menschlichen Angelegenheiten zu geringe, um sich mit ihnen zu befassen. Damit also nicht dieser Irrtum zu einem noch größeren Übel, zur vollständigen Gottesleugnung, in dir wachse, so will ich versuchen, ob ich nicht durch meinen Zuspruch diesen Anfall zu bannen vermag, und ich will zu dem Ende den Beweis, welchen ich dir jetzt zu führen habe, an den vorhin gegen die vollständigen Gottesleugner geführten anknüpfen und so von diesem letzteren auch hier wieder Gebrauch machen. – Ihr nun, Kleinias und Megillos, übernehmt es abermals, wie bei jener Gelegenheit, für den Jüngling zu antworten. Sollte aber irgendeine besondere Schwierigkeit bei dieser Erörterung uns in den Weg treten, so werde ich wieder wie damals euch diese Aufgabe abnehmen und uns so über den Fluß hinüberhelfen.

Kleinias: Wohlgesprochen: mache es so, und auch wir werden nach Kräften deinen Wunsch erfüllen.

Der Athener: Vielleicht ist es aber durchaus nicht schwer, dem Gegner zu zeigen, daß die Götter für das Kleine nicht geringere Sorgfalt hegen als für das Große und Hervorstechende. Denn er hörte es ja und war dabei gegenwärtig, als wir noch eben erst den Beweis führten, daß sie jede Vollkommenheit besitzen und eben deshalb die Fürsorge für alle Dinge zu ihrer eigentümlichsten Wirksamkeit gemacht haben.

Kleinias: Allerdings ist dem so.

Der Athener: So haben wir denn wohl eben hiernächst miteinander zu untersuchen, worin denn eigentlich die Vollkommenheit bestehe, um derentwillen wir sie eben absolut gut nennen. Wohlan also, rechnen wir nicht Selbstbeherrschung und Besonnenheit unter die Tugenden und Vollkommenheiten, und das Gegenteil davon unter die Mängel und Gebrechen?

Kleinias: Allerdings.

Der Athener: Und ferner: zählen wir nicht ebenso die Tapferkeit zu den erstern und die Feigheit zu den letztern?

Kleinias: Ohne Zweifel.

Der Athener: Und behaupten, daß Besonnenheit und Tapferkeit Lob, Zügellosigkeit und Feigheit aber Verachtung verdient?

Kleinias: Notwendigerweise.

Der Athener: Und alles, was zu der letztern Klasse gehöre, finde sich, wenn es vorkomme, lediglich bei uns Menschen, den Göttern aber hafte weder wenig noch viel davon an?

Kleinias: Auch dies wird wohl jeder zugeben.

Der Athener: Und nun weiter: wollen wir Nachlässigkeit, Trägheit und Weichlichkeit unter die Vollkommenheiten der Seele setzen? Was meinst du dazu?

Kleinias: Wie wäre das möglich?

Der Athener: Aber unter das Gegenteil?

Kleinias: Ja.

Der Athener: Und folglich werden wir auch alle ihnen entgegengesetzten Eigenschaften wieder in die entgegengesetzte Klasse setzen?

Kleinias: Ja.

Der Athener: Und wird der Weichliche, Nachlässige und Träge, der nach dem Ausspruche des Dichters den stachelberaubten Drohnen am ähnlichsten ist, nicht auch uns ganz dafür gelten?

Kleinias: Jawohl, dieser Ausspruch ist vortrefflich.

Der Athener: Hiernach wird man nun auch nicht sagen dürfen, daß die Gottheit selbst von dieser Art sei, die sie vielmehr haßt, und man darf es nicht dulden, daß jemand so zu reden sich unterfange.

Kleinias: Nein, gewiß nicht.

Der Athener: Gesetzt nun aber, es wendete jemand in den Dingen, deren Verrichtung und Besorgung recht eigentlich ihm zukommt, allen seinen Geist und Sinn lediglich auf das Große und vernachlässigte das Kleine gänzlich, würden wir da nicht durchaus unrecht tun, wenn wir ihn loben wollten? Doch wir wollen uns die Sache einmal noch etwas genauer ansehen. Von jedem, der so verfährt, mag es nun ein Gott oder ein Mensch sein, läßt sich dies doch nur auf zweierlei Weise denken.

Kleinias: Nämlich?

Der Athener: Entweder glaubt er, es mache für das Ganze keinen Unterschied, wenn das Kleine vernachlässigt werde, oder auch er sieht recht wohl ein, daß es für dieses nicht gleichgültig ist, aber aus Leichtsinn und Trägheit vernachlässigt er es dennoch. Oder weißt du noch eine andere Ursache, aus welcher eine solche Vernachlässigung entstehen könnte? Denn wo es etwa jemandem, sei er ein Gott oder ein schwacher Mensch, unmöglich wäre, alles zu besorgen, weil es ihm am Kräften hiezu gebricht, und es die seinen übersteigt, und er deshalb Kleines oder Großes unbesorgt läßt, da kann ihm dies doch nicht für Vernachlässigung angerechnet werden.

Kleinias: Unmöglich.

Der Einzelne und das Weltall

Der Athener: Ich glaube, wir hätten uns nun im Grunde bereits vollkommen hinreichend mit dem verständigt, welcher den Göttern gern den Vorwurf der Vernachlässigung unserer Angelegenheiten machen möchte.
Kleinias: Ja.
Der Athener: Wenigstens haben wir ihn durch unsere Gründe bereits gezwungen, die Unrichtigkeit seiner Behauptung zuzugestehen. Gleichwohl werden indessen noch einige Besprechungen für ihn nicht überflüssig sein.
Kleinias: Nun, so laß sie hören, mein Guter.
Der Athener: Wir wollen den Jüngling zu überzeugen suchen, daß von dem, dessen Fürsorge das ganze Weltall umfaßt, alle Dinge so angeordnet sind, wie es zur Erhaltung und Vollkommenheit des Ganzen erforderlich ist, so daß jeder Teil wirkt und leidet, was ihm eben hienach zukommt und soweit eben hienach sein Vermögen reicht. Über diese besonderen Teile sind Herrscher gesetzt, ihr Tun und Leiden durchgängig bis ins Kleinste zu regeln und so die Vollendung des Ganzen bis in die kleinsten Teile zu bewirken. Ein solches Teilchen bist nun auch du, armer Sterblicher, welches, so klein es ist, doch allezeit auf die Zwecke des Ganzen hinarbeitet und in ihnen seinen Zweck hat. Du aber bedenkst ebendies nicht, und es bleibt dir verborgen, daß alles, was da entsteht, eben nur um deswillen entsteht, damit jenes ewige Wesen, welches dem Leben des Ganzen zugrunde liegt, ein glückseliges sei, und daß dies Ganze nicht um deinetwillen geworden ist, sondern du um des Ganzen willen. Arbeitet doch auch jeder verständige menschliche Künstler und Arzt immer auf ein Ganzes hin, und indem er immer nach dessen allseitiger Vollkommenheit strebt, vollendet er wahrlich doch nicht das Ganze des Teiles, sondern den Teil des Ganzen wegen. Du aber murrst, weil du nicht einsiehst, inwiefern das, was für dich das beste ist, zugleich dem Ganzen und, soweit es die allgemeinen Gesetze des Werdens gestatten, auch dir entsprechen kann. Da aber die Seele allezeit einem Leibe, bald diesem und bald jenem, zugeordnet und mannigfachen

Veränderungen teils durch sich selbst und teils durch andere Seelen ausgesetzt ist, so bleibt dem Leiter des Ganzen nichts anderes übrig, als die Seelen, wie ein Brettspieler die Steine, zu versetzen, indem er die, deren Sinnesart sich veredelt hat, ihren bisherigen Aufenthaltsort mit einem besseren, und die, deren Sinnesart sich verschlimmert hat, ihn mit einem schlechteren vertauschen läßt, und so einer jeden den ihr jedesmal angemessenen zuweist, auf daß so allen dasjenige Los zuteil werde, welches ihnen gebührt.
Kleinias: Erkläre dich genauer.
Der Athener: Ich glaube, ich stelle die Sache in einer Weise dar, durch welche die Leichtigkeit erklärlich wird, mit welcher die Götter für alle Dinge zu sorgen imstande sind. Denn wenn ein Gott nicht mit stetem Hinblick auf das Weltganze alles bilden und umbilden wollte, wie z. B. Feuer in beseeltes Wasser, und nicht Vieles aus Einem oder Eines aus Vielem gleich so hervorbrächte, daß demselben dadurch seine erste, zweite und dritte Umwandlungsstufe bereits fest vorgeschrieben ist, dann möchte er mit dieser in stetem Umbilden und Umschaffen bestehenden Weltleitung wohl kein Ende finden. So aber geht ihm dieselbe mit wunderbarer Leichtigkeit vonstatten.
Kleinias: Noch einmal, erkläre dich deutlicher.
Der Athener: Ich meine dies so. Da der höchste Herrscher sah, daß alle unsere Handlungen von der Seele ausgehen und, daß in ihnen viel Tugend, aber auch viel Untugend zum Vorschein kommt, Leib und Seele aber zwar nicht ewig, gleich den Göttern, wie sie das Gesetz uns lehrt, sondern entstanden, aber doch unvergänglich sind – denn nimmer könnte eine Entstehung lebendiger Wesen stattfinden, wenn eins von diesen beiden zugrundeginge –, und da er ferner erwog, daß alles, was in der Seele Gutes ist, seiner Natur nach allezeit nütze, alles Böse in derselben aber allezeit schade, so ordnete er in Anbetracht dieses Allen einem jeden Teile des Weltganzen diejenige Stelle darin zu, an welcher er am meisten, leichtesten und besten dazu befähigt wäre, der Tugend innerhalb desselben zum Siege und dem Bösen zur Niederlage zu verhelfen. Er hat also in Beziehung auf dies Weltganze die Einrichtung

getroffen, daß ein jedes gemäß der von ihm angenommenen Beschaffenheit auch seine Stelle und seinen Wohnsitz innerhalb desselben mit Notwendigkeit erhält; wie aber ein jeder von uns werden wolle, das zu bewirken überließ er dem freien Willen eines jeden, und es wird einem jeden der Charakter zuteil, den er wünscht, und auf die Art, wie er ihn zu erreichen begehrt.

Kleinias: So ist es wohl anzunehmen.

Der Athener: So gehen denn in allem, was einer Seele teilhaftig ist, mancherlei Veränderungen vor, deren Ursache es eben in sich selber trägt, infolge dieser Veränderungen aber wechselt es dann seine Orte nach der Ordnung und dem Gesetze des Schicksals. Wer sich in seinem sittlichen Charakter nur wenig verändert hat, der erhält nur eine andere Stelle auf der Oberfläche der Erde. Wer sich aber beträchtlicher, und zwar zum Schlimmeren, verändert hat, wird in die Tiefen der Erde und in jene unteren Räume hinabgestoßen, welche unter dem Namen des Hades und anderen verwandten Benennungen ein gewaltiger Schrecken der Seelen im Wachen wie im Traume, im Leben sowie nach der Ablösung von den Leibern sind. Hat endlich eine Seele in noch höherem Grade an Tugend oder Laster durch ihren eigenen Willen und durch den mächtigen Einfluß des Umganges zugenommen und sich in der einen oder dem anderen gefestigt, so erhält sie in dem ersteren Falle, also wenn sie der göttlichen Tugend sich verbunden hat und demgemäß selber in einem ausgezeichneten Grade des Göttlichen voll geworden ist, auch einen neuen, ganz ausgezeichneten und geheiligten Wohnsitz, im entgegengesetzten Falle aber zieht sie ihr Leben auf einen gerade entgegengesetzten herab.

„Also üben das Recht die Götter im hohen Olympos“[7], mein Knabe und Jüngling, der du dich von den Göttern vernachlässigt wähnst, daß, wer schlechter wird, zu den schlechteren, wer sich bessert, aber zu den besseren Seelen hinwandert, und daß keiner von beiden im Leben wie in allen Gestaltungen des Todes etwas anderes leide und tue, als wie er es von der Fügung ihm verwandter Wesen erwarten kann. Diesem Rechtsbrauche der Götter wirst weder du jemals noch irgendein anderer, der in das Unglück des Lasters verfiel, dich rühmen können entronnen zu sein, da die, welche ihn einsetzten, ihn über alle andern Rechtsbräuche erhoben und uns zu der unbedingtesten Achtung vor ihm verpflichtet haben. Du wirst, sage ich, seinem Walten niemals entrinnen, und wärest du noch so klein und verkröchest dich in den Tiefen der Erde oder erhöbest dich noch so hoch und schwängest dich in den Himmel empor, sondern du wirst die gebührende Strafe erleiden müssen, die er dir auferlegt, sei es, daß du auch nach dem Tode nur an einen anderen Ort der Erde versetzt wirst, sei es, daß du in den Hades oder in einen noch schrecklicheren Ort hinabfahren mußt. Und ebendies laß dir auch in Ansehung derer gesagt sein, welche du durch allerlei Frevel und Übeltaten aus niedrigen Verhältnissen zu großer Macht emporsteigen sahest und von denen du deshalb glaubtest, sie seien aus dem Elend zur Glückseligkeit emporgestiegen, so daß du in ihren Schicksalen klar wie in einem Spiegel zu sehen vermeintest, daß keiner der Götter sich um uns kümmere, während du doch gar nicht weißt, welchen Beitrag diese in Wahrheit zum Ganzen liefern; und wie kannst du, Verwegenster aller Verwegenen, dir einbilden, du brauchtest das gar nicht erst zu wissen! Wird doch vielmehr, wer dies nicht weiß, sich kein Bild davon zu entwerfen noch es in Worten darzustellen vermögen, was denn im Leben Glückseligkeit und was ein unglückseliges Geschick zu nennen sei. Wenn dich nun hier Kleinias und unsere ganze Versammlung von Greisen jetzt überzeugt hat, daß du hinsichtlich der Götter nicht weißt, was du sprichst, dann wird Gott selbst sich fernerhin deiner annehmen.

ANMERKUNGEN

Zu Protagoras

1 „mit leichten Schilden“: Die sog. Peltasten, eine leichtbewaffnete Truppe.

Zu Gorgias

1 Polos: ein Schüler des Gorgias.

2 Kallikles: ein sonst nicht bekannter Schüler des Gorgias und angehender Staatsmann.

3 Wie der Dichter sagt: Homer, Il. 9, 440 f.

4 in einem Winkel usw.: deutet vielleicht auf erste Lehrversuche Platons vor der Gründung der Akademie hin.

5 Euripides usw.: Zethos und Amphion sind die ungleichen Zwillinge in des Dichters Tragödie „Antiope“.

6 Ein Seitenhieb auf die Kyniker.

7 Aus dem „Polyidos“ des Euripides.

8 Anspielung auf Empedokles von Agrigent und auf die Pythagoreer in Tarent, die stark von der orphischen Mysterienlehre beeinflußt waren. Das Wort, das mit „unverschlossen“ übersetzt wurde, heißt zugleich „ungeweiht“. Die folgende ethische Deutung des Danaidenmythus ist ein Beispiel der in diesen Kreisen üblichen allegorischen Mythenerklärung.

9 Wiederum die Pythagoreer.

10 Unter „geometrischer Gleichheit“ versteht Platon die proportionale Verteilung von Rechten und Pflichten im Unterschied von der „arithmetischen“ Gleichheit, d. h. dem mechanischen Gleichheitsprinzip der Demokratie, das er ebenso ablehnt wie die Lehre vom Recht des Stärkeren im Sinn des Kallikles. Diese „geometrische Gleichheit“, die Ordnung nach Maß und Zahl, glaubten die Pythagoreer auch in der Natur, in den Bahnen der Gestirne, in den Tönen der Kithara, deren Höhe der Länge der Saiten entspricht, usw. wahrzunehmen.

11 Gemeint sind die Diäten (3 Obolen = 40 Pf.) für die Richter, die Ratsherrn und die Teilnehmer an der Volksversammlung.

12 Damit sind die Athletik (besonders den Faustkampf) treibenden Spartanerfreunde gemeint.

13 Die Stelle kommt in Ilias und Odyssee nicht vor. Vielleicht stand sie in einem verlorenen kyklischen Epos.

[14] In dem Prometheus des Aeschylos v. 248 rühmt sich der Titane das Vorauswissen der Todesstunde zum Wohl der Menschen beseitigt zu haben.

[15] Archelaos, König von Makedonien (413—399), der sich durch Mord den Weg zum Thron gebahnt hatte.

[16] Tantalos usw. Od. XI 576 ff.

[17] Od. XI 569.

Zu Menon

[1] Hiebei muß man sich denken, daß Sokrates die Figur mit einem Stabe auf dem Boden in den Sand zeichnet.

Zu Phaidon

[1] Die Elf: die mit der Aufsicht über die Gefängnisse und der Ausführung der Hinrichtungen betraute Behörde.

[2] Euenos, ein mit Sokrates bekannter Sophist und Dichter aus Paros.

[3] Philolaos: pythagoreischer Philosoph, der von Unteritalien nach Theben übergesiedelt war und dort lehrte.

[4] Mit den „Geheimlehren" sind die Orphischen Mysterien gemeint.

[5] Die geistig etwas schwerfälligen Böoter.

[6] Gemeint sind die Dichterphilosophen Parmenides und Empedokles sowie der philosophisch gebildete Komödiendichter Epicharmos.

[7] Vgl. den Abschnitt aus dem Menon S. 59.

[8] Anaxagoras aus Klazomenae, jonischer Naturphilosoph, lebte etwa von 460—430 in Athen, mit Perikles befreundet, bis er, in dessen Sturz verwickelt, infolge einer Anklage wegen Gottlosigkeit Athen verließ.

[9] Phasis Fluß und Stadt an der Ostküste des Schwarzen Meeres.

[10] Ein Hahn war das übliche Opfer nach Genesung von einer Krankheit.

Zum Gastmahl

[1] Der Mond war nach orphischer Lehre (Hymn. 9, 4) männlich und weiblich zugleich.

[2] Schlauchspringer: ein Spiel, wobei man versuchen mußte, mit einem Bein auf einen gefüllten und mit Öl schlüpfrig gemachten Schlauch zu springen und sich auf diesem aufrecht zu halten.

[3] Anspielung auf die Auflösung des Arkadischen Bundes durch Sparta 418 v. Chr.

[4] Poros ist zwar Gegensatz zu Penia, der Armut, aber nicht Reichtum, sondern der, der Mittel und Wege weiß, daher der Sohn der Metis, d. h. der Überlegung und Klugheit.

[5] Die griechischen Wörter „Poësie" und „Poët" bedeuten eigentlich „Schöpfung" und „Schöpfer".

6 Woher das Zitat stammt, ist unbekannt.
7 Hier scheint Platon die geistige Grenzlinie zwischen Sokrates und sich zu ziehen.
8 Ein Sprichwort lautete: Wein und Kinder sind wahrhaftig. Also eine Verbindung von „In vino veritas" und „Kinder und Narren sprechen die Wahrheit".
9 „Gold für Kupfer" sprichwörtlich nach Il. VI 236.
10 Homerzitat: Od. IV 242.
11 Aristophanes, Wolken 361.

Zum Phaidros

1 Adrasteia, eine Homer und Heriod noch fremde Gestalt, die erst in der orphischen Literatur als Personifikation unverbrüchlicher Gesetzmäßigkeit erscheint. Platon zieht sie auch in dem Mythus am Schluß des Staates X 762 E heran.

Zum Staat

1 Aischylos, Sieben gegen Theben 592 (von Amphiaroas).
2 Die beiden Verse folgen unmittelbar auf den oben angeführten: Sieben 593 f.
3 Il. XVII 588 von Menelaos.
4 Anspielung auf die Sage von dem angeblich aus Phönikien nach Theben eingewanderten Kadmos, der die Zähne des von ihm erschlagenen Drachen säte, worauf bewaffnete Männer, die sog. „Sparten", aus ihnen erwuchsen.
5 Zitat aus Pindar fr. 209 (Bergk). Die Entkleidung der Mädchen bei den gymnastischen Übungen war in Sparta Sitte, was auf Platon sichtlich eingewirkt hat.
6 Aussetzung mißbildeter Kinder war ebenfalls spartanische Sitte.
7 Diese Stelle nimmt genau den Mittelpunkt in dem ganzen Werke ein. Der Zusammenhang, in dem der Gedanke auch in Platons eigener Darstellung seiner philosophischen Entwicklung im VII. Brief 326 AB erscheint, beweist, daß Platon die Grundidee des Staats schon vor seiner ersten sizilischen Reise im Kopfe hatte.
8 Momos: Gott der Tadelsucht.
9 Diomedische Notwendigkeit: Anspielung auf einen Vorgang bei der Eroberung Trojas, bei dem anläßlich der Fortschaffung des geraubten Palladions Odysseus sich dem Zwange des Diomedes fügen mußte.
10 Ich folge hier („die schon an und für sich nichts Geringes sind") der Textverbesserung von O. *Apelt*, Platon, Der Staat (Phil. Bibl. Bd. 80) 4. Aufl. 1916 S. 499 f.

[11] Dieser ihm durch Plotin, Enn. I 6, 9 vermittelte Gedanke veranlaßte Goethe zu den Versen:

Wär' nicht das Auge sonnenhaft,
Die Sonne könnt' es nie erblicken;
Läg' nicht in uns des Gottes eig'ne Kraft,
Wie könnt' uns Göttliches entzücken?

Zahme Xenien III J. A. IV S. 59, 724 ff. Etwas variiert im Entwurf einer Farbenlehre. J. A. XL S. 71, 6 ff. mit Anm. S. 337.

[12] Die Homerstelle ist Od. XI 489 ff.

[13] Die angeführten Fertigkeiten sind: Arithmetik, Geometrie, Astronomie, Harmonielehre.

[14] Sprichwörtliche Redensart nach Od. XIX 162.

[15] Platon folgt hier dem Hesiodischen Mythus von den Menschengeschlechtern, an den ja schon die frühere (S. 172) Charakterisierung der Stände seines Staates nach Metallen erinnerte.

[16] Mit dem „Blinden" ist ohne Zweifel der Reichtum gemeint, der z. B. in der so betitelten Komödie des Aristophanes als blind erscheint.

[17] Lotophagen: Od. IX 84 ff.

[18] Orakel: Herod. I 55.

[19] Zitat aus Il. XVI 774 f.

[20] Mit der „Geschichte des Alkinoos" ist die Erzählung des Odysseus von seinen Irrfahrten im Palast des Alkinoos (Od. IX–XII) gemeint, die auch die Hadesschilderung (XI) enthält. Dieser mythischen Darstellung wird also die folgende Schilderung des Jenseits als Wahrheit gegenübergestellt.

[21] Er, ein orientalischer Name, der auch im Stammbaum Jesu bei Luk. 3, 28 vorkommt. Platon will damit, daß er die Schilderung einem Barbaren in den Mund legt, den ungriechischen Charakter dieser Vorstellungen andeuten.

[22] Dieses „Band des Himmels" ist die Milchstraße.

[23] Die 8 Wirtel entsprechen den 8 Sphären, die sich um die Erde als Mittelpunkt drehen: Mond, Sonne, Venus, Merkur, Mars, Jupiter, Saturn und der Fixsternhimmel.

[24] Anspielung auf die Sage von Atreus und Thyestes.

[25] Orpheus wurde nach der Sage von Mänaden zerrissen.

[26] Thamyras, ein sagenhafter Sänger.

[27] Gemeint sind die Waffen des Achilleus, die dem Odysseus zugesprochen wurden, worauf sich Aias den Tod gab.

[28] Atalante, eine arkadische Jägerin, die ihre Freier zu einem Wettlauf aufzufordern pflegte, bei dem es um ihr Leben ging.

[29] Epeios, der Erbauer des trojanischen Pferdes.

Zum Theaitet

[1] Phainarete ist ein sog. redender Name und bedeutet: „die die Tugend ans Licht bringt". Der Name kommt auch sonst vor. Trotzdem ist es möglich, daß die nur hier überlieferte Angabe, die Mutter des Sokrates sei Hebamme gewesen, was meist ernst genommen wird, nur ein von Platon erfundener Scherz ist, um das Wesen der Sokratischen Menschenbehandlung zu kennzeichnen.

[2] Anspielung auf Soph. Oed. Col. 1224 ff.

[3] Anspielung auf Il. XVI 104.

Zum Kritias

[1] Ein Stadion = 192 m; also 11 520 m = 11½ km.

[2] Gadeira: das heutige Cadix in Südspanien.

[3] „milde Frucht": die Traube; Anspielung auf Od. V 69.

[4] Diese „holzige" Frucht ist vielleicht die Kokosnuß.

[5] 3 Plethren = 300 Fuß; 50 Stadien = 9 600 m = 9,6 km.

Zu den Gesetzen

[1] Pindar Fr. 169 bei Platon, Gorgias 484 B s. oben S. 31.

[2] Temenos, Kresphontes, Aristodemos, die Abkömmlinge des Herakles (Herakliden).

[3] Ein alter Spruch: Anspielung auf einen orphischen Vers (Fr. 168 Kern):
„Zeus ist das Haupt, Zeus Mitte, aus Zeus ist alles erschaffen."

[4] „Der Mensch ist das Maß aller Dinge", begann die Schrift des Protagoras mit dem Titel „Wahrheit".

[5] Der scheinbar schnellste Planet ist der Saturn, der scheinbar langsamste der Mond. Die Umkehrung des Verhältnisses, die hier behauptet wird, hat die Annahme der täglichen Umdrehung der Erde und nicht des Himmels zur Voraussetzung. Näheres bei Const. Ritter Platons Gesetze (1896) II 228ff.

[6] Die Einführung der zweiten, bösen Weltseele erfolgte unter dem Einfluß des parsistischen Dualismus.

[7] Zitat aus Od. XIX 43.

STELLENNACHWEISE

(nach der Platonausgabe von H. Stephanus. Paris 1578 fol.)

Protagoras 329 C—333 B. 349 D—361 C (mit einigen kleineren Auslassungen).

Gorgias 449 C—E. 451 D. 452 D—453 A. 454 AB. 454 D—455 A. 463 E—465 D (mit einer kleinen Auslassung). 467 CD—468 B. 474 C—477 A (mit kleinen Auslassungen). 478 A—E. 481 B bis 486 E. 491 C—494 C. 499 C—500 C. 501 D—503 D. 507 D bis 508 B. 512 DE. 513 C. 515 C—519 A (mit kleinen Auslassungen). 521 C—527 E.

Menon 79 E—86 C.

Phaidon 57 A—72 A. 72 E—73 A. 76 E—77 B. 78 B—80 B. 80 E bis 81 E. 95 E—101 E. 103 C—104 E. 105 B—E. 107 C—109 E. 112 E—113 A. 113 D—118 AB.

Symposion 189 C—193 D. 201 D—212 C. 215 A—222 B.

Phaidros 245 C—249 D. 250 A—C.

Staat II 360 E—362 C. 369 B—376 D. III 410 B—417 B. IV 427 DE. 428 C—429 A. 429 B—D. 430 D. 430 E—431 D. 432 B—434 C. V 454 D—461 E. 473 B—474 C. 475 B—477 B. VI 484 A—487 A. 491 B—493 D. 504 A—505 B. 507 B—509 B. VII 514 A—518 D. 519 B—520 D. 532 AB. 533 B—534 E. VIII 544 B—545 B. 547 B bis 549 A. 550 C—553 A. 554 A—E. 555 B. 557 A—558 C. 559 D bis 563 B. 563 D—567 D. X 595 A—598 B. 598 D—599 E. 600 E. 604 B—605 E. 606 C. 606 E—607 C. 608 B—D. 609 ABD. 610 A. 611 A—612 A. 613 A. 613 D—621 D.

Theaitet 148 E—150 D. 176 A—177 A.

Staatsmann 291 D—294 C. 296 E—297 C. 303 E—304 A. 305 C—E. 308 B—309 D. 311 BC.

Timaios 29 D—35 B. 36 D—38 E.

Kritias 113 B—121 C.

Gesetze I 643 D—644 B. III 689 E—690 C. 691 D—692 C. 693 D—E. IV 715 A—716 D. VI 757 A—D. VII 821 B—822 C. IX 870 A—E. X 886 A—890 D. 896 A—897 D. 899 D—901 C. 903 A bis 905 C.